Extravaganz und Geschäftssinn –
Telemanns Hamburger Innovationen

Hamburg Yearbook of Musicology

herausgegeben von
der Universität Hamburg

Band 1

Bernhard Jahn & Ivana Rentsch (Hrsg.)

Extravaganz und Geschäftssinn –
Telemanns Hamburger Innovationen

Waxmann 2019
Münster • New York

Bibliografische Informationen der Deutschen Nationalbibliothek
Die Deutsche Nationalbibliothek verzeichnet diese Publikation in der
Deutschen Nationalbibliografie; detaillierte bibliografische Daten sind
im Internet über http://dnb.dnb.de abrufbar.

Hamburg Yearbook of Musicology, Band 1
ISSN 2629-3420

Print-ISBN   978-3-8309-3997-9
E-Book-ISBN   978-3-8309-8997-4

© Waxmann Verlag GmbH, 2019
www.waxmann.com
info@waxmann.com

Umschlaggestaltung: Pleßmann Design, Ascheberg
Umschlagbild: © JensWolf/ZB/picture-alliance
Satz: Stoddart Satz- und Layoutservice, Münster
Druck: CPI books GmbH, Leck

Gedruckt auf alterungsbeständigem Papier,
säurefrei gemäß ISO 9706

Inhalt

III. „Geschäftssinn"

Bernhard Jahn und Ivana Rentsch

Einleitung

Die Beiträge des vorliegenden Bandes gehen auf eine Tagung zurück, die vom 23. bis 25. Juni 2017 in der Staats- und Universitätsbibliothek Carl von Ossietzky in Hamburg stattfand. Der 250. Todestag Georg Philipp Telemanns am 24. Juni 2017 bildete den äußeren Anlass, um die zentrale Bedeutung des Hamburger Komponisten, Kantors und Verlegers nicht nur für die Musikgeschichte des 18. Jahrhunderts zu rekapitulieren, sondern auch für das 21. Jahrhundert zu konturieren. Mit „Extravaganz und Geschäftssinn" glauben wir ein Begriffspaar gefunden zu haben, das weit genug ausgreift, um Telemanns Wirken in seiner ganzen heterogenen Vielfalt erfassen zu können. Die Bedeutungsgeschichte des Wortes „Extravaganz", das im 17. Jahrhundert aus dem Französischen in die deutsche Sprache gelangte,[1] unterlag sprachgeschichtlich einem Wandel, der die Wahrnehmung für die Besonderheiten des Telemannschen Œuvres schärfen kann: War zunächst die negative Bedeutung des Wortes bestimmend („außergewöhnliches, unvernünftiges, eigensinniges verhalten, ausschweifung"[2]), so gewinnt daneben ab den 1720er Jahren – also schon zu Telemanns Zeiten – eine positive Konnotation an Raum,[3] die sich bis hin zur Definition im *Duden* von 1999 zunehmend verstärkt, wenn „extravagant" als „vom Üblichen in [geschmacklich] außergewöhnlicher, ausgefallener od. in übertriebener, überspannter Weise bewusst abweichend u. dadurch auffallend"[4] bestimmt wird. Da der „Extravaganz" aber auch im heutigen Sprachgebrauch noch ein Hauch von Ambivalenz beigemischt ist, scheint uns dieser Begriff geeignet, um das Riskante von Telemanns musikalischen Experimenten, die ja nicht zuletzt Experimente mit musikalischen Geschmäckern darstellen, anzudeuten.[5]

„Extravaganz und Geschäftssinn" sind dabei nicht als sich ausschließende Gegensätze gedacht: Telemanns Geschäftssinn konnte, man denke etwa an den *Getreuen Music=Meister*, ins Extravagante hineinspielen, wenn er unter die in der Regel leicht zu musizierenden Stücke ein technisch anspruchsvolles Violinsolo von Johann Georg Pisendel[6] mischt, so wie sich im Gegenzug extravagante Kompositionen durchaus ökonomisch auszahlen konnten: Das dürfte bei den je zwölf Fantasien für Traversflöte, Violine oder Viola da Gamba der Fall gewesen sein. Extravaganz und Geschäftssinn sind aber in ihrer Reichweite auch nicht als deckungsgleich zu beschreiben: Nicht jede kompositorische Extravaganz ist mit Telemanns Geschäftssinn in Verbindung zu brin-

---

1 Vgl. *Deutsches Wörterbuch von Jacob und Wilhelm Grimm*, Neubearbeitung hrsg. von der Berlin-Brandenburgischen Akademie der Wissenschaften und der Akademie der Wissenschaften zu Göttingen, Bd. 8, Stuttgart 1999, Sp. 2533 f.
2 Ebenda, Sp. 2533.
3 Ebenda mit einem Beleg von 1722.
4 *Duden. Das große Wörterbuch der deutschen Sprache in 10 Bänden*, Bd. 3, Mannheim ³1999, S. 1143.
5 Vgl. dazu den Beitrag von Joachim Kremer in diesem Band.
6 Georg Philipp Telemann, *Der getreue Music=Meister*, Hamburg 1728, Dreizehente Lection, S. 49.

gen und vice versa. Dass jedoch ästhetische Möglichkeiten und ökonomische Erfolge in hohem Maße von einem Absatzmarkt abhingen, der nicht unbedingt bereits gegeben war, sondern überhaupt erst geschaffen werden musste, rückt die Perspektive auf Telemanns Netzwerke. Die Konzeption des Bandes sieht denn auch einen Dreischritt von der ästhetischen „Extravaganz" über die vielschichtigen „Netzwerke" Telemanns und seiner Zeitgenossen bis hin zum persönlichen und verlegerischen „Geschäftssinn" vor. Während die terminologische Bestimmung des zweiten und dritten Themenfeldes kaum Probleme aufwirft, soll die ungleich schwieriger zu fassende „Extravaganz" von Telemanns Œuvre, wie sie im vorliegenden Band beleuchtet wird, aus doppelter Perspektive – einer musikalischen und einer literarischen – im Folgenden kurz skizziert werden.

I.   Musikalische „Extravaganz"

Als Johann Mattheson 1740 die *Grundlage einer Ehren=Pforte* in Hamburg veröffentlichte, durfte selbstverständlich ein Artikel über seinen berühmten Hamburger Zeitgenossen nicht fehlen. Wie von Mattheson ausdrücklich hervorgehoben, hatte sich Telemann trotz des immensen Arbeitspensums Zeit genommen, um eine seiner autobiographischen Notizen zu verfassen.[7] Dabei handelte es sich um eine in Anbetracht von Telemanns äußerst umfangreichem Œuvre zwangsläufig kursorische Aufzählung seiner Werke nach Gattungen (und seiner Kinder nach Ehen), die – wie für die Artikel der *Grundlage einer Ehren=Pforte* durchaus charakteristisch – kaum ästhetische Schlüsse über einen Werkkatalog hinaus zulässt. Einen knappen Hinweis auf eine musikhistorische Einordnung liefert erst der zitierte, von Mattheson verfasste und dem Telemann-Artikel beigefügte Zweizeiler:

> Ein Lulli wird gerühmt; Corelli lässt sich loben;
> Nur Telemann allein ist übers Lob erhoben.[8]

So knapp das Kompliment auf den ersten Blick auch anmutet, so bemerkenswert ist bei näherer Betrachtung seine Aussage. Dass ein Komponist des 18. Jahrhunderts die Krone gegenüber zwei Musikern des 17. Jahrhunderts davonträgt, mag zwar unter dem für Matthesons Theorie gewichtigen Kriterium des sich ständig wandelnden „bon goût" selbstverständlich erscheinen. Zugespitzt formuliert, würde jeder handwerklich geschulte Musiker mit Geschmack über die ältere Generation siegen. Allerdings handelte es sich bei Jean-Baptiste Lully und Arcangelo Corelli mitnichten um beliebige Vertreter des 17. Jahrhunderts, sondern um zwei Komponisten, denen Mattheson in seinen musiktheoretischen Schriften seit dem *Neu=eröffneten Orchestre* von 1713 überzeitliche Modellhaftigkeit attestierte. Schließlich habe „der Welt bekante Lully" besser als jeder andere darin „reussiret", den französischen mit dem italienischen Stil

---

7   Zu Telemanns Autobiographien siehe auch den Aufsatz von Vera Viehöver in diesem Band.
8   Johann Mattheson, Ehrengedicht zu Georg Philipp Telemann, Telemann. (ex autogr.), in: Johann Mattheson, *Grundlage einer Ehren=Pforte*, Hamburg 1740, S. 369.

zu verknüpfen.[9] Und im *Vollkommenen Capellmeister* von 1739, der nur ein Jahr vor der *Ehren=Pforte* erschien, erklärte Mattheson, dass „ich […] absonderlich die Einsicht der *Corellischen* Wercke, ihres Alters ungeachtet, zum trefflichen Muster angepriesen haben will […]. Die unvergleichliche Geschicklichkeit dieses Verfassers in der zum Kammer gehörigen Instrumental=Schreib=Art hat so was ausnehmendes".[10] Unter dem „Ausnehmenden" im Matthesonschen Sinne ist selbstverständlich eine wohlproportionierte musikalische Struktur zu verstehen, die mit einheitlichem Verlauf ohne virtuose oder harmonische Unwägbarkeiten den Anforderungen an eine „wahre Melodie" vollauf gerecht wird.

Führt man sich Matthesons scharfe Ablehnung virtuoser Sätze vor Augen, die auf geschmacklose „Verwunderung" zielten, und zu denen er ebenso die Fantasie als „musicalische Grillen" wie „übel-inventirte bizzare Stückchen, als Guckguck, Nachtigall, Bataillen und dergleichen Bagatellen" zählte,[11] muss seine Verabsolutierung Telemanns als „übers Lob erhoben" durchaus verwundern. Bekanntlich finden sich in Telemanns Schaffen allenthalben „Bizarrerien": So zwitschert etwa in der „Frühlingskantate" *Alles redet itzt und singet* TVWV 20:10 von 1720 ein ganzer Vogelschwarm oder quaken in den Ouvertüren-Suiten konzertierende Frösche und Krähen. Ungeachtet panegyrischer Übertreibung, wie sie jedem Huldigungsgedicht eignet, eröffnet Matthesons Wertschätzung für Telemann den Blick auf ein bemerkenswertes Charakteristikum: Obwohl so mancher Satz an der klingenden Oberfläche zwitschert und quakt, entfaltet sich die „bizarre" Motivik auf einer austarierten großformalen Grundlage. So bringt Telemann die durch Überschriften und Gesangstexte evozierten außermusikalischen Klangphänomene nicht bloß auf den kleinteiligen motivischen Punkt, sondern überführt diesen mithilfe von Vorwegnahmen, Wiederholungen oder als Material für strukturbildende Ritornelle auf eine abstrakte formale Ebene. Mit anderen Worten: Es sind genuin musikalische Prinzipien, die die Form bestimmen, und nicht zufällige Abfolgen quakender Frösche oder zwitschernder Vögel. Auch wenn Mattheson unmöglich Gefallen an der zoologischen Motivik finden konnte, blieben selbst Telemanns Tierkompositionen in formaler Hinsicht dem „guten Geschmack" verpflichtet. Die bemerkenswerte Innovation besteht darin, sich nicht für oder gegen „Bizarrerien" entschieden zu haben, sondern das klangliche Experiment zu wagen, ohne sich ihm auszuliefern, und in immer neuer Weise die Grenzen der „wahren Melodie" auszuloten. Unter dieser Voraussetzung erklärt sich denn auch, weshalb Telemann von Mattheson ohne Federlesen – und ohne Ausschluss von Vögeln und Fröschen – an die teleologische Spitze der drei modellhaften Komponisten gestellt werden konnte.

Das fraglos innovative kompositorische Verfahren, außermusikalische Anklänge in immer neuer Art und Weise als motivischen Kern in die abstrakte Formbildung einzubinden, prägt große Teile von Telemanns Schaffen. Auf der Folie einer „galanten" Ästhetik, die als Gegenentwurf zur kontrapunktischen und „mathematischen" Tradition dezidiert der Melodie den Vorrang vor der Harmonie einräumte, schöpfte Telemann – auch in der eigenen Wahrnehmung – sämtliche Möglichkeiten aus. Es ist be-

---

9   Johann Mattheson, *Das neu=eröffnete Orchestre*, Hamburg 1713, S. 208.
10   Johann Mattheson, *Der vollkommene Capellmeister*, Hamburg 1739, S. 91.
11   Ebenda, S. 232.

merkenswert, dass der von unnachgiebigem Interesse an neuesten Erkenntnissen und Strömungen getriebene Telemann die Gefahr eines ästhetischen Stillstands nicht nur erkannte, sondern auch die Konsequenzen daraus zog. Obwohl Telemann bereits in seinen früheren Kompositionen immer wieder die Grenzen des harmonisch Denkbaren ausgelotet und experimentelle Aspekte gar in die strukturelle Konzeption einzelner Sätze einbezogen hatte,[12] mutet die überspitzte Ankündigung, die er in seinem berühmten Brief an Carl Heinrich Graun am 15. Dezember 1751 formulierte, spektakulär an. Nachdem er sich „von so vielen Jahren her ganz marode melodirt und etliche Tausendmal selbst abgeschrieben" habe, schloss er daraus: „Ist in der Melodie nichts Neues mehr zu finden, so muß man es in der Harmonie suchen."[13] Ausgerechnet derjenige Komponist also, der zehn Jahre zuvor von Mattheson als Erbe Lullys und Corellis gepriesen wurde, kündigte nun – horribile dictu – ein mathematisch berechnetes „Intervall-System" an.[14] Ohne Rücksicht auf musikalische Parteinahmen zeigte sich der 70-Jährige nicht bloß passiv an Neuem interessiert, vielmehr kam für ihn augenscheinlich gar nichts anderes in Frage, als selbst aktiv an unterschiedlichsten Innovationen teilzuhaben.

II.   Literarische „Extravaganz"

Telemanns extravaganter Geist zeigt sich in nicht geringem Maße auch im Umgang mit den literarischen Strömungen seiner Zeit. Man kann sogar so weit gehen zu behaupten, dass es keinen zweiten Komponisten in der Musikgeschichte gibt, der ein derartiges Gespür für und Interesse an neuen literarischen Strömungen besaß wie Telemann. Er griff dabei aktiv in die literarischen Szenen und Zirkel seiner Zeit ein, wie kein zweiter förderte er neue Strömungen, ja verhalf ihnen damit zum Teil überhaupt erst zum Durchbruch. Ein solches Verhalten setzt nicht nur den Wunsch nach neuer Dichtung voraus, sondern ebenso auch das marktstrategische Gespür, welche literarischen Richtungen sich in der Zukunft als erfolgreich erweisen könnten. Der Komponist wird hier zum Experimentator, und diese in der Aufklärungsforschung schon etwas abgegriffene Metapher[15] scheint hier durchaus am Platz, denn Telemann konnte bei neuen literarischen Texten natürlich zunächst nicht wissen, ob sich aus ihnen in der Folge eine erfolgreiche literarische Strömung ergeben würde. Insofern lag für den Komponisten jeweils eine echte Experimentalsituation mit ungewissem Ausgang vor. Dies sei kurz an einigen Beispielen erläutert.

---

12 Siehe u. a. den Beitrag von Wolfgang Hirschmann in diesem Band.
13 Vgl. den Brief Georg Philipp Telemanns an Carl Heinrich Graun, 15. Dezember 1751, in: Georg Philipp Telemann, *Briefwechsel. Sämtliche erreichbare Briefe von und an Telemann*, hrsg. von Hans Grosse / Hans Rudolf Jung, Leipzig 1972, S. 284 f.
14 Siehe dazu den Beitrag von Andreas Waczkat in diesem Band.
15 Daniel Fulda und Jörn Steigerwald beschreiben dieses Experimentieren in der Zeit um 1700 vielleicht besser mit dem Begriffspaar „Öffnung und Schließung": *Um 1700: Die Formierung der europäischen Aufklärung. Zwischen Öffnung und neuerlicher Schließung*, hrsg. von Daniel Fulda / Jörn Steigerwald, Berlin / Boston 2016 (= Hallesche Beiträge zur europäischen Aufklärung 55), S. 1–19.

Die flankierende Unterstützung neuer dichterischer Bewegungen begann schon 1720 in Frankfurt am Main, als Telemann zwei Kantaten auf Texte von Barthold Heinrich Brockes vertonte, *Das Wasser im Frühling* sowie *Alles redet itzt und singet*.[16] 1721 sollten in Hamburg noch die Kantate *Der Herbst*, 1722 *Der Winter* hinzukommen.[17] Auch wenn es zu einer der Kantaten schon eine frühere, 1715 publizierte Version gab,[18] so markieren die vier Dichtungen in ihrer überarbeiteten Form den Beginn von Brockes' physikotheologischer Phase. Die vier Texte wurden von Brockes 1721 an zentraler Stelle, nämlich jeweils am Beginn der entsprechenden Jahreszeiten-Kapitel im ersten Band seines *Irdischen Vergnügens in Gott* positioniert.[19] Die Telemannnschen Vertonungen arbeiteten dem neuen physikotheologischen Programm musikalisch vor bzw. begleiteten seine Durchsetzung musikalisch. Die physikotheologische Dichtung stellt in mehrfacher Hinsicht einen Neuanfang im Schaffen des Hamburger Ratsherrn dar. Zum einen geht sie mit einem radikalen Stilwechsel einher. Brockes wendet sich vom marinistischen hohen Stilideal des italienischen Frühbarock, das noch seine Passionsdichtung und – naturgemäß – seine Übersetzung von Giambattista Marinos *Bethlehemitischen Kinder=Mord* geprägt hatte, ab und entwickelt nach und nach seinen für ihn später dann so typischen mittleren Stil im Dienste einer Ekphrasis der Natur.[20] Zum andern, und dies ist für die erste Hälfte des 18. Jahrhunderts wesentlich heikler, geht das Konzept der Physikotheologie, das uns heute in seiner erkenntnistheoretischen Naivität harmlos anmuten mag, mit einer gefährlichen Entfernung von den Positionen der orthodoxen lutherischen Theologie einher. In ihrer radikalisierten Version als Deismus verzichtet die Physikotheologie auf die biblische Offenbarung und damit auf alle konfessionellen Dogmen und erkennt Gott allein aus der Natur.[21] Brockes entschärft dieses Potential im ersten Band zwar, in dem er nahezu jedem Gedicht geschickt gewählte Bibelverse voranstellt, so dass das folgende Gedicht nicht nur als Naturdeutung, sondern auch als Bibelauslegung gelesen werden kann. Gleichwohl kommt es einem Wunder gleich, dass niemand unter den Orthodoxen in Hamburg und kaum jemand im deutschsprachigen Raum an den Bänden des *Irdischen Vergnügens* Anstoß genommen hat.

Zwanzig Jahre später, 1741, erscheinen in Hamburg bei Christian Herold Georg Philipp Telemanns *Vier und zwanzig, theils ernsthafte, theils scherzende Oden* mit ei-

---

16 TVWV 20:1 (Musik verloren) und TVWV 20:10.
17 TVWV 20:11 und TVWV 20:12. Für beide Kantaten hat sich Telemanns Musik nicht erhalten.
18 Barthold Heinrich Brockes, *Werke*, Bd. 2.2, *Irdisches Vergnügen in Gott, erster und zweiter Teil*, hrsg. und kommentiert von Jürgen Rathje, Göttingen 2013, S. 891 f. mit Verweis auf Bd. 1, S. 724–726.
19 Ebenda, Bd. 2.1, S. 24–36; S. 202–213; S. 251–262.
20 Vgl. dazu Uwe-Karsten Ketelsen, *Die Naturpoesie der norddeutschen Frühaufklärung. Poesie als Sprache der Versöhnung: alter Universalismus und neues Weltbild*, Stuttgart 1974 (= Germanistische Abhandlungen 45).
21 Vgl. Sven Grosse, Abgründe der Physikotheologie: Fabricius – Brockes – Reimarus, in: *Das Akademische Gymnasium zu Hamburg im Kontext frühneuzeitlicher Wissenschafts- und Bildungsgeschichte*, hrsg. von Johann Anselm Steiger, Berlin / Boston 2017 (= Frühe Neuzeit 207), S. 319–339.

ner provokanten Vorrede, die in keiner Muster-Sammlung deutscher Polemiken fehlen sollte.[22]

Doch nicht nur wegen der Vorrede ist die Sammlung interessant.[23] Abermals ergreift Telemann musikalisch für eine neue literarische Strömung Partei. Die Oden-Sammlung lässt sich als Manifest der neuen literarischen Richtung der Anakreontik deuten. Friedrich von Hagedorn, mit dessen programmatischem Lied „Ihr Freunde! Zecht bei freudenvollen Chören" die Sammlung eröffnet, war beim Erscheinen des Drucks zwar schon dreiunddreißig Jahre alt und hatte zahlreiche Gelegenheitsgedichte in spätbarocker oder klassizistischer Tradition publiziert, doch jene Gedichte, die mit spätbarocken, aber vor allem auch mit der bis in die 1730er Jahre noch herrschenden galanten Literatur brachen, erschienen als Buchausgabe erst 1742 in der *Sammlung Neuer Oden und Lieder*, also ein Jahr nach Telemanns Oden-Druck. Mehr noch: Telemann propagierte mit dem 1741 vierundzwanzig Jahre alten Johann Matthias Dreyer sowie dem 1741 achtzehn Jahre alten Johann Arnold Ebert zwei junge Hamburger Autoren, die als Anakreontiker bzw. bei Dreyer vor allem auch als Satiriker reüssieren sollten. Wie schon im Falle der physikotheologischen Gedichte griff Telemann mit der anakreontischen Lyrik eine neue literarische Richtung auf, der um 1740 der Durchbruch auf dem literarischen Markt noch nicht gelungen war. Ja mehr noch, in seiner Oden-Sammlung formt er die einzelnen Autoren zu einer durch die Publikation für die Öffentlichkeit sichtbaren neuen literarischen Gruppe.

Eine dritte Kategorie von Beispielen findet sich in den 1750er Jahren. Es handelt sich dabei um literarische Versuche, zu einer neuen religiösen Dichtungssprache zu gelangen, die sich an antiken Modellen orientiert, das Erhabene als affektive Leitkategorie wählt und dabei theologisch gesehen eine undogmatische Transkonfessionalität anstrebt. Die bekanntesten Dichter, die dieses Programm umzusetzen suchen, sind Karl Wilhelm Ramler und Friedrich Gottlieb Klopstock. Vor allem im Falle Ramlers ist Telemanns – zusammen mit seinem Freund Carl Heinrich Graun – Einsatz für die Dichtung schon ganz vom Anfang an, 1754, zu konstatieren und der Erfolg der Vertonungen stärkte auch den Erfolg der Dichtung. Waren Ramlers Dichtungen als Libretti von vornherein für eine Vertonung vorgesehen, und stellte die Vertonbarkeit eine nicht unwesentliche Kategorie bei der Beurteilung der Ramlerschen Poesien dar, so lag der Fall bei Klopstocks *Messias* anders. Das Klopstocksche Hexameter-Epos konzipiert seine Musikalität als eine genuin sprachliche Musikalität, so dass jegliche Vertonungsversuche zunächst einmal einem Missverständnis gleichkommen, die der Vertonung zugänglicheren Liedeinlagen im 20. Gesang waren zu Telemanns Lebzeiten

---

22 Vgl. dazu Ralph-Jürgen Reipsch, Telemanns „Zuschrift" der „Vier und zwanzig, theils ernsthaften, theils scherzenden, Oden" (Hamburg 1741) an Scheibe – eine Satire auf Mizler?, in: *Biographie und Kunst als historiographisches Problem. Bericht über die Internationale Wissenschaftliche Konferenz anläßlich der 16. Magdeburger Telemann-Festtage, Magdeburg 13.–15. März 2002*, hrsg. von Joachim Kremer u.a., Hildesheim etc. 2004 (= Telemann-Konferenzberichte 14), S. 233–260.

23 Zu Einordnung vgl. jetzt die umfassende Studie von Katharina Hottmann, „*Auf! stimmt ein freies Scherzlied an*". *Weltliche Liedkultur im Hamburg der Aufklärung*, Stuttgart 2017, S. 576–581; ferner Dirk Werle, Telemanns *Vier und zwanzig Oden* (1741) und die deutsche Lyrik, in: *Telemann und die urbanen Milieus der Aufklärung*, hrsg. von Ulrich Tadday, München 2017 (= Musik-Konzepte Sonderband 12), S. 190–204.

ja noch nicht erschienen. Warum Telemann überhaupt insgesamt drei Auszüge aus Klopstocks *Messias* vertonte, bleibt schwer zu ergründen. Ralph-Jürgen Reipsch hat verschiedene Möglichkeiten erwogen: von einem Aufenthalt Klopstocks in Hamburg zur Zeit von Telemanns Vertonung bis hin zu den Diskussionen im Berliner Zirkel um Ramler und Krause um die Vertonbarkeit von Hexametern.[24] Als einen weiteren Grund sollte man im Sinne der hier angeführten Beispielreihe Telemanns Komposition als ein Bekenntnis zu dem um die Mitte des Jahrhunderts ambitioniertesten religiösen Dichtungsprojekt in deutscher Sprache sehen. Denn 1759 Auszüge aus Klopstocks *Messias* zu vertonen, ist nicht mit der Vertonung eines Goethe-Gedichtes um die Mitte des 19. Jahrhunderts gleichzusetzen. Klopstock besaß noch keinen Klassikerstatus und er wurde von weiten Teilen der lutherischen Orthodoxie – und darunter zählte nicht nur der in diesen Dingen notorische Hauptpastor Johann Melchior Goetze – abgelehnt, ja bekämpft.[25]

Ein letztes Beispiel bildet Telemanns Vertonung von Daniel Schiebelers *Don Quichotte auf der Hochzeit des Comacho* 1761. Der junge Librettist war damals gerade zwanzig Jahre alt und arbeitete unter anderem für die damals in Hamburg gastierende Schauspieltruppe Gottfried Heinrich Kochs. Schiebelers Libretto ist immer wieder mit der sich in den 1760er Jahren neu etablierenden Gattung des deutschen Singspiels in Verbindung gebracht worden. Schiebeler selbst lieferte mit *Lisuart und Dariolette* selbst einen Text, der in der Vertonung durch Johann Adam Hiller dann zu einem Muster für das frühe deutsche Singspiel wurde.[26] *Don Quichotte auf der Hochzeit des Comacho* lässt sich aber nicht nur in diese Singspieltradition stellen, sondern auch im Zusammenhang mit dem ab den 1750er Jahren in Deutschland sich herausbildenden Interesse am komischen Roman sehen, wobei Miguel de Cervantes' *Don Quijote* als Prätext immer den Referenzpunkt bildete.[27] Christoph Martin Wielands Roman *Die Abenteuer des Don Sylvio von Rosalva* (Ulm 1764) ist das heute zumindest in literaturwissenschaftlichen Kreisen bekannteste Beispiel, es gab aber gerade in Hamburg eine ganze Reihe von meist aus dem Englischen übersetzter Romane dieser Art.[28] Telemanns *Serenata* wäre in diesem Sinne abermals ein musikalisches Bekenntnis zu neuesten Literaturdebatten, so wie schon – freilich auf musikalisch andere Weise – seine Gulliver-Suite aus dem *Getreuen Music=Meister* von 1728.

Das Interesse Telemanns an der Mitgestaltung neuester literarischer Strömungen setzt ein genuines Interesse an Dichtung voraus, darüber hinaus auch ein Gespür für neue literarische Moden. Beides steht nicht nur nicht im Widerspruch zu Telemanns Geschäftssinn, den er als Verleger oder Konzertunternehmer an den Tag legte, sondern ergänzt sich auf unkomplizierte Weise.

---

24 Vgl. Georg Philipp Telemann, *Zwei Auszüge aus Klopstocks Messias*, hrsg. von Ralph-Jürgen Reipsch, Kassel etc. 2010 (= Georg Philipp Telemann, Musikalische Werke 41), S. XI.

25 Vgl. dazu den Beitrag von Ralph-Jürgen Reipsch in diesem Band.

26 Vgl. Cristina Urchueguía, *Allerliebste Ungeheuer. Das deutsche komische Singspiel 1760–1790*, Frankfurt am Main / Basel 2014, S. 274 ff.

27 Vgl. Bernhard Jahn, Die Musik zum Roman – Daniel Schiebelers und Georg Philipp Telemanns Gattungsexperiment *Don Quichotte auf der Hochzeit des Comacho*, in: „*Poesie in reinstes Gold verwandeln…*". Cervantes' Don Quijote in Literatur, Kunst, Musik und Philosophie, hrsg. von Ute Jung-Kaiser / Annette Simonis, Hildesheim / Zürich 2016, S. 97–114.

28 Ebenda, S. 108 f.

***

Unser großer Dank gilt den Autorinnen und Autoren, ohne die sich der vorliegende Band nicht hätte realisieren lassen. Der Staats- und Universitätsbibliothek Hamburg Carl von Ossietzky sowie namentlich Dr. Marlene Grau und Dr. Jürgen Neubacher danken wir für die Gastfreundschaft und die zur Verfügung gestellten Räumlichkeiten. Für die organisatorische Unterstützung bei der Durchführung der Tagung bedanken wir uns bei Esther Dubke M.A., Friederike Janott M.A., Anna Murawska M.A. und Constance Zänker M.A. von den Instituten für Historische Musikwissenschaft und Germanistik der Universität Hamburg. Bei der Redaktion waren zudem Friederike Janott M.A., Laura Martens und Anna Murawska M.A. behilflich. Der Universität Hamburg danken wir für den Druckkostenzuschuss.

I.
„Extravaganzen"

Wolfgang Hirschmann

Erkundungen an den Grenzen der Klänge
Telemanns harmonische Innovationen

„Ist in der Melodie nichts Neues mehr zu finden, so muß man es in der Harmonie suchen".[1] Dass Telemann gerade im Bereich der Harmonik auf der Suche nach neuen Wegen war, zeigt nicht nur seine oft zitierte briefliche Äußerung gegenüber Carl Heinrich Graun aus dem Jahr 1751, sondern wird auch durch Aussagen seiner Zeitgenossen bestätigt. Jacob Adlung berichtet 1758 in seiner *Anleitung zu der musikalischen Gelahrtheit* anlässlich einer Betrachtung von musikalischen „Circelgängen" von der Aufführung eines Telemann'schen Kirchenstücks aus dem *Musicalischen Lob Gottes in der Gemeine des Herrn* in Erfurt, das „am 8ten Sonntage nach Trinit. die falschen Propheten in Schaafskleidern durch einen völligen Quinten-Cirkel vorstellete, aus B* durch alle 12 harte Tonarten".[2] Adlungs Angabe ist nicht ganz korrekt, denn einen Satz in B-Dur, der enharmonisch durch den Quintenzirkel moduliert, enthält nur die Kirchenmusik zum Sonntag Sexagesimae (TVWV 1:949).[3] Telemann führt darin zu den Worten „Ja, selig sind, die Gottes Wort hören und bewahren" (Lukas 11,28b) ein Thema in fortlaufender Quartbeantwortung von B-Dur über Es-Dur, As-Dur und Des-Dur nach Ges-Dur, das in Takt 25 enharmonisch in Fis-Dur vertauscht wird (Notenbeispiel 1). Der von Beginn an extrem forcierte Modulationsgang führt weiter nach H-Dur und E-Dur und erfährt eine momentane Stabilisierung in der D-Dur-Kadenz in Takt 45/46. Es folgen Einsätze in D-Dur, G-Dur, C-Dur und F-Dur, die die Musik zurück in die Ausgangstonart führen, die mit dem Themeneinsatz in Takt 62 wieder erreicht ist. Telemann stellt durch einen längeren nicht modulierenden Schlussteil (T. 62–99) die harmonische Balance wieder her, die durch die Tour de Force des Beginns radikal in Frage gestellt wurde; am Ende steht eine Engführung des Themas in regulärer Quintbeantwortung (T. 90–95).

---

1 Brief Telemanns an Carl Heinrich Graun, 15. Dezember 1751, in: Georg Philipp Telemann, *Briefwechsel. Sämtliche erreichbare Briefe von und an Telemann*, hrsg. von Hans Grosse / Hans Rudolf Jung, Leipzig 1972, S. 284 f. Zum argumentativen Zusammenhang der Stelle vgl. Wolfgang Hirschmann, Wege ins Spätwerk – Telemann in den 1740er Jahren, in: *Musikkonzepte – Konzepte der Musikwissenschaft. Bericht über den Internationalen Kongreß der Gesellschaft für Musikforschung Halle (Saale)*, hrsg. von Kathrin Eberl / Wolfgang Ruf, Kassel etc., S. 337–345. Der Satz taugt weder als Begründung für eine vermeintliche kompositorische Krise Telemanns in den 1740er Jahren noch für einen damit verbundenen ‚Paradigmenwechsel' im Spätwerk.

2 Jacob Adlung, *Anleitung zu der musikalischen Gelahrtheit*, Erfurt 1758, Reprint Kassel / Basel 1953, S. 335.

3 Edition: Georg Philipp Telemann, *Biblische Sprüche. Erste Folge*, hrsg. von Klaus Hofmann, Stuttgart 1973, S. 38–43. Das Notenbeispiel stammt aus dieser Ausgabe.

Notenbeispiel 1:
Georg Philipp Telemann, *Musicalisches Lob Gottes in der Gemeine des Herrn* (Nürnberg 1744),
Kirchenstück zum Sonntag Sexagesimae „Ja, selig sind, die Gottes Wort hören und bewahren"
TVWV 1:949, 1. Satz, T. 23–32

Warum der Komponist gerade bei diesem eher neutralen Text zu derartig extremen harmonischen Mitteln greift, bleibt unklar. Vielleicht hat Adlung die „falschen Propheten" aus dem Kirchenstück zum 8. Sonntag nach Trinitatis deshalb bemüht, weil er die irregulären ‚falschen' Fugeneinsätze in zirkulär ansteigenden Quartintervallen textlich legitimieren wollte. Dass er das hier zitierte Dictum meinte, belegt sein als Figur 19 beigegebenes Notenbeispiel (Abbildung), das die Generalbassstimme an jener prekären Stelle anführt, an der die Musik von Ges-Dur/Fis-Dur nach H-Dur übergeführt wird (T. 26–32; Notenbeispiel 1).[4] Die Beispiele für Zirkelgänge, die Adlung an-

---

4   Adlung, *Anleitung zu der musikalischen Gelahrtheit* (Anm. 2), Tafel 2 nach S. 328, Figur 19.
    Zur Präzisierung des von Adlung gemeinten Chorsatzes vgl. erstmals Wolfgang Hirschmann,
    Vorwort, in: *Georg Philipp Telemann, Johannespassion 1745 „Ein Lämmlein geht und trägt die
    Schuld"*, hrsg. von Wolfgang Hirschmann, Kassel etc. 1996 (= Georg Philipp Telemann, Musikalische Werke 29), S. IX.

sonsten in seinem Text anführt, stammen allesamt aus theoretischen Abhandlungen oder aus Clavierwerken.

Abbildung: Jacob Adlung, *Anleitung zu der musikalischen Gelahrtheit*, Erfurt 1758, Tab. II, Figur 19: Fortschreitung von Ges-Dur/Fis-Dur nach H-Dur

Dass Telemanns Übertragung des Zirkelgangs in eine reguläre Kirchenmusik eine besondere Extravaganz und zugleich interpretatorische Herausforderung darstellte, zeigt Adlungs anekdotisch gefärbte Beschreibung der Aufführung in der Predigerkirche: „Wie die Aufführung bey uns zum Predigern damals abgelaufen, ist nicht nöthig zu sagen"; die Musiker hätten das Stück weder vorher geprobt noch jemals etwas von Zirkelgängen „gehört und gesehen. Daher, als es vorbey, kam bald dieser, bald jener, und fragte: was war denn das? Aber die Frage war zu spät."[5]

Aus diesem anschaulichen Beispiel lassen sich einige grundsätzliche Feststellungen ableiten:

1) Telemann interessiert sich im Bereich harmonischer Neuerungen für Effekte, die aus der Kombination enharmonischer Tonstufen oder deren Verwechslung entstehen, in unserem Fall Fis-Dur und Ges-Dur (man beachte in Notenbeispiel 1, wie in T. 25–29 die Kreuz- und die B-Tonart mit ihren Intervallen gleichzeitig präsent gehalten werden).

2) Telemann arbeitet mit dem Transfer ungewöhnlicher harmonischer Verfahren in musikalische Gattungen und Aufführungsmodi, in denen diese Verfahren eine besondere Sprengkraft entfalten mussten, hier aus dem Bereich der Musiktheorie und Orgelmusik in den der regulären Kirchenmusik. Der Bereich der gottesdienstlichen Musik wird dabei greifbar als ein Ort der Erprobung neuartiger harmonischer Verfahren. Nichts spricht dafür, dass Telemann ihn, wie immer wieder behauptet, als ‚kompositorische Routine' begriffen habe.[6]

3) Die extreme harmonische Wendung muss nicht immer als musikalisch-rhetorische Figur textlich motiviert werden (wie das Beispiel und Adlungs textliche Uminterpretation zeigen). Und selbst wenn dieser Bezug gegeben ist, gibt es doch kein zwingendes Argument dafür, dass derartig extreme harmonische Mittel eingesetzt werden müssten, um die angestrebte textexegetische oder affektische Wir-

5 Adlung, *Anleitung zu der musikalischen Gelahrtheit* (Anm. 2), S. 336.
6 Einen Überblick der neuesten Forschungen zu diesem Schaffensbereich bietet das Themenheft „Telemann und die Geschichte der Kirchenmusik" der Zeitschrift *Die Tonkunst* 11 (2017), H. 4, S. 434–507.

kung zu erzielen. Hier wird ein Interesse an systematischer Erkundung neuartigen harmonischen Terrains deutlich, das auf das eingangs zitierte Briefzitat rückverweist.

4) Die überlieferte konsternierte Reaktion der damaligen Musiker („Was war denn das?") kann man durchaus als Dokument der Wirkungsabsicht betrachten, die mit derartigen Verfahren verbunden ist: Es geht nicht in erster Linie um musikalische Textexegese, sondern darum, die Zuhörer zu überraschen und in Bewunderung zu versetzen. Nichts anderes meint Jean-Philippe Rameau, wenn er im Zusammenhang mit enharmonischen Wendungen von dem damit verbundenen „moment de la surprise" spricht: Dieser Überraschungsmoment „passe comme un éclair, & bien-tôt cette surprise se tourne en admiration, de se voir ainsi transporté d'un Hémisphere à l'autre, pour ainsi dire, sans qu'on ait eu le tems d'y penser"[7] (ereignet sich wie ein Blitz, und bald schon wandelt sich diese Überraschung in Bewunderung, dass man sich dergestalt von einer Hemisphäre zur anderen versetzt sieht, ohne dass man die Zeit hatte, darüber nachzudenken). Und allgemeiner lassen sich derartige Verfahren aus der sensualistischen Ästhetik des 18. Jahrhunderts erklären, die mit der glücklichen Formulierung von Jean Starobinski auf einer „Rivalität von Empfindung und Urteil" beruht: „Gewisse Elemente des Kunstwerks (Symmetrie, Klarheit usw.) sprechen das Urteilsvermögen zuerst an; andere Elemente (wie Verzierungen oder entzückende Absonderlichkeiten) lassen das Vergnügen durch eine plötzliche Überraschung entstehen."[8]

Auf eine andere ‚entzückende Absonderlichkeit' weist Johann Mattheson in seiner 1731 erschienenen *Großen General-Baß-Schule* hin. Er empfiehlt darin den werdenden Organisten zur Übung im Generalbassspiel ein genaueres Studium des Telemann'schen Arienjahrgangs von 1727. Eigens verweist er auf die Arie Nr. 79, die bei den Worten „die dem Ziel am allernächsten sich dünken, sind oft weit davon" eine „Ausweichung aus dem Gis moll/ ins G dur/ G moll/ und endlich ins fis moll" enthalte, die „eine der sonderbarsten und glücklichsten ist/ die man antreffen mag".[9] Die nach einem Halbschluss in Dis-Dur (zu gis-Moll, T. 43) ansetzende Modulation (Notenbeispiel 2)[10] arbeitet mit einer halbtönigen Sextakkordrückung und nachfolgender kadenzieller Stabilisierung von G-Dur (T. 46/47 bis T. 49), anschließender Mollwendung (T. 49) und

---

7 Jean-Philippe Rameau, *Génération harmonique, ou traité de musique theorique et pratique*, Paris 1737, Reprint in: Jean Philippe Rameau, *Complete Theoretical Writings*, hrsg. von Erwin R. Jacobi, Bd. 3, [Dallas] 1986, S. 153 (S. 91). Vgl. Thomas Christensen, *Rameau and Musical Thought in the Enlightenment*, Cambridge 1993, S. 199–208, hier S. 207.

8 Jean Starobinski, *Die Erfindung der Freiheit 1700–1789*, Frankfurt a. M. 1988, Kapitel „Das Gefühl als Instanz", S. 53 f.

9 Johann Mattheson, *Große General-Baß-Schule*, Hamburg 1731, Reprint Hildesheim etc. 1994, S. 273.

10 Georg Philipp Telemann, *Geistliche Arien (Druckjahrgang 1727)*, hrsg. von Wolfgang Hirschmann unter Mitarbeit von Jana Kühnrich, Kassel etc. 2012 (= Georg Philipp Telemann, Musikalische Werke 57), S. 147. Die gleiche Stelle in der vollstimmigen Kirchenmusik zum 4. Sonntag nach Trinitatis, die Telemann 1727 in Hamburg aufführen ließ, ist ediert in: Georg Philipp Telemann, *Harmonisches Lob Gottes. Zwölf Kirchenmusiken von Himmelfahrt bis zum 7. Sonntag nach Trinitatis nach Texten von Johann Friedrich Helbig*, hrsg. von Jana Kühnrich, Kassel etc. 2017 (= Georg Philipp Telemann, Musikalische Werke 56), S. 214 f.

einem enharmonisch verwechselten Sextakkord in Takt 51, der aus dem g-Moll-Bereich nach fis-Moll weiterführt. So sinnlich evident hier die ‚Entfernung vom Ziel‘ musikalisch dargestellt wird, so deutlich wird doch auch der ästhetische Überschuss, der durch die dicht koordinierte Folge von verschiedenen harmonischen Überraschungsmomenten generiert wird, die fast katalogartig aneinandergereiht werden. Wieder ist es Kirchenmusik und darüber hinaus häusliche Andachtsmusik, die den sozialen Ort der harmonischen Extravaganz bezeichnet. Und das Beispiel zeigt darüber hinaus, dass Telemanns Erkundung solch außergewöhnlicher Modulationsgänge und der mit ihnen verbundenen Intervalle, Klänge und Klangfolgen ein über Jahrzehnte hinweg verfolgtes Projekt darstellte: Zwischen der Entstehungszeit des ersten und der des zweiten Beispiels liegen gut zwanzig Jahre.

Notenbeispiel 2:
Georg Philipp Telemann, *Geistliche Arien* (Druckjahrgang 1727), Arie Nr. 79 „Zerbrechliche Gefäße sind's" zum 4. Sonntag nach Trinitatis (TVWV 1:1520a), T. 36–68

Die Erprobung neuartiger Klang- und Intervallkonstellationen besitzt bei Telemann einen besonderen theoretisch-systematischen Charakter: Einzelne Verfahren werden in ihren satztechnischen Möglichkeiten gleichsam kompositorisch erörtert. Sie treten dann nicht nur an einer besonderen Stelle (wie im vorangegangenen Beispiel) zu Tage, sondern prägen in katalogartiger Auffaltung den gesamten Verlauf. Den Gebrauch extrem dissonanter freier Vorhalte exemplifiziert eine Arie in der *Johannespassion* von 1745 auf den Text „O wie tief bist du gefallen; aber doch versinke nicht". Wie der mitgeteilte Ausschnitt zeigt (Notenbeispiel 3),[11] werden die sowieso schon dissonanten Hauptnoten auf der 3. Zählzeit (T. 34 *a*" zu H, T. 35 *d*" zu c, T. 36 *e*" zu *fis*, T. 39 *a*" zu g) systematisch durch die Vorschläge in ihrem Dissonanzgrad überboten: *b*" zu H, *es*" zum *e*' des C-Dur-Akkords (siehe Bratsche T. 35), *f*" zu *fis*, *b*" zum *h*' des G-Dur-Akkords (siehe Bratsche T. 39). An allen Stellen, an denen dieses Motiv eingesetzt wird (in der Singstimme stets auf die Worte „aber doch versinke nicht"), erklingen auch die prekären Intervalle der Vorschläge, so dass die gesamte Musik von diesem Effekt durchzogen wird.

Einen Katalog des Gebrauchs ungewöhnlicher verminderter und übermäßiger Intervalle bietet das eröffnende Dictum einer Kirchenmusik aus dem Stolbergischen (oder Behrndt-)Jahrgang von 1736/37.[12] In dem Spruchchor auf Psalm 71,20 „Gott, du lässest mich erfahren viel und große Angst" (Notenbeispiel 4) demonstriert Telemann das Zustandekommen verminderter und übermäßiger Intervalle durch die Kollision chromatischer Stimmführungen, so in Takt 18 die übermäßige Terz *es–gis*, in Takt 43 die verminderte Terz *cis–es* und dann mit abundanter Intensität in Takt 51 ff. Verbindungen wie die übermäßigen Quinten *as–e* (T. 51) und *b–fis* (T. 52) sowie die verminderte Sexte *cis–as* samt verminderter Oktave *cis–c* und verminderter Terz *cis–es* (T. 54), schließlich über dem Quint-Orgelpunkt D die übermäßige Prim *es–e* (T. 57) und nochmals die verminderte Terz *cis–es* (T. 58); im drittletzten Takt kommt dann als letzte Pointe die Kombination von verminderter Terz und verminderter Oktave hinzu (*cis–es–c*, T. 65 auf der zweiten Halben). Die katalogartige Demonstration ungewöhnlicher Intervalle wird in dem Stück zudem flankiert durch einen enharmonischen Sequenzgang in Takt 23 ff.

---

11 Edition: Telemann, *Johannespassion 1745* (Anm. 4), S. 85–94; das Notenbeispiel stammt aus dieser Ausgabe (S. 88).

12 Edition: Georg Philipp Telemann, *Zwölf Kirchenmusiken aus einem Jahrgang nach Texten von Gottfried Behrndt*, hrsg. von Nina Eichholz, Kassel etc. 2010 (= Georg Philipp Telemann, Musikalische Werke 48), S. 345 f. Das Notenbeispiel stammt aus dieser Ausgabe. Vgl. Wolfgang Hirschmann, „He Liked to Hear the Music of Others". Individuality and Variety in the Works of Bach and His German Contemporaries, in: *J. S. Bach and His German Contemporaries*, hrsg. von Andrew Talle, Urbana etc. 2013 (= Bach Perspectives 9), S. 1–23, hier S. 19–22.

Notenbeispiel 3:
Georg Philipp Telemann, *Johannespassion 1745* TVWV 5:30, Arie Nr. 25 „O wie tief bist du gefallen", T. 34–44

Notenbeispiel 4:

Georg Philipp Telemann, Kirchenstück zum Sonntag Jubilate „Gott, du lässest mich erfahren"
TVWV 1:638 aus dem *Stolbergischen Jahrgang* (1736/37), 1. Satz

Solche Kompositionen Telemanns mögen es gewesen sein, die Johann Adolph Scheibe nach seiner Ankunft in Hamburg im Jahr 1736 faszinierten und von der Richtigkeit seines eigenen harmonischen Systems, das er 1739 in seiner *Abhandlung von den Musicalischen Intervallen und Geschlechtern* vorstellte, überzeugten:

> Als ich auch endlich nach Hamburg kam, und die Ehre der Bekanntschaft eines vortrefflichen Telemanns erlangte, ward ich noch mehr von der Gewißheit meines Systems überzeuget, weil ich in den musicalischen Stücken

dieses großen Mannes sehr oft solche ungewöhnliche und fremde Intervallen antraf, die ich fast selbst noch nicht für brauchbar gehalten hatte, weil ich sie noch nicht bey andern Componisten angetroffen, ob ich sie schon längst unter die Reyhe der Intervallen hatte, und von ihrer Gewißheit aus meinem System bereits überführet war [...]. Ich hörte mit größtem Vergnügen, daß Er alle Intervalle, die sich in meinem System befanden, mit der schönsten Zierlichkeit und so nachdrücklich und rührend in seinen Stücken anbrachte, wo es nur die Stärke der Gemüthsbewegungen erforderte, daß man, ohne der Natur selbst zu wiedersprechen, diese Intervallen unmöglich verwerfen konnte.[13]

Telemanns innovative kompositorische Praxis (Scheibe hatte diese „ungewöhnliche[n] und fremde[n] Intervalle [...] noch nicht bey andern Componisten" angetroffen) bestätigt also die Theorie, und umgekehrt kann die Theorie als Legitimation der neuartigen kompositorischen Praxis gelten. Telemann selbst hat mit seinem *Neuen Musikalischen System*, das er 1743 der Mizler'schen Sozietät übermittelte und das 1752 mit einer Beurteilung Christoph Gottlieb Schröters[14] publiziert wurde, an dieser Theoriebildung mitgewirkt. Wie intensiv und lang anhaltend Telemann sich mit den ungewöhnlichen Klangverbindungen auch theoretisch auseinandersetzte, zeigen die 1767 als *Letzte Beschäfftigung Georg Philipp Telemanns, im 86sten Lebensjahre* erschienenen Klang- und Intervalltafeln.[15] Der Formulierung des *Neuen Musikalischen Systems* in den frühen 1740er Jahren war das Erlebnis der Paris-Reise vorangegangen, das Telemann in zweierlei Hinsicht in seinem kompositorischen Plädoyer für neue harmonische Wege bestätigt haben dürfte; zum einen, weil seine extravaganten harmonischen Wendungen in Frankreich auf enthusiastische Zustimmung trafen, wie sein Brief an Graun belegt:

Sonst habe noch nicht erlebet, daß jemand, bey Anhörung dergleichen Sätze, gestorben ist, wohl aber dieses, daß die Franzosen sie beklatschet, und der Herr Capellmeister Scheibe sich nicht wenig dran ergetzet hat, laut der Vorrede seines Tractats von Intervallen.[16]

---

13 Johann Adolph Scheibe, *Abhandlung von den Musicalischen Intervallen und Geschlechtern*, Hamburg 1739, S. 8 f.; siehe Max Schneider, Einleitung, in: Georg Philipp Telemann, *Der Tag des Gerichts. Ino*, hrsg. von dems., Leipzig 1907 (= Denkmäler deutscher Tonkunst, 1. Folge 28), S. LXX, sowie Günter Fleischhauer, *Telemann-Studien* (1963), neu ediert in: ders., *Annotationen zu Georg Philipp Telemann. Ausgewählte Schriften*, hrsg. von Carsten Lange, Hildesheim etc. 2007 (= Magdeburger Telemann-Studien 19), S. 15–37, hier S. 22 f.
14 Georg Philipp Telemann, Georg Philipp Telemanns neues musikalisches System, in: *Musikalische Bibliothek*, Bd. 3, 4. Teil, Leipzig 1752, Reprint Hilversum 1966, S. 713–726 und Tab. I–XIII. Vgl. dazu auch den Beitrag von Andreas Waczkat in diesem Band.
15 Georg Philipp Telemann, Letzte Beschäfftigung Georg Philipp Telemanns, im 86sten Lebensjahre, bestehend in einer musikalischen Klang- und Intervallen-Tafel, in: *Unterhaltungen*, Bd. 3, 4. Stück, Hamburg 1767, S. 346–352 und Tafel; Neudruck in: Georg Philipp Telemann, *Singen ist das Fundament zur Musik in allen Dingen. Eine Dokumentensammlung*, Wilhelmshaven 1981 (= Taschenbücher zur Musikwissenschaft 80), S. 266–273.
16 Telemann, *Briefwechsel* (Anm. 1), S. 284.

Man könnte hier einwenden, dass ja überhaupt nicht klar ist, auf welche in Frankreich ‚beklatschten Sätze' Telemann hier anspielt. Es spricht allerdings, wie ich an anderer Stelle gezeigt habe,[17] sehr viel dafür, dass Telemann sich hier auf den in Paris komponierten und aufgeführten 71. Psalm bezieht, der – systematisch über die gesamte Komposition verteilt – eindrucksvolle Beispiele seiner intervallischen und enharmonischen Erkundungsgänge aufbietet. Zum anderen lernte Telemann in Frankreich eine extreme enharmonische Intonationstechnik kennen, die ihn in dem Bestreben bekräftigte, ein Intervallsystem aufzustellen, das solche Intonationsunterschiede stimmungstheoretisch abbildet:

> In Paris singen einige, und zwar die besten Sängerinnen, so enharmonisch, daß einem die Ohren wehtun mögten. Das ist, sie singen höher oder tiefer. Aber es klinget doch <u>süß</u>. Eine schöne *Contradiction*. Man suchet jenen nachzuahmen, und wenig mögen dahin gelangen. […] Vortrefflich süß! Man muß die verwehnten zahmen Ohren etwas weiter auftuhn.[18]

Telemanns *Neues Musikalisches System* mit seiner gleichstufigen mikrointervallischen Teilung des Ganztons in neun und der Oktave in 55 Commata (inklusive des später von Georg Andreas Sorge berechneten „comma telemannicum")[19] zielt dann tatsächlich auf beide Aspekte. Telemann geht es nach eigener Aussage darum, die Intonationsunterschiede auf „uneingeschränkten Instrumenten" intervalltheoretisch abzubilden:

> Mein System hat keine Claviermäßige Temperatur zum Grunde, sondern zeiget die Klänge, so, wie sie auf uneingeschränkten Instrumenten, als Violoncell, Violine etc. wo nicht völlig, döch [sic] bey nahe, rein genommen werden können, welches denn die tägliche Erfahrung lehret.[20]

Und es geht ihm um eine Erweiterung des Klang- und Intervallrepertoires:

> Die Harmonie gewinnet hierbey nicht wenig Klänge, die man bisher für unbrauchbar, da sie doch unentbehrlich sind, gehalten hat, indem jeder derselben, als Grundklang, alle vier erfoderten Secunden, Terzien etc. hat, deren

---

17 Wolfgang Hirschmann, „Toute innovation dans les Arts est dangereuse". Telemanns 71. Psalm, sein *Neues musikalisches System* und die ramistische Ästhetik, in: *„L'esprit français" und die Musik Europas. Entstehung, Einfluss und Grenzen einer ästhetischen Doktrin / „L'esprit français" et la musique en Europe. Émergence, influence et limites d'une doctrine esthétique. Festschrift für Herbert Schneider*, hrsg. von Michelle Biget-Mainfroy / Rainer Schmusch, Hildesheim etc. 2007, S. 373–385.

18 Johann Mattheson, *Texte aus dem Nachlass*, hrsg. von Wolfgang Hirschmann / Bernhard Jahn unter Mitarbeit von Hansjörg Drauschke u. a., Hildesheim etc. 2014, S. 509–519 und 654, hier S. 511. Vgl. Wolfgang Hirschmann, „Aber es klinget doch süß". Mikrointervallik als theoretisches, ästhetisches und kompositorisches Problem in Telemanns *Neuem Musikalischem System*, in: *Stimmungen und Vielstimmigkeit der Aufklärung*, hrsg. von Silvan Moosmüller u. a., Göttingen 2017 (= Das achtzehnte Jahrhundert. Supplementa 21), S. 82–95.

19 Dazu genauer Jörg Fiedler, Das Komma. Vom ‚Restbetrag' zur ‚Maßeinheit' im harmonisch-melodischen Spannungsfeld der historischen Aufführungspraxis im 18. Jahrhundert, in: *Stimmungen und Vielstimmigkeit der Aufklärung* (Anm. 18), S. 23–46, sowie der Aufsatz von Andreas Waczkat in diesem Band.

20 Telemann, Georg Philipp Telemanns neues musikalisches System (Anm. 14), S. 716.

Gebrauch u. Wirkung nicht weniger als so erschrecklich sind, wie sie von denen ausgeschrien werden, die sie für Gespenster halten, u. vor welchen sie Reißaus nehmen, u. sich nicht träumen lassen, ihre Eigenschaften näher zu kennen. Es sind etwan ein Duzend Jahre, da ich selbst noch glaubete, man würde bey Anhörung etlicher von deren Harmonie das Balsambüchschen zur Hand nehmen müssen. Allein die Erfahrung hat mir den Irrthum benommen, u. dargethan, daß C#, E b u. Ab – C bb etc. nach einerley Gewürze schmecken.[21]

Telemanns deutsche Zeitgenossen waren dann doch mit dem „Balsambüchschen" schnell zur Hand, wenn es darum ging, Telemanns harmonische Innovationen zu verkraften. Das zeigt nicht nur der Briefwechsel mit Graun, der Telemanns „allzuscharffe[m] Gewürtz" „eine leichte ins *Tutti* gebrachte *Melodie*" entgegenstellte, „welche von scharffen Gewürtze leer, und einem Geträncke gleich, welches die Natur allen Menschen umsonst, und ohne Eckel, geschencket hat".[22] Auch in der deutschen Überlieferung des 71. Psalms lassen sich bearbeitende Eingriffe von fremder Hand nachweisen, die auf eine Entschärfung der extremen harmonischen Effekte in dieser Komposition abzielen.[23]

All dies scheint Telemann wenig angefochten zu haben. Seine bis in die Bizarrerie hineingetriebenen harmonischen Zumutungen setzte er auch auf der Hamburger Opernbühne um, wie die Arie des Wolrad „Der Mehltau trifft sowohl gekrönete Granaten als saurer Äpfel wilde Blüt" aus *Emma und Eginhard* von 1728 zeigt (Notenbeispiel 5);[24] in einer Folge frappierender harmonischer Schnitte moduliert der Satz von G-Dur (T. 4) nach B-Dur (T. 8) und weiter über E-Dur (T. 9) nach d-Moll (T. 12).

Und auch in die Instrumentalmusik nahm er ,entzückende Absonderlichkeiten' auf: Der Schlusssatz der vierten *Ouverture nebst zween Folgesätzen*, im Druck publiziert in den 1740er Jahren, bietet als Mittelteil eines italienischen Konzertsatzes in e-Moll für Cembalo solo ein „Piacevole" (Notenbeispiel 6),[25] das in mehreren überraschenden Wendungen von G-Dur nach B-Dur (T. 86), h-Moll (T. 89), Es-Dur (T. 93), e-Moll (T. 94), D-Dur (T. 96) und zurück nach G-Dur moduliert. Der Titel des Drucks bezeichnet die stets dreisätzigen Stücke „als Französisch, Polnisch oder sonst, tändelnd, und Welsch". Für den französischen Stil stehen die eröffnenden Ouvertürensätze, für den polnischen die mäßig langsamen Mittelsätze, für den italienischen die Schlusssätze. Im vierten Stück der Sammlung freilich hat Telemann mit der harmoni-

---

21 Ebenda, S. 718 f.

22 Graun an Telemann am 9. November 1751, in: Telemann, *Briefwechsel* (Anm. 1), S. 278 f.

23 Vgl. Hirschmann, „Toute innovation dans les Arts est dangereuse" (Anm. 17), S. 383 ff. Edition: Georg Philipp Telemann, *71. Psalm „Deus, judicium regi da". Grand Motet (Paris 1738) TVWV 7:7*, hrsg. von Wolfgang Hirschmann, Kassel etc. 2007 (= Georg Philipp Telemann, Musikalische Werke 45), „Anonyme zeitgenössische Bearbeitung (Quelle D)", S. 175–261; vgl. auch das Vorwort der Edition, S. XI.

24 Edition: Georg Philipp Telemann, *Die Last-tragende Liebe oder Emma und Eginhard. Singspiel in drei Akten nach einem Libretto von Christoph Gottlieb Wend TWV 21:25*, hrsg. von Wolfgang Hirschmann, Kassel etc. 2000 (= Georg Philipp Telemann, Musikalische Werke 37), S. 272–275. Das Notenbeispiel stammt aus dieser Edition (S. 272).

25 Edition: Georg Philipp Telemann, *Sechs Ouverturen* für Klavier, nach dem Erstdruck hrsg. von Erhard Franke, Leipzig 1968, S. 25. Das Notenbeispiel stammt aus dieser Ausgabe.

Notenbeispiel 5:
Georg Philipp Telemann, *Die Last-tragende Liebe oder Emma und Eginhard* (Hamburg 1728) TVWV 21:25, Arie Nr. 71 „Der Mehltau trifft sowohl gekrönete Granaten", T. 1–13

*) Granaten: Granatäpfel.

schen Extravaganz des „Piacevole" noch ein ganz eigenes Element eingearbeitet, das er dosiert, aber deutlich und unüberhörbar, wie ein Markenzeichen im Mittelteil des Schlusssatzes anbringt. Mir scheint, dass er dieses Markenzeichen sehr bewusst und absichtsvoll in verschiedenen Werkgruppen eingesetzt hat: in Kirchenmusikjahrgängen, in geistlicher Konzertmusik, in Opern, in der Claviermusik. Weitere Recherchen würden das Spektrum der Einsatzbereiche sicherlich noch erweitern und spezifizieren.

Notenbeispiel 6:
Georg Philipp Telemann, *VI Ouverturen nebst zween Folgesätzen* (Hamburg um 1742/45), Ouverture IV, 3. Satz, T. 79–100

Allegro da Capo al 𝄐

Über viele Jahrzehnte hinweg hat Telemann sich auf eine Suche nach neuen Klängen begeben: neue Klänge, die er in der Kombination oder Verwechslung von enharmonischen Tonstufen suchte. Enharmonische Modulationsgänge spielen dabei eine ebenso wichtige Rolle wie plötzliche harmonische Umbrüche und die Verwendung von außergewöhnlichen übermäßigen und verminderten Intervallen (vor allem übermäßigen oder verminderten Terzen, Quinten, Sexten und Oktaven). Diese extravaganten satztechnischen Verfahren erprobt Telemann systematisch in unterschiedlichen Formen, Gattungen und Aufführungsmodi, wobei die Kirchenmusik und geistliche Vokalmusik ein Terrain gewesen zu sein scheint, in dem er seine harmonischen Erkundungen mit besonderer Intensität vorangetrieben und vorgestellt hat. Der Gebrauch der extremen satztechnischen Mittel war häufig, aber nicht immer, durch den vorgegebenen Text und die darin geforderte „Stärke der Gemütsbewegungen"[26] begründet. Darüber hinaus manifestiert sich in Telemanns Gebrauch der Techniken ein autonomes kompositorisches Interesse, dem es darum zu tun ist, für die Harmonie Klangbereiche zu erschließen, „die man bisher für unbrauchbar, da sie doch unentbehrlich sind, gehalten hat".[27] Telemann selbst war bestrebt, seine enharmonischen Extravaganzen und die damit verbundenen Intonationsprobleme stimmungstheoretisch zu begründen und zu legitimieren. Sowohl seine kompositorische Praxis wie sein theoretisches System stießen auf Vorbehalte und Kritik bei seinen deutschen Zeitgenossen: Ihnen erschien das harmonische Gewürz zu stark, und sie plädierten vor dem Hintergrund des Natürlichkeitsparadigmas der ‚reinen Melodie' für eine Zurücknahme und Mäßigung der harmonischen Mittel. Carl Heinrich Graun sah in Telemanns Suche nach neuen harmonischen Wegen gar einen Bruch mit den Grundlagen der musikalischen Grammatik: „Und in der *Harmonie* neue Thöne suchen, kommt mir eben so vor, als in einer Sprache neue Buchstaben".[28] Telemann freilich verfolgte den einmal eingeschlagenen Weg einer Suche nach neuen harmonischen ‚Buchstaben' konsequent weiter bis ins hohe Alter und setzte die harmonischen Effekte wie ein Markenzeichen ein; die Hörerfahrungen und Publikumsreaktionen während seiner Paris-Reise hat er offenbar als Bestätigung dieses Weges angesehen. Wir Heutigen verdanken dieser Suche wahrhaft abenteuerliche Hörmomente, die man als frappierende Effekte bewundern oder als übertriebene Bizarrerien ablehnen mag. Als Dokumente eines ebenso eigenwilligen wie systematischen kompositorischen Kalküls sind sie allemal bedeutsam.

---

26 Scheibe, *Abhandlung von den Musicalischen Intervallen* (Anm. 13), S. 9.
27 Telemann, Georg Philipp Telemanns neues musikalisches System (Anm. 14), S. 718.
28 Brief Grauns an Telemann, 14. Januar 1752, in: Telemann, *Briefwechsel* (Anm. 1), S. 291.

Andreas Waczkat

„Grönländische Sätze"

Telemanns *Neues Musikalisches System* und der unverstandene Versuch, eine Praxis theoretisch herzuleiten

Georg Philipp Telemanns *Neues Musikalisches System* zu seinen Hamburger Innovationen zu zählen, ist schon durch das Attribut „neu" nahegelegt, wenngleich dieses Attribut allem Anschein nach gar nicht auf Telemann selbst zurückgeht. In einem weiteren Kontext hat es ihn über mindestens ein Vierteljahrhundert hinweg beschäftigt: Die erste indirekte Spur zu diesem System führt in das Jahr 1743, als Telemann es der Correspondierenden Societät der musicalischen Wissenschaften, der so genannten Mizlerschen Societät, deren Mitglied Telemann seit 1739 war, vorlegte. Man war in der Societät jedoch nicht vorbehaltlos einverstanden, so dass Telemann um genauere Erläuterungen gebeten wurde. Diese lieferte er einige Jahre später ab, und so erschien das *Neue Musikalische System* 1752 in Lorenz Mizlers *Musikalischer Bibliothek* im Druck,[1] begleitet von einer Vorerinnerung Mizlers, in der von der ersten Korrespondenz des Systems im Jahr 1743 berichtet wird.[2] Es schließt sich eine „auf Verlangen aufgesetzt[e]" Beurteilung des Systems durch Christoph Gottlieb Schröter an.[3] Schröter, ebenfalls seit 1739 Mitglied der Mizlerschen Societät, wirkte zu jener Zeit als Organist an der Nikolaikirche in Nordhausen und als eifriger, häufig auch polemischer Beiträger zu Mizlers *Musikalischer Bibliothek*.[4] Schröter hatte sich selbst vielfach zu Fragen verschiedener Stimmungssysteme und deren mathematischer Herleitungen geäußert und darf damit wohl als durchaus kompetenter Rezensent angesehen werden. Telemanns System fand jedoch dessen Zustimmung nicht: Schröter hält Telemanns Beispiele, mit denen er sein System erläutert, für „grönländische Sätze".[5]

Telemann beschäftigte sich jedoch weiterhin mit diesem System, wie dessen Publikation in den Hamburger *Unterhaltungen* im Jahr 1767 belegt. Unter der Überschrift „Letzte Beschäfftigung G. P. Telemanns, im 86ten Lebensjahre, bestehend in einer musikalischen Klang- und Intervallen-Tafel"[6] ist dort eine überarbeitete Fassung zu fin-

---

1   Georg Philipp Telemann, Einige Grundsätze meines Telemannischen Systems, in: Lorenz Christoph Mizler von Kolof, *Musikalische Bibliothek oder Gründliche Nachricht nebst unpartheyischem Urtheil von alten und neuen musikalischen Schriften und Büchern*, Bd. 3 (1746/1752), Leipzig 1746, S. 714–719.

2   Lorenz Mizler, Georg Phil. Telemanns neues musikalisches System. Vorerinnerung, in: ebenda, S. 713.

3   Christoph Gottlieb Schröter, C. G. Schröters Beurtheilung des neuen musikalischen Systems Herrn Telemanns, auf Verlangen aufgesetzet, in: ebenda, S. 720–726.

4   Ein Verzeichnis in Undine Wagner, Schröter, Christoph Gottlieb, in: *MGG²*, Personenteil 15, Kassel etc. 2006, Sp. 60–62, hier Sp. 61.

5   Schröter, C. G. Schröters Beurtheilung des neuen musikalischen Systems Herrn Telemanns (Anm. 3), S. 724. Schröter bezieht sich dabei auf die kurzen in den Tabellen VIII–XII im Anhang der *Musikalischen Bibliothek* (Anm. 1) abgedruckten Beispiele.

6   Georg Philipp Telemann, Letzte Beschäfftigung Georg Philipp Telemanns, im 86sten Lebensjahre, bestehend in einer musikalischen Klang- und Intervallen-Tafel, in: *Unterhaltungen*, Bd. 3, 4. Stück, Hamburg 1767, S. 346–352, Tafel unpaginiert nach S. 352.

den, die weniger umständlich formuliert, mit Beispielen veranschaulicht, in wesentlichen Aspekten wie den Details der Rechnung aber auch verkürzt ist. Im Grundsatz gibt aber auch dieser Aufsatz wieder, was Telemann schon 1752 und mutmaßlich auch 1743 als musikalisches System präsentierte, dem freilich erst seine Referenten und Kritiker das Attribut „neu" zugemessen haben.

Dieses System beruht darauf, dass jede einzelne Note als ein Klang definiert wird, der in vier Gattungen existiert.[7] Dieser Klang wird von Telemann als Intervall der Prime bezeichnet, die als kleinste, kleine, große und größte Prime erklingen kann. Diese Intervalle, so Telemann, stehen „um vier Commaten von einander",[8] womit aber offensichtlich die Differenz von kleinster zu größter Prime gemeint ist, so dass zwischen den Klängen ein Abstand von jeweils einem Komma liegt. Welches Maß ein solches Komma genau hat, teilt Telemann nicht mit, sondern überlässt das Rechnen den Lesern:

> Hier sollte ich geometrisch reden u. anzeigen, wie viel Raum ein jedes Comma einnähme. Allein dieß ist es, womit ich die Ehre habe, unserer erleuchteten Gesellschaft einige Beschäftigung zu machen, um zu erfahren, wie weit unsere Rechnungen zusammen treffen.[9]

Diese Rechnung nachzuvollziehen, ist zunächst nicht schwierig. Telemann gibt dazu die Längenproportionen an die Hand: In der C-Dur-Tonleiter beträgt der Abstand vom C zum D fünf Zoll und fünf Striche, wobei er das Zoll in acht Striche unterteilt, entgegen der üblichen Unterteilung in deren zehn.[10] Die Differenz der Längen, die Telemann in der Spalte „gehen ab x Striche" verzeichnet, bestätigt diese Unterteilung des Zoll. Damit lässt sich ermitteln, dass der Weg vom C zum H# insgesamt 25 Zoll und fünf Striche ausmacht. Die enharmonische Differenz zwischen C und H# beträgt nun ein Komma.[11] Die Länge der Oktave gibt Telemann mit zwei Fuß, ein Zoll und ein Strich an,[12] was sich als 25 Zoll plus ein Strich umrechnen lässt. Ein Komma entspricht also der Differenz von vier Strichen. Das genaue Maß von Zoll und Strich zu kennen – Telemann bezieht sich auf das Hamburger Werkmaß, in dem ein Fuß 28,656 cm und ein Zoll einem zwölftel Fuß entspricht[13] –, ist nicht erforderlich, denn die Differenz lässt sich proportional herleiten: $\frac{25\frac{5}{8}}{25\frac{1}{8}}$. Die Größe des Kommas lässt sich

---

7   Telemann, Einige Grundsätze meines Telemannischen Systems (Anm. 1), S. 714 und 718, §§1, 2 und 19. Die spätere Darstellung des Systems von 1767 ist zwar weniger umständlich formuliert, doch ist jene von 1752 vollständiger im Hinblick auf die Herleitung des Systems. Soweit nicht anders vermerkt, folgt meine Rekonstruktion dieser Herleitung daher Telemanns Fassung von 1752.

8   Ebenda, S. 718, §19.

9   Ebenda, S. 715, §7.

10 Ebenda, S. 717, §16.

11 Im Druck liest man „von H bis C", doch das ist ein eindeutiger Druckfehler, denn der Halbtonschritt ist als Abstand von fünf Kommata festgelegt. Die Konsequenzen dieses Druckfehlers werden im Text noch erläutert.

12 Ebenda, S. 715, §8.

13 C[…] Bopp, *Die internationale Maß-, Gewichts- und Münz-Einigung durch das metrische System*, Stuttgart 1869, S. 115f.

im Cent-System genau bestimmen, da die Oktave in 1200 Cent regelmäßig geteilt ist. Das Telemann'sche Komma beträgt demnach $1200 \frac{25\frac{5}{8}}{25\frac{1}{8}} - 1200 = 23{,}88$ Cent und entspricht nahezu exakt dem pythagoreischen Komma mit 23,46 Cent oder knapp einem Viertel eines Halbtons. Daraus wäre eine implizite Prämisse Telemanns abzuleiten, denn das pythagoreische Komma ergibt sich auch aus der Differenz zwischen sieben reinen Ganztonschritten und der Oktave, also wie bei Telemann angegeben zwischen *H#* und *C*.

Die Herleitung des Telemann'schen Kommas ist jedoch noch einfacher, wenn man Telemanns durch ungeschickte Wahl der Terminologie zusätzlich verunklarte umständliche Beschreibung versuchshalber in ein regelmäßiges Raster bringt. Telemann führt aus, dass „ein kleinester Ton […] einen Grad hat, ein kleiner deren fünf, ein großer neun".[14] Daraus ist bisher gefolgert worden, dass eine große Sekunde in neun Kommata geteilt ist,[15] wobei allerdings „Grad" – von lat. gradus = Schritt – durch „Komma" – von griech. κόμμα = Abschnitt – substituiert ist. Gemeint ist hier aber nicht der Abschnitt, sondern der Schritt: die Prime hat die Grade – oder Schritte – eins bis vier, die kleine Sekunde die Grade fünf bis acht, die große Sekunde die Grade neun bis 13 usw. Zwischen den Graden liegt nun ein Komma – oder Abschnitt –, die kleinste große Prime ist von der kleinsten großen Sekunde also acht Kommata entfernt, woraus sich das Komma genau als Achtelton, also 25 Cent ermitteln lässt. Die Differenz zu dem auf Basis der Längenangaben der Oktave ermittelten Komma beträgt 1,12 Cent und ist mess-, aber kaum hörbar. Innerhalb der eingestrichenen Oktave ergibt sich bei einem angenommenen Kammerton von *a'*=415 Hz die Größe eines Cent als rund 0,25 Hz aufwärts oder 0,24 Hz abwärts, mithin also eine Schwebungsdifferenz von einer Schwingung in vier Sekunden. Bei als nicht rein angenommenen Intervallen wird jede Schwebung, die sich aus der Unreinheit der Intervalle ergibt, diese Schwebungsdifferenz bei Weitem überlagern, und man braucht schon extrem feine Ohren, um innerhalb der Rauheit eines unreinen Intervalls noch eine zyklische Veränderung innerhalb von vier Sekunden ausmachen zu können. Zudem dürfen wir Telemann selbst für die Messungenauigkeit in Anspruch nehmen. Er schreibt nämlich: „Ob hin u. wieder ein geringes zu viel oder zu wenig gemessen ist, so kann es im Großen wenig verschlagen, u. mittelst eines zärtern Maßstabes, als ich gehabt, leicht unter die Zwischenintervallen vertheilet werden."[16] Der „zärtere Maßstab" ergibt in Umstellung der obigen Rechnung $\frac{1200 * x}{25\frac{1}{8}} - 1200 = 25$; x errechnet sich danach als $\frac{1225}{1220} * 25\frac{1}{8}$ oder rund 25,65. Die Differenz zu $25\frac{5}{8}$ – also der Messfehler – beträgt im Hamburger Werkmaß somit absolut knapp 6 Millimeter, bezogen auf die Gesamtlänge der Oktave von 25 1/8 Zoll oder knapp 60 Zentimetern relativ also ein Pro-

---

14 Telemann, Einige Grundsätze meines Telemannischen Systems (Anm. 1), S. 716, §10.

15 Zuletzt bei Wolfgang Hirschmann, „Aber es klinget doch süß". Mikrointervallik als theoretisches, ästhetisches und kompositorisches Problem in Telemanns *Neuem Musikalischem System*, in: *Stimmungen und Vielstimmigkeit der Aufklärung*, hrsg. von Silvan Moosmüller u. a., Göttingen 2017 (= Das achtzehnte Jahrhundert. Supplementa 21), S. 82–95.

16 Telemann, Einige Grundsätze meines Telemannischen Systems (Anm. 1), S. 718, §17.

zent. Das ist ein Wert, der angesichts der einfachen Zahlen, mit denen Telemann hier operiert, frappierend gering ist.

Schröter ist Telemanns System gegenüber nicht nur skeptisch, da es einen Gegenentwurf zu seinem eigenen gleichstufigen System[17] darstellt, sondern er argumentiert als Organist zunächst auch von einer gänzlich anderen praktischen Seite her. Telemann formuliert als Prämisse, dass sein System nur auf „uneingeschränkten Instrumenten, als Violoncell, Violine &c."[18] anzuwenden sei. Schröter hält schon dies für nicht praxistauglich, erprobt das System dennoch mit einem Monochord,[19] macht sich aber zu keiner Zeit die Mühe, Telemanns Berechnungen nachzuvollziehen. Dies löst als erster – und zwar noch vor der Publikation in Mizlers *Musikalischer Bibliothek* – Georg Andreas Sorge ein, der in seinem *Gespräch zwischen einem Musico theoretico und einem Studioso musices* nicht nur verschiedene temperierte Stimmungen, sondern ausdrücklich auch Telemanns *Neues Musikalisches System* untersucht.[20] Sorge liest die Telemann'schen Grade litteral und referiert, dass die große Sekunde neun Kommata enthalte; für die Oktave aus sechs großen Sekunden und einem Komma kommt er auf die seither in der Forschung stets herangezogene Teilung der Oktave in 55 Kommata: sechs große Sekunden mal neun Grade plus eins.[21] Tatsächlich irrt Sorge hier aber gleich doppelt, indem er einerseits die Grade mit den Kommata gleichsetzt und die von Telemann nur zur Berechnung des Komma beigefügte Angabe „bleibt von *H* [recte: *H#*, was Sorge freilich zutreffend erkannt hat] bis *C* ein Comma" als Voraussetzung versteht. In Telemanns System ist die Oktave aber in 48 Kommata geteilt: vier mal zwölf chromatische Töne, die jeweils um ein Komma voneinander entfernt sind. Die sich daraus ergebende Regelmäßigkeit wird von Telemann explizit herausgestellt:

> Es bestimmet eine durchgehends proportionirliche Gleichheit unter den Intervallen. [...] Es sind etwan ein Duzend Jahre, da ich selbst noch glaubete, man würde bey Anhörung etlicher von deren [Intervallen] Harmonie das Balsambüchschen zur Hand nehmen müssen. Allein die Erfahrung hat mir den Irrthum benommen, u. dargethan, daß [die verminderten Terzen] *C#*, *Eb* u. *Ab-Cbb* &c. nach einerley Gewürze schmecken.[22]

Sorge postuliert seine Teilung zunächst nur, ohne sie mathematisch abzuleiten. In einer Tabelle stellt Sorge die Oktave des Telemann'schen Systems mit 28 Einzeltönen dar, wobei er die Telemann'schen Grade jeweils auf Ganztöne anwendet: das *C* hat vier Grade, ebenso das *D*, das *E*, das *Fis*, das *G*, das *A* und das *H*.[23] Neben die Töne

---

17 Christoph Gottlieb Schröter, Der Musikalischen Intervallen Anzahl und Sitz, in: Mizler, *Musikalische Bibliothek* (Anm. 1), S. 685–713.

18 Telemann, Einige Grundsätze meines Telemannischen Systems (Anm. 1), S. 716, §13.

19 Schröter, C. G. Schröters Beurtheilung des neuen musikalischen Systems Herrn Telemanns (Anm. 3), S. 723, §6.

20 Georg Andreas Sorge, *Gespräch Zwischen einem* Musico theoretico *und einem* Studioso musices *von der Prätorianischen, Printzischen, Werckmeisterischen, Neidhardtischen und Silbermannischen Temperatur Wie auch von dem neuen* Systemate *Herrn Capellmeister Telemanns, zu Beförderung reiner Harmonie*, Lobenstein [1748].

21 Ebenda, S. 51 f.

22 Telemann, Einige Grundsätze meines Telemannischen Systems (Anm. 1), S. 718 f., §19.

23 Sorge, *Gespräch Zwischen einem* Musico theoretico *und einem* Studioso musices (Anm. 20), S. 54 f.

sind Zahlen gestellt, die sich relativ zueinander als umgekehrte Proportionen verstehen: der tiefste Ton *C* wird als 2000 gesetzt, die Oktave *c* dazu als 1000. Der Ton *E* beispielsweise erhält dort den Wert 1593,98, was dem Verhältnis der großen Terz von 5:4 abzüglich der Abweichung in der gleichstufigen Stimmung entspricht.

Der Studioso musices ist nun ebenso begierig wie der gegenwärtige Forscher zu erfahren, wie diese Berechnung funktioniert, muss sich aber vertrösten lassen: „In meiner Anweisung zur Rational-Rechnung, welche mit nechsten [Jahr], so GOtt will, das Licht sehen wird, wird es deutlich gezeiget, wie man mit dergleichen Rechnung, und der damit verknüpfften Ausmessung verfähret".[24] Diese *Anweisung zur Rational-Rechnung* ist tatsächlich 1749 erschienen und widmet sich in der 38 Seiten umfassenden neunten Lektion ausschließlich dem Telemann'schen System.[25] Mit einer einfachen Lösung: Das Telemann'sche Komma entspricht dem syntonischen Komma, also der Differenz zwischen einer reinen Terz und zwei reinen großen Ganztönen, mithin dem Verhältnis 81:80. Dieses Komma sei „dem Telemannischen mehr dem Verstande als dem Gehör und Gesicht nach unterschieden".[26] Dass Sorges darauf fußende Berechnungen der 28 Töne zum Teil etwas großzügig gerundet sind, rechtfertigt er unter Verweis auf die Nichthörbarkeit der sich ergebenden Fehler:

> Die Zahlen gehen ins Unendliche, aber unser Gehör und Gesicht haben ihre Grenzen. Da muß man bey der Möglichkeit bleiben, und sich ein Haar in 100. Theile zu theilen, vergehen lassen. […] Dahero laß es seyn, daß unsere Zahlen in dem Telemannischen System den Gipfel der arithmetischen Richtigkeit nicht gar erreichen, genug wenn wir eben so viel damit ausrichten, und das Gehör eben so wohl vergnügen, als wenn sie bis auf den hundertesten Theil einer Haares-Dicke ausgerechnet wären.[27]

Bei aller Detailliertheit der Berechnung übersieht Sorge eine wesentliche Vorbemerkung Telemanns. Die mathematische Herleitung ist demnach lediglich ein Angebot an die Mitglieder der Mizlerschen Sozietät, sein System nachzuvollziehen. Telemann selbst hat „bisher die Mathematik u. Meßkunst beym Componiren für entbehrlich gehalten, u. [sich] nur obenhin darin umgesehen".[28] Und so beruht Telemanns System wohl viel eher auf praktischen Erfahrungen denn auf theoretischen Überlegungen. Wolfgang Hirschmann hat unlängst ausgeführt, dass es die Hörerfahrungen sind, die Telemann während seiner Parisreise bei der Aufführung seines Grand Motet *Deus judicium tuum* (TVWV 7:7) am 25. März 1738 im *Concert spirituel* in den Tuilerien machte.[29] In einem Briefwechsel mit Johann Mattheson notierte Telemann:

---

24 Ebenda, S. 56 f.
25 Georg Andreas Sorge, *Ausführliche und deutliche Anweisung zur Rational-Rechnung, und der damit verknüpfften Ausmessung und Abtheilung des Monochords, Vermittelst welcher man Die musikalische Temperatur […] auf Orgeln und allerhand andere Instrumente bringen kan. Nebst einer ausführlichen Nachricht von dem neuen Telemannischen Intervallen System*, Lobenstein 1749. Die neunte Lektion umfasst die Seiten 200–237.
26 Ebenda, S. 203.
27 Ebenda, S. 213.
28 Telemann, Einige Grundsätze meines Telemannischen Systems (Anm. 1), S. 717, §14.
29 Hirschmann, „Aber es klinget doch süß" (Anm. 15), S. 83 f.

> In Paris singen einige, und zwar die besten Sängerinnen, so enharmonisch,
> daß einem die Ohren wehtun mögten. Das ist, sie singen höher oder tiefer.
> Aber es klinget doch süß. [...] Vortrefflich süß! Man muß die verwehnten
> zahmen Ohren etwas weiter auftuhn.[30]

Vermutlich ist schon Schröter aufgefallen, dass dieser Aspekt der sinnlichen Wahrnehmung für Telemann leitend ist. Denn der Mathematiker Schröter, der unter anderem einen „vollständigen Plan der pythagoreischen gleichschwebenden Temperatur" entworfen hatte, dessen Zusammenfassung in Mizlers *Musikalischer Bibliothek* dem Druck von Telemanns *Neuem Musikalischen System* unmittelbar voransteht,[31] bemühte in seiner Beurteilung von Telemanns System nichts weniger als die Opposition zwischen den mathematisch argumentierenden Pythagoräern und dem Empiriker Aristoxenos. Wiederum zu Telemanns Beispielen kommentiert er: „Wohl dem Pythagoräer, der die Ingredientien solcher Aristoxenischen Kunststücke entkräften u. bemerken kann, daß die vorigen [...] Blendwerke [...] zur Ohrenteuschung entlehnt sind."[32] Dass Schröter diese Sätze dann „grönländisch" nennt, ist in gewisser Weise konsequent, denn sie klingen unvorstellbar fremd in seinen Ohren – eine Erfahrung, die auch Telemann in Paris gemacht hatte und die Hirschmann treffend als „Alteritätserfahrung"[33] klassifiziert. Schröters Alteritätserfahrung dürfte hingegen allein auf Einbildungskraft beruhen; eine einschlägige Quelle für die Grönlandkenntnis jener Zeit sind die satirisch-humoristischen *Voyages et Avantures de Jaques Massé* von Simon Tyssot de Patot, die unter dem Titel *Des Robinson Crusoe Dritter und Vierter Theil, Oder, Lustige und seltsame Lebens-Beschreibung Peter von Mesange: Worinnen er seine Reise nach Grönland und andern Nordischen Ländern, nebst dem Ursprung, Historien, Sitten, und vornemlich das Paradies derer Einwohner des Poli critici, nebst vielen ungemeinen Curiositäten, artig und wohl beschreibet*, die 1721 in Leyden in deutscher Übersetzung erschienen sind.[34] In einem fiktiven Gespräch mit seinem König äußert sich der Geistliche Peter von Mesange dort auch über die Musik, für die sich der König gerade besonders interssiert:

> Wer weiß, allergnädigster Herr, [...] ob nicht die Octave, welche in dieser
> Welt doppelt, in jener dreyfach ist, und ob nicht unsere Musicanten, welche
> vorgeben, daß die Quinte sich wie drey gegen zwey, und die Quarte wie vier
> gegen drey verhält, unter selbigen Leuten [d. h. den Grönländern] nicht wür
> den ausgepfiffen oder ausgelacht werden.[35]

30 Zitiert nach der Edition in ebenda, S. 84 (Hervorhebung original).
31 Vgl. Anmerkung 17.
32 Schröter, C. G. Schröters Beurtheilung des neuen musikalischen Systems Herrn Telemanns (Anm. 3), S. 724, §7.
33 Hirschmann, „Aber es klinget doch süß" (Anm. 15), S. 84.
34 Simon Tyssot de Patot, *La Vie, les avantures, & le voyage de Groenland*, Amsterdam 1720; in deutscher Übersetzung erschienen als *Des Robinson Crusoe Dritter und Vierter Theil, Oder, Lustige und seltsame Lebens-Beschreibung Peter von Mesange, Worinnen er seine Reise nach Grönland und andern Nordischen Ländern, nebst dem Ursprung, Historien, Sitten, und vornemlich das Paradies derer Einwohner des Poli critici, nebst vielen ungemeinen Curiositäten, artig und wohl beschreibet*, Leyden 1721.
35 Ebenda, S. 171.

Die Intonationspraxis im Pariser *Concert spirituel*, die Telemann eine zuvor unbe-kannte Hörerfahrung ermöglichte, könnte eine theoretische Parallele in André Bar-rigue de Montvallons *Nouveau Système de musique* gehabt haben, das 1742 in Aix im Druck erschien[36] und 1747 von dem im Zusammenhang mit der Augen-Orgel auch für Telemann bekannten Gewährsmann Louis-Betrand Castel in einem *Extrait du „Nouveau Sistême" de Montvallon*[37] referiert wurde. Montvallons Titel wiederum ver-weist seinerseits auf Jean-Philippe Rameaus *Nouveau Système de Musique théorique* aus dem Jahr 1726,[38] das sich in erster Linie als musikanalytische Erweiterung seiner Harmonielehre verstehen lässt.[39] Montvallon indes fasst in seiner Darstellung verschie-dene theoretische Schriften zusammen, mit dem Ziel, die reine Stimmung in der Mu-sik zu begründen,[40] was letztlich allerdings auch nur auf eine bestimmte Temperatur hinauslaufen kann, da Montvallon auf die Stimmung von Tasteninstrumenten zielt.[41] Telemann allerdings propagiert für sein System die „uneingeschränkten Instrumente", die in reiner Stimmung spielen können – das also mag er als so „vortrefflich süß" in Paris erlebt haben.

Dass die theoretische Herleitung dieser Intonationspraxis umständlich und auch missverständlich ausgefallen ist, dürfte dem Systemzwang geschuldet sein, den Tele-mann selbst erzeugt hat. Im Ergebnis lässt es sich leicht lesen: Zwischen allen enhar-monisch vertauschten Tönen liegt die Differenz eines Kommas, nicht zwischen den vier Graden eines Intervalls. *C* und *Deses* unterscheiden sich um ein Komma, ebenso *Cis* und *Des*, *Cisis* und *D* sowie *Cisisis* und *Dis*. Es ist offensichtlich, dass einige die-ser Vertauschungen musikalisch relevant sind, andere wiederum nur der theoretischen Vollständigkeit halber genannt werden.

Ganz klar wird dies, wenn Telemann in der späteren Ausgabe seines Systems die vier verschiedenen Quarten in einem praktischen Beispiel vorstellt und dabei der Quarte eine Sonderstellung einräumt, da man sie – eine Abweichung zur früheren Fassung – weder als kleinste, kleine, große und größte erkennt, sondern diese verklei-nerte, gewöhnliche, übermäßige und „ein Ungeheuer" nennt.[42]

Über einem *C* lautet demnach die kleinste Quarte *C-Fes*, die kleine *C-F*, die große *C-Fis*, die größte oder eben das Ungeheuer *C-Fisis*, und diese – wie sie heute genannt würde – doppelt übermäßige Quarte kommt in seinem Beispiel auch zweimal vor, ein-mal über *c*, zuvor einmal über *f* (Notenbeispiel 1).

---

36 André Barrigue de Montvallon, *Nouveau Système de Musique sur les Intervalles des Tons et sur la Proportion des Accords, où l'on examine les Systèmes proposés par divers Auteurs*, Aix 1742.

37 Louis-Betrand Castel, Extrait du „Nouveau sistême" de Montvallon, in: *Mémoires pour l'Histoire des Sciences et des beaux Arts* 47 (1747), S. 1588–1601.

38 Jean-Philipp Rameau, *Nouveau Système de Musique théorique, Où l'on découvre le Principe de toutes les Regles necessaires à la Pratique*, Paris 1726.

39 Ian Bent, Rameau and Music Analysis, in: *Music Analysis in the Nineteenth Century. Volume 1: Fugue, Form and Style*, hrsg. von Ian Bent, Cambridge 1994 (= Cambridge Readings in the Li-terature of Music), S. 3–5.

40 Vgl. auch David J. Benson, *Music: A Mathematical Offering*, Cambridge 2007, S. 178.

41 Albert Cohen, *Music in the French Royal Academy of Sciences. A Study in the Evolution of Mu-sical Thought*, Princeton 1982, S. 88.

42 Telemann, Letzte Beschäfftigung G. P. Telemanns (Anm. 6), S. 350.

Notenbeispiel 1:
Georg Philipp Telemann, Letzte Beschäfftigung G. P. Telemanns, im 86ten Lebensjahre, bestehend in einer musikalischen Klang- und Intervallen-Tafel, in: *Unterhaltungen. Dritten Bandes Viertes Stück*, Hamburg 1767, S. 350, T. 1–6. In der Vorlage ist das Beispiel im Klaviersatz mit der rechten Hand im Sopranschlüssel geschrieben

Die harmonischen Zusammenhänge sind vergleichbar. In Takt 3 fordert der übermä
ßige Terzquartakkord *f-a'-h'-dis"* eigentlich die Fortführung in den kadenzierenden
Quartsextakkord von a-Moll; er wird jedoch trugschlüssig weitergeführt in den Akkord *f-dis'-gis'-his'*, der als Dominante von cis-Moll mit verminderter Septime fungiert. Dieses cis-Moll wird in den folgenden Takten kadenziell befestigt. Ähnlich funktioniert die nächste (im Notenbeispiel nicht mehr gezeigte) Modulation, wenn der
Akkord *c-e'-fis'-ais'* als Doppeldominantseptakkord mit verminderter Quinte gefolgt
wird von dem übermäßigen Sekundakkord *c-dis'-fisis'-ais'*, der wiederum als Dominante mit verminderter Septime, nun aber in gis-Moll zu verstehen ist. Auch hier wird
die neue Tonart in den folgenden Takten kadenziell befestigt. Auffällig ist einerseits,
dass Telemann beide doppelt übermäßigen Quarten im Kontext von Modulationen
einführt, andererseits, dass er solche Akkorde als Umdeutungsakkorde verwendet, die
auf einem Tasteninstrument enharmonisch doppeldeutig sind. Der übermäßige Terzquartakkord *f-a'-h'-dis"* lässt sich als *f-a'-ces"-es"* auch als dominantisch in B-Dur/
b-Moll verstehen, wobei die Leittönigkeit den Ausschlag gibt: im Terzquartakkord ist
das *dis"* die leittönige Terz, die aufwärts geführt werden muss – was Telemann auch
tut –, in der Dominante wäre das *es"* die Septime, die abwärts aufzulösen ist. Analog gilt dies für den übermäßigen Sekundakkord *c-dis'-fisis'-ais'*, der als *c-es'-g'-b'* auch
subdominatisch in B-Dur/b-Moll zu lesen wäre. In der dominantischen Funktion ist
das *fisis'* die leittönige Terz, die zum *gis'* gehen muss – wieder befolgt Telemann diese und auch andere Stimmführungsregeln genau –, in der enharmonisch vertauschten
subdominantischen Lesart ist das *g'* kein Leitton mehr. Hier wäre es dann das *ais'*, das
als *b'* abwärts geführt werden sollte.

Hirschmann hat darauf aufmerksam gemacht, dass in Telemanns Vertonung des
71. Psalms, den er in Paris „so süß" gesungen gehört hat, genau solch ein übermäßi-

ger Sekundakkord vorkommt, nämlich in Takt 111 des zweiten Satzes (Notenbeispiel 2).[43]

Notenbeispiel 2:
Georg Philipp Telemann, 71. Psalm „Deus, judicium regem tui da", Récit 2b[44]

43 Hirschmann, „Aber es klinget doch süß" (Anm. 15), S. 87–89.
44 Georg Philipp Telemann, *71. Psalm „Deus, judicium tuum regi da". Grand Motet (Paris 1738) TVWV 7:7*, hrsg. von Wolfgang Hirschmann, Kassel etc. 2007 (= Georg Philipp Telemann. Musikalische Werke 45), S. 36 f.

Es handelt sich dabei um ein Récit, in dem innerhalb dieses einzelnen Taktes von g-Moll nach h-Moll moduliert wird. Telemann verwendet also nicht allein dasselbe Modulationsmittel wie in der späteren Darstellung seines Systems, sondern auch hier handelt es sich um eine Modulation um eine große Terz aufwärts. Gleichzeitig täuscht Telemann ebenfalls die harmonischen Erwartungen: Der übermäßige Quintsextakkord auf der ersten Zählzeit dieses Taktes lässt zunächst annehmen, dass sich ein kadenzierender Quartsextakkord in g-Moll anschließt. Auf der nächsten Zählzeit vertauscht jedoch Telemann das *b'* enharmonisch zum *ais'* und führt das *g'* zum *fis'*, wodurch sich der übermäßige Sekundakkord *es-cis'-fis'-ais'* ergibt, gleichbedeutend der Dominante von h-Moll mit verminderter Septime. In Takt 115 folgt dann eine vergleichbare Modulation, bei der der übermäßige Sekundakkord *b-cis'-eis'-gis'* dominantisch nach fis-Moll aufgelöst wird.

Telemanns *Neuem musikalischen System* zufolge wäre die enharmonische Zuspitzung in Takt 111 deutlich: das *cis'* des übermäßigen Quintsextakkordes müsste ein Komma höher als das temperierte *des'* erklingen, das vertauschte *ais'* ein Komma höher als das zuvor erklungene *b'*. Letzteres lässt sich leicht lösen, da das *ais'* in der Violine I eingeführt wird, während das *b'* zuvor vom Bass gesungen worden ist. Letztlich erweist sich das aber als nichts mehr denn als Praxis, die Leittöne zu schärfen: die übermäßige Sexte *cis'* als Leitton zum – nicht eingelösten – *d'*, das *ais'* als Terz der Dominante von h-Moll. Diese Praxis scheint in Paris deutlicher geübt worden zu sein, als Telemann es aus Hamburg gewohnt war. Ob die enharmonische Tonhöhenveränderung dabei jeweils genau ein Komma betrug, mag dahingestellt bleiben, ebenso, wie auf dem im Continuo mitspielenden Cembalo darauf zu reagieren ist. Letztlich ist Telemanns *Neues musikalisches System* nichts mehr als ein Versuch, diese Praxis theoretisch zu systematisieren.

War es allein die besondere Hörerfahrung, die Telemann dazu veranlasst hatte? Manches spricht dafür, denn immerhin hat sie Telemann noch in seinem Todesjahr, also fast 30 Jahre nach dieser Erfahrung beschäftigt. Gleichzeitig durchzieht die späte Beschäftigung ein leicht ironischer Unterton. Im Hinblick auf die vier Quarten schreibt Telemann dort:

> Indeß können die sämmtlichen Quarten in den ihnen hier in dieser Tafel angewiesenen 4 Wänden bey ihren bandfreyen [recte: bundfreyen] Instrumenten künftig ganz ruhig leben, und dem Temperatur-Kriege wegen des Claviers lächelnd zusehen.[45]

Mit diesem „Temperatur-Krieg" meint Telemann offenbar die Auseinandersetzung um den Vorzug der ungleich schwebenden oder der gleichschwebenden Stimmung, die seit den 1760er Jahren geführt wird, und in der Johann Philipp Kirnberger und Friedrich Wilhelm Marpurg die Wortführer sind.[46] Beide – Marpurg ist 1718 geboren, Kirnberger 1721 – sind fast zwei Generationen jünger als Telemann, und so mag bei Telemann stets auch eine Portion spöttischer Altersweisheit mitgeschwungen sein, wenn er eine musikalische Praxis in eine viel zu große theoretische Form gießt und dabei mit mächtigem Aufwand normiert, was der Musiker nach Gehör und erlernter Aufführungstradition betreibt.

---

45 Telemann, Letzte Beschäfftigung G. P. Telemanns (Anm. 6), S. 351.
46 Wolfgang Auhagen, Stimmungen und Temperatur, in: *MGG²*, Sachteil 8, Kassel etc. 1998, Sp. 1831–1847, hier Sp. 1838. Bemerkenswert ist in diesem Zusammenhang auch die spätere Doppelrezension der 1776 erschienen Schriften von Marpurg und Kirnberger in der *Allgemeinen Deutschen Bibliothek* 29 (1776), S. 191–194 (zu Marpurgs *Versuch über die musikalische Temperatur*) und S. 194–196 (zu Georg Friedrich Tempelhoffs *Gedanken über die Temperatur Hrn. Kirnbergers*). Der unbekannte Rezensent zeichnet mit „Ka".

Katharina Hottmann

Liedminiaturen
Telemanns Experimente mit der Einstrophigkeit

Der wichtigste Hamburger Liedlyriker der Aufklärung, Friedrich von Hagedorn, bemerkte 1744 in einem Brief an Johann Elias Schlegel: „Verführ ich immer, wie ich wollte; so würden fast alle meine Lieder nur von ein[er] Strophe seyn."[1] Gemessen an dem, was gemeinhin zum Lied des 18. Jahrhunderts gedacht wird, ist dies eine überraschende, vielleicht sogar provozierende Aussage, verbindet man doch mit der Gattung das gesellig-gesellschaftliche Singen und, aus dieser Funktion resultierend, eine gewisse Simplizität der Komposition und die über alle Strophen hinweg beibehaltene Einheit des Affekts. Alle drei Aspekte stehen quer zum Konzept eines einstrophigen Liedes. Denn um diesem ein Gewicht zu geben, das es als ästhetisches Gebilde rechtfertigt, benötigt es einen Text, der in seiner Kürze einen spezifischen Reiz setzen kann, und die Komposition kann nicht einfach für einen affektgemäßen Melodie- und Textfluss sorgen, dem man sich gesellig singend überlässt, sondern muss Widerstände setzen. Anders als im Strophenlied aber steht dem Komponisten offen, den Text ganz konkret zu vertonen und ohne Rücksicht auf vielleicht anders akzentuierende Folgestrophen dem Inhalt und Klang jedes Verses eine individuelle, eng textbezogene musikalische Struktur zu geben.

Einstrophige Lieder begegnen im mittleren 18. Jahrhundert gar nicht so selten. In dem Korpus von 520 Liedern, die zwischen 1740 und 1770 in zwanzig weltlichen Liederbüchern aus Hamburg und seinem regionalen Umfeld gedruckt wurden, finden sich insgesamt 36 Stücke von nur einer Strophe.[2] Hagedorn gab 1742 und 1744 zwei Liederbücher mit Vertonungen von Johann Valentin Görner heraus, einen dritten Band Hagedornvertonungen besorgte dieser selbst 1752 auf eigene Faust.[3] Von den insgesamt darin enthaltenen 70 Liedern sind zwölf einstrophig – immerhin jedes sechste –, und schon die allererste Hagedornvertonung, die es überhaupt gab, „Der Spiegel", war einstrophig und steht in Georg Philipp Telemanns *Singe= Spiel= und General=Bass=Übungen* (Hamburg 1733/34).

---

1 Brief Friedrich von Hagedorns an Johann Elias Schlegel, 21. April 1744, in: Friedrich von Hagedorn, *Briefe*, hrsg. von Horst Gronemeyer, Berlin / New York 1997, Bd. 1, S. 123.
2 Vgl. zu diesem Repertoire Katharina Hottmann, *„Auf! stimmt ein freies Scherzlied an". Weltliche Liedkultur im Hamburg der Aufklärung*, Stuttgart 2017. Einstrophigkeit begegnet auch in der Ersten Berliner Liederschule (z. B. sind in den von Karl Wilhelm Ramler und Christian Gottlieb Krause herausgegebenen *Oden mit Melodien*, Berlin 1753, drei von 31 Liedern einstrophig, im 2. Band, Berlin 1755, sogar neun von 30).
3 Friedrich von Hagedorn / Johann Valentin Görner, *Sammlung Neuer Oden und Lieder*, Hamburg 1742; *Sammlung Neuer Oden und Lieder. Zweyter Theil*, Hamburg 1744; *Sammlung Neuer Oden und Lieder, Dritter Theil*, Hamburg 1752.

Der Spiegel

Ein schäfer pflegt in reinen quellen
ihm seine bildung vorzustellen;
dem thoren, der dem wucher hold,
zeigt sein gesicht das blanke gold;
ein schmeichelnd glas muss Doris lehren,
sich selbst, als engel, zu verehren.
Auf freunde! lasst uns klüger seyn:
bespiegelt euch in klarem wein![4]

In dem epigrammatischen Gedicht ordnet Hagedorn verschiedenen Personen vier Arten „Spiegel" zu. Drei werden verworfen; der letzte „Spiegel", der Wein, kann als einziger bestehen. Die Freunde stehen gegen die pastorale Selbstbezogenheit des Schäfers,
die ökonomistische Beschränktheit des Goldgierigen und die weibliche Eitelkeit; alle
diese Figuren isolieren sich in ihrer Beschäftigung mit sich selbst. Dagegen erscheinen
die Freunde als kommunikationsfähige Gruppe, die sich im gemeinschaftlichen Weingenuss zu wahrer Selbsterkenntnis führen lässt.

Telemann zeichnet die Figuren individuell und stiftet zugleich Zusammenhang.
Beide Strophenhälften folgen einer ähnlichen Dramaturgie: Im jeweils ersten Teil
klingt die Selbstversunkenheit des Schäfers bzw. von Doris in einer melodischen Achtelbewegung über einem Orgelpunkt, die zweiten Teile der Liedhälften kontrastieren
durch zupackend rhythmische Musik. Der Tor poltert in der Quartfigur, während Telemann der Aufforderung an die Freunde zu trinken eine elastische Motivik gibt, deren aufwärtsführende Melismen auf „freunde" und „lasst" die belebende Wirkung des
Weins vorwegnehmen. Immer zwei Verse sind paarig verbunden und voneinander
durch Pausen getrennt; nur das letzte Verspaar hat in der Mitte eine gleichzeitige Pause in Gesang und Begleitung, was den abschließenden Appell nach dem Doppelpunkt
auch musikalisch betont. So zeigt das Lied die Chancen, die die Einstrophigkeit für
eine differenzierte Textvertonung bietet, was aber zugleich zu knapper Formulierung
zwingt und zu pointierender Schlussgestaltung herausfordert.[5]

Die *Singe= Spiel= und General=Bass=Übungen* markieren eine entscheidende Station in der Gattungsgeschichte des deutschsprachigen Liedes. Um 1700 waren mehrere Jahrzehnte in Deutschland – anders als in Frankreich oder England – so gut wie
keine weltlichen Liederbücher gedruckt worden. Daran, dass die Gattung aber ab
1730 wieder Aktualität gewann, hatten sowohl Telemann als auch Hagedorn einen
wichtigen Anteil – jeder auf seinem Gebiet und partiell auch gemeinsam. Der Dichter gab nicht nur selber Liederbücher heraus, sondern zählte – auch über Hamburg
hinaus – zu den meistvertonten Lyrikern seiner Epoche. Der Komponist veranstaltete zwei größere Liedpublikationen: die ab 1733 erscheinenden *Singe= Spiel=
und General=Bass=Übungen* sowie die 1741 gedruckten *Vier und zwanzig, theils*

---

4 Georg Philipp Telemann, *Singe= Spiel= und General=Bass=Übungen*, Hamburg 1733–1734,
  Nr. 14.
5 Vgl. zu diesem Lied auch Hottmann, „*Auf! stimmt ein freies Scherzlied an*" (Anm. 2), S. 60 ff.

Abbildung 1: Georg Philipp Telemann, *Singe= Spiel= und General=Bass=Übungen* (Hamburg 1733–1734), Nr. 14, Der Spiegel [D–B Mus.O.12035, Nr. 14]

ernsthaften, theils scherzenden, Oden.[6] Beide zeigen auf mehreren Ebenen konzeptionelle Differenzen:

1) Die *Singe= Spiel= und General=Bass=Übungen* waren eine Sammlung wöchentlich erscheinender Einzelblattdrucke; am Ende wurden die insgesamt 48 Stücke mit Titelblatt, kurzer Vorrede und Register auch zusammenhängend verkauft; die *24 Oden* dagegen sind ein „normales" Liederbuch. Unterschiedliche Erwartungen vermitteln auch die Titel: Während „Oden" der gängige und damals mit „Lied" synonym gebrauchte Gattungsbegriff ist, wählt Telemann mit *Singe= Spiel= und General=Bass=Übungen* eine Bezeichnung, die auf die große Breite der möglichen Nutzung zielt und damit auch als Vermarktungsstrategie zu deuten ist; zugleich ist es ein Titel, der die Stücke dezidiert nicht in eine spezifische Gattungstradition einbindet. Dass Telemann sie in der knappen Vorrede als „Arien", die er „nach einer freyen schreib-ahrt abgefasset" habe, anspricht und dass sie in der Anzeige bzw. Rezension in Lorenz Mizlers *Musikalischer Bibliothek* „Ode, oder Lied" genannt werden,[7] zeigt die geringe Trennschärfe der damaligen Gattungsterminologie.

2) In der früheren Liedsammlung sind mindestens 14 Dichter verschiedener Epochen vertreten – manche wie Christian Weise, Johann Christian Günther oder Christian Wernicke waren schon tot, andere hingegen noch jung und musikalisch quasi unerschlossen: Neben der ersten Hagedorn-Vertonung findet sich hier auch die erste Liedvertonung eines Textes von Albrecht von Haller.[8] Im späteren Liederbuch konzentriert sich Telemann auf vier lebende Dichter, neben dem Schlesier Daniel Stoppe drei junge Autoren aus dem Hamburger Nahbereich: Hagedorn, Johann Arnold Ebert und Johann Matthias Dreyer.

3) Die *General=Bass=Übungen* zeigen eine dem Zweck entsprechende Notationsform in drei Systemen: Unten steht der bezifferte Bass, in der Mitte ab Nr. 6 die im Violinschlüssel notierte Singstimme und an oberster Position die rechte Hand mit dem ausgesetzten Generalbass. Unter den Noten kommentierte Telemann in Fußnoten diverse satztechnische und aufführungspraktische Details, die sich an dem jeweiligen Stück zeigten. Das Satzbild der *24 Oden* entspricht dem seinerzeit Gängigen: Die Stimme wird über dem bezifferten Bass im Diskantschlüssel notiert.

4) Aus der medialen Besonderheit der *General=Bass=Übungen* als Einblattdruck resultiert die Textkürze: 35 Lieder sind einstrophig, die übrigen zweistrophig, je eins hat drei und vier Strophen. Dagegen reicht die Spannweite bei den *24 Oden* von drei bis zu sechzehn Strophen, wobei ein Drittel aller Lieder mehr als acht Strophen hat. Das wirft auch Fragen nach der Aufführungspraxis auf. Denn während die *Singe= Spiel= und General=Bass=Übungen* eindeutig als Vortragskunst konzipiert scheinen,

---

6   Georg Philipp Telemann, *Vier und zwanzig, theils ernsthafte, theils scherzende, Oden, mit leichten und fast für alle Hälse bequemen Melodien versehen, von T. J. P.*, Hamburg 1741.

7   Rezension der *Singe= Spiel= und General=Bass=Übungen*, in: Lorenz Mizler, *Musikalische Bibliothek Oder Gründliche Nachricht nebst unpartheyischem Urtheil von alten und neuen Musikalischen Schrifften und Büchern*, Bd. 2, 1. Teil, Leipzig 1740, S. 144 f., hier S. 144.

8   Siehe dazu Katharina Hottmann, Kontinuität und Diskontinuität. Dichter-Generationen in weltlichen Liedern zwischen 1730 und 1780, in: *Georg Philipp Telemann – Carl Philipp Emanuel Bach. Impulse – Transformationen – Kontraste, Internationale Wissenschaftliche Konferenz anlässlich des 300. Geburtstages Carl Philipp Emanuel Bachs in Magdeburg*, hrsg. von Ralph-Jürgen Reipsch u. a., Hildesheim etc. 2018 (=Telemann-Konferenz-Berichte 20), S. 160–192.

würde man im Falle eines Vortrags bei den vielstrophigen Oden vielleicht nur einige auswählen oder aber die Lieder gemeinschaftlich singen.

Telemanns *Singe= Spiel= und General=Bass=Übungen* erheben also in Überschreitung tradierter Gattungsnormen die Einstrophigkeit quasi zum Prinzip. Für das Projekt geeignete lyrische Texte zu gewinnen, erforderte intensive Lektüre und bewusste Entscheidungen zur Auswahl und Textbearbeitung. Denn der Komponist hatte zwei Optionen: Entweder fand er ein genuin kurzes Gedicht, oder er schnitt einen Teil aus einem längeren Text aus. Bei zwölf Liedern lässt sich nicht herausfinden, wieweit es sich um einen Originaltext handelt, da keine gedruckte Textquelle außerhalb der Telemann-Sammlung nachzuweisen ist. Die übrigen zeigen eine große Vielfalt im Spektrum zwischen einstrophigen Originaltexten, kurzen Texten aus übergreifenden Textzusammenhängen und gekürzten Texten.

Nachdem dieses vielfältige Erscheinungsbild im Folgenden zunächst tabellarisch anschaulich gemacht wird, soll in zwei Schritten beleuchtet werden, wie Telemann vorging. Zuerst wird gezeigt, wie er aus größeren textlichen Zusammenhängen kurze Liedtexte ausschnitt und damit potentiell auch ihre Botschaft – teils geringfügig, teils schwerwiegend – veränderte. Darauf folgen Beobachtungen zum Charakter der genuin kurzen Texte und zu Telemanns kompositorischem Zugriff auf das Epigramm. Abschließend ist auf Hagedorns Überlegungen zum Einstrophigen zurückzukommen, nicht nur, um den Kontext der eingangs zitierten Briefstelle aufzuhellen, sondern auch, um zu zeigen, dass die Re-Aktualisierung des Liedes sich mit einer gattungsästhetischen Reflexivität verband, die den „Kleinigkeiten" über ihre innere Differenziertheit hinausgehend poetologisches Gewicht verleiht.

I. Vielfalt der Textgattungen: Übersicht über die benutzten Dichtungen

Die folgende tabellarische Übersicht soll ermöglichen, Telemanns Textquellen sowie die Art seiner Bearbeitungen zu erfassen. In der zweiten Spalte stehen Telemanns Liedtitel und seine Autorangabe, die meist nur aus der Initiale des Dichter-Nachnamens besteht; in einigen Fällen treten Seitenangaben hinzu. Die dritte Spalte verzeichnet die Gattung, was häufig auf die Benennung in der Textquelle zurückgeht, sich in anderen Fällen aus der Textgestalt ergibt; strophische Texte, die keine abweichende Gattungsmarkierung aufweisen, werden hier als Oden kategorisiert.[9] Einstrophige Texte, die keinen dezidiert epigrammatischen Charakter aufweisen, bleiben unkategorisiert.[10] Vierte und fünfte Spalte informieren über die Strophenzahl bei Telemann

---

9   In der zeitgenössischen Begrifflichkeit konnte Aria auch für mehrstrophige Lieder stehen (die Lieder von Günther z.B. sind teilweise mit Aria überschrieben), aber in der Tabellenspalte geht es nicht um eine terminologische, sondern um eine gattungsmäßige Differenzierung zwischen den original kurzen Texten der Da-Capo-Arien und den gekürzten, ursprünglich mehrstrophigen Texten.

10   Die Schwierigkeiten, Epigramme trennscharf von anderen lyrischen Kurzformen abzugrenzen, thematisieren u.a. Daniel Frey und Peter Hess. Daniel Frey, Epigramm, in: *Handbuch der literarischen Gattungen*, hrsg. von Dieter Lamping u.a., Stuttgart 2009, S. 186–197, hier bes. S. 188 f.; Peter Hess, *Epigramm*, Stuttgart 1989, S. 19–26.

und im Original, wobei man an der in Klammern gesetzten Angabe der benutzten Strophe ablesen kann, ob Telemann seinen Liedtext aus der Mitte eines längeren Textes isoliert oder die Anfangsstrophe(n) vertont. Die letzte Spalte führt neben der Textquelle den Originaltitel des Einzeltextes und gegebenenfalls des übergeordneten Werks an, in dem das Gedicht oder der Arientext steht.[11] Diverse Texte sind erst nach den *Singe= Spiel= und General=Bass=Übungen* im Druck erschienen; sie lagen Telemann also handschriftlich vor. In der Tabelle sind die entsprechenden Ausgaben in eckige Klammern gesetzt.

Tabelle 1: Die Texte der *Singe= Spiel= und General=Bass=Übungen*: Titel, Gattung und Strophenzahl

Nr.	Liedtitel Telemanns Angabe	Gattung	Zahl der Strophen	Zahl der Original- strophen	Originaler Titel des Textes: (mutmaßliche) Textquelle[12]
1	Neues W.		1		
2	Geld S.	Arie	1	1	Aria, Cantata: Stoppe 1728, S. 98–101, hier S. 100
3	Zufriedenheit S.	Arie	1	4 (1)	Aria: [Stoppe 1735, S. 210 f., hier S. 210]
4	Seltenes Glück R.	Epigramm	1	1	Seltnes=Glück: [PN V 1738, S. 247]
5	Splitter=Richter An.	Epigramm	1	1	An einen Splitter=Richter: Wernicke 1701, S. 19
6	Getrost im Leiden M.		1		
7	Redlichkeit Amth. p. 177. sq.	Ode	1	15 (1)	Die Unzertrennliche Freundschafft / Bey der Lutherisch und Steinischen Verbindung: Amthor 1717, S. 177–180
8	Wechsel St. p. 20	Arie	2	5 (1+2)	Aria: Stoppe 1728, S. 20 f., hier S. 20
9	Ueber das niedersächsische versapen R.	Epigramm	1	1	Auf das zweydeutige niedersächsische Wort versapen. 1718: [Richey 1764 I, S. 259]
10	Die durstige natur Phil.v.d.L.	Ode / Epi- gramm	1	1	Die durstige Natur. Anacr. Ode. 19: Mencke 1713, S. 182 f.
11	Die Welt, das Vaterland S.	Ode / Arie[13]	1	4 (1)	Der relegirte Studente: Stoppe 1728, S. 5 f., hier S. 5
12	Die Frau Bro:	Epigramm	1	1	Die Frau: PN I (1721), S. 246

---

11 Weitere Informationen, etwa Verweise darauf, wenn die Texte ihrerseits Übersetzungen sind und eigentlich andere Autoren haben, werden hier nicht gegeben.

12 Die Auflösung der Kurztitel erfolgt in den anschließenden Tabellen 2 und 3.

13 Nach jeder Strophe steht bei Stoppe ein „Da Capo"; das erfordert, die ersten beiden Verse, die als fester Kehrreim erscheinen, zu wiederholen, was Telemann auch umsetzt.

Nr.	Liedtitel Telemanns Angabe	Gattung	Zahl der Strophen	Zahl der Original-strophen	Originaler Titel des Textes: (mutmaßliche) Textquelle[12]
13	Die vergesserne Phillis R.	Epigramm	1	1	Auf die vergesserne Phyllis. 1722: Richey 1764 I, 266
14	Der Spiegel v. H.	Epigramm	1		
15	Mutter=Söhne Weise p. 315	Ode	2	9 (1+2)	Weise 1701, S. 315 f., hier S. 315
16	Verwunderer An.	Epigramm	1	1	Auf die Verwunderer: Wernicke 1701, S. 135
17	Sein Diener R.	Rondeau	1	1	Rondeau: [PN V 1738, S. 248]
18	Heyrath S.	Ode	2		
19	Gemüts=Ruhe Gün: p. 193	Ode	2	6 (1+2)	Aria. Von der Selbst=Zufriedenheit: Günther 1725, S. 193 f.
20	Die Jugend Z.	Ode	2		
21	Ohnesorge S.	Arie	1		
22	Alterthum des geschlechts Amth.	Epigramm	1	1	Alterthum des Geschlechtes: Amthor 1717, S. 541
23	Beglückte Niedrigkeit S.			1	
24	Die Einsamkeit Z.	Ode	4		
25	Sanfter Schlaf St. p. 168.	Ode	2	17 (1+2)	Bey dem Baumgarten= und Opitzischen Hochzeit=Feste: Stoppe 1728, S. 168–172, hier S. 168
26	Falschheit Bro:	Ode	3	ohne Strophen-gliederung	[einzelnes Gedicht innerhalb einer längeren Hochzeitsdichtung] Die Höfft= und Ottische Vermählung in einem Hirten=Gedichte besungen: Brockes 1715, S. 343–353, hier S. 348
27	Geizhals Amth.	Ode	1	15 (6)	Die unzertrennliche Freundschafft / Bey der Lutherisch und Steinischen Verbindung: Amthor 1717, S. 177–180, hier S. 178
28	Pastorell Z.	Ode	2		
29	Wind S.	Arie	1	1	Aria, Cantata: Stoppe 1728, S. 96–98, hier S. 97

Nr.	Liedtitel Telemanns Angabe	Gattung	Zahl der Strophen	Zahl der Original- strophen	Originaler Titel des Textes: (mutmaßliche) Textquelle[12]
30	Interessirte heyrath G.	Ode	2	5 (2+3)	Aria. Daß man im Lieben nicht auf Reichthum, sondern auf die Vergnügung sehen müsse: Günther 1725, S. 222
31	An den Tadler Amth.	Epigramm	1	1	An den Zoilus: Amthor 1717, S. 543
32	Sommer=Lust Bro:	Arie	1	1	Zwo Frühlings=Arien, Aria: [IVG V 1736, S. 55]
33	Glück St.	Arie	1	1	Aria, Cantata: [Stoppe 1735, S. 84–86, hier S. 85]
34	Mittel=Stand Can.	Ode	1	3 (3)	Zufriedenheit im niedrigen Stand: Canitz 1727, S. 81
35	Sein eigner Herr Anon.	Sinn- spruch	1	1	Ohne Titel, Sinn=Sprüche: [Brockes 1740, S. 207]
36	Mässigkeit Anon.	Epigramm	1	1	Auf die Mässigkeit: Wernicke 1701, S. 15
37	Geputzte Frau Can.	Ode	1	11 (6)	Die getheilte Sorgen / Bey der R. und M. Verbindung: Amthor 1717, S. 140–143, hier S. 141
38	Beherzter Freyer Anon.	Ode	1	4 Verse aus der Mitte[14]	An einen gewissen Officier, der sich auf einer Condel nach G== mit einem Frauenzimmer verlobte: Günther 1725, S. 111–115, hier S. 112
39/40	Toback St.	Arie Rezitativ	1		
41	Verläumder Z.	Epigramm	1		
42	Freundschaft S.	Arie	1	1	Aria, Cantata: [Stoppe 1735, S. 184–186, hier S. 185 f.]
43	Eine Durstige Amth.	Epigramm	1	1	Die durstige Ragonda: Amthor 1717, S. 537
44	Heuchler Hal.	Ode	1	26 Verse[15] (6 Verse aus der Mitte)	Falschheit menschlicher Tugenden [Zusammenstellung verschiedener Texte]: Haller 1732, S. 63–81, hier S. 76
45	Grosthuer G.	Ode	2		
46	Greiser Trinker J.	Ode	1	20 (7)	Die Wollust: ODG 1728, S. 299–304, hier S. 301
47	Andrer Last, unsre Lust Gottsch:	Ode	1	8 (6)	Die Zufriedenheit: ODG 1728, S. 305– 307, hier S. 306
48	Jeder sein eigner Richter St.	Arie	1	1	Aria, [Kantate] Auf den IV. Sonnt. nach Trinit.: [Stoppe 1737, S. 110–113, hier S. 112 f.]

14 Es handelt sich um ein unstrophiges Gedicht von 108 paarreimenden Versen.
15 Ohne Strophengliederung.

Tabelle 2: Die (mutmaßlichen) Textquellen Telemanns

Amthor 1717	Christoph Heinrich Amthor: Poetischer Versuch Einiger Teutscher Gedichte und Über-setzungen: So wie er sie | theils in fremdem Nahmen | theils vor sich selber entworffen, Flensburg 1717
Brockes 1715	Herrn Barthold Henrich Brockes J. U. L. Verteutschter Bethlehemitischer Kinder= Mord des Ritters Marino. Nebst etlichen von des Herrn Ubersetzers Eigenen Gedichten | Mit dessen Genehmhaltung ans Licht gestellet, sammt Einer Vorrede | Leben des Marino, und einigen Anmerckungen von König, Cöln und Hamburg 1715
Canitz 1727	Friedrich Rudolph Ludwig von Canitz: Gedichte, Mehrentheils aus seinen eigenhändigen Schrifften verbessert und vermehrt, Mit Kupffern und Anmerckungen, Nebst dessen Leben, und Einer Untersuchung Von dem guten Geschmack in der Dicht= und Rede= Kunst, ausgefertiget von Johann Ulrich König, Leipzig und Berlin 1727
Günther 1725	Fortsetzung der Sammlung von Johann Christian Günthers, aus Schlesien, Theils noch nie gedruckten theils schon herausgegebenen, Teutschen und Lateinischen Gedichten, Frankfurt und Leipzig 1725
Haller 1732	[Albrecht von Haller]: Versuch Schweizerischer Gedichten, Bern 1732
Mencke 1713	[Johann Burckardt Mencke]: Philanders von der Linde Schertzhaffte Gedichte, Darinnen So wol einige Satyren, als auch Hochzeit= und Schertz=Gedichte, Nebst einer Ausführlichen Vertheidigung Satyrischer Schrifften enthalten. Andere und vermehrte Auflage, Leipzig 1713
ODG 1728	[Johann Christoph Gottsched, Hg.]: Oden Der Deutschen Gesellschafft in Leipzig, In vier Bücher abgetheilet. An statt einer Einleitung ist des Herrn de la Motte Abhandlung von der Poesie überhaupt, und der Ode ins besondere vorgesetzet, Leipzig 1728
PN I	C. F. Weichmanns Poesie der Nieder=Sachsen, oder allerhand, mehrentheils noch nie gedruckte, Gedichte von den berühmtesten Nieder=Sachsen, sonderlich einigen ansehnlichen Mit=Gliedern der vormals hieselbst in Hamburg blühenden Teutsch=übenden Gesellschaft, Hamburg 1721
PN V	Hrn. Hof=Rath Weichmanns Poesie der Nieder=Sachsen, durch den Fünften Theil fortgesetzet, und, nebst einer kurzen Nachricht von einer geschickten Nieder= Sächsischen Dichterin, herausgegeben von J. P. Kohlen, Prof, Hamburg 1738
Stoppe 1728	Erste Sammlung Von Daniel Stoppens, Siles. Teutschen Gedichten, Frankfurt und Leipzig 1728
Weise 1701	Christian Weisens überflüßige Gedancken Der grünenden Jugend, Leipzig 1701
Wernicke 1701	[Christian Wernicke]: Überschrifte oder Epigrammata In acht Büchern | Nebst einem Anhang von etlichen Schäffer=Gedichten | Theils aus Liebe zur Poësie, theils aus Haß des Müssiggangs geschrieben, Hamburg 1701

Tabelle 3: Liste der später gedruckten Texteditionen

Brockes 1736	[Barthold Hinrich Brockes]: Irdisches Vergnügen in Gott, bestehend in Physicalisch= und Moralischen Gedichten, Fünfter Theil, mit einer Vorrede zum Druck befördert von B. H. Brockes, Jun. Hamburg 1736
Brockes 1740	[Barthold Hinrich Brockes]: Aus dem Englischen übersetzter Versuch vom Menschen, des Herrn Alexander Pope, Esq. nebst verschiedenen anderen Uebersetzungen und einigen eigenen Gedichten, Hamburg 1740
Richey 1764	Michael Richey: Deutsche Gedichte. Erster Theil. Mit einer Vorrede Gottfried Schützens, Hamburg 1764
Stoppe 1735	Daniel Stoppe: Der Parnaß im Sättler, Oder Scherz- und Ernsthafte Gedichte, Frankfurt und Leipzig 1735
Stoppe 1737	Daniel Stoppe: Sonntags=Arbeit oder Geistliche Gedichte auf alle Sonn= und Fest=Tage durch das ganze Jahr, Hirschberg 1737

Aus der Tabelle lässt sich ein Gesamtbild generieren. Neunzehn als Oden kategorisierte Texte stehen für die am häufigsten vertretene Gattung, wobei die meisten aus ein bis zwei Strophen eines deutlich längeren Ursprungstextes bestehen. Fast immer nimmt Telemann in diesen Fällen eine Titeländerung vor. Mit dreizehn Epigrammen, einer einstrophigen Ode Anakreons, einem Rondeau und einem Sinnspruch finden sich sechzehn genuin kurze Originaltexte. Zehn Stücken liegen Arientexte zugrunde, und zwar überwiegend Da-Capo-Arien, die der Komponist auch in entsprechender Form – allerdings en miniature – komponiert. Diese Arien sind ebenfalls kurze lyrische Gebilde, aber meist einer Kantate, also einem ursprünglich größeren Textzusammenhang entnommen.

II. Dekontextualisierung – Neukontextualisierung: Telemanns Textbearbeitungen

Im Folgenden stehen zunächst zwei Arten der Textgewinnung im Blickpunkt: die Auswahl von Einzelstrophen aus einer längeren Ode sowie die Herauslösung von Texten aus einem übergreifenden literarischen Kontext.

Ein genauer Blick auf die Paratexte der Stücke erweist, dass Telemann in den *Singe= Spiel= und General=Bass=Übungen* zwei verschiedene Arten strophischer Ausschnitte nutzt, die auch verschiedene Aufführungsmodi prädisponieren. Denn bei fünf Liedern gibt Telemann nicht nur die Initialen des Dichters an, sondern auch die Zahl der Seite (nicht aber den Titel des Bandes), auf der sich der Originaltext befindet, im ersten Fall sogar mit dem Hinweis „sc." (sequens), dass sich der Text auf mehr als eine Seite erstreckt. Mit einer Ausnahme sind hier jedes Mal die ersten beiden Strophen abgedruckt, und es liegt nahe, dass Telemann eine Beschränkung aus Platzgründen vornahm, aber seine Intention in diesen Fällen war, dass man alle oder zumindest noch weitere Strophen unter Hinzunahme der Textedition singen konnte. Das würde jedenfalls erklären, dass er nicht nur bei genuin einstrophigen Texten, sondern auch bei der Verwendung von Mittelstrophen auf den Seitennachweis verzichtet. Denn hierbei handelt es sich nicht um eine pragmatisch bedingte Textkürzung, vielmehr suchte er gezielt die prägnante Formulierung eines Themas, das im Rahmen einer Einzelstrophe eine inhaltliche, formale und ästhetische Rundung annehmen und entsprechend komponiert werden konnte.

An zwei Beispielen kann das demonstriert werden. Der Text des vorletzten Liedes der Sammlung mit dem Titel *Andrer Last, unsre Lust*[16] ist der von Johann Christoph Gottsched 1728 in Leipzig herausgebrachten Sammlung *Oden der Deutschen Gesellschaft* entnommen und stammt von Gottsched selbst; aus insgesamt acht Strophen wählt Telemann die sechste, also eine Mittelstrophe.

Die Zufriedenheit (Gottsched)	Andrer Last unsre Lust (Telemann)
Doch hat es mir noch nie an Lust gefehlt;	Es hat mir noch an keiner lust gefehlt;
Denn Welt und Himmel ist mein eigen.	denn welt und himmel ist mein eigen;
Des Reichen Hand hat nur das Geld gezehlt,	Des reichen hand hat nur das geld gezählt,
Mir täglich neue Lust zu zeugen.	mir täglich neue lust zu zeugen;
Sein Haus und Hof, Staat, Garten, Wald und Feld	sein haus und hoff, staat, garten, wald und feld
Bringt ihm die Last und mir die Freude,	bringt ihm die last und mir die freude,
Und wenn er gleich den Nahmen, Herr behält,	und wenn er gleich den namen, herr, behält,
Geniessen wirs doch alle Beyde.	geniessen wir's doch alle beyde.

Bei der Transformation in den neuen Kontext lässt Telemann den ursprünglichen moralphilosophischen Allerweltstitel *Die Zufriedenheit* wegfallen und gibt seinem Lied eine neue Überschrift, die sentenzartig die zwei Schlüsselwörter Lust und Last auf eine soziale Relation bezieht. Diese ist gegenüber der in der Ode formulierten Positionierung eines einzelnen Sprechenden in den Plural gesetzt und fasst damit die Interpreten und Rezipienten des Liedes zu einer Gruppe zusammen, die die vom Text, der ohne überraschende Momente die erwarteten Topoi abschreitet, proklamierte Haltung der Selbstbescheidung teilt.

Die zweite Veränderung der ursprünglichen Textgestalt dient dazu, die Strophe syntaktisch zu dekontextualisieren. Denn das Wort „Doch" bezieht sich auf den vorigen Strophenbeginn „Zwar weiß die Welt von meinem Nahmen nicht",[17] so dass die Anfangswendung ohne den Textzusammenhang unverständlich wäre. An die Stelle des größeren argumentativen Komplexes bei Gottsched tritt dann bei Telemann die einfache Setzung: „Es hat mir noch an keiner Lust gefehlt".

Ein vergleichbares Verfahren ist bei *Geputzte Frau* zu beobachten.[18] Vertont ist die sechste Strophe des elfstrophigen Hochzeitsgedichts *Die Getheilte Sorgen* von Christoph Heinrich Amthor.

---

16 Telemann, *Singe= Spiel= und General=Bass=Übungen* (Anm. 4), Nr. 47.
17 Johann Christoph Gottsched (Hrsg.), *Oden Der Deutschen Gesellschafft in Leipzig, In vier Bücher abgetheilet*, Leipzig 1728, S. 306.
18 Telemann, *Singe= Spiel= und General=Bass=Übungen* (Anm. 4), Nr. 37. Telemann nennt hier als Autor fälschlich Canitz.

Die Getheilte Sorgen (Amthor)	Geputzte Frau (Telemann)
[6] Zwahr manchen hat die Wahl betrogen/ Wann er/ als Feind der Häuslichkeit/ Durch Ubereylung hingezogen Ein aufgeputztes Pöpchen freyt; Dann die mit Balsamirten Fingern Stets spielt/ und nie den Wocken rührt/ Wird auch die Sorgen nicht verringern/ Die mann vor Haus und Kindern führt.	Wie manchen hat die wahl betrogen, wenn er, als feind der häuslichkeit, durch übereilung hingezogen, ein aufgeputztes pöppchen freiht; denn, die mit balsamirten fingern stets spielt und nie den wocken rührt, wird auch die sorgen nicht verringern, die man für haus und kinder führt.

Sie setzt mit „Zwahr" ein, worauf die Folgestrophe nach dem „Doch" das Gegenargument bringt: „Doch allen diesen falschen Schlingen/ Entging sein Vorsichts=voller Fus."[19] Wieder verändert Telemann den Versanfang, in: „Wie manchen hat die wahl betrogen". Zudem wählt er einen neuen, auf den Stropheninhalt hin pointierten Titel, statt den alten zu übernehmen, der für die ausgeschnittene Strophe nicht nur keinen Sinn ergeben würde, sondern ihm geradezu entgegensteht. Anders als bei dem Gottsched-Text, wo auch andere Strophen als die gewählte vorstellbar wären, sucht Telemann hier die einzige Strophe aus, die seinem Interesse an kritisch-satirischem Ausdruck Stoff gab. Denn das Gedicht, das Amthor offenbar an seinen Vater richtet, den ein nicht näher erläuterter Schicksalsschlag getroffen hatte, entfaltet das in einer Hochzeitsdichtung geforderte Lob der Ehe in ungewöhnlich ernstem Duktus und betont die wichtige Rolle ehelicher Unterstützung bei den herben Herausforderungen des Lebens: „Mann mus des Hauses Schwehre theilen/ Wofern es lange stehen soll/ Dann auf den Schultern einer Säulen/ Ruht seine Last nicht gar zu wol."[20] Diese Verse gehen der von Telemann vertonten Strophe unmittelbar voraus, welche im Kontrast hierzu die schlechte Ehefrau schildert.[21]

Bereits anhand dieser beiden Lieder kann man sich Telemanns Lektürearbeit plastisch vor Augen führen. Die Quellen waren zwei umfangreiche Bücher mit einer Fülle strophischer Texte, die Fragen danach aufwerfen, welche Affektationspunkte ausgerechnet die letztlich ausgewählten Oden bzw. Odenstrophen bei Telemann trafen.

Anders gelagert ist der Fall beim Schlusslied der Sammlung, dessen Text einer geistlichen Kantate von Daniel Stoppe entstammt. Als Generalthema setzt diese das Jesus-Wort vom „Balken im eigenen Auge", d.h. es geht um den Umgang mit Fehlern. Telemann wählte die Schlussarie, die von allen vier Arien die schwächste bibli-

---

19 Christoph Heinrich Amthor, *Poetischer Versuch Einiger Teutscher Gedichte und Übersetzungen*, Flensburg 1717, S. 142.

20 Ebenda, S. 141.

21 Wieweit es legitim wäre, für die Wahl diverser misogyner Texte in den *Singe= Spiel= und General=Bass=Übungen* einen biographischen Hintergrund verantwortlich zu machen, soll hier nicht diskutiert werden. Zumindest darauf hinweisen kann man jedoch, dass Telemanns zweite Ehe über Jahre hinweg, in welche auch die Konzeption und Realisierung der Liedsammlung fällt, krisenhaft war, bis schließlich die Trennung von Tisch und Bett vollzogen wurde. Vgl. dazu Ulrich Siegele, Im Blick von Bach auf Telemann: Arten, ein Leben zu betrachten. Mit einem Anhang von Roman Fischer und Ulrich Siegele: Maria Catharina Textor. Georg Philipp Telemanns zweite Frau und ihre Familie, in: *Biographie und Kunst als historiographisches Problem: Bericht über die Internationale Wissenschaftliche Konferenz anläßlich der 16. Magdeburger Telemann-Festtage, Magdeburg, 13. bis 15. März 2002*, hrsg. von Joachim Kremer u.a., Hildesheim etc. 2004 (= Telemann-Konferenzberichte 14), S. 46–89.

sche Konnotation hat und als einzige aus einer Ich-Perspektive formuliert ist. Mit der Aufnahme in die Liedsammlung löst der Komponist den Text aus seinem religiösen Kontext und verweltlicht ihn, wobei sich die moralische Stoßrichtung in eine künstlerische verkehrt, was die Richtung des Appells dreht. Stoppes Text intendierte, dass das Ich sich selbst als mängelbehaftet erkennt und Besserung gelobt. Durch den neuen Titel „Jeder sein eigner Richter" wird jedoch Kritik von außen abgewehrt. In der Fußnote macht Telemann diesen Perspektivwechsel explizit: „Uebrigens wollen unsere beurtheiler den inhalt der obstehenden Arie mit uns gemeinschaftlich beobachten!"

Musikalisch folgt Telemann der Da-Capo-Form. Sicher nicht zufällig wird das Wort „ich" am Ende jedes Formteils wiederholt: Viermal insgesamt tritt es im Text auf, in der Vertonung klingt es nun dadurch nicht weniger als vierzehnmal. Außerdem wird das Ich bei der quasi vorgezogenen Wiederholung musikalisch mehrfach markiert. So setzt die Stimme eine Terz höher an und singt das Wort allein – die einzige Stelle im Lied, wo der Sänger oder die Sängerin unbegleitet singt, das „Ich" also ganz für sich steht, was man als Demonstration von auktorialem Selbstbewusstsein hören kann.[22]

Einem wieder anderen literarischen Gattungskontext entstammt die Nr. 15, *Mutter=Söhne*, der zwei Strophen eines Liedes aus einem 1701 in den *Überflüßigen Gedancken Der grünenden Jugend* gedruckten Gesprächsspiel von Christian Weise zugrunde liegen.[23] In diesem wird zunächst eine Rahmenhandlung entfaltet, die das sich im Folgenden über fünf Gespräche hinziehende Singen und Besprechen von weltlichen, teils recht anzüglichen Liedern motiviert: Von einem jungen Mann Gilanes wird berichtet, er habe sich aufs Land begeben und zur Vermeidung der Langeweile sein Clavichord mitnehmen wollen, das aber beim Verladen von der Kutsche gefallen sei. Nach monatelangem Warten auf die Reparatur habe er voller Freude eine Gigue nach der anderen gespielt und endlich ein Liedchen gesungen. Dadurch werden die beiden Freunde Fillidor und Melintes angelockt, und alle drei beschließen, sich jeden Abend zu treffen, um ein Konvolut alter Briefe und Lieder zu sichten und darüber Konversation zu halten. Später stoßen auch noch zwei Frauenzimmer dazu, die sich am Gespräch und Gesang beteiligen.

Das von Telemann ausgewählte Lied wird im zweiten Gespräch als erstes Stück gebracht und wie folgt eingeführt:

> Fill. Doch wie stehts/ hastu auch feine liedergen mit?
> Gil. Ich weiß nicht was in den alten Briefen stecken wird/ wir müssen darnach sehen.
> Fill. Was ist diß?
> Gil. Es ist ein lied, das zwar eine ernsthafftige melodey/ aber doch einen sehr hönischen text hat/ es ist auf einen gericht/ der in 8 wochen fast durch

22 Vgl. zur Interpretation dieses Liedes auch Katharina Hottmann, „Ein solcher Ehrgeiz hat mein Gemüth nicht bezaubert". Inszenierungen von männlicher und weiblicher Autorschaft in Lieddrucken des 18. Jahrhunderts, in: *Autorschaft – Genie – Geschlecht. Musikalische Schaffensprozesse von der frühen Neuzeit bis zur Gegenwart*, hrsg. von Kordula Knaus / Susanne Kogler, Köln etc. 2013 (= Musik – Kultur – Gender 11), S. 85–114.

23 *Christian Weisens überflüßige Gedancken Der grünenden Jugend*, Leipzig 1701, S. 289–418.

die gantze welt gereist war/ und zwar mit solchem nutze, daß er beynahe
seine frau mutter=sprache darbey vergessen.
Fill. Es wird so gemacht seyn / daß man es auf viel zugleich appliciren kan.
Gil. Die materie ist nicht darwider.[24]

Telemann wählt die ersten zwei von neun Strophen und überschreibt das Lied, das
wie alle anderen Liedtexte bei Weise titellos aufgeschrieben ist, mit *Mutter=Söhne*.
Teilweise sind in dem Gesprächsspiel Hinweise auf die Melodien gegeben, hier aber
fehlen musikbezogene Erläuterungen, die über den Verweis auf die „ernsthafftige me-
lodey" hinaus den Ton konkretisieren würden.

Über den Inhalt aber wird die Konversation weitergetrieben. Das Lied spottet über
Jünglinge, die sich der Bequemlichkeit des Elternhauses nicht entreißen können und
die Beschwernisse des Reisens scheuen – komplementär dazu lästert es über Mütter,
die ängstlich ihre Söhne in der Nähe halten wollen. Die zuhörenden Freunde fragen
darauf nach einem Lied, das sich der Gegenperspektive widmet: „Fill. Hättestu aber
davor ein carmen geschrieben/ wie sich einer auf der reyse recht und gebührlich verhalten solte."[25] Ein solches kann Gilanor in der Tat anbieten, wendet aber ein, dass es
etwas kurz geraten sei. Melintes aber dekretiert: „Wer fragt nach der Kürze/ wenn es
nur gut ist." Nach dem Vortrag des Liedes,[26] das die Gefahren des Reisens für die moralische Verfassung schildert und an die Vernunft appelliert, die stets walten solle, gibt
Melintes zu: „Es könnte nicht schaden/ wenn es etwas weiter wäre außgeführt worden." Worauf Gilanes repliziert: „Ich bin deiner meinung. Aber dazu ichs gebraucht
habe/ da dünckt mich ist es lang genung gewest."[27] Der Diskurs über die Liedlänge
zeigt den Anspruch, im Rahmen eines Liedes ein Thema rhetorisch in seinen verschiedenen Facetten abzuhandeln, und zugleich deutet er auf die Gebrauchsfunkti-
on, also einen wie auch immer gearteten performativen Rahmen, der hier zwar nicht
näher bestimmt wird, aber imaginiert werden kann: Lieder dienen in den literarisch
konzipierten gesellschaftlichen Situationen – in diesem Gesprächsspiel ebenso wie z. B.
im Fall von Liedtextzitaten in moralischen Wochenschriften – als anschauliche Exempel, die die Argumentation in einem Diskurs stützen, der ernsthaft oder parodistisch
einer lesenden Öffentlichkeit vorgeführt wird.

---

24 Ebenda, S. 314.
25 Ebenda, S. 316.
26 Vierundzwanzig Verse lang ist der Liedtext, der – anders als die anderen Lieder des Gesprächs-
   spiels – nicht in nummerierte Strophen gegliedert ist.
27 *Christian Weisens überflüßige Gedancken* (Anm. 23), S. 318.

Notenbeispiel 1:
Georg Philipp Telemann, *Singe= Spiel= und General=Baß=Übungen* (Hamburg 1733/34),[28] Nr. 15,
Mutter=Söhne

Die griffe, so beŋ allen (a) weggelaſſen werden, haben das tact-gewicht und deutlichere vernehmen des ſängers zum grunde; also thut ein ſpieler wohl, wann er in ſolchen fällen, da die harmonie ſich nicht weit ausbreitet, ob auch ſchon die durchgehenden tone beziefert wären, mehr höret, als rumpelt.

(b)(c)(d) Hier haben wir dreŋ 4ten, wovon keine vorherbereitet iſt, und die erſte gar in eine neue diſſonanz, die vermehrte 2te, trit, welches dieſe hierauf in eine 4te, ohne auflöſung, thut. Dennoch werden ſolche gänge beſonders in der franzöſiſchen muſic für ſchönheiten gerechnet; zum minſten beleidigen ſie das ohr nicht; und dieienige 4te beŋ (e) thut in der that eine beſſere wirkung, als wann ſie durchs g vorherbereitet wäre.

(f) Beŋ ſolchen einleitungs-clauſuln ruhet die rechte.

---

28 Georg Philipp Telemann, *Singe-, Spiel- und Generalbaß-Übungen*, Hamburg 1733/34, hrsg. von Max Seiffert, Kassel etc. 1968, S. 15.

Telemann unterlegt seiner Liedkomposition die beiden ersten Strophen und verzichtet auf Textmodifikationen, die über die Betitelung hinausgehen. Passgenau scheint die Vertonung auf die erste Strophe hin erdacht zu sein und lenkt das Ohrenmerk auf die Ironie des Textes. Sechs Verse im vierhebigen Jambus gliedern sich in vier Verse im Kreuzreim und zwei abschließende Verse im Paarreim. Dabei wird in der ersten Liedhälfte die Melodie der ersten zwei Verse mit den folgenden zwei Versen wiederholt, die Generalbass-Begleitung jedoch dem Textinhalt gemäß angepasst. Die Mühe des Reisens, die in den fallenden kleinen Sekunden der Melodie (*b–a*; *g–fis*) ausgedrückt ist, wird in der Basslinie aufgegriffen, was den Lamento-Charakter vertieft, während bei der Wiederholung, die die Beschreibung der Unbilden („hitz und frost" / „eis und eisen") schildert, Pausen auf der zweiten Zählzeit der Takte den Sänger unbehaust und einsam erscheinen lassen. Nachdem vier Verse mit fast identischem Rhythmus je drei Takte einnahmen, greift die zweite Liedhälfte den Rhythmus der vorigen Versanfänge und auch deren intervallische Grundstruktur auf, verändert sie aber, um die ironische Aufforderung auszumalen, sich die Muttersöhne und ihr „schönes" Verhalten zum Vorbild zu nehmen. Der Affekt des Geplagten transformiert sich in einen Gestus der Kantabilität, indem eine den Hochton es" berührende Gesangslinie ansetzt. Diese läuft auf der ersten Silbe von „schöne" in ein anderthalbtaktiges, galant verziertes Melisma aus, was die modellhaft dreitaktige Phrase auf vier Takte dehnt. Gleichermaßen unterlegt ein über zwei Takte hinausgehendes Achtelmelisma die *„zarten"* Muttersöhne, was den letzten Vers nochmals steigernd auf sechs Takte verlängert.

Gerade weil die Musik so intensiv das Mittel konkreter Wortausdeutung nutzt, erstaunt, dass Telemann hier die zweite, weniger gut passende Strophe auch unterlegt und durch die Seitenangabe ermöglicht oder sogar dazu animiert, noch weitere Strophen zu singen. Die Annotation zu den Wechselnoten, die im Bass auf dem jeweils zweiten Takt beider Liedhälften erscheinen, belegt aber beispielhaft, dass Telemann seine Lieder als sensibel interpretierte Kammerkunst verstand und vom Generalbass-Spieler erwartete, dass dieser mitdachte und sich in den Dienst der Textverständlichkeit stellte – was beim gemeinschaftlichen Singen wohl vergebene Mühe wäre:

> Die griffe, so bey allen (a) weggelassen werden, haben das tact-gewicht und deutlichere vernehmen des sängers zum grunde; also thut ein spieler wohl, wann er in solchen fällen, da die harmonie sich nicht weit ausbreitet, ob auch schon die durchgehenden tone beziefert wären, mehr höret als rumpelt.[29]

So zeigen die eben behandelten Beispiele die Vielfalt der Möglichkeiten, mit denen Telemann aus größeren Textzusammenhängen Ausschnitte wählt, um sie zu einem kurzen Generalbasslied zu verarbeiten. Teilweise verbleibt er im Gattungszusammenhang eines einzelnen Liedtextes in einem Gedichtband und wählt eine oder zwei Strophen aus einem längeren Gebilde aus. Die zweite Möglichkeit war ein Gattungswechsel, wenn er den Text einer (geistlichen) Kantatenarie als weltliches Lied vertonte. Der dritte Fall ist die Herausnahme einer Liedstrophe aus einem übergreifenden literarischen Zusammenhang, wie wir es bei Weises Gesprächsspiel sehen, wo das Maß der Dekon-

---

29 Telemann, *Singe= Spiel= und General=Bass=Übungen* (Anm. 4), Nr. 15.

textualisierung noch über den ursprünglichen strophischen Zusammenhang hinaus-weist. Überall aber setzt Telemann einen neuen Titel – ein genuin literarischer Akt, der jeden Liedtext noch einmal anders perspektiviert. Und immerhin zwei der vier Beispiele wenden in der Liedfassung die ursprüngliche Botschaft des Textes in eine andere Richtung.

III. Brevitas und argutia: vertonte Epigramme

Die kurzen Originaltexte sind fast alles Epigramme bzw. mit dem damals gebräuch-lichen deutschen Gattungstitel „Sinngedichte" oder auch „Überschriften".[30] Telemann vertont neben Hagedorns *Der Spiegel* und einem Epigramm von Barthold Hinrich Brockes je drei Epigramme von Amthor, Christian Wernicke und Michael Richey.

Epigramma heißt Aufschrift und bezieht sich ursprünglich auf eine in einen Grab-stein oder auf ein Monument gemeißelte Inschrift. Ein Epigramm besteht aus einer zugespitzt formulierten Aussage, die an ein materielles Objekt gebunden ist, meist einen Gegenstand oder eine Person. Merkmale der Gattung sind die Versform, der durch einen Titel spezifizierte Objektbezug sowie Kürze und Witz.[31] Die Bandbrei-te der Erscheinungsformen der Gattung war indes groß. Wie Ferdinand van Ingen darlegt, ist es „nicht einfach, aus den Tausenden und Abertausenden von Barock-Epigrammen einen schlüssigen Begriff dieser literarischen Kleinform zu gewinnen". Bei größerer Klarheit in der Gattungstheorie würde sich bei den konkreten Werken teils die geforderte brevitas (Kürze) und teils die argutia (überraschende Spitzfindig-keit) nicht verwirklicht sehen.[32] Ohne literaturtheoretisch weiter in die Tiefe zu ge-hen, kann man aber festhalten, dass Epigramme häufig einen zweistufigen Erkennt-nisgang anregen, der der Wahrnehmung eines Denkmals entspricht. Dessen Anblick weckt Neugier, die beim Nähertreten und der Lektüre der erklärenden Aufschrift be-friedigt wird. So soll auch in einem Epigramm der erste Teil Aufmerksamkeit und Er-wartungsspannung erregen, der zweite Teil den Aufschluss bieten, oft in Form einer Pointe.[33] Für unseren Zusammenhang ist dabei vor allem entscheidend, dass bei dem Lesevorgang der Titel eine wichtige Rolle spielt, den Telemann – wie die tabellarische Übersicht oben zeigt – teils übernimmt, häufig aber neu erfindet oder zumindest mo-difiziert.

---

30 Z.B. ist in der von Telemann gelesenen und mutmaßlich als Textquelle benutzten *Poesie der Niedersachsen* der Teil, der Epigramme enthält, zunächst als „Sinnreiche Gedichte und Ueber-schriften", im V. Band als „Sinn=Gedichte und Ueberschriften" übertitelt.

31 Vgl. zu den Merkmalen auch Hess, *Epigramm* (Anm. 10), Kap. Definition des Epigramms, S. 1–19.

32 Ferdinand van Ingen, Poetik zwischen brevitas und argutia. Zu Friedrich von Logaus Epigram-matik, in: *Salomo in Schlesien. Beiträge zum 400. Geburtstag Friedrich von Logaus (1605–2005)*, hrsg. von Thomas Althaus / Sabine Seelbach, Amsterdam / New York 2006 (= Chloe. Beihefte zum Daphnis 39), S. 23–45, hier S. 24.

33 Vgl. dazu Bernhard Jahn, Simulierte Sinnlichkeit. Die Bedeutung der sinnlichen Wahrneh-mung für die Theorie und Praxis des frühneuzeitlichen Epigramms, in: *Salomo in Schlesien* (Anm. 32), S. 103–123, bes. S. 105 ff.

Die Gattungseigenschaften des Sinngedichts lassen sich an dem von Amthor übersetzten und in dieser Form von Telemann komponierten französischen Epigramm
De Ragonde des Jacques de Cailly demonstrieren.[34] Dieser wird in Christian Heinrich
Schmids 1781 erschienener Literaturgeschichte als „der vornehmste Epigrammatist
der Franzosen" angeführt, der „unter einem leichten natürlichen Ausdruck [...] den
schärfsten Witz" verberge[35] – Amthor übersetzte eine ganze Reihe seiner Sinngedichte.
In *De Ragonde* stellt Cailly den Weingenuss in ein Spannungsfeld zwischen Himmel
und Erde, also Leben und Tod, insofern die beschriebene Person nur allein durch das
Trinken dem irdischen Dasein noch verhaftet bleibe. Der ursprüngliche Titel wird im
doppelten Übersetzungsprozess über zwei Stufen modifiziert: Vom originalen *De Ragonde* über Amthors *Die durstige Ragonda* bis zu Telemanns *Eine Durstige* findet eine
Umfokussierung von der konkreten Figur auf die von dieser verkörperte Eigenschaft
oder Zuschreibung statt, wobei ein zusätzlicher geistreicher Effekt darin liegt, den bei
Cailly nicht auftretenden Begriff des Durstes zu wählen, der dem Genuss, der Gesel-
ligkeit oder der Inspiration als eigentlich poetischen Motivationen des Weintrinkens
entgegensteht. Für die Textwahrnehmung bedeutet dies auch, dass die Pointe nicht
wie im französischen Text völlig unvorbereitet eintritt, sondern der Titel bereits einen
Erwartungshorizont aufspannt.

Darüber hinaus aber entfernt sich der Übersetzer nicht in der Aussage, wohl aber
in der Form vom Original. Denn seine Verse sind nicht nur länger, sondern alle auch
unterschiedlich lang. Die achtsilbigen Verse Caillys werden zu Versen von dreizehn,
acht, zehn und neun Silben erweitert, wobei die Überlänge der ersten Zeile besonders auffällt. Die Pointe selbst nimmt anders als in der Vorlage nicht den gesamten
Schlussvers ein, sondern folgt erst nach dem Versbeginn „so ists".

---

34 Das Original steht in *Diverses Petites Poesies du Chevallier d'Aceilly*, Paris 1667, S. 151; Original
und Übersetzung bei Amthor, *Poetischer Versuch* (Anm. 19), Tabelle 2, Nr. 1, S. 530.
35 Christian Heinrich Schmid, *Anweisungen der vornehmsten Bücher in allen Theilen der Dichtkunst*, Leipzig 1781, S. 334.

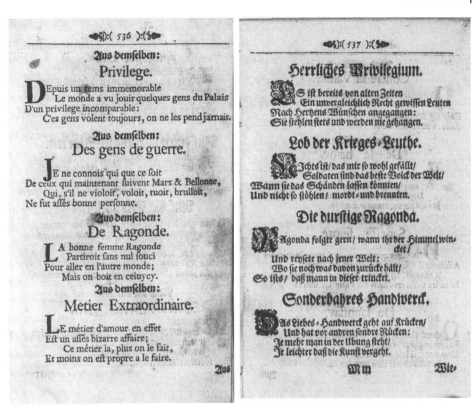

Abbildung 2: De Ragonde (Cailly), Die durstige Ragonda (Amthor), in: Christoph Heinrich Amthor, *Poetischer Versuch Einiger Teutscher Gedichte und Übersetzungen*, Flensburg 1717, S. 536f.

De Ragonde (de Cailly)	Die durstige Ragonda (Amthor)	Eine Durstige (Telemann)
La bonne femme Ragonde Partiroit sans nul soucy Pour aller en l'autre monde; Mais on boit en celuy-cy.	Ragonda folgte gern/ wann ihr der Himmel wincket/ Und reysete nach jener Welt: Wo sie noch was davon zurücke hält/ So ists/ daß mann in dieser trincket	Ragonda folgte gern, wann ihr der himmel winket, und reisete nach iener welt. Wo sie noch was davon zurücke hält, so ist's, dass man in dieser trinket.

Notenbeispiel 2:
Georg Philipp Telemann, *Singe= Spiel= und General=Baß=Übungen* (Hamburg 1733/34),[36] Nr. 43,
Eine Durstige

Zum vorigen blate gehörig: (b) Diefes b, nebft dem bald drauf folgenden, konnte ohne obern anfchlag durchwifchen, und wäre nur der accord g zu unterhalten gewefen, wann wir nicht die tact=verändrung hätten kennbar machen wollen.

Bey (e) (o) und (q) zeiget fich, dafs, wie bey (a) gedacht worden, der heruntertrit in eine kleine 3 eine 6 erfodere, ohne dafs die hinaufbewegung in einen accord eben nöthig fey.

Bey (f) (l) konnte auch eine 6, nach voriger anmerkung, ftatt finden.

Dafs bey (g) eine grofse 3. zu nehmen fey, bedarf keines kopf=brechens.

Aus (h) (k) und (n) erhellet, dafs, wann fich der bafs einen halben ton hinauf in einen accord beweget, die einleitende note eine 6 in fich habe. Das übrige künftig.

---

36 Georg Philipp Telemann, *Singe-, Spiel- und Generalbaß-Übungen* (Anm. 28), S. 43.

Telemann setzt die verschieden langen Verse jeweils in zwei Takte, was bedeutet, dass er mit deklamatorischer Flexibilität jedem Takt eine ungleiche Silbenmenge zuweist [6+7+5+3:||:7+(3+1)+4+4]. Auch der Umgang mit den Betonungen ist bemerkenswert. Zu Beginn vertont er den jambischen Vers immer abtaktig, wobei er jedoch an den Versanfängen durch die Synkopierung der zweiten Note das erwartete Betonungsverhältnis darstellt. Dann aber vollzieht er die Pointenform dadurch nach, dass er den Beginn des letzten Verses direkt an den Vorgängervers anschließt. Dessen Ende ist gedehnt, denn erstmals nimmt eine Silbe die Dauer von drei Achteln ein, womit das Zurückhalten komponiert wird. Der unmittelbar anschließende vierte Vers beginnt als einziger auftaktig, so dass das „so ists" metrisch korrekt sitzt. Während zuvor jeder Vers durch eine Pause vom vorangegangenen abgesetzt ist, folgen nur hier nicht nur zwei Verse direkt aufeinander, sondern die Pause wird nach dem „so ist's" nachgeliefert, was bedeutet, dass der letzte Vers als einziger eine Binnenzäsur aufweist. So komponiert Telemann die syntaktisch-rhetorische Struktur passgenau nach und stellt die Pointe frei, die ebenfalls, was die Prägnanz verstärkt, auftaktig beginnt. Darüber hinaus bestätigt der Schluss den epigrammatischen Charakter der Vertonung durch das irreguläre Längenverhältnis der Silben. Meist schließen Lieder auf betonter Silbe, wenn nicht, dann ist die letzte Betonung länger als ihre Vorgängernote. Hier ist die zweite, also unbetonte Silbe von die*ser* drei Achtel lang und damit länger als das betonte *trin*. Die Schlusssilbe ist gleich kurz, was ein zugespitzt abruptes Ende produziert, welches Raum schafft für eine Publikumsreaktion des Nachsinnens.

Mit der Vertonung von Epigrammen betritt Telemann musikalisches Neuland. Bernhard Jahn verweist auf die Schwierigkeiten, die die Übertragung der beliebten barocken Lyrikgattung in das Medium der Musik aufwirft, insofern sie sich als inkompatibel mit den dominierenden Formen der barocken Vokalkomposition erweist: der strophischen Ode und der Arie. Soweit diese – wie das von Jahn diskutierte Fallbeispiel der Rezeption eines Epigramms von Wernicke in Barthold Feinds *Masagniello furioso* – ebenfalls strophisch gebaut ist, verläuft die Dramaturgie einer Erwartungsspannung hin zur Pointe anders als im kurzen Originaltext, da es keinen einsträngigen Gang zur finalen Auflösung gibt, sondern die Pointenstruktur mehr oder weniger stark ausgeprägt innerhalb der einzelnen Strophen realisiert werden muss. Die Da-Capo-Arie hingegen steht in ihrer Wiederholungsstruktur, sowohl in Bezug auf die formale Disposition als auch mit ihren vielfachen Wortwiederholungen, einer epigrammatisch zugespitzten, knappen Bauform entgegen.[37] Telemann aber konnte durch das Experimentieren mit der Einstrophigkeit allen diesen Problemen begegnen und sowohl den formalen Gattungsanforderungen als auch der sinnreichen Argumentation kompositorisch entsprechen.[38]

---

37 Jahn, Simulierte Sinnlichkeit (Anm. 33), hier S. 113–117.

38 Eine medial hergestellte Beziehung von Epigrammen und weltlichen Liedern ist in einem berühmten Hamburger weltlichen Liederbuch des 17. Jahrhundert zu finden. In Johann Rists *Des Daphnis aus Cimbrien Galathee* (1642) werden satztechnisch bzw. aufführungspraktisch bedingte Leerflächen auf den Seiten mit epigrammatischen Texten gefüllt. Vgl. Wolfgang Hirschmann, *Des Daphnis aus Cimbrien Galathee. Musik und Performanz in der weltlichen Lyrik Johann Rists*, in: *Johann Rist (1607–1667). Profil und Netzwerke eines Pastors, Dichters und Gelehrten*, hrsg. von Johann Anselm Steiger / Bernhard Jahn, Berlin / Boston 2015 (= Frühe Neuzeit 195), S. 513–543. Eine parodistische Musikalisierung einer epigrammatischen Grabschrift

Kein eigentliches Epigramm ist *Die durstige Natur*, sondern eine Übersetzung der 19. Ode des Anakreon durch Johann Burkhardt Mencke,[39] was auf einen zweiten Traditionsstrang der Kürze im Lied der anakreontischen Aufklärung verweist. Anakreons Oden sind generell eher knapp gefasst, weshalb die frühneuzeitliche Literaturtheorie sie teilweise als Epigramme verstand und übersetzte.[40] Auch im fortgeschrittenen 18. Jahrhundert wurde eine innere Strukturverwandtschaft mancher Oden Anakreons zum Epigrammatischen beobachtet und zugleich eine Ähnlichkeit zu französischer Lyrik diskutiert. So reagierte z. B. Johann Gottlieb Schneider 1770 auf eine Kritik Christian Adolph Klotz' an Johann Wilhelm Ludwig Gleim, dieser habe „oft ein Lied voll griechischer Einfalt mit einem französisch wizigen Einfall" beschlossen. Schneider bringt daraufhin Beispiele, in denen auch Anakreons Oden auf Pointen zuliefen und zieht den Vergleich zum Sinngedicht: „Zum wenigsten wird man die beyden letzten Verse der 40sten Ode [...] für eine Pointe müssen paßiren lassen, und viel andre Oden, die durch das Anziehende und ihre Kürze nahe an das Epigramm gränzen."[41] Noch grundsätzlicher stellt er fest: „Die anakreontische Ode gleichet einigermaßen dem Epigramm, es möchte aber wohl nicht so leicht seyn, jedes Sinngedichte, das einen artigen Einfall von Wein und Liebe vorträgt, durch den Schwung des kurzen Sylbenmaßes in eine Ode zu verwandeln [...]."[42]

Auch die 39. Ode Anakreons zeigt epigrammatischen Charakter und zielt auf eine Pointe, denn die Beschreibung der trinkenden Natur über mehrere Verse dient dazu, am Schluss das Weintrinken des Lyrischen Ich zu legitimieren, das solcherart als natürlich und im Kontext der Weltordnung geradezu zwangsläufig erscheint. Martin Opitz überträgt den Schlussvers dicht am Original wie folgt: „Wolt dann/ jhr freunde/ mir das trincken nicht vergonnen?"[43] Mencke aber rückt in seiner Übersetzung das trinkende Subjekt in die dritte Person:

Ihr Freunde, wißt ihr dies, was murret ihr denn viel,
Wenn auch Anacreon bißweilen trincken will [...].

---

findet sich hingegen in einem Lyrikband von Christoph Gottlieb Wend, einem auch für Telemann arbeitenden Librettisten und Dichter, wo die letzten beiden Zeilen der Grabschrift „Eines gewissen Componistens" als „Canto solo con Continuo" vertont und mit Noten abgedruckt sind. [Christoph Gottlieb Wend], *Poetische Waaren/ zu Marckte gebracht von Selimantes*, Hamburg 1729, S. 188.

39 Johann Burckhard Mencke, *Philanders von der Linde Schertzhaffte Gedichte, Darinnen So wol einige Satyren, als auch Hochzeit= und Schertz=Gedichte, Nebst einer Ausführlichen Vertheidigung Satyrischer Schrifften enthalten. Andere und vermehrte Auflage*, Leipzig 1713, S. 182 f. Der Text steht im Abschnitt „Scherz=Gedichte".

40 Vgl. Herbert Zeman, *Die deutsche anakreontische Dichtung. Ein Versuch zur Erfassung ihrer ästhetischen und literarhistorischen Erscheinungsformen im 18. Jahrhundert*, Darmstadt 1984 [Erstausgabe Stuttgart 1972], S. 39.

41 Johann Gottlieb Schneider, *Anmerkungen über den Anakreon*, Leipzig 1770, S. 26 f.

42 Ebenda, S. 28.

43 Martin Opitz, *Buch von der Deutschen Poeterey*, Breslau 1624, [o. S.].

Aus welchen Motiven die Sprechposition ausgetauscht wird, muss offenbleiben,[44] interessant ist aber, dass Telemann den Text dergestalt veränderte, dass das Textsubjekt wiederum in Ich-Form redet:

> Ihr Freunde, wißt ihr dies, was murret ihr denn viel,
> wenn ich bisweilen auch ein gläschen trinken will.

Ob der Komponist das Anakreon-Original kannte und wiederherstellen wollte, wissen wir nicht, und es ist eher unwahrscheinlich. Plausibler wäre, dass seine Intention darin lag, eine Identifikationsfigur für den jeweiligen Sänger zu setzen und das Stück damit zu einem allgemeiner nutzbaren Trinklied zu gestalten. Denn die Ich-Form nimmt dem Text die durch den Rekurs auf Anakreon entstehende historisierende Distanz und den Anhauch des Gelehrsamen und lässt ihn kompatibel zu einem akuten Geselligkeitsgeschehen erscheinen. Feinsinnig vertont Telemann im Übrigen das Thema Nachahmung – die Natur trinkt Wasser, das Ich Wein – als Imitation, die dadurch hörbarer wird, dass die Stimme durch das pausierende Accompagnement zunächst alleine einsetzt.

IV. Hagedorns Reflexionen über das Epigramm als Lied

Der Zusammenhang von Anakreontik und Epigrammatik scheint auch in Hagedorns Überlegungen zur Kürze im Lied durch, auf die abschließend zurückzukommen ist, waren doch vermutlich Hagedorn und Telemann wenigstens zeitweise über Gattungsfragen miteinander ins Gespräch gekommen.

Hagedorns erstes Liederbuch von 1742 enthält eine ausgedehnte Vorrede über Aspekte der Gattungsgeschichte wie der Gattungsästhetik. Dabei lässt der Dichter über weite Strecken einen anderen für sich sprechen, denn er zitiert einen langen Brief aus dem *Guardian* von 1713.[45] Als Rahmen entwirft der Autor Richard Steele eine fiktive Szene, in der ein Gentleman für die Gastgeberin eines „tea-table" zunächst zwei Lieder komponiert, worauf sie ihn bittet, sein Urteil über Lieder abzugeben, damit sie fähig würde, solche Galanterien zu bewerten, falls sie einmal einen „poetical lover" haben sollte. Den so motivierten Brief übersetzt Hagedorn, sich ganz offenkundig mit der dort formulierten Liedästhetik identifizierend, die einer verwechselbaren Massenproduktion das Ideal sublimer Konzentriertheit entgegensetzt: „Jeder aufgeweckte junge Herr, der nur das geringste Geklingel von Versen im Kopf" habe, wolle „ein Liederdichter seyn" und entschliesse sich, „seine Weinflasche oder seine Schöne zu verewigen". Resultat sei eine Menge „läppischer Werke" aus Unwissenheit über die „Eigenschaften solcher kleinen Gedichte", deren ästhetische Anforderungen man

---

44 Zeman äußert sich zu dieser Frage nicht, stellt aber anhand eines Vergleichs der Übersetzungen von Opitz und Mencke Grundlinien der deutschen Anakreon-Rezeption im 17. Jahrhundert dar. Vgl. Zeman, *Die deutsche anakreontische Dichtung* (Anm. 40), S. 38 ff.

45 *The Guardian*, Nr. 16, 30. März 1713.

unterschätze: „[E]in Lied verliehret allen Glanz, wenn es nicht mit äusserster Sorgfalt poliret und ausgeputzet wird."[46]

Dann aber folgt ein strittiger Punkt, der sich am Vergleich von Lied und Epigramm entzündet: „Ein Lied", sagt der englische Schreiber, „sollte so eingerichtet werden wie ein Sinngedicht. Sie unterscheiden sich von einander dadurch, daß dieses kein lyrisches Sylbenmaaß erfordert, auch gemeiniglich nur da gebraucht wird, wo man spotten will". Franzosen würden „oft Lieder und Sinngedichte mit einander verwechseln, und eines für das andere nehmen". Doch hier widerspricht Hagedorn, denn inhaltlich seien Lied und Sinngedicht nicht zu unterscheiden, da „fast alles […] den Inhalt eines Liedes abgeben [könne], folglich auch der Hechelscherz."[47] Die Weiterführung ist für unseren Kontext aufschlussreich:

> Uebrigens sind die eigentlichen Lieder, in einem genauen Verstande, von den heutigen Oden zu unterscheiden, zumal diejenigen, welche, ohne anacreontisch zu seyn, so wie die anacreontischen, nur aus wenigen Zeilen, oder aus einer Strophe bestehen, dergleichen in den Sammlungen französischer Lieder häufig anzutreffen sind. Und diese mögen den Guardian veranlasset haben, den Franzosen hier vorzuwerfen, daß sie viele Sinngedichte zu Liedern machen. Vielleicht aber hat er auch nur auf die zu epigrammatischen und zu sinnreichen Einfälle des spielenden Witzes gesehen, die in vielen französischen Liedern vorkommen, und freylich dem Character der Oden und der Lieder zuwider sind.[48]

Zwei Punkte sind hieran interessant. Erstens der Blick nach Frankreich. Hier blühten nicht nur die Gattungen des Epigramms wie des Liedes, sondern es gab seit den Zeiten Clément Marots auch als Lieder vertonte Epigramme.[49] Bisher wurden die Beziehungen der deutschen Lieder zu französischen Chansons bzw. Airs à boire und englischen Songs musikwissenschaftlich nicht systematisch untersucht, klar ist jedoch, dass die Dichter die europäische Liedlyrik rezipierten und übersetzten und manche solcher Übertragungen auch komponiert wurden. So ist z. B. Hagedorns einstrophiges Lied *Der Wettstreit*[50] eine Übertragung des französischen Epigramms *Entre le Vin et ma maitresse*. Es wurde u. a. mit Melodie und Bassstimme 1695 in einem der monatlich bei Ballard herauskommenden Bände des *Recueil d'airs sérieux et à boire* abgedruckt;[51] nur mit Melodie findet es sich im *Nouveau Receuil de chansons choisies*, den Hagedorn vorliegen hatte.[52] Was Telemann oder Görner von der völlig unüberschaubaren Menge

---

46 Hagedorn, *Sammlung Neuer Oden und Lieder* (Anm. 3), Vorrede [o. S.].
47 Ebenda. Auf diverse Gattungsverschränkungen zwischen Epigrammen, Oden, auch Fabeln und Erzählungen Hagedorns weist Steffen Martus hin, vgl. ders., *Friedrich von Hagedorn – Konstellationen der Aufklärung*, Berlin etc. 1999 (= Quellen und Forschungen zur Literatur- und Kulturgeschichte 15 [= 249]), S. 39.
48 Hagedorn, *Sammlung Neuer Oden und Lieder* (Anm. 3), Vorrede.
49 Vgl. Nicole Schwindt, Musikalische Lyrik in der Renaissance, in: *Musikalische Lyrik. Teil 1: Von der Antike bis zum 18. Jahrhundert*, hrsg. von Hermann Danuser, Laaber 2004 (= Handbuch der musikalischen Gattungen 8/1), S. 137–254, hier S. 195.
50 Hagedorn, *Sammlung Neuer Oden und Lieder* (Anm. 3), Nr. 11.
51 *Recueil d'airs sérieux et à boire par Monsieur de Bousset*, Paris 1695, S. 24 f.
52 *Nouveau Recueil de chansons choisies*, 8 Bde., La Haye 1723–1743, Bd. 4 (1729), S. 122 f.

solcher Lieddrucke kannten, wird man nicht rekonstruieren können, doch wären vergleichende Studien hier weiterführend.

Der zweite bemerkenswerte Punkt liegt in Hagedorns Unterstellung, der Schreiber im *Guardian* setze kurze Lieder unzulässig mit Sinngedichten gleich: Nicht jedes einstrophige Lied sei epigrammatisch – was übrigens auch in den *Singe= Spiel= und General=Bass=Übungen* zu beobachten ist. Und diesen nicht automatischen Zusammenhang von Gedichtlänge und Epigrammatik thematisiert er auch in dem anfangs zitierten Brief. Nach der Abschrift zweier eigener einstrophiger Lieder (*An die Liebe*; *Die erste Liebe*) erläutert er:

> Ich habe hier die Leidenschaft und nicht die Kunst reden lassen und nichts sagen wollen was gesucht und nur sinnreich hätte scheinen können. Gleichwohl verspreche ich mir daher nicht den Beyfall aller Leser, sondern nur derer wenigen, die wissen, daß ein Lied nicht zu leicht, natürlich und fliessend seyn kann. Andere, die nur Witz verlangen, zu vergnügen, habe ich mich, in gewissen längern Liedern, oder vielmehr Oden, der Schreibart bedienet, die sich einigermassen der epigrammatischen nähert: obgleich dieses meiner Überzeugung zuwider ist, und ich also mir angelegen seyn lassen, auch diesen Kleinigkeiten nicht mehr Scharfsinnigkeit zu geben, als ein Lied im eigentli[chen] Character annehmen kan. Verführ ich immer, wie ich wollte; so würden fast alle meine Lieder nur von ein[er] Strophe seyn.[53]

Hagedorn bekundet also, nicht in den kurzen, sondern in den längeren Liedern epigrammatisch zu schreiben, was für ihn bedeutete, den Text auf satirische Pointen und geistreichen Scherz hin zu fokussieren. Hierbei läuft jede Strophe mit einem analogen Aufbau auf eine Pointe zu, die häufig in Form eines – optional chorisch zu singenden – Kehrverses steht, und dieser Typus des mehrstrophigen satirischen Liedes war in den Generalbassliedern der 1740er und 1750er Jahre der dominierende, nicht die epigrammatischen Miniaturen, wie sie Telemann zu Beginn der 1730er Jahre auf den Markt gebracht hatte.

***

Während der Phase der Neukonstituierung des weltlichen Liedes in den 1730er und 1740er Jahren ist die Länge offenkundig ein gattungsästhetisches Problem, dem sich Telemann komponierend und Hagedorn dichtend und reflektierend nähern. In den *Singe= Spiel= und General=Bass=Übungen* bedingt ein Marktexperiment eine künstlerische Innovation, insofern die äußere Begrenzung auf ein Blatt die kompositorische Fokussierung auf einen kurzen Text erzwingt. Was zuerst da war, die Einzelblatt-Idee mit dem didaktischen Impuls oder die Lust auf komponierte Epigrammatik, lässt sich nicht klären. Das Ergebnis war in jedem Fall ein äußerst originelles ästhetisches Projekt, das so direkt keine Nachfolge fand – allerdings könnte man im 20. Jahrhundert die Verbindung von Satire und Einstrophigkeit weiterverfolgen, etwa in Richard Strauss' *Krämerspiegel*.

---

53 Brief Friedrich von Hagedorns an Johann Elias Schlegel, 21. April 1744 (Anm. 1), S. 123.

Die Rekonstruktion der Textquellen lässt erkennen, dass Telemann mit hohem literarischen Interesse an die Sache heranging, und tiefergehende philologische Untersuchungen könnten helfen, seinen produktiven Umgang mit Literatur weiter aufzuhellen. Offenkundig las er sehr intensiv, Älteres wie Aktuelles, und wählte mit großer Sorgfalt aus. Er suchte Epigramme oder aber Einzelstrophen mit epigrammatischer Struktur, die er durch Isolierung und (neue) Übertitelung zum Epigramm umwandelt. Dabei entspricht der Form ein thematisches Profil. Während sich diverse Trinklieder finden, fehlen in der Sammlung gänzlich galante Lieder bzw. Liebeslieder. Dass man über das Thema durchaus einstrophig singen konnte, zeigen französische Airs und auch entsprechende Oden Hagedorns. Telemann aber verweigert sich hier dem Galanten zugunsten einer Gestaltung des geistreich-pointierten Sinnspruchs als Paradigma einer musikalisch-aufklärerischen Vortragskunst.

Ralph-Jürgen Reipsch

Zwischen Tradition und Innovation

Telemanns Vertonungen aus Klopstocks *Messias* TVWV 6:4a/b

Das Jahr 1759 weist für Georg Philipp Telemann eine auffällige Dichte von außergewöhnlichen geistlichen Vokalkompositionen auf. Einigen von ihnen liegen Texte zugrunde, an denen ein Komponist zeigen kann, „daß eine Poesie musikalisch seyn könne, wenn auch nicht Recitativ oder Arie drüber steht".[1] So jedenfalls kommentierte Friedrich Wilhelm Zachariae die Telemannische Vertonung seiner Dichtung *Das Befreite Israel* TVWV 6:5, die er nicht wie sonst üblich in Rezitative und Arien untergliedert hatte. Nach diesem Gedicht Zachariaes, das auf dem „Mosaischen Lobgesang"[2] (Ex 15,1–18) fußt, folgten jene beiden Auszüge aus Friedrich Gottlieb Klopstocks *Messias* TVWV 6:4a/b, mit denen Telemann sich dem hohen Ton des Epos' und dem in der Musik seltenen Versmaß des Hexameters stellte sowie eine moderne Ode „Er kam lobsingt ihm" TVWV 1:462 des jungen Daniel Schiebeler, deren musikalische Umsetzung zu Himmelfahrt 1759 im Gottesdienst erklang.[3] Am Ende des Jahres brachte Telemann aus dem gerade erschienenen zweiten Teil von Johann Andreas Cramers *Poetischer Uebersetzung der Psalmen* einen Auszug aus Psalm 47 „Mein Herz ist voll" TVWV 6:3b in Musik.[4] 1762 sollte er dieses an sich eigenständige Werk dann mit der ebenfalls auf den Cramerschen Psalmen basierenden *Donner-Ode* TVWV 6:3a von 1756 verknüpfen. Bemerkenswert ist auch, dass Telemann 1759 einen „Discurs […] über etliche Eigenschaften, die ein Componist bey der schildernden Schreibahrt zu bemerken hat", plante sowie eine Abhandlung „von den durch die Erfarung entdeckten Vorteilen bey der Singecomposition, besonders von einer rechten Anwendung der Deutschen Sprache, die durch den Zwang der welschen Melodien sehr oft verunstaltet wird".[5] Letztere beabsichtigte er mit der „stückweise" herauszugebenden *Mar-*

---

1 Friedrich Wilhelm Zachariae, *Scherzhafte Epische und Lyrische Gedichte […]. Neue durchgehends verbesserte Auflage*, Bd. 1, Braunschweig / Hildesheim 1761, zitiert nach dem *Vorbericht zur zweyten Auflage* vom 12. März 1761, [o. S.].

2 Wolf Hobohm, Vorwort und Kritischer Bericht zu: Georg Philipp Telemann, *Die Donnerode / Das befreite Israel*, hrsg. von Wolf Hobohm, Kassel etc. 1971 (= Georg Philipp Telemann, Musikalische Werke 22), S. VII–XXIV, hier S. X, zitiert nach dem Titel des Hamburger Textdruckes („Nach Anleitung des Mosaischen Lobgesanges"), Faksimile S. XXII.

3 Ralph-Jürgen Reipsch, Strophische Textformen und ihre Umsetzung. Zwei geistliche Oden in Telemanns Kirchenmusik um 1760, in: *Telemanns Vokalmusik – Über Texte, Formen und Werke*, hrsg. von Adolf Nowak / Andreas Eichhorn, Hildesheim 2008 (= Studien und Materialien zur Musikwissenschaft 49), S. 267–311, hier S. 284 ff.

4 Hobohm, Vorwort und Kritischer Bericht (Anm. 2), S. IX; Ralph-Jürgen Reipsch, Telemanns Donner-Ode zwischen Kirche und Konzert, in: *Concertare – Concerto – Concert. Das Konzert bei Telemann und seinen Zeitgenossen. Bericht über die Internationale Wissenschaftliche Konferenz, Magdeburg, 14. und 15. März 2016*, hrsg. von Carsten Lange u. a., Hildesheim etc. (= Telemann-Konferenzberichte 21), S. 239–272.

5 Günter Fleischhauer, Annotationen zu Werken Telemanns in den Katalogen des Verlagshauses Breitkopf in Leipzig (1760–1787), in: *Georg Philipp Telemann – Werküberlieferung, Editions- und Interpretationsfragen. Bericht über die Internationale Wissenschaftliche Konferenz […] Magdeburg, 12. bis 14. März 1987*, hrsg. von Wolf Hobohm / Carsten Lange, Köln 1991, 1. Teil, S. 49–56, hier S. 50 (Telemanns Brief an Breitkopf, Hamburg, 27. Mai 1759).

kuspassion 1759 TVWV 5:44 zu verbinden.[6] Ende 1759 wandte sich Telemann einer weiteren bedeutenden Dichtung zu, der von Karl Wilhelm Ramler nach Art einer biblischen Idylle gestalteten Weihnachtskantate *Die Hirten bei der Krippe zu Bethlehem* TVWV 1:797.[7] Diese war zwar wieder konventionell in Rezitative, Arien, Choräle und Psalmchöre gegliedert, weist jedoch eine moderne, hochgradig poetische Sprache auf. Etwa zeitgleich beauftragte er den Berliner Dichter mit dem ähnlich geformten Libretto *Die Auferstehung und Himmelfahrt Jesu*, dessen Vertonung TVWV 6:6 am 28. April 1760 erstmals im Hamburger Drillhaus erklang.[8] Dies alles deutet auf einen literarisch angeregten Kreativschub bei dem 78-Jährigen hin, der auf die in seinem Sinne angemessene Art und Weise der kompositorischen Umsetzung von moderner Poesie fokussiert war.

Die beiden Auszüge aus Klopstocks Epos *Der Messias* wurden am 29. März 1759 in Telemanns Drillhaus-Konzert erstmalig aufgeführt, gemeinsam mit dem hier gleichfalls uraufgeführten *Befreiten Israel* und dem ersten Teil der *Donner-Ode* von 1756: Dieses in der Passionszeit veranstaltete und vom Programm her darauf abgestimmte Konzert vereinigte somit vier dichterisch wie musikalisch unkonventionelle und innovative Werke. Dabei stellen die *Messias*-Auszüge eine Besonderheit dar, denn hier wurde Poesie in Musik gebracht, die nicht von vornherein zu diesem Zweck bestimmt war.[9] Der Komponist hatte daher nach Möglichkeiten zu suchen, wie diese modernen, für die Musik ungewöhnlichen Texte am besten zu gliedern, wie mit dem etwas sperrigen Hexameter umzugehen und wie die gehobene Sprache des Dichters, die großen, erhabenen Bilder, die komplizierte Syntax umzusetzen seien – und dies nach Möglichkeit in einer Art, welche die poetische Harmonie, die der hochgradig durchformten Dichtung des Klopstock-Epos' innewohnt, nicht zerstören würde.[10] Im Folgenden sol-

---

6   Ralph-Jürgen Reipsch, Notizen zur Überlieferungssituation der oratorischen Passionen Telemanns. Neues zur *Markuspassion 1759* TVWV 5:44, in: *Telemann und Händel. Musikerbeziehungen im 18. Jahrhundert. Bericht über die Internationale Wissenschaftliche Konferenz, Magdeburg, 12. bis 14. März 2008* […], hrsg. von Carsten Lange / Brit Reipsch, Hildesheim etc. 2013 (= Telemann-Konferenzberichte 17), S. 227–256, hier S. 244 ff.

7   Georg Philipp Telemann, *Die Hirten bei der Krippe zu Bethlehem. Geistliche Kantate nach Worten von Karl Wilhelm Ramler TWV 1:797*, hrsg. von Wolf Hobohm, Kassel etc. 1997 (= Georg Philipp Telemann, Musikalische Werke 30).

8   Georg Philipp Telemann, *Die Auferstehung und Himmelfahrt Jesu TWV 6:6*, hrsg. von Ralph-Jürgen Reipsch, Kassel etc. 1997 (= Georg Philipp Telemann, Musikalische Werke 32), S. VIII.

9   Zum Folgenden siehe Ralph-Jürgen Reipsch, Vorwort und Kritischer Bericht zu Georg Philipp Telemann, *Zwei Auszüge aus Klopstocks Messias. „Sing, Unsterbliche Seele" TVWV 6:4a / „Mirjams, und deine Wehmut, Debora" TVWV 6:4b*, hrsg. von Ralph-Jürgen Reipsch, Kassel etc. 2010 (= Georg Philipp Telemann, Musikalische Werke 41), S. VIII–LVII, insbes. S. XIVff. Zu Telemann und Klopstock vgl. auch ders., Telemann und Klopstock. Annotationen, in: *Telemann-Beiträge. Abhandlungen und Berichte, 3. Folge*, hrsg. von Wolf Hobohm / Brit Reipsch, Oschersleben 1997 (= Magdeburger Telemann-Studien 15), S. 105–130.

10   Zu diesem Problem äußerte sich Gotthold Ephraim Lessing in seinem *Literaturbrief* Nr. 51 vom 16. August 1759 unter dem Eindruck einer Klopstock-Ode: „Sie wissen ja, wie wenig es dem Musikus überhaupt hilft, daß der Dichter ein wohlklingendes Metrum gewählet, und alle Schwierigkeiten desselben sorgfältig und glücklich überwunden hat. Oft ist es ihm sogar hinderlich, und er muß, um zu seinem Zwecke zu gelangen, die Harmonie wieder zerstören, die dem Dichter so unsägliche Mühe gemacht." Gotthold Ephraim Lessing, *Briefe, die neueste Literatur betreffend. Mit einer Dokumentation zur Entstehungs- und Wirkungsgeschichte*, hrsg. von Wolfgang Albrecht, Leipzig 1987, S. 168.

len einige Beobachtungen mitgeteilt werden, die andeuten mögen, wie Telemann dies realisiert hat.

I.   Die Dichtung

Telemann hat zwei sich formal voneinander unterscheidende Abschnitte aus dem Klopstock-Epos gewählt. Er verwendete für seine Vertonung die in der *Hallischen Ausgabe* von 1751 (Band 1, Gesang I–V) bzw. 1756 (Band 2, Gesang VI–X) veröffentlichten Fassungen der ersten zehn Gesänge des Werkes.[11]

1) „Sing, unsterbliche Seele": Diese erste Musik basiert auf dem Beginn der Dichtung (Vers 1–41),[12] also auf dem Proömium (der einleitende Gesang, Vers 1–22) und den ersten achtzehn Versen des eigentlichen Epos', in denen die Geschehnisse von Jesu Einzug in Jerusalem bis hin zur Szene auf dem Ölberg thematisiert sind (Vers 23–41). Wie üblich gliedert sich das Proömium in drei Abschnitte: 1. Angabe des Inhalts (Vers 1–7), 2. Invocatio (nach Gotthold Ephraim Lessings Formulierung die „Anrufung an den Geist Gottes",[13] Vers 8–16), 3. Anrede des Publikums (Vers 17–22). Der Beginn dieser Dichtung dürfte Telemann bereits durch das eindringliche „Sing, unsterbliche Seele" angesprochen haben. Obgleich Klopstock weitere Bezüge auf die Musik bzw. das Singen einflicht (z. B. „die Erlösung des großen Messias würdig <u>besingen</u>"), ist dieser von Telemann gewählte Ausschnitt im Grunde jedoch weitaus weniger ‚musikalisch' als der zweite, der schon aufgrund seiner Gestalt als „Wechselgesang" oder „Lied" bezeichnet wurde.[14] Das Proömium wird von Telemann zwar vollständig vertont, der anschließende Abschnitt des eigentlichen Epos' bricht in Vers 41 jedoch recht unvermittelt ab. Hierdurch bleibt der Textauszug eigentümlich rudimentär, was nicht nur Folgen für die musikalische Umsetzung, sondern auch für die Rezeption hatte.

2) „Mirjams, und deine Wehmut, Debora": Für den zweiten Auszug griff Telemann auf den Wechselgesang der Mirjam und Debora aus dem zehnten Gesang des *Messias* (Vers 480–515)[15] zurück, in welchem die Kreuzigung und der Tod Jesu im Mittelpunkt stehen. Der eigentliche Wechselgesang wird von den Worten eines nur bei Telemann so bezeichneten „Herolds" eingerahmt. Von ihm werden zwei konkrete alttestament-

---

11 [Friedrich Gottlieb Klopstock], Der | Messias. | [Vignette] | Erster Band. || Mit Königl. Pohln. und Churf. Sächs. Königl. Preußischen | und Churf. Brandenburgischen allergnädigsten Privilegien. || Halle, im Magdeburgischen | Verlegt von Carl Herrmann Hemmerde, | 1751.; [Friedrich Gottlieb Klopstock], Der | Messias. | [Vignette] | Zweyter Band. || Mit Königl. Pohln. und Churf. Sächs. Königl. Preußischen | und Churf. Brandenburgischen allergnädigsten Privilegien. || Halle, im Magdeburgischen. | Verlegt von Carl Hermann Hemmerde. | 1756. Hierzu Reipsch, Vorwort und Kritischer Bericht (Anm. 9), S. XIII.

12 Nach der in der *Hamburger Klopstock-Ausgabe* (HKA, Werke Bd. IV/1: Text, hrsg. von Elisabeth Höpker-Herberg, Berlin etc. 1974) wiedergegebenen Fassung Vers 1–42.

13 Lessings *„Über das Heldengedicht der Messias"* erschien zunächst in *Das Neueste aus dem Reiche des Witzes* (September 1751), der Beilage zu den *Berlinischen Staats- und Gelehrten Zeitungen*. Nachdruck in: Gotthold Ephraim Lessing, *Schrifften. Theil 2*, 15. bis 19. Brief, Berlin 1753, S. 88–139, Zitat S. 101.

14 Reipsch, Vorwort und Kritischer Bericht (Anm. 9), S. XVIIIff., XXVIIff.

15 Nach der in der HKA (Anm. 12) wiedergegebenen Fassung Vers 480–523.

liche Personen angekündigt, die das Sterben des Messias wechselweise in empfindsamen Versen besingen. Es sind Mirjam, die Schwester Moses' und Aarons, die durch
ihren Freudengesang nach der Errettung der Israeliten vor dem ägyptischen Heer als
Sängerin ausgewiesen ist (Ex 15, 20–21), und die Prophetin Debora. Auch diese tritt
mit dem sogenannten *Debora-Lied* (Ri 5) als Sängerin des Volkes Israel in Erscheinung. Die Abschnitte, die der jeweiligen Sängerin zugeordnet sind, wurden in der Telemann vorliegenden Ausgabe typographisch durch Zeileneinrückungen angedeutet,
erst in Klopstocks *Altonaer Ausgabe* von 1780 (1781) versah sie der Dichter mit den
Buchstabenmarken „M." und „D.".[16] Telemann hat dieser von Klopstock angedeuteten
Gliederung weitgehend entsprochen. Einige eher musikalisch bedingte Abweichungen
sind jedoch zu konstatieren, da er Mirjam und Debora gelegentlich gemeinsam singen lässt, die Grenzen der Partien verschiebt (z. B. bei Vers 499–502) oder zusätzliche
Wechsel einfügt (z. B. bei Vers 507–510 bzw. 511–514).

Das *Lied der Mirjam und Debora* ist einer der vielen Wechselgesänge, die Klopstock in seine Dichtungen einarbeitete. Schon früh wurde seine besondere Qualität
hervorgehoben. Friedrich Nicolai urteilte 1757:

> Dieses Lied, welches sie [Mirjam und Debora] gegen einander singen, ist
> von ausnehmender Schönheit, und wenn Klopstock auch nichts, als dassel-
> be gemacht hätte, so würde er dennoch ein großer Dichter genennet werden
> können. Es ist in dem ächten Geschmack der alten hebräischen Poesie, ein
> Meisterstück der Einfalt und Hoheit.[17]

II. Die Musik – „Sing, unsterbliche Seele"[18]

Für die Textgestalt der epischen Dichtung, die im Unterschied zu sonst üblichen
„Singgedichten" keine Unterteilung in Rezitative, Arien, Chöre oder Choräle aufweist,
hatte Telemann eine sinnvolle Gliederung und spezielle Techniken der musikalischen
Umsetzung zu finden (Tabelle 1). Eine gewisse Formung des von ihm gewählten vier-
teiligen Textabschnittes war – wie bereits beschrieben – mit dem dreigeteilten Proömium und dem eigentlichen Beginn des Epos' vorgegeben. Telemann übernimmt
diese Form und fügt nach den ersten beiden Teilen, der Inhaltsangabe und der Invocatio, instrumentale Zwischenspiele (Nr. 2, 4a) ein. Das erste Zwischenspiel (Nr. 2),
komponierte er nachträglich, wie aus dem Autograph hervorgeht.[19] Das zweite (Nr.
4a) ist reigenartiges Zwischenspiel und ‚Ritornell' zugleich, denn es ist motivisch und
auch von der Besetzung her (zwei Traversflöten) mit der ohne Unterbrechung nach-
folgenden Solopassage (Nr. 4b [1, 2]) und dem abschließenden zwölftaktigen instrumentalen Ritornell (Nr. 4b [3]) verknüpft. Hierdurch wird die gesamte Passage

---

16 Mitteilung von Frau Dr. Elisabeth Höpker-Herberg (Hamburg) vom 25. Juli 1995.
17 Friedrich Nicolai, *Der Messias, zweyter Band*, verlegt von Carl Hermann Hemmerde, Halle
    1756, Rezension in: *Bibliothek der schönen Wissenschaften und der freyen Künste* Bd. 1, 2. St.
    (1757), S. 322.
18 Die Nummerierung der musikalischen Abschnitte und die Taktangaben beziehen sich auf fol-
    gende Ausgabe: Telemann, *Zwei Auszüge aus Klopstocks Messias* (Anm. 9).
19 Reipsch, Vorwort und Kritischer Bericht (Anm. 9), S. XXXIX.

Tabelle 1: „Sing, unsterbliche Seele" TVWV 6:4a, Aufbau

Abschnitt	Nr.*)	Text	Typus	Besetzung	Ausdrucks-bezeichnung	Vorzeichen	Tonart	Taktart	Takt Nr.
Inhalts-angabe V. 1–7	1a	Sing, unsterbliche Seele	Instrumental mit eingestreuten Rec. sempl.	T, Str., B.c.	Vergnüglich, Pathetisch (im Wechsel)	2b	B	2/4	1–38
	1b (1)	Vergebens erhob sich	Arioso [„Wutarie"]	B, Str., B.c.	Trotzig	2b	B	3/4	39–74
	1b (2)	Er tats, und vollbrachte	Rec. sempl.	B, B.c.		2b	B	2/4	75–79
	2		Instrumental [Loure]	Str., B.c.	Prächtig	2b	B	3/4	1–20
Invocatio V. 8–16	3	Aber, o Werk	Rec. semplice, accomp. und Arioso	Alt, Str., B.c.	Pathetisch	2b	g	2/4 und 3/4	1–38
	4a		Ritornell	2 Trav., Str., B.c.	Lieblich-munter	1#	G	3/4	1–40
Anrede V. 17–22	4b (1)	Sterbliche, kennt ihr die Ehre	Rec. sempl.	S, B.c.	Pathetisch	1#	G-D	2/4	41–48
	4b (2)	So höret meinen Gesang	Arioso	S, 2 Trav., Str., B.c.	Lieblich-munter	1#	e (G)	3/4	48–75
	4b (3)		Ritornell (= 4a verkürzt)	2 Trav., Str., B.c.	[wie 4a]	1#	E-G	3/4	75–87
	4c	Nah an der heiligen Stadt	Rec. sempl. und accomp.	T, Str., B.c.	Pathetisch	2#	D-h	2/4 und 3/4	88–112
	4d (1)		Instrumental	Str., B.c.	Ernsthaft	2#	D	2/4	113–116
	4d (2)	Jesus verbarg sich	Rec. sempl., accomp. und obbl. sowie Arioso	B, Str., B.c.	Pathetisch	2#	D-g	2/4 und 3/4	116–134
Epos (Beginn) V. 23–41	4e	Gott kam selber vom Himmel	Rec. sempl., accomp. und obbl., Arioso	B, Str., B.c.	Prächtig, Etwas munter/ Pathetisch (im Wechsel)	2b	Es-f	3/4 und 2/4	135–155
	4f	Unterdes nahte sich Jesus	Rec. sempl., accomp. und obbl.	A, Str., B.c.	[Pathetisch]	2b	f-F	2/4 und 3/4	155–168
	4g		Instrumental	2 Ob., Str., B.c.	Mäßig	2b	F	2/4	168–188

*) Die ineinander übergehenden Abschnitte sind jeweils durch weißen oder grauen Hintergrund gekennzeichnet.

(Nr. 4a/b), die identisch ist mit der Anrede des Publikums (Teil 3 des Proömiums), musikalisch als zusammengehörig erkennbar. Das genannte kurze Abschlussritornell (Nr. 4b [3]) fungiert zugleich als Abgrenzung zum vierten Teil (Nr. 4c–f), dem eigentlichen Beginn des Epos', der mit diesem Ritornell allerdings durch eine halbtaktige Bassmodulation verbunden ist. Bei dieser vom Dichter vorgegebenen Unterteilung bleibt es allerdings nicht, denn Telemann nimmt eine weitere Binnengliederung der vier Abschnitte vor, die vom jeweiligen Inhalt und Affekt des Textes bestimmt wird. Auffällig ist dies schon in der ersten Nummer (Nr. 1a), welche zunächst durch den rezitativischen, im ‚pathetischen' Ton gehaltenen Vortrag des Tenors geprägt ist, der von mit „Vergnüglich" überschriebenen Orchestereinwürfen unterbrochen wird (Notenbeispiel 1a).

Notenbeispiele 1a und 1b:
Georg Philipp Telemann, „Sing, unsterbliche Seele" TVWV 6:4a, T. 12–15 und T. 47–49

Dann aber, bei der Textstelle „Vergebens erhub sich Satan" (Notenbeispiel 1b), wechselt Telemann in die hierzu angemessene Affektlage einer ‚Wutarie' (Nr. 1b [1], „Trotzig"). Dieses minutiöse Eingehen auf die textliche Vorlage ist für Telemann Prinzip, besonders stark ausgeprägt finden wir es in seinem späten Werk. Für die Vertonung des so andersartig gebauten Klopstock-Textes hat dieses Prinzip umso mehr Bedeutung, als sich hieraus eine letztlich auch musikalisch sinnvolle Formung ableitet. Die so gefundene Form ist durch viele einzelne, textgezeugte Abschnitte gekennzeichnet, die von unterschiedlichen Satztypen, wechselnder Instrumentation und Sängerbesetzung (stets solistisch, keine Duette), wechselnden Takt- und Tonarten sowie differenzierenden Ausdrucksbezeichnungen geprägt sind. Es deutet sich hier bereits an, was in der Vertonung des Wechselgesangs noch stärker ausgebildet ist: Viele dieser Abschnitte gehen ohne Zäsur ineinander über, zum Teil werden sie durch eine überleitende Bassfigur (z. B. Nr. 4a zu 4b, Nr. 4b zu 4c) miteinander verknüpft. Durch diesen Kunstgriff gelingt es Telemann, den Fortgang der textreichen epischen Dichtung in Fluss zu halten. Diese Formlösung ähnelt den ineinander übergehenden Abschnitten bei französischen Récits, wie sie Telemann selbst in seinem Pariser Grand Motet (71. Psalm, TVWV 7:7) von 1738 komponiert hat.[20]

Obgleich das Epos eigentlich durch *einen* ‚Sänger‘ (bzw. einen Rhapsoden) vorgetragen werden müsste, wechselt Telemann zwischen vier Stimmlagen, auch innerhalb der einzelnen Teile. Einzig dem Alt ist mit der relativ knapp gefassten, rezitativisch dominierten Invocatio (Nr. 3) ein Teil vollständig reserviert. Durch die Verteilung auf mehrere Sänger schafft Telemann eine gewisse musikalische Variabilität, die sich punktuell auch in der Instrumentierung erkennen lässt. In der Anrede des Publikums (Nr. 4 a/b) setzt er teilweise zwei Traversflöten zu den sonst vorherrschenden Streichern, im instrumentalen Schlusssatz (Nr. 4g) treten zwei Oboen hinzu.

Klopstock hat in seiner Abhandlung *Von der Nachahmung des griechischen Sylbenmasses*, die im zweiten Band der von Telemann verwendeten *Halleschen Ausgabe* enthalten war, auf die Unterschiede zwischen dem klassischen und dem deutschen Hexameter aufmerksam gemacht.[21] Die klassische Form bestehe aus sechs Daktylen, die teilweise durch Spondäen ersetzt werden können. Da letztere im Deutschen selten auftreten, darf nach Klopstock stattdessen der Trochäus verwendet werden, wodurch der deutsche Hexameter „fliessender" wirke. Dieses variable sechshebige, vor allem aus Daktylen und Trochäen bestehende Versmaß ist folglich in der rezitativischen Umsetzung anders zu handhaben als die sonst für das Rezitativ typischen jambischen Verse unterschiedlicher Länge. Für die Vertonung dieser Dichtung nutzte Telemann vor allem die verschiedenen Typen des Rezitativs (Recitativo semplice, accompagna-

---

20 Siehe Georg Philipp Telemann, *71. Psalm „Deus, judicium tuum regi da", Grand Motet (Paris 1738) TVWV 7:7*, hrsg. von Wolfgang Hirschmann, Kassel etc. 2007 (= Georg Philipp Telemann, Musikalische Werke 45).

21 „Wir haben Daktylen, wie die Griechen, und ob wir gleich wenige Spondäen haben; so verliert doch unser Hexameter dadurch, daß wir statt der Spondäen meistentheils Trochäen brauchen, so wenig, daß er vielmehr fliessender, durch die Trochäen, wird; weil in unsern Sylben überhaupt mehr Buchstaben sind, als bey den Griechen. Es ist wahr, die Griechen unterscheiden die Länge und Kürze ihrer Sylben nach einer viel feinern Regel, als wir." Zitiert nach Friedrich Gottlieb Klopstock, *Von der Nachahmung des griechischen Sylbenmasses*, Abdruck in: Friedrich Gottlieb Klopstock, *Der Messias*, Gesang I–III, Text des Erstdruckes von 1748, Studienausgabe, hrsg. von Elisabeth Höpker-Herberg, Stuttgart 1986, S. 127–138, hier S. 130. Vgl. auch Günter Fleischhauer, Annotationen zum Wort-Ton-Verhältnis in Georg Philipp Telemanns *Messias* (TWV 6:4), in: ders., *Annotationen zu Georg Philipp Telemann. Ausgewählte Schriften*, hrsg. von Carsten Lange, Hildesheim etc. 2007 (= Magdeburger Telemann-Studien 19), S. 322–332, hier S. 324.

to, obbligato)[22] und das Arioso, oft auf kleinstem Raum abwechselnd oder ineinander-
fließend. In den rezitativischen Abschnitten ist zu beobachten, dass die Deklamation dem Hexameter sehr genau folgt, wobei betonte Silben mit größeren Notenwerten
bzw. Quantitäten versehen werden als unbetonte.

In den Rezitativen seines Spätwerks verwendet Telemann in der Regel Achtelnoten
als Deklamationsrhythmus, dehnende Viertelnoten oder Punktierungen sind kaum,
Sechzehntelnoten nur bei Auftakten (nach Einschnitten) und bei (den seltenen) ein-
gestreuten Daktylen anzutreffen. Das Grundmetrum ist der 4/4-Takt, der Taktwechsel nach französischer Art wird angewendet, um Dehnungen zu vermeiden und so
das Rezitativ fließender zu gestalten. Bei Einschnitten wie Komma, Semikolon oder
Punkt erscheinen Pausen.[23] Die Rezitative der Klopstock-Vertonung weichen von diesem Normaltyp in einigen Punkten zwangsläufig ab. Augenscheinlich ist beispielsweise, dass sich durch die Häufung von Daktylen recht oft die rhythmische Konstellation
Achtel-Sechzehntel-Sechzehntel ergibt.

Gravierender ist jedoch die Abweichung vom sonst für Rezitative üblichen Grundmetrum, dem 4/4-Takt. Telemann schrieb zunächst das Zeichen ¢ (so wie wir es vom
französischen Ouvertürentakt kennen), strich dieses dann, notierte den 2/4-Takt und
fügte eine Generalanweisung für den Kopisten hinzu: „NB. Der 2 Viertel =Tact gilt |
hier durchgehends."[24] Ein Grund für die Verwendung des 2/4-Taktes könnte sein, dass
Telemann gleichgewichtete Taktschwerpunkte herstellen wollte. Im 4/4-Takt kommt
bekanntlich dem ersten Schlag das größere Gewicht zu, der zweite Schwerpunkt auf
der dritten Zählzeit ist diesem nicht gleich. Der 2/4-Takt hingegen besteht aus jeweils
einer schweren und einer leichteren Zählzeit. Die Folge von mehreren dieser Takte ergibt demnach ein einheitliches Gefüge von schwer und leicht, in das der Komponist
das rhythmische Konstrukt des Verses einsetzen kann.

Dass Telemann sich zwar eng, doch nicht sklavisch am Versmaß orientiert, sondern eine durch gewisse Freiheiten lebendige Deklamation eigener Art anstrebt, zeigt
bereits ein Blick auf eine Passage des ersten Rezitativs (Nr. 1a, Notenbeispiel 2): „und
durch die er Adams Geschlechte die Liebe der Gottheit" usw. So setzt er z. B. die im

---

22 Die zwischen Récitatif accompagné und obligé differenzierende Terminologie wurde zwar erst
1767 von Jean-Jacques Rosseau eingeführt, er beschreibt damit aber die rezente Musikpraxis außerhalb Frankreichs. Siehe die Artikel zu „Récitativ accompagné" und „Récitativ obligé"
in Jean-Jacques Rousseau, *Dictionnaire de Musique*, Paris 1768 [recte 1767], S. 410–412. Vgl.
auch die deutschen Übertragungen in: *Jean Jacques Rousseau. Musik und Sprache. Ausgewählte
Schriften*, übersetzt von Dorothea Gülke und Peter Gülke, Wilhelmshaven 1984 (= Taschenbücher zur Musikwissenschaft 99), S. 313–315.

23 Ralph-Jürgen Reipsch, Telemanns Rezitativtechnik – Untersuchungen am vokalen Spätwerk,
in: *Musik als Text, Bericht über den 11. Internationalen Kongreß der Gesellschaft für Musikforschung, Freiburg i. Br., 27.9. bis 1.10.1993*, hrsg. von Hermann Danuser und Tobias Plebuch,
Kassel etc. 1998, Bd. 2, S. 283–294, hier S. 290.

24 Telemann hat in seiner Kompositionspartitur das Taktzeichen ¢ nicht an allen Stellen umgewandelt, diese Änderungen überließ er offenbar dem Kopisten. Für den ungeraden Takt notiert
er analog fast ausnahmslos 3, was hier gleichbedeutend mit dem 3/4-Takt ist. Im Wechselgesang TVWV 6:4b hingegen erscheint von vornherein die sonst übliche Schreibweise 2/4 bzw.
3/4.

Hexameter stets betonte erste Silbe[25] dieser Zeile nicht auf eine schwere Taktzeit, sondern auf den Achtelschlag nach der zweiten Zählzeit, auch als Quantität weist er ihr nur eine Sechzehntelnote zu und nicht, wie zu erwarten, eine Achtel, d. h. metrische und prosodische Betonung stimmen hier nicht überein. Die anschließenden Trochäen (jeweils zwei Achtel) und Daktylen hingegen (jeweils Achtel – zwei Sechzehntel) entsprechen dem Versmetrum. Es können auf schweren Silben jedoch auch Viertelnoten (z. B. Notenbeispiel 2, T. 24, quasi ein augmentierter Daktylus) erscheinen,[26] vielleicht um das rezitativische Sprechen hier zu entschleunigen und zu variieren, um dem gehobenen Vortragsstil des epischen Tons gerecht zu werden oder um das gewichtige Wort des „Bundes" (gemeint ist der Bund des Neuen Testaments) hervorzuheben.

Notenbeispiel 2:
Georg Philipp Telemann, „Sing, unsterbliche Seele" TVWV 6:4a, Nr. 1a, T. 19–26

Nicht ohne Grund notierte Telemann bei allen Rezitativen die sonst nicht bei ihm anzutreffende Ausdrucksbezeichnung „Pathetisch", denn der pathetische Vortrag ist nach allgemeinem Verständnis der für eine religiöse epische Dichtung angemessene. So ist in Sulzers *Allgemeiner Theorie der Schönen Künste* zu lesen, der „epische Ton" sei, da „der Dichter von dem großen Gegenstand, den er besingt, völlig eingenommen ist, […] überaus pathetisch, feyerlich und etwas enthusiastisch".[27]

In den ariosen Abschnitten fallen die betonten Silben meist auf die schweren Taktteile, wobei sich die Verbindung von Versfuß und rhythmischem Motiv insgesamt variabler gestaltet als im Rezitativ,[28] was zum Teil auch auf die gelegentlich eingesetzte ungerade Taktart (3/4-Takt) zurückzuführen ist. Hin und wieder bricht Telemann raffiniert aus dem Korsett des vorgeschriebenen Metrums aus, so bei der Textstelle „des

---

25 Andreas Waczkat wies auf die aus dieser Eigenschaft des Hexameters entstehende Problematik der Vertonung volltaktiger Verse hin: ders., Vertonungen des *Messias* in der zweiten Hälfte des 18. Jahrhunderts, in: *Klopstock und die Musik*, hrsg. von Peter Wollny, Beeskow 2005 (= Ständige Konferenz Mitteldeutsche Barockmusik in Sachsen, Sachsen-Anhalt und Thüringen e.V., Jahrbuch 2003), S. 293–310, hier S. 298 f.

26 Zu den Abweichungen in dieser Passage bemerkte Carl Winterfeld: „Die Quantität ist genau beobachtet, eine kleine Nachlässigkeit ungerechnet, und eine die Zeitdauer einzelner Füße, wenn auch nicht das Längenverhältnis ihrer Silben aufhebende rhythmische Erweiterung." Ders., *Der evangelische Kirchengesang und sein Verhältnis zur Kunst des Tonsatzes*, Bd. 3, Leipzig 1847, Reprint Hildesheim 1966, S. 210–216, hier S. 211.

27 Johann Georg Sulzer, *Allgemeine Theorie der Schönen Künste*, 1. Teil, Leipzig 1771, S. 531 (Art. Heldengedicht).

28 Vgl. hierzu (bezogen auf TVWV 6:4b): Waczkat, Vertonungen des *Messias* in der zweiten Hälfte des 18. Jahrhunderts (Anm. 25), S. 297.

großen Gerichts vertrauliche Seelen" (Nr. 4b [2], T. 62–66), wo er ab T. 64 die betonten Silben quasi auf die schweren Zeiten eines verdeckten hemiolischen geraden Taktes legt (Notenbeispiel 3).

Notenbeispiel 3:
Georg Philipp Telemann, „Sing, unsterbliche Seele" TVWV 6:4a, Nr. 4b (2), T. 62–66

Die für Arien typischen Wiederholungen von Wortgruppen und deren Zergliederung sind naturgemäß nur in den längeren Ariosi anzutreffen, so in dem affektgeladenen „Vergebens erhub sich Satan" (Nr. 1b [1]) nach Art des A-Teiles einer ‚Wutarie' und dem empfindsamen Arioso „So höret meinen Gesang" (Nr. 4b [2], ab T. 48).

Die erwähnten instrumentalen Sätze[29] nehmen direkt Bezug auf den Inhalt der Dichtung, wie schon der einstimmende Beginn von Nr. 1a zeigt, dessen Ausdrucksanweisung „Vergnüglich" sich im folgenden Accompagnato wiederfinden lässt. Das nachträglich komponierte, mit „Prächtig" überschriebene homophone Streicherzwischenspiel Nr. 2 ist von Form und Charakter her eine Loure. Johann Mattheson unterstreicht 1713 das für die Loure typische langsame Tempo, und dass sie häufig für „Sing=Arien" eingesetzt wird.[30] Und Quantz zählt sie zu denjenigen Tänzen, die „prächtig gespielt" werden müssen.[31] Im gegebenen Kontext wird dieser Satz wie ein ‚prächtiger' hymnischer Gesang aufzufassen sein, worauf indirekt bereits Günter Fleischhauer hingewiesen hat. Er stellte fest, dass sich der Text der vorangehenden, auf die Versöhnungstat verweisende Rezitativpassage „Er tats, und vollbrachte die große Versöhnung" dem Beginn des Satzes unterlegen lässt (Notenbeispiel 4).[32]

Notenbeispiel 4:
Georg Philipp Telemann, „Sing, unsterbliche Seele" TVWV 6:4a, Zwischenspiel Nr. 2, Loure, hier mit unterlegtem Text aus Vers 7, T. 1–4

---

29 Diese Instrumentalsätze sind im Unterschied zu TVWV 6:4b („Vorspiel", „Symphonie") nicht bezeichnet.

30 Johann Mattheson, *Das Neu=Eröffnete Orchestre*, Hamburg 1713, Reprint Hildesheim etc. 1993, S. 192.

31 Johann Joachim Quantz, *Versuch einer Anweisung die Flöte traversiere zu spielen*, Berlin 1752, Reprint Kassel etc. 1997, S. 270.

32 Fleischhauer, *Annotationen zum Wort-Ton-Verhältnis in Telemanns „Messias"* (Anm. 21), S. 331. Eine gesungene Loure finden wir beispielsweise am Ende von Telemanns Festmusik auf den Augsburgischen Religionsfrieden 1755 TVWV13:18. Bemerkenswert ist, dass Telemann in diesem Schlusssatz „Du ließest in diesen beruhigten Hallen" das deutsche Te Deum verarbeitet.

Der das Werk abschließende Instrumentalsatz Nr. 4g („Mäßig") – auch er ist homophon und oberstimmenorientiert gehalten – greift offenbar das „feierlich kund tun" der letzten Textzeile auf (Notenbeispiel 5a). Durch das zunächst allein einsetzende französische Bläsertrio,[33] zu dem sich dann die Streicher gesellen, und den straff punktierten Rhythmus wird der feierliche, würdige Ton dieses Satzes unterstrichen. Thema, Satztyp und Aufbau erinnern dabei stark an den Beginn des chorischen Lobpreises „Benedictus Dominus, Deus Israel" (*Pomposo*) aus Telemanns 1737/38 für Paris komponiertem Grand Motet (71. Psalm, TVWV 7:7) (Notenbeispiel 5b).[34]

Notenbeispiel 5a:
Georg Philipp Telemann, „Sing, unsterbliche Seele" TVWV 6:4a, Beginn des Nachspiels Nr. 4g, T. 168–174, nach Art eines französischen Bläsertrios[35]

Notenbeispiel 5b:
Georg Philipp Telemann, 71. Psalm „Deus, judicium tuum regi da", TVWV 7:7, Beginn des Schlusschores Nr. 5 „Benedictus Dominus, Deus Israel", T. 1–5, französisches Bläsertrio

Auch hier liegt der Beginn im Bläsertrio, worauf im fünften Takt der Grand Chœur einsetzt. Es ist nicht ganz abwegig anzunehmen, dass Telemann die Assoziation an genau diesen Lobgesang herstellen wollte, denn die vorausgegangenen Zeilen der Klopstock-Dichtung berühren den zentralen religiösen Aspekt der Erlösung: Jesus naht

---

33 Allerdings erscheint das zum französischen Bläsertrio gehörige Fagott als Bassstimme in den Quellen nicht. Telemann verlangt in seiner Partitur bei den Solopassagen explizit das „Violonc.[ell]".

34 Telemann, *71. Psalm „Deus, judicium tuum regi da"* (Anm. 20), S. 69–86.

35 Telemann, *Zwei Auszüge aus Klopstocks Messias* (Anm. 9), S. 23.

sich dem Vater, „vor ihm wollt er noch einmal sein göttliches freies Entschließen, seine Geliebten, die Menschen, zu heiligen, […] kund tun" (Ölbergszene).

III. Die Musik – Der Wechselgesang aus dem zehnten Gesang: „Mirjams, und deine Wehmut, Debora"

Wie bei der Vertonung des Epos-Beginns, so orientierte sich Telemann auch beim Wechselgesang der Mirjam und Debora an der Architektur der dichterischen Vorlage (Tabelle 2). Diese ist allerdings nicht in Abschnitte untergliedert wie das Proömium. Eingefasst von einer An- und Abkündigung durch einen „Herold", handelt es sich um einen Dialog zweier Personen, bei dem – wie Carl Friedrich Cramer es treffend formulierte – die eine „immer den angegebenen Ton der andern wieder auffaßt, ihr Gesungenes ausbildet, vermehrt, verschönert; einen ähnlichen Gegenstand zu dem angegebenen auffindet: z. B. 1) Schönster unter den Menschen etc. 2) Aber er ist der Schönste … schöner als alle etc. – 1) Trauert, Cedern etc. 2) Trauert, Blumen im Thal etc. – […] 1) Still in ihrem Laufe sind alle Sterne gestanden. 2) Auch die Erde ist Stillgestanden etc".[36] Aus dieser dichterischen Struktur leitet Telemann den eigentlichen Wechselgesang in meist kurzen musikalischen, oft kontrastierenden Sinnabschnitten ab, innerhalb derer das von Cramer beschriebene Prinzip auch musikalisch nachvollzogen wird (z. B. in Nr. 3a). Dabei können auch größere musikalische Abschnitte wiederholt werden, wenn dies die Dichtung fordert, so etwa bei den von Cramer genannten, poetisch variierten Passagen Nr. 3l „Still in ihrem Laufe sind alle Sterne gestanden" und Nr. 3n „Auch der Erdkreis ist stillgestanden". Doch ist hier bemerkenswert, dass Telemann bei der Wiederholung den Eingangsworten bei Beibehaltung der Harmonien eine neue Melodie unterlegt, und dabei die Anzahl der Takte etwas modifiziert (Notenbeispiel 6, T. 346 ff., 390 ff.), die Reihenfolge der Partien von Mirjam und Debora vertauscht und somit auch eine gewisse musikalische Variierung vollzieht.

Abgesehen von der Partie des Herolds treten im Auszug aus dem zehnten Gesang streng rezitativische Passagen zurück.[37] Die beim ersten Gesang vorgeschriebene pathetische Vortragsart ist hier nirgendwo gefordert. Doch ist auch in diesem Werk die Vermischung der unterschiedlichen Typen des Rezitativs und des allerdings bestimmenderen Arioso zu beobachten. Sie gehen ineinander über und verschmelzen förmlich, so dass es gelegentlich kaum zu entscheiden ist, um welchen Typus es sich handelt.

Das Schwergewicht der Komposition jedoch liegt im eigentlichen Gesang, in welchem die Empfindungen der beiden alttestamentlichen Sängerinnen zum Ausdruck gebracht werden. Wie zentral dieser Gedanke des empfindsamen Singens ist, wird durch Klopstocks vom Herold (Nr. 2) vorgebrachte Formulierung unterstrichen:

---

36 *Klopstock. Er; und über ihn*, hrsg. von Carl Friedrich Cramer, 5. Teil (1755), Leipzig / Altona 1792, S. 191–193, hier S. 192 f. Cramer notiert an gleicher Stelle in einer Anmerkung: „Ich besitze eine ungedruckte [Vertonung des Wechselgesangs] von Telemann, die der Bekanntmachung wohl werth wäre."

37 Nur in kurzen Phasen, z. B. in Nr. 3e „Seine göttliche Stirn" und Nr. 3h „Mirjam, sein Auge verlischt".

Tabelle 2: „Mirjams, und deine Wehmut, Debora" TWWV 6:4b, Aufbau

Nr.*)	Text	Typus	Besetzung	Ausdrucks-bezeichnung	Vor-zeichen	Ton-art	Taktart	Takt Nr.
1		Vorspiel	Große Ob., Concert-Vl., Str., B.c.	Traurig		a-E	3/2	1–46
2	Mirjams, und deine Wehmut	Rec. sempl.	T (Herold), B.c.			a-C	2/4 und 3/4	1–23
3a	Schönster unter den Menschen	Duett	S (Mirjam), A (Debora), 2 Trav., Str., B.c.	Mäßig	3#	A	3/4	11–21
3b	Trauert, Zedern	Solo à 2	S (Mirjam), A (Debora), 2 Trav., Str., B.c.		3#	fis	2/4	122–151
3c	Unermüdet faltet er	Duett	S (Mirjam), A (Debora), 2 Fag., Str., B.c.		2#	D-A	2/4	152–172
3d	Nun sind sie durch-graben	Duett (Fugato)	S (Mirjam), A (Debora), 2 Trav., Str., B.c.	Entrüstet	2#	D	2/4	172–209
3e	Seine göttliche Stirn	Solo à 2 (Rec. sempl., acc., obbl., Arioso)	S (Mirjam), A (Debora), 2 Trav., Str., B.c.	Beweglich	2#	h	2/4	209–234
3f	Wär ich seine Mutter	Duett (Rec. oder Arioso)	S (Mirjam), A (Debora), 2 Trav., Str., B.c.		1#	G	2/4	235–244
3g		Symphonie	Ob., Concert-Vl., Str., B.c.	Traurig	2b	g	2/4	245–282
3h	Mirjam, sein Auge bricht	Solo à 2 (Rec. sempl., accomp., Arioso)	S (Mirjam), A (Debora), Str., B.c.		2b	g	2/4	282–300
3i	Die du droben	Duett	S (Mirjam), A (Debora), 2 Trav. (oder 2 Ob.), Str., B.c.	Etwas lebhaft	1#	G-e	3/8	301–333
3k	Die du sündigst auf Erden	Duett (Rec., Arioso)	S (Mirjam), A (Debora), 2 Ob., Str., B.c.	Beweglich	1#	e	3/4	333–345
3l	Still in ihrem Laufe	Solo à 2	S (Mirjam), A (Debora), Str., B.c.	Ernsthaft		C-E	3/2	346–357
3m	Halleluja	Duett (Fugato bzw. Vokalkonzert)	S (Mirjam), A (Debora), 2 Ob., Str., B.c.	Munter		a-C	3/2	357–391
3n	Auch der Erdkreis	Solo à 2	S (Mirjam), A (Debora), Str., B.c.	Ernsthaft		C-E	3/2	391–402
3o	Halleluja	wie 3m	S (Mirjam), A (Debora), 2 Ob., Str., B.c.	Munter		a	3/2	402–421
3p	Also sungen Debora	Rec. sempl.	T (Herold), B.c.	Mäßig		a-A	3/2	421–423
3q		[Nachspiel], wie 3m/o	2 Ob., Str., B.c.	Munter		A-a	3/2	423–437

*) Die ineinander übergehenden Abschnitte sind jeweils durch weißen oder grauen Hintergrund gekennzeichnet.

Notenbeispiel 6:
Georg Philipp Telemann, „Mirjam, und deine Wehmut, Debora" TVWV 6:4b, Ende von Nr. 3k mit
Überleitung zu Nr. 3l, Beginn Nr. 3m, T. 342–359; angedeutet sind die musikalischen Varianten
der Vokalstimmen aus der variierenden Parallelstelle Nr. 3n, „Auch der Erdkreis ist still gestanden", T. 390 ff.[38]

---

38 Telemann, *Zwei Auszüge aus Klopstocks Messias* (Anm. 9), S. 56 f.

„Denn der Unsterblichen Stimme zerfließt von sich selbst in Gesänge, | wenn sie Empfindungen sagt, wie Debora und Mirjam sie fühlten". Ausdruck dessen sind vor allem solche gefühlsbetonten Passagen wie das innige „Schönster unter den Menschen" (Nr. 3a) oder „Trauert Zedern" (Nr. 3b) (Notenbeispiel 7). In letztgenannter bestimmt Telemann den Affekt der Trauer durch eine zu Beginn durch Zäsuren durchbrochene fallende Melodie der Vokalstimme und durch einen abwärtsgerichteten diatonischen Quintgang im Bass. Sie steht in fis-Moll, nach Mattheson die Tonart einer „großen Betrübniß".[39] Dazwischen mischen sich kontrastierende Strukturen wie etwa das erregte Fugato „Nun sind sie durchgraben" (Nr. 3d) bei Jesu Kreuzigung oder das zweimal erscheinende konzertierende „Halleluja" (Nr. 3m, o), das am Ende der Musik zudem auch instrumental wiederholt wird (Nr. 3q).

Die beiden eigenständigen Instrumentalsätze des Werkes haben einstimmenden, kontemplativen Charakter. Das mit „Traurig" überschriebene Vorspiel in a-Moll, im Kern getragen vom triosonatenartigen Musizieren der „Concert-Violine" und der Großen Oboe (= Oboe d'amore) über Pulsbässen, lässt zurecht an die expressiven Vorspiele von Telemanns Passionsoratorien denken.[40] Dieselben Soloinstrumente verarbeiten in der Symphonie Nr. 3g (g-Moll, „Traurig") ein gesangliches Thema, das wiederum von Pizzicato-Lauf- und Pulsbässen in Achtelbewegung und den Streichern begleitet wird. Auch hier drängt sich der Vergleich mit einem Triosonatensatz auf oder aber mit einem der langsamen Sätze aus den viersätzigen Doppelkonzerten Telemanns. Der Komponist stimmt mit dieser andächtigen Musik gewissermaßen auf die nun folgenden Betrachtungen Mirjams und Deboras über das langsame Sterben Jesu am Kreuz ein. Dass er diesem Satz ein Thema mit Kreuzsymbolik zugrundelegt, ist daher nicht als Zufall anzusehen (Notenbeispiel 8).

Trotz des Einschubs der Symphonie Nr. 3g zwischen den Szenen von Kreuzigung und Sterben Jesu bleibt Telemanns Bestreben eindeutig, den gesamten Wechselgesang als eine fortlaufende Musik, als eine Einheit zu gestalten: Weder im Autograph noch im Hamburger Stimmensatz sind zwischen den einzelnen Abschnitten gliedernde Doppelstriche vorhanden (auch nicht bei Tonart- und Taktwechsel). Die von der Dichtung determinierten, nicht selten kontrastierenden musikalischen Tableaus gehen meist ohne Pausen ineinander über, gegebenenfalls sind sie durch kurze modulierende instrumentale Überleitungen miteinander verbunden (vgl. Notenbeispiel 6, T. 345).

---

39 Mattheson, *Das Neu=Eröffnete Orchestre* (Anm. 30), S. 251: „[...] ob er gleich zu einer *grossen Betrübniß* leitet/ ist dieselbe doch mehr languissant [ermattet] *und verliebt* als lethal; es hat sonst dieser Tohn etwas abandonirtes/ singulieres und misanthropisches an sich."

40 Vgl. die Einleitungen zum *Brockes-Passionsoratorium* TVWV 5:1 und zum *Seligen Erwägen* TVWV 5:2: Georg Philipp Telemann, *Der für die Sünde der Welt leidende und sterbende Jesus. Passionsoratorium von Barthold Heinrich Brockes TVWV 5:1*, hrsg. von Carsten Lange, Kassel etc. 2008 (= Georg Philipp Telemann, Musikalische Werke 34), Sinfonia, S. 3–11; Georg Philipp Telemann, *Seliges Erwägen. Passionsoratorium in neun Betrachtungen TWV 5:2*, hrsg. von Ute Poetzsch, Kassel etc. 2001 (= Georg Philipp Telemann, Musikalische Werke 33), Sinfonia, S. 3–11.

Notenbeispiel 7:
Georg Philipp Telemann, „Mirjam, und deine Wehmut, Debora" TVWV 6:4b, Nr. 3b, T. 122–130

Notenbeispiel 8:
Georg Philipp Telemann, „Mirjam, und deine Wehmut, Debora" TVWV 6:4b, Symphonie Nr. 3g, T. 245–251[41]

*) gerissen = pizzicato.

---

41 Telemann, *Zwei Auszüge aus Klopstocks Messias* (Anm. 9), S. 48.

Auch im Wechselgesang hat der 2/4- den 4/4-Takt verdrängt. Außergewöhnlich mutet die durchgehende Verwendung des 3/2-Taktes ab Nr. 3l an („Still in ihrem Laufe", Notenbeispiel 6).[42] Zu Beginn der Halleluja-Abschnitte ist die eigentümliche Diskrepanz zwischen dem geradtaktig (2/2) zu empfindenden Gesang zum vorgeschriebenen 3/2-Grundmetrum zu konstatieren – was im weiteren Verlaufe dieses Abschnittes jedoch wieder verwischt (Notenbeispiel 6, T. 357 ff.).

Ungewöhnlich ist auch, dass Telemann den für ein Rezitativ äußerst seltenen 3/2-Takt bei den abschließenden Worten des Herolds beibehält.[43] Georg Michael Telemann sollte diese Stelle bei seiner Revision des Autographs später ‚normalisieren', indem er sie in den 4/4-Takt (C) umschrieb (Notenbeispiel 9).

Notenbeispiel 9:
Georg Philipp Telemann, „Mirjam, und deine Wehmut, Debora" TVWV 6:4b, Rezitativ des Herolds Nr. 3p, T. 421 f., in den Notationsweisen von Georg Philipp Telemann (oben) und Georg Michael Telemann (unten)

Unter den vielen gelungenen Bildern, die der musikalische Maler Telemann zeigt,[44] sei das „Still in ihrem Laufe sind alle Sterne gestanden" (Notenbeispiel 6, T. 346 ff.) her-

---

42 Die vorhergehenden Abschnitte stehen im 3/8- und im 3/4-Takt (Nr. 3i, 3k), d. h. Telemann vergrößert den ungeraden Takt nach und nach bis hin zum 3/2-Takt ab Nr. 3l. Über die Seltenheit des 3/2-Takts merkt der Flötenvirtuose Friedrich Ludwig Dulon (1769–1826) in seiner 1807 erschienenen Autobiographie an, hier bezogen auf Telemanns Duette für Traversflöte: „[...] sie sind durchaus theils kanonisch, theils fugenartig gearbeitet; auch enthalten sie, neben unsern gewöhnlichen Taktarten, noch verschiedene, die uns beynahe ganz fremd geworden sind, wohin hauptsächlich der Dreyzweitel=Takt gehört." Vgl. *Dülons, des blinden Flötenspielers Leben und Meynungen von ihm selbst bearbeitet*, hrsg. von Christoph Martin Wieland, Zürich 1807, S. 68 f.

43 Telemann verwendet den 3/2-Takt auch in den „französischen" Bibelrezitativen seiner Matthäuspassion 1746 TVWV 5:23. Hierzu Wolfgang Hirschmann, Die Rezitative in Telemanns Matthäuspassion von 1746 TWV 5:23, in: *Telemann und Frankreich – Frankreich und Telemann* [Katalog der Ausstellung anlässlich der 14. Magdeburger Telemann-Festtage vom 12. März bis 26. April 1998 im Kunstmuseum Kloster Unser Lieben Frauen Magdeburg], hrsg. von Ralph-Jürgen Reipsch / Wolf Hobohm, Oschersleben 1998, S. 103–108, hier S. 106 (Notenbeispiel 1b). Zu den Besonderheiten des Rezitative in Passionen gehört, dass die ihnen zugrunde liegenden Evangelientexte im Unterschied zu den frei gedichteten Rezitativen nicht das dort vorherrschende jambische Versmaß aufweisen.

44 Zu den vielfältigen Gesichtspunkten der musikalischen Malerei bei Telemann siehe *Telemann, der musikalische Maler – Telemann-Kompositionen im Notenarchiv der Sing-Akademie zu Berlin. Bericht über die Internationale Wissenschaftliche Konferenz, Magdeburg, 10. bis 12. März*

vorgehoben, eine einzigartige und über die musikalischen Gepflogenheiten der Zeit hinausweisende Umsetzung der erhabenen, kosmische Erscheinungen beschreibenden Dichtung Klopstocks. Denn hier folgt Telemann mit einem sphärisch schwebenden, ausgehaltenen C-Dur-Streicherakkord dem Klopstockschen Bilde des Stillestehens der Sterne und des Erdkreises, des Verstummens aller Schöpfung und Verlöschens der Sonne im Angesicht des sterbenden Messias. Doch wenn die bevorstehende Ankunft des Versöhners und „ewigen Hohepriesters" Jesu im „Allerheiligsten" durch die Seherinnen prophezeit wird, scheinen auch Telemanns Harmonien durch eine gewagte und zugleich faszinierende Modulation (Notenbeispiel 6, T. 352 f.), eine Rückung von F-Dur nach E-Dur (mit Terzbass), die irdische Welt zu verlassen („Denn es ist Jesus"). Die Tonart E-Dur berührt Telemann offenbar nicht ohne Grund, hat sie doch „etwas schneidendes, scheidendes, leidendes und durchdringendes, dass es mit nichts als einer fatalen Trennung [des] Leibes und der Seelen verglichen werden mag", wie Mattheson Jahrzehnte zuvor formuliert hatte.[45] Die Tonartencharakteristik bzw. -symbolik hat demnach, wie auch in anderen Werken dieser Zeit zu konstatieren ist, noch immer Bedeutung für Telemann.

IV. Resümee

Telemann hat für die beiden unterschiedlich strukturierten Textausschnitte aus Klopstocks *Messias* verschiedene musikalische Stilbereiche gewählt, dies macht der Vergleich deutlich: Die erste Musik ist in der Tendenz französisch, die zweite eher italienisch geprägt. In Telemanns Auszug aus dem ersten Gesang des *Messias* ist – vergleichbar mit der französischen Vokalmusik – das Deklamatorische,[46] das Rezitativische stärker gewichtet, das pathetische Sprechen hat hier mehr Raum. Der in Frankreich übliche Taktwechsel in den Rezitativen ist allenthalben anzutreffen, die fließenden Übergänge zwischen verschiedenen Rezitativarten und dem Arioso sind ähnlich in der französischen Musik zu finden, ebenso die ohne Pausen aneinanderschließenden musikalischen Abschnitte, auch die Instrumentalsätze sind französisch beeinflusst.

Der Blick auf den Wechselgesang der Mirjam und Debora zeigt, dass hier das Italienisch-Kantable und das Empfindungsvolle stärker betont werden. Die Instrumentalsätze stehen der italienischen Triosonate nahe (sind aber auch langsamen Konzertsätzen ähnlich), die konzertierenden Halleluja-Passagen lassen an das traditionelle Vokalkonzert denken. Einen ähnlichen Eindruck muss auch Johann Christoph Stockhausen gehabt haben, der Telemanns Musik 1771 mit einem anderen, in dieser Zeit als mustergültig angesehenen geistlichen Werk eines italienischen Autors in Verbindung brachte:

2004, anlässlich der 17. Magdeburger Telemann-Festtage, hrsg. von Carsten Lange / Brit Reipsch (= Telemann-Konferenzberichte 15), Hildesheim etc. 2010.

45 Mattheson, *Das Neu=Eröffnete Orchestre* (Anm. 30), S. 250.

46 Rousseau bezeichnete das Rezitativ in seinem Brief über die französische Musik (1753) als „eine ausharmonisierte Deklamation", zitiert nach: *Jean Jacques Rousseau* (Anm. 22), S. 81.

> Eins seiner [Telemanns] besten Stücke, welches ich nicht weit unter des Pergolesi Stabat mater &c. setzen mögte, ist das Lied Mirjams und Deborens aus dem 10ten Gesange des Messias, voll des rührendsten Ausdrucks und Gefühls, der in diesem vortrefflichen Gedichte [Klopstocks] liegt.[47]

Und er setzt fort, wobei er Telemann von den modischen „Neuitalienern" abgrenzt und ihn von dem anderenorts[48] geäußerten Vorwurf mangelnder Melodie in Schutz nimmt:

> Wer dies Stück gehört hat, und Telemann noch Melodie absprechen will, dem könnte man alles Gefühl absprechen. Sie ist nicht die gekräuselte Theatermelodie der Neuitaliäner, sondern alles große nachdrückliche Simplicität.[49]

Es sei erwähnt, dass beide Werke am 24. Februar 1766 in einem Hamburger Konzert des Telemannschülers Hans Hinrich Zielche aufgeführt wurden, das *Stabat Mater* in einer deutschen Übertragung.[50]

Die positive, auf Melodie, Simplizität und Gefühl abzielende Einschätzung des Wechselgesangs wurde auch von anderen Autoren geteilt, er passte sich ein in den zeitgenössischen Geschmack.[51] Im Unterschied zu „Sing, unsterbliche Seele" hatte der Auszug aus dem zehnten Gesang denn auch eine recht breite Rezeption gefunden, was noch an der heutigen Quellensituation ablesbar ist.[52] Abgesehen von der Modernität des Wechselgesangs in dichterischer wie musikalischer Hinsicht wird dies auch darin begründet liegen, dass es sich um eine in sich geschlossene, in der Passionszeit gut verwendbare Musik handelt. Es lassen sich zahlreiche Aufführungen nachweisen. In den literarischen Kreisen kannte man das Werk, der Hamburger Verlag Johann Christoph Westphal bot es an, Christian Daniel Ebeling, Johann Joachim Eschenburg und

---

47 Johann Christoph Stockhausen, *Critischer Entwurf einer auserlesenenen Bibliothek für die Liebhaber der Philosophie und schönen Wissenschaften. Zum Gebrauch akademischer Vorlesungen*, 4. verbesserte und viel vermehrte Aufl., Berlin 1771, S. 424. Stockhausens Aussagen über Telemann zeigen eine auffällige Nähe zu denen Christoph Daniel Ebelings im Versuch einer auserlesenen musikalischen Bibliotheck, in: *Unterhaltungen* (Hamburg) Bd. 10, 4. St. (1770), S. 303–322, und 6. St. (1770), S. 504–534. Vgl. Brit Reipsch, „… nach Anleitung der Poesie zu sehr mit Mahlereyen überladen". Zu Christoph Daniel Ebelings Telemannbild, in: *Telemann, der musikalische Maler* (Anm. 44), S. 126–145, insbes. S. 126 f., 131 f.; dies., Der deutsche Lully. Johann Christoph Stockhausens Beurteilung der Werke Georg Philipp Telemanns und anderer „Kirchencomponisten", in: *Wilhelm Friedemann Bach und die protestantische Kirchenkantate nach 1750*, hrsg. von Wolfgang Hirschmann / Peter Wollny, Beeskow 2012 (= Forum Mitteldeutsche Barockmusik 1), S. 119–136, hier S. 127, 135.

48 Kritik an Telemanns Melodik äußerte z. B. Ebeling: Telemann würde in den Arien wegen „seiner ängstlichen Begierde richtig zu deklamieren oft die Schönheit der Melodie" ganz aufopfern. Ebeling, Versuch einer musikalischen Bibliotheck (Anm. 47), Bd. 10, 4. St., S. 315.

49 Stockhausen, *Critischer Entwurf* (Anm. 47).

50 *Relations-Courier* Nr. 29 vom 20. Februar 1766. Hierzu auch Reipsch, Vorwort und Kritischer Bericht (Anm. 9), S. XIX.

51 Siehe hierzu den Abschnitt „8. Dokumente zur Aufführungsgeschichte und Rezeption" in: Reipsch, Vorwort und Kritischer Bericht (Anm. 9), S. XVIII–XXIII.

52 Von TVWV 6:4a ist nur das Autograph erhalten, von TVWV 6:4b hingegen neben dem Autograph und dem Hamburger Stimmensatz mehrere abschriftliche Partituren und Stimmensätze. Vgl. ebenda, S. XXIV–XXXVI.

Carl Friedrich Cramer beschafften sich Abschriften für ihre Bibliotheken. Sammler wie Caspar Siegfried Gähler und der junge Carl Friedrich Zelter erwarben Abschriften, Georg Poelchau besaß mehrere Exemplare.[53]

Dass der alte Telemann sich der Eposdichtung Klopstocks angenommen hat (und zwar als erster Komponist überhaupt) ist schon an sich als ein innovativer Schritt zu werten. Für die musikalische Umsetzung nutzte der „musicus ecclecticus" Telemann[54] auf engem Raum das große Repertoire der ihm zur Verfügung stehenden musikalischen Mittel, der neueren und der älteren, der italienischen und der französischen, auch der verschiedenen Satztechniken und der musikalischen Formen. Entstanden sind zwei kammermusikalisch wirkende Kleinode des bildhaft-textbezogenen, eng an der Sprache ausgerichteten telemannischen Spätstils, die sich einer Einordnung in eine der üblichen musikalischen Gattungen wie von selbst zu entziehen scheinen und auch musikstilistisch eigenständig wirken.

Dass die beiden Auszüge aus Klopstocks *Der Messias* in ihrer Kombination nicht als ‚Telemanns *Messias*' bezeichnet werden sollten, wie es seit der Ausgabe von Günther Godehart aus den 1950er Jahren[55] gelegentlich noch heute geschieht, liegt auf der Hand. Dieser ‚Werktitel' ist nicht nur ahistorisch sondern auch irreführend. Denn er lenkt den Blick beinahe zwangsläufig auf ein anderes bedeutendes Werk der Musikgeschichte, auf Händels *Messias*. Und geradezu reflexartig scheint sich daraus der Anreiz zu ergeben, die Kompositionen zueinander ins Verhältnis zu setzen. Doch ein Vergleich ist ohne die Berücksichtigung der Verschiedenheit der Entstehungsgeschichten, der Textgrundlagen, der Formen und der musikalischen Texturen dieser Werke problematisch und daher nicht selten von Missverständnissen geprägt.[56]

---

53 Ebenda, S. XXI, XXVII–XXXVI.

54 Hierzu vgl. Wolfgang Hirschmann, „Musicus ecclecticus". Überlegungen zur Nachahmung, Norm und Individualisierung um 1700, in: *Musikalische Norm um 1700*, hrsg. von Rainer Bayreuther, Berlin / New York 2010 (= Frühe Neuzeit 149), S. 97–107.

55 Georg Philipp Telemann, *Der Messias. Oratorium nach Worten von Friedrich Gottlieb Klopstock*, nach dem Autograph hrsg. von Günther Godehart, Celle [zw. 1955 und 1959] (= Chrysander Edition). Vgl. auch Günther Godehart, Telemanns *Messias*, in: *Musikforschung* 14 (1961), S. 139–155.

56 Nach einer Aufführung der beiden Werke Telemanns in Hamburg (79. Bachfest, Jakobikirche, 1. November 2004, Musica Antiqua Köln, Leitung: Reinhard Goebel) schrieb der Rezensent Helmut Peters in *Die Welt*, 3. November 2004: „Ja, der große Hamburger Georg Philipp Telemann hat auch einen ‚Messias' geschrieben, genau wie sein in London wirkender Kollege Georg Friedrich Händel. Ein Oratorium im Taschenformat zwar, ohne Chor und nur eine gute halbe Stunde lang, aber mit einem nicht minder wirkungsvollen ‚Halleluja'."

Joachim Kremer

„weil nur Freiheit mir die Flügel rege macht…"
Urbanität als Rahmen musikalischen Experimentierens

I.

Wie sehr ein Besucher der Stadt Hamburg von dieser Metropole angetan sein konnte, beschreibt Michael Richeys *Singgedicht auf das von Bobart- und Edingische Hochzeitfest in Hamburg* von 1715:

> In Hamburgs nimmer leeren Gassen,
> Die, als ein dicht bewohnter Labyrinth,
> Verirrte Wandrer oft ermüden lassen,
> Und kleinen Städten mehr, als Gassen, ähnlich sind:
> Ging Amor, der sich dießmal müßig funde,
> Zur Mittagsstunde,
> Ganz unbegleitet auf und ab.
> Die Pracht der treflichsten Gebäude,
> Und was darinn für Augenweide,
> Bald hie, bald da, ein offnes Fenster gab;
> Der Menschen ungezählte Menge;
> Der Wagen nimmer stille Lasten;
> Ein schwimmendes Gehölz von Masten;
> Der Börse murmelndes Gedränge;
> Der Märkte reicher Ueberfluß,
> Worauf die Wollust selbst sich müde kaufen muß,
> Entzückten ihn zu wiederholten malen:[1]

Amor war es, der bei seinem Spaziergang durch die Stadt Hamburg[2] entzückt war, und zwar ob der überbordenden Fülle der Eindrücke und des Angebots dieser Metropole, wo selbst die „Wollust" vom Kaufen ermüdet. In dieses städtische Gemeinwesen siedelte Telemann 1721 über, aber mit seinem Umzug wechselte er im Grunde nur von einer „Republick" in eine andere. Dass er überhaupt eine Beheimatung in einer Stadt der höfischen Existenz vorzog, war mehr als ein individueller Entschluss. Seine

---

1 Michael Richey, Singgedicht auf das von Bobart- und Edingische Hochzeitfest in Hamburg 1715. Den 3. December, in: ders., *Deutsche Gedichte. Zweyter Theil. Mit einer Vorrede Gottfried Schützens*, Hamburg 1764, S. 79–83, hier S. 79. Vgl. zum Aspekt der Ökonomie ausführlich Bernhard Jahn, Ökonomie und Gemeinwesen in Michael Richeys Gelegenheitsdichtungen. Zu den progressiven Tendenzen der Casuallyrik im 18. Jahrhundert, in: *Das Akademische Gymnasium zu Hamburg (gegr. 1613) im Kontext frühneuzeitlicher Wissenschafts- und Bildungsgeschichte*, hrsg. von Johann Anselm Steiger, Berlin / Boston 2017 (= Frühe Neuzeit 207), S. 217–231.
2 Zu diesem Schlendern Amors durch Hamburg vgl. Maja Kolze, *Stadt Gottes und „Städte Königin" Hamburg in Gedichten des 16. bis 18. Jahrhunderts. Mit einer Gegenüberstellung von Gedichten auf London aus dem gleichen Zeitraum*, Berlin 2011 (= Veröffentlichung des Hamburger Abendkreises für Regionalgeschichte 31), S. 276–278.

Autobiographie ist in dieser Hinsicht eindeutig, und an dem oft bemühten Zitat „Wer Zeit Lebens fest sitzen wolle, müsse sich in einer Republick niederlassen" ist weniger das Plädoyer für eine Republik bemerkenswert, als vielmehr die Einleitung zu dieser Ansicht: „das aber weiß ich, dahmals gehört zu haben".[3] Die Vorbemerkung dokumentiert, dass es sich bei dieser Erkenntnis um eine *opinio communis* handelte.

Städte haben dieser Einschätzung zufolge bestimmte strukturelle, d.h. institutionelle und materielle Grundbedingungen, die andere als die der höfischen Gesellschaften sind. Die sich daraus ergebenden unterschiedlichen Bedingungen für den Komponisten hat z.B. Armin Schneiderheinze mit Bezug auf die Übersiedlung Johann Sebastian Bachs von Köthen nach Leipzig bereits dargestellt.[4] Allerdings haben Städte auch Nachteile, und Johann Mattheson benannte mehrfach strukturelle Defizite des urbanen Kosmos. Mit Blick auf die Kirchenmusik beklagte er 1728 die „Ungelehrsamkeit im *Studio musico*, so wol der Beförderten, als der Beförderer" und die „unzeitige Sparsamkeit in Dingen, die doch durch den Anwachs der Zuhörer ihre Kosten dreimahl gut machen".[5] Im *Vollkommenen Capellmeister* beklagte er 1739 zudem die schlechte Ausstattung des Musikchors,[6] also die Begrenztheit der Musikförderung. Das Wachstum der musikalischen Tätigkeitsbereiche seit dem 17. Jahrhundert hatte auch eine Kehrseite, nämlich die regellose Ausweitung in den neuen, sich eröffnenden Tätigkeitsfeldern. Deshalb beklagte Mattheson auch die fehlende Regulierung mit Blick auf die zahlreichen Musiklehrer, z.B. im *Patrioten* 1728:

> Ueber funffzig sogenannte Meister (Laquaien ungerechnet) informiren in dieser Stadt allein auf dem Clavier; was ist noch auf der Violin, Laute, Floete, Hautbois, und andern Instrumenten, ingleichen im Singen? wiewol die Anzahl der Sang-Meister leider! die kleineste ist. Ungezehlt will ich sie wol für anderthalb hundert annehmen. Und ein solcher Trupp, mehrentheils junger Leute, verdiente wol, daß man ihn dereinst recht, nach dem patriotischen Maß-Stabe, darstellte und untersuchte: denn es sind gar saubere Vögel und lustige Kumpen darunter, die in einer guten Republick mehr Unheil stiften können, als man meynen sollte. Wer hat die Auffsicht darüber? – Wenn nun ein jeder von diesen 150. nur durch die Banck vier Scholaren (Schüler wollen sie nicht heissen) zu unterrichten hat, so sinds 600. Diese sechs hundert singen oder spielen wenigstens 3000. Opern-Arien, Täntze und so weiter. Wer sollte dencken, wo all das Zeug noch herkäme?[7]

3 Vgl. dazu Telemanns dritte Autobiographie, in: Johann Mattheson, *Grundlage einer Ehrenpforte*, Hamburg, 1740, S. 354–369, hier S. 363.

4 Vgl. Felix Elwert, Soziale Faktoren des kunstmusikalischen Aufstiegs Venedigs um 1500, in: *Musik und Urbanität. Arbeitstagung der Fachgruppe Soziologie und Sozialgeschichte der Musik in Schmöckwitz/Berlin vom 26. bis 28. November 1999*, hrsg. von Christian Kaden / Volker Kalisch, Essen 2002 (= Musik-Kultur 9), S. 85–105, hier S. 102, und Armin Schneiderheinze, „Ob es mir nun zwar anfänglich gar nicht anständig seyn wollte…" – Bemerkungen zum Kapellmeister im Kantor Johann Sebastian Bach, in: *Johann Sebastian Bach und die Aufklärung* (1982), S. 247–255.

5 Johann Mattheson, *Der musicalische Patriot*, Hamburg 1728, S. 25; vgl. ebenda, S. 314ff.

6 Johann Mattheson, *Der vollkommene Capellmeister*, Hamburg 1739, Vorrede, S. 28.

7 Mattheson, *Der musicalische Patriot* (Anm. 5), S. 58.

Ganz anders als Mattheson beschrieb dagegen Johann Georg Krünitz 1786 in seiner *Oekonomisch-technologische[n] Encyklopädie* die Rolle der städtischen Kaufmannschaft für die Ausbildung einer urbanen Kultur:

> Der edle Kaufmanns-Stand hat der Gelehrsamkeit jederzeit sehr viel genutzt, und zur Beförderung derselben auf mancherley Weise ein Großes beygetragen. Je stärker die Handlung in einem Lande getrieben worden ist, je mehr haben daselbst die Wissenschaften und Künste geblühet.[8]

Die Unterschiedlichkeit dieser Einschätzungen lässt danach fragen, wo städtische Strukturen beförderten, behinderten oder reglementierten, wo sie nicht ausreichend beförderten oder wo musikalisches Handeln mangels gesetzlicher Handlungsgrundlagen geduldet wurde, gewissermaßen in einem rechtsfreien Raum. Matthesons Klage ist somit auch so zu lesen, dass die öffentliche Hand eben doch kein fürstlich-mäzenatisches Förderbewusstsein entwickelte, weil eine Grundbedingung fehlte, die das politisch-staatliche Überleben jedes reichsunmittelbaren Reichsstandes (Fürstentum u. a.) garantierte: Die Kontinuität der Dynastie. Einzelne Familien einer Stadt oder ein stets neu zusammengesetzter Rat konnten allen repräsentativen Selbstdarstellungen und allen festlichen Ratswahlkantaten zum Trotz nicht ernsthaft mit dem Glanz einer fürstlichen Dynastie konkurrieren, weil es keine Zentrierung auf den Hof und auf einen Hofstaat gab.[9] Zur Nobilitierung des städtischen Gemeinwesens bedurfte es deshalb anderer Strategien, und obwohl die Relation zwischen Stadt und Hof komplex ist, ist sie nicht als Gegensatzpaar zu denken, sondern operiert zugleich mit Abgrenzung und Bezugnahme.[10] Hofkritik und Städtelob des 17. und 18. Jahrhunderts sind Ausdruck dieses komplizierten wechselseitigen Verhältnisses, und wie direkt das am Hof kritisierte Repräsentationsbedürfnis sich die Stadtkultur zu eigen machte, hat Bernhard Jahn bereits hervorgehoben.[11]

II. Hammonia – eine Stadt mit Selbstbewusstsein

Der langwierige Prozess der Ausbildung einer hamburgischen Geschichtsschreibung, die seit Heinrich von Herford (1370) die Burg Hammon als Keimzelle der Stadt Hamburg beschrieb, dann die nach ihr benannte Göttin als Schutzpatronin der Stadt stilisierte, die am 21. Februar 1710 in der Musik für die Petrimahlzeit durch Barthold

---

8   Georg Krünitz, *Oekonomisch-technologische Encyklopädie oder allgemeines System der Stats-[,] Stadt-[,] Haus und Land-Wirtschafft […]*, Theil 36, Berlin 1786, S. 647.

9   Zum Fehlen eines Hofes in der Stadtrepublik Venedig vgl. Elwert, Soziale Faktoren des kunstmusikalischen Aufstiegs Venedigs (Anm. 4), S. 94, und Johann Sebastian Bachs zum Ratswechsel 1723 entstandene Kantate *Preise, Jerusalem, den Herrn* (BWV 119): Der einleitende Ouvertürensatz, dessen Besetzung mit vier Trompeten und Pauken, drei Oboen, zwei Blockflöten, Streichern und Continuo als luxuriös bezeichnet werden kann, ist ein Verweis auf eine aus höfischem Milieu stammende Repräsentationsmusik.

10   *Komponisten im Spannungsfeld von höfischer und städtischer Musikkultur*, hrsg. von Carsten Lange / Brit Reipsch, Hildesheim etc. 2014 (= Telemann-Konferenzberichte 18). Vgl. z. B. Erich Reimer, Höfische und städtische Musikkultur in Deutschland im 18. Jahrhundert, in: ebenda, S. 9–24, hier S. 9 ff.

11   Jahn, Ökonomie und Gemeinwesen (Anm. 1), S. 218.

Hinrich Brockes auftrat und im 18. Jahrhundert zum festen Repertoire der Hamburg-Stilisierung gehörte, ist im überregionalen Vergleich kein singulärer Vorgang. Auch andere Hansestädte hatten ein ausgeprägtes Selbstbewusstsein, die zahlreichen prosopographischen Schriften wie Ephraim Praetorius' *Athenae Gedanenses* (Leipzig 1713) oder Johann Heinrich von Seelens *Athenae Lubecenses* (4 Bände, 1719–22) belegen dies. Im Bereich des Bildungsanspruchs kann ein solches Auto-Image kaum nachdrücklicher sein, als die eigene Bildungslandschaft mit dem antiken Athen zu vergleichen. Und deshalb wurde 1751 auch Hamburg anlässlich der Einweihung des Gymnasiums als „Alster-Athen" besungen.[12]

Im Falle Hamburgs hat man jedoch den Eindruck, dass mit einer zunehmenden theologischen Liberalisierung auch die Rede von der Hammonia verstärkt Konjunktur hatte, wie vor allem die Gelegenheitsdichtungen und Bürgerkapitänsmusiken zeigen.[13] Beispielhaft sei auf die Gelegenheitsdichtungen Michael Richeys verwiesen. Dass Richeys *Singgedichte bey öffentlichen Feyerlichkeiten* (S. 3 ff.) auch Hammonia und die Stadt besingen (z. B. in der von Matthias Christoph Wiedeburg aufgeführten Serenata *Mars und Irene*), ist naheliegend.[14] Aber auch seine Singgedichte „bey besondern und freudigen Feyerlichkeiten" (S. 79 ff.) wie auch die „bey besondern und traurigen Feyerlichkeiten" (S. 269 ff.), also für bürgerliche Anlässe, kommen nicht ohne Verweise auf Hamburg als den Ort des Geschehens aus. Das ist beste rhetorische Tradition, aber bemerkenswert ist die Art und Weise, wie es geleistet wird. Dabei werden nämlich vielfältige Aspekte des Städtelobs ausgebreitet, auch eine Kritik fehlender Treue[15] oder das Überangebot der urbanen Kultur werden dargestellt (S. 120), auch die Frage, wie denn mit dem Überangebot umzugehen sei. Hamburg wird ebenso als Ort des echten Glaubens stilisiert wie als Hort des rechten Vernunftgebrauchs.

Michael Richey: *Deutsche Gedichte, Zweyter Theil*, Mit einer Vorrede Gottfried Schützens, Hamburg 1764		
Jahr	**Anlass / Singgedicht (Komponist)**	**Thema / Sujet / Personen**
1719	Jubelfest der Bürgercapitäne (Chr. M. Wi[e]deburg)	Hamburg als Wunderwerk Gottes
1719	Serenata „Mars und Irene in vergnüglichster Verbindung" zum Freuden-Mal der Colonel- und Capitainschaft (Chr. M. Wi[e]deburg)	Hammonia mit Mars, Irene, Eris und Mercurius treten auf
1723	Singgedicht zum Jubelfest der Admiralität (Telemann)	Hammonia
1730	Singgedicht zur Feier der Augsburger Confession im Gymnasio (Telemann)	Hamburg als Ort des rechten Glaubens wird beschworen
1739	Singgedicht zur Einweihung der Kirche Billwärder (Telemann)	„Hamburgs Zion, Gottes Stadt"
1751	Bey der feyerlichen Einweihung des neu erbauten Hamburgischen Gymnasii (Telemann)	„Vernünftigs Hamburg"

---

12 Richey, *Deutsche Gedichte, Zweyter Theil* (Anm. 1), S. 35.

13 Vgl. dazu Willi Maertens, *Georg Philipp Telemanns sogenannte Hamburgische Kapitainsmusiken (1723–1765)*, Wilhelmshaven 1988 (= Quellenkataloge zur Musikgeschichte 21).

14 Michael Richey, Mars und Irene, in: ders.: *Deutsche Gedichte, Zweyter Theil* (Anm. 1), S. 44–56, ebenso in der Admiralitätsmusik von 1723, in: ebenda, S. 57–78.

15 Michael Richey, Treu ist Wildprät in einem poetischen Dialogo bey der Boetefeur- und Tönniesschen Vermählung in Hamburg musicalisch vorgestellet von Matth. Christ. Wiedeburg, 1719. Den 1. August, in: ders., *Deutsche Gedichte, Zweyter Theil* (Anm. 1), S. 118–125, hier S. 119.

Dass nicht jede Stadt ein solches Bewusstsein ausprägte, ist rasch belegt, wenn man z. B. auf die Selbstäußerung aus Kiel schaut. Und selbst wohlhabende Handelsstädte wie Ulm, Biberach oder Lüneburg weisen es nur in schwächerer Form auf, weil in Hamburg ein zusätzlicher Standortvorteil wirkte, der die außerordentliche wirtschaftliche Potenz dieser Stadt als Handelszentrum ausmachte, gewissermaßen als Garant und Motor dieses urbanen Selbstverständnisses.

III. Urbanität und Handel

Nur knapp zwei Jahre nach seinem Amtsantritt als hamburgischer Kantor wies Telemann in einem Brief vom 31. Juli 1723 an Johann Friedrich Armand von Uffenbach darauf hin, dass es auf das Geld als den „nervus rerum gerendarum"[16] maßgeblich ankomme. Auch in seinen 1735 publizierten *Singe-, Spiel- und Generalbaßübungen* (TVWV 25:39–85), die aus 48 moralisierend-belehrenden und scherzhaften Liedern bestehen, brachte er diese Erkenntnis zum Ausdruck: Die in dem von Daniel Stoppe gedichteten Lied *Vom Geld* vertonte Sichtweise, „daß aufs Geld alles ankommt", führt zur Erkenntnis, dass derjenige, der „mit der Weisheit betteln geht", sich in einer misslichen Lage befände. Andererseits bezog Telemann seine Feststellung, dass der „nervus rerum gerendarum" in Hamburg „nicht fest gewachsen" sei, gerade auf die Urteilsfähigkeit der Liebhaber, also auf die Frage des Musikgeschmacks und – fast schon ein Gradmesser aufgeklärten Denkens – der Urteilsfähigkeit, des *judicium*. Ob Telemann immer und unverändert in seinem Leben den wirtschaftlichen Wohlstand als Basis kultureller Entwicklung betrachtet hat, wäre genauer zu untersuchen. Dass er aber den Standortvorteil einer Metropole kannte und schätzte (auch gerade aus wirtschaftlichen Gründen) kann als sicher gelten: Die Vorrede des *Getreuen Music-Meister*, der sich in seiner Eigenschaft als „Journal" ja an die kaufbereite Lieberhaberschicht richtet, ist sich dieses Standortvorteils bewusst,

> […] weil ich mich an einem Orte befinde, wo die Music gleichsam ihr Vaterland zu haben scheinet, wo die höchsten und ansehnlichsten Personen die Ton-Kunst ihrer Aufmerksamkeit würdigen, wo verschiedene vornehme Familien Virtuosen und Virtuosinnen unter den ihrigen zehlen, wo so mancher geschickter Lehrling der Music die Hoffnung machte, daß sie hier beständig wohnen werde, und wo endlich der Schau-Platz so viele bündi-

---

16 Georg Philipp Telemann, *Briefwechsel. Sämtliche erreichbare Briefe von und an Telemann*, hrsg. von Hans Grosse / Hans Rudolf Jung, Leipzig 1972, S. 213 f. An Johann Friedrich Armand von Uffenbach schreibt Telemann: „Was inzwischen die Music dort [in Frankfurt] Bergunter gehet, das klettert sie hier hinauf; und glaube ich nicht, daß irgendwo ein solcher Ort, als Hamburg, zu finden, der den Geist eines in dieser Wissenschaft Arbeitenden mehr aufmuntern kann. Hierzu trägt ein großes bey, daß, außer den anwesenden vielen Standes-Personen, auch die ersten Männer der Stadt, ja das ganze Rahts-Collegium, sich den öffentlichen Concerts nicht entziehen; item die vernünftigen Urtheile so vieler Kenner und kluger Leute geben Gelegenheit darzu; nicht weniger die Opera, welche itzo im höchsten Flor ist; und endlich der nervus rerum gerendarum, der hier bey den Liebhabern nicht fest gewachsen ist."

ge Gedancken auswärtiger Componisten durch die auserlesensten Stimmen dem Gehöre mittheilet.[17]

Merkur, der Gott des Handels ist ein Städter, weswegen man ihm auch dort begegnet. Die vom Lübecker Marienorganisten Johann Paul Kuntzen (1696–1757) anlässlich eines Ehrenmahls der Schonenfahrer aufgeführte Serenata *Das zufriedene Lübeck* eröffnet das Städtelob mit einem Chor der Handelsleute. Johann Heinrich Zedler hatte in seinem *Lexicon* unter dem Eintrag „Kauffmannschafft"[18] zwar von Staaten und Landesherrn gesprochen, auffallend oft aber verortet er das Zentrum der Handelsaktivitäten in den Städten. Er nennt sogar die strukturelle Bedingung zur Ausbildung urbaner Kulturen als Handelszentren: „In Teutschland und einigen andern Reichen wird Kauffmannschafft treiben dem Bürger-Stande überlassen/ und dem Adel-Stande vor nachtheilig erachtet."[19] Zur Förderung des Handels gelte es deswegen, „Kauff-Leute in eine Handels-Stadt zu ziehen" und „Nicht zu wenig und auch nicht zu viel Kauff-Leute in einer Handels-Stadt zu haben".

Mit welcher Blickrichtung Merkur in der Admiralitätsmusik von 1723 sein Hamburg-Lob formuliert, ist mehr als eines Blickes würdig, weil Urbanität mindestens seit Cicero mehr als eine Ansammlung von Bauten und Bewohnern bedeutete. „Urbanität" wurde vielmehr als Gegensatz zum ländlich-ungehobelten Verhalten mit kultivierten Verhaltensweisen gleichgesetzt.[20] Ohne hier detaillierter auf die Interdependenzen zwischen Urbanität und höfischer Kultur einzugehen, gilt dies auch noch im 18. Jahrhundert, wo Zedler den „urbanus" im Gegensatz zum „rusticus" weniger über die Örtlichkeit der Stadt definiert, als über „den Brauch und Endzweck, wozu dieselbe bestimmet ist",[21] also über Sitten, Kleidung, Lebensart, die er als grundsätzlich als höflich, sittsam und vernünftig charakterisiert. Das lenkt den Blick auf alles, was als „Kultur" im weitesten Sinn verstanden wird, und das zeigt, dass die Stadt im 18. Jahrhundert auch infolge einer seit dem 17. Jahrhundert formulierten und immer noch aktuellen Hofkritik als Ort der kulturellen und moralischen Innovation aufgefasst wurde.[22] Als Basis der kulturellen Leistungsstärke wurden Handel und Wohlstand erachtet, und die kausale Abhängigkeit von wirtschaftlicher Potenz, Wohlstand, Kultiviertheit und kultureller Leistungsstärke wurde in den Gelegenheitsdichtungen Richeys nicht selten mit dem Lob der Stadt Hamburg verwoben. In der Musik zur

---

17 Georg Philipp Telemann, *Der Getreue Music-Meister*, Hamburg 1728, Vorrede.
18 Johann Heinrich Zedler, Kauffmannschafft, in: Johann Heinrich Zedler, *Grosses vollständiges Universal Lexicon Aller Wissenschaften und Künste*, Bde. 1–64, Halle / Leipzig 1732–1750; 4 Supplementbände, Leipzig 1751–1754, Bd. 15, Halle / Leipzig 1737, Sp. 264–267.
19 Ebenda, Sp. 266 und zum Folgenden Sp. 265 f.
20 Susanne Rau, Urbanität, in: *Enzyklopädie der Neuzeit*, Bd. 13: Subsistenzwirtschaft-Vasall, hrsg. von Friedrich Jaeger, Stuttgart 2011, Sp. 1120–1123, hier Sp. 1120.
21 Johann Heinrich Zedler, Urbanus, in: ders., *Grosses vollständiges Universal Lexicon* (Anm. 18), Bd. 50 (1746), Sp. 1487–1488, hier Sp. 1487.
22 Helmuth Kiesel, *„Bei Hof, bei Höll". Untersuchungen zur literarischen Hofkritik von Sebastian Brant bis Friedrich Schiller*, Tübingen 1979 (= Studien zur deutschen Literatur 60).

Einweihung des neuen Gymnasiums 1751,[23] der verschollenen Kantate TWV 14:8, wurde Hamburg als Inbegriff der Tugenden gesehen, als Ausdruck eines Ineinandergehens von Handwerk, Handel, Weisheit und Tugend:

> Vernünftigs Hamburg, wirf den aufgeklärten Blick
> Auf dein von Gott gegönntes Glück.[24]
> [...]
> Zwar ist beynahe schon vor hundert funfzig Jahren
> Den Musen dieser Sitz geweiht;
> [...]
> Beglückte Stadt,
> Die so viel Witz und Kunst, als Werk und Handel, hat,[25]
> [...]
> Hier aber öffnet auch die Tugend ihre Bahn,
> Und macht den heiligsten Gesetzen
> Den rohen Willen unterthan.
> Was hülf es sonst, an grossen Wissenschaften,
> Als ungenutzten Schätzen,
> Mit sittenlosen Seelen haften?[26]
> [...]
> Seht, wie auf Hamburgs stiller Fluhr,
> Allwo Gerechtigkeit und Friede noch sich küssen,
> Minerva und Mercur
> So angenehm sich zu begegnen wissen.
> Wie freundlich, und wie vortheilhaft
> Weiß eines sich dem andern zuzuwenden!
> Die Weisheit trägt die Kaufmannschaft,
> Die Kaufmannschaft die Weisheit auf den Händen.[27]

In diesem hier ausgeschütteten Füllhorn an urbanen Qualitäten, die vor allem in der auf Handel und Handwerk gegründeten Lebensart der urbanen Kultur bedingt zu sein scheinen, stellt auch das musikalische Handeln ein Teilmoment dar. Doch war schon 1715 dem schlendernden Amor erkennbar, dass Vielfalt und Tempo diese kulturelle Produktion ausmachten. So jedenfalls vermerkt es auch Reinhard Keisers *Serenate bey der Luis und Beltgenschen Hochzeitfeyer in Hamburg* vom 30. November 1716 in der folgenden Aria der Venus:

---

23 Michael Richey, Singgedicht bey der feyerlichen Einweihung des neu erbauten Hamburgischen Gymnasii und der damit verbundenen öffentlichen Bibliothek 1751. Den 16. März, musicalisch aufgeführt von Georg Philipp Telemann, in: ders.: *Deutsche Gedichte, Zweyter Theil* (Anm. 1), S. 23–36.
24 Ebenda, S. 23.
25 Ebenda, S. 24.
26 Ebenda, S. 26.
27 Ebenda, S. 34.

Ihr Nymphen, kennt ihr Hamburg nicht?
Den Umkreis schöner Seltenheiten,
Worinn von tausend Lustbarkeiten
Die Wollust täglich Früchte bricht?
Was fragt ihr noch?
Ey sagt mir doch:
Ihr Nymphen kennt ihr Hamburg nicht? [28]

Auch für Komponisten gab es in einem hohen Maße verschiedenartige Möglichkeiten, sich in diesem Feld der finanziellen, ästhetischen und stilistischen Optionen zu verhalten, auch musikalisch-kompositorisch „täglich neue Früchte" zu produzieren; geradezu die Vielschichtigkeit der urbanen Kultur kann somit auch als künstlerischer Ansporn verstanden werden.

IV. Das Ausloten musikalischer Möglichkeiten: Experiment – Innovation – Originalität – Extravaganz

Der kulturelle Reichtum der Stadt und das fast „tägliche" Entwickeln neuer und ständig wechselnder „Lüsternheiten" sind in vielen Gelegenheitskompositionen besungen worden. Auch in Telemanns Festmusik zum hundertjährigen Bestehen der Hamburger Admiralität[29] äußert sich Mercurius, der Gott des Handels, uneingeschränkt lobend über Hamburg, über sich und seine Rolle für das Wohlergehen der Stadt und antwortet auf eine Aria Hammonias, die die Verfassung preist, Recht, Schutz und Freiheit in Hamburg besingt. Nicht das Selbstlob Merkurs ist besonders, sondern wie er sein Lob als ein moralisches formuliert: Die Stadt sei voller Güter und schaffe eine Offenheit, indem hier „bald eigene, bald fremde Kinder" davon profitieren und selbst Neider milde gestimmt würden. Der Überfluss der Stadt erfülle zudem eine moralische Funktion: Gerade die „wilde Lüsternheit" am Luxus ermüde durch den Überfluss, den die Stadt bietet. Sein Selbstlob und die rhetorische Frage „Bin nicht ich es?" gerät in eine symbiotische Abhängigkeit zum städtischen Gemeinwesen: Erst die Freiheit einer Stadtrepublik mache nämlich seine „Flügel rege". Ohne Zwang, Unfreiheit und Ausbeutung regiere hier ein „guter Glauben", der das Kennzeichen wahrhaft frei-

---

28 Ebenda, S. 102.
29 Der Titel dieser Komposition [TVWV 24:1] lautet: Als Eine Löbliche ADMIRALITAET der REPUBLIQUE HAMBURG das Gedächtniß Ihres vor hundert Jahren gestiffteten COLLEGII Anno 1723. d. 6. April mit einem ansehnlichen Jubel=Mahle feierlich beging, ward mit folgender SERENADE aufgewartet von MICH. RICHEY, Gymn. Hamb. Prof. P. und GEORG. PHIL. TELEMANN, Chor. Mus. Direct. welche sich bald hernach im Drill=Hause daselbst abermahls hören ließ/ und von neuen zum Druck befördert wurde. Hamburg/ gedruckt bey sel. Joh. Niclas Gennagels Witwe/ auf St. Jacobi Kirchhofe [1723]. Eine Wiedergabe des Textes findet sich in: Richey, Deutsche Gedichte, Zweyter Theil (Anm. 1), S. 57–78, und in C.[hristian] F.[riedrich] Weichmann, Poesie der Niedersachsen, Bd. 3, Hamburg 1726, S. 64–79.

er Menschen sei, der sich „befördern zwar, doch nicht befehlen läßt".[30] Aber es handelt sich doch bei Merkurs Eloge um eine zirkelschlüssige Argumentation: Hamburg lebt durch Merkur, und er lebt vergnügt in Hamburg; die Weisheit trage die Kaufmannschaft, und sie wiederum trage die Weisheit auf den Händen. Solche geschlossenen Argumentationen sind immer stimmig, sind in ihrer Zirkelschlüssigkeit geradezu unanfechtbar und eignen sich deshalb zur Formulierung kollektiver Werte, wie das erwähnte Rezitativ des Mercurius zeigt:

> Ja Wohl! glückselge Stadt,
> Wohin das Horn der reichen Amaltheen,
> Wohin ein Segens-Schatz aus Ländern und aus Seen
> Mit recht gedrungnem Guß sich auszustürzen hat.
> Erwäge nur,
> Zugleich mit Ehrfurcht und Ergötzen,
> Wie Himmel und Natur
> Vor tausend Städten dich der Welt zum Wunder setzen.
> Allein, erkenne mit dabei,
> Daß, deinen Wachsthum zu verbreiten,
> Die Schiffahrt und ein Kern von Handels-Leuten
> Des Himmels bestes Werkzeug sey.
> Wer macht dein Lager doch zu einem Prunkgerüste?
> Wer füllet dir die milden Brüste,
> Woran bald eigene, bald fremde Kinder saugen,
> ja, die wohl gar den Neid verliebt zu machen taugen?
> Wer häufet deinen Markt mit so viel Vorrath an,
> Daß auch die wilde Lüsternheit,
> Indem sie täglich wechseln kann,
> Am Wechsel selbst ermüden muß?
> Bin ich es nicht, Mercurius?
> Ja! freylich, ja!
> Du lebst durch mich vergnügt, Hammonia,
> Und ich vergnüge mich, in dir zu leben.
> Denn, weil nur Freyheit mir die Flügel rege macht,
> So hat ein Paradies in dir mich angelacht.
> Hier setz ich mich auf einen Thron
> Von angehäuften Waaren nieder.
> Hier wühlen meine muntern Glieder,
> Unwissend, was Bedruck, was Zwang und Tyranney,
> Was Arbeit ohne Lohn,
> Was ungenoßner Vortheil sey.
> Hier stell ich guten Glauben vest,
> Der sich befördern zwar, doch nicht befehlen läßt.[31]

---

30 Zu den beiden, zu Richeys Zeiten wirkenden Diskursen über kaufmännisches Gewinnstreben vgl. Jahn, Ökonomie und Gemeinwesen (Anm. 1), S. 219 ff. – Dass der Kaufmannstand seinerseits einer kritischen Hinterfragung unterzogen wurde, belegt Jahn am Beispiel von Gelegenheitsdichtungen; vgl. ebenda, S. 223–226.

31 Zitiert nach: Richey, *Deutsche Gedichte, Zweyter Theil* (Anm. 1), S. 58 f.

Alle wesentlichen Teilmomente des hamburgischen Selbstbildes finden sich hier, und während moderne Autoren zuweilen pauschal die „Pfeffersackmentalität" Hamburgs beklagen,[32] ist hier ein ganz anderes Selbstbild formuliert: Gerade die merkantile Mentalität eröffnete Potentiale, befreite und ließ in einem überreichen Maße Zuwanderungen und Neuerungen zu, auch kultureller Art. Dass dieses Bild konsensfähig war, machen die Wiederaufführungen dieser Gelegenheitsmusik plausibel, die Annemarie Clostermann als „durchschlagenden Erfolg" bezeichnet. „Kaum ein anderes Werk Telemanns, vom Passionsoratorium *Seliges Erwägen* (TWV 5:2) abgesehen, hat zu seinen Lebzeiten einen so durchschlagenden Erfolg erzielt: Allein für 1723 meldeten die Zeitungen sechs Wiederholungen der Aufführung."[33]

Neuartig war das Lob der Stadt indes nicht: Johann Rist hatte schon 1663 ein Bild von der Stadt als Gegenmodell zur Hofkultur entworfen, das sich mit der Kritik des Hofes, wie sie auch Andreas Gryphius formuliert hatte, verband. Auch die Autoren des 17. Jahrhunderts argumentierten moralisch, beklagten das Fehlen von Treue und Redlichkeit, die Vordergründigkeit des Hoflebens und das Bedürfnis stets „a la mode" zu sein.[34] Rist erkannte gerade der Stadtkultur und den dort angesiedelten Sprachgesellschaften die Eigenschaft zu, die Entwicklung menschlicher Fähigkeiten am besten zu befördern.[35] Sein Hinweis auf die Sprachgesellschaften und Merkurs Hinweis auf die angesichts der Überfülle des Angebots ermüdende „Lüsternheit" führt aber direkt zur Frage nach den künstlerischen Konsequenzen dieser in der Kritik benannten strukturellen Gegebenheiten.

„Schönheiten" waren in einer Stadt trotz merkantiler Grundeinstellungen gut platziert: Mattheson sah bereits im *Neu-Eröffneten Orchestre* (1713) in der Oper – und sein Blick dürfte maßgeblich von der städtischen Oper Hamburg bestimmt sein – „einen Confluxum aller musikalischen Schönheiten".[36] Noch Carl Philipp Emanuel Bach verstand das Konzert, also eine wirtschaftlich denkende und entscheidende Institution, als den geeigneten Ort zur Ausbildung des musikalischen Geschmacks. Kennzeichen solcher nicht obrigkeitlich privilegierten und patronisierten Musikaufführungen

---

32 Gisela Jaacks, *Hamburg zu Lust und Nutz. Bürgerliches Musikverständnis zwischen Barock und Aufklärung (1660–1760)*, Hamburg 1997, S. 36.

33 Möglicherweise ist in dieser identitätsstiftenden Eigenschaft der enorme Erfolg dieser Komposition begründet; Annemarie Clostermann, *Das Hamburger Musikleben und Georg Philipp Telemanns Wirken in den Jahren 1721 bis 1730*, Hamburg 2000, S. 76.

34 Vgl. beispielsweise Gryphius, der den Hof mit einer „Mördergrube" vergleicht und ihn als Wohnstatt von „Verräthern" und „schlimmen Buben" bezeichnet; vgl. Andreas Gryphius, Leo Arminius, oder Fürsten=Mord, 1650, Neudruck in: ders., *Gesamtausgabe der deutschen Werke*, hrsg. von Marian Szyrocki / Hugh Powell, *Trauerspiele*, Bd. 2, hrsg. von Hugh Powell, Tübingen 1965 (= Neudrucke deutscher Literaturwerke. Neue Folge 14), S. 7f.

35 Johann Rist, *Das AllerEdelste Leben Der Gantzen Welt*, Frankfurt a. M. 1633, S. 166ff. Vgl. dazu Arnfried Edler, Das Collegium musicum als Forum des Theorie–Praxis–Bezuges, in: *Akademie und Musik. Erscheinungsweisen und Wirkungen des Akademiegedankens in Kultur- und Musikgeschichte: Institutionen, Veranstaltungen, Schriften, Festschrift für Werner Braun zum 65. Geburtstag, zugleich Bericht über das Symposium „Der Akademiegedanke in der Geschichte der Musik und angrenzender Fächer"*, hrsg. von Wolf Frobenius u.a., Saarbrücken 1993 (= Saarbrücker Studien zur Musikwissenschaft 7), S. 107–122, hier S. 115.

36 Johann Mattheson, *Das Neu-eröffnete Orchestre*, Hamburg 1713, S. 160, und zur nachgehend genannten Sicht Carl Philipp Emanuel Bachs den Hinweis in: Carl Philipp Emanuel Bach, *Versuch über die wahre Art das Clavier zu spielen*, Leipzig 1787, Einleitung, § 6, S. 2.

war, dass sie nur dann einer Reglementierung unterlagen, wenn sie ein „periculum in mora" darstellten. Das schien 1722 noch der Fall zu sein, als sich der neu erwählte Kantor Telemann den Ärger der Oberalten zuzog, weil er „abermalen vor Geld in einem öffentlichen Wirtshause seine Musik aufzuführen gesonnen" war.[37] Da der frühere Kantor Joachim Gerstenbüttel niemals solch ein Ansinnen hatte und es zudem noch keine Lokalität für solche Aufführungen gab, also keine Konzertsäle, war die Veranstaltung von Konzerten in einem Wirtshaus ein doppelter Stein des Anstoßes. Hier prallten außermusikalische Normen und grundsätzlich unterschiedliche Kulturtechniken aufeinander: Die ambitionierte Entwicklung von nicht obrigkeitlich privilegierten Praktiken konnte – das belegen die Klagen der Oberalten ebenso wie der frühere Opernstreit – einen schmerzlichen Prozess darstellen, letztlich auch ein Abschied von der sozialen Disziplinierung, wie sie sich nach dem Dreißigjährigen Krieg weiter ausdifferenziert hatte. Es waren diese neuen kulturellen Praktiken, die dem schaffenden Künstler Entscheidungsräume eröffneten. Man musste nämlich nicht etwa auf Grund der ständischen Gliederung der Gesellschaft teilnehmen, sondern der eigentlich brisante Begleitumstand dieser merkantil operierenden und auf Geschäftssinn fußenden Handlungsräume war, dass die Teilnehmer, also Publikum, Käufer oder allgemein gesagt: Abnehmer, sich für oder gegen die Partizipation entscheiden konnten. Dennoch entwickelten sich diese Kulturtechniken nicht regellos, sondern prägten ihre eigenen Gesetzlichkeiten aus, etwa in der Form des Publikumsgeschmacks und der Organisation.[38] Im Vergleich zu den früheren Formen ist dadurch das Spektrum der Möglichkeiten breiter und im Gegensatz zu den Originalität, Exotik und Besonderheit vereinenden höfischen Kunst- und Wunderkammern der Renaissance ist die Entwicklung im 18. Jahrhundert dezentral und auch nicht auf eine zentrale Idee (wie im Waisenhaus in Halle) oder die herrschenden Persönlichkeiten zurückzuführen. Es wirkt also auch hier das, was Felix Elwert in Bezug auf die Herausbildung Venedigs als urbanes Musikzentrum als wesentlich gezeigt hat:[39] Die Ausprägung entpersonalisierter Trägerschichten (die kollektive, aufgrund der zeitlich limitierten Amtszeiten variable Trägerschaft der bürgerlichen Gremien ist ein wichtiger Zwischenschritt hin zur großen Bedeutung der anonymen Gruppe des Käufers und Konzertbesuchers) und die „Einsicht in die Funktionalität der Kunstmusik als probatem Mittel der Staatsrepräsentation", als Diener eines Staates, der seinerseits im Kern entpersonalisiert ist, nämlich durch das Prinzip der Wiederholbarkeit von Wahlen und des Nachrückens bei Todesfällen.

Auch wenn damit musikalisch-kompositorische Handlungsspielräume in der Vielschichtigkeit der urbanen Kultur offener sind, muss gefragt werden, wie weit dieses Feld des Experimentierens, des Auslotens, des ständigen Überraschens, also die 1723 von Mercurius genannte „wilde Lüsternheit" gehen konnte. Konnte man „Erkundun-

---

37 Zitiert nach Hansjörg Pohlmann, *Die Frühgeschichte des musikalischen Urheberrechts (ca. 1400–1800). Neue Materialien zur Entwicklung des Urheberrechtsbewußtseins der Komponisten*, Kassel etc. 1962 (= Göttinger musikwissenschaftliche Arbeiten 20), S. 238.

38 Zu formalisierten und nicht formalisierten Institutionen vgl. Joachim Kremer, „Institutionen", in: *Lexikon Musik und Gender*, hrsg. von Annette Kreutziger-Herr / Melanie Unseld, Kassel / Stuttgart 2010, S. 286–288.

39 Elwert, Soziale Faktoren des kunstmusikalischen Aufstiegs Venedigs (Anm. 4), S. 101.

gen", „Avantgardismus", „Innovation" oder „Experiment"[40] ohne Einschränkung entwickeln, bis hin zur Extravaganz? Als „Extravagance" bezeichnet Zedler „ein unge-
reimtes Vornehmen", und er übersetzt das Adjektiv mit „ungereimt, abgeschmackt".[41]
Damit nimmt er eine pejorative Bedeutung des *Dictionnaire universel* des Antoine
Furetière von 1727 auf, der als „extravagant" etwas definiert, „qui est contre le bon
sens & la raison". Als „Extravagance" gilt ihm eine gewisse „Folie, bizarrerie, imperti-
nence, sottise, [un] discours hors du bon sens".[42] Auch der Leipziger *Nouveau Dictionnaire des Passagers François-Allemand et Allemand-François* von 1737 versteht in diesem Sinne „Thorheit" und „Extravaganz" als synonym:[43] „Extravagance" übersetzt es
als „eine ungereimte Weise, eine Unbesonnenheit, eine flatterichte Art, albere Dinge
[und] Narrheit".

Ein offensichtliches Beispiel für diese Lust am Besonderen, das den Begriff der
„Extravaganz" nahelegt, ist die *Brobdingnagische Gigue*[44] aus Telemanns sogenannter
Gulliver-Suite. Man hätte sie auch anders notieren können: Schon die Taktart 24/1
ist einzigartig, und der Rückgriff auf Brevis und Semibrevis ist im Jahre 1728 skurril.
Dass damit aber eine Gigue notiert wird, lässt kaum auf den raschen Tanz schließen,
dem Mattheson im *Vollkommenen Capellmeister* einen „hitzigen und flüchtigen Eifer"
attestiert.[45]

Der *Getreue Music-Meister*, wo diese Gigue publiziert wurde, richtet sich an den
Liebhaber. Die von Telemann in diesem Beispiel gewählte Notationsform schreckt den
spielfreudigen Liebhaber unter Umständen sogar ab, erregt aber gerade wegen ihrer
optischen Auffälligkeit Interesse. Der besondere, die Grenze des *bon sens* überschrei-
tende Witz erschließt sich aber erst dem gebildeten Liebhaber, dem Kenner. Er liegt in
der Diskrepanz zwischen Notation bzw. Taktart und dem Charakter der Gigue. Gerade das Wirken in einer Stadt und die medialen und vertriebsstrategischen Möglichkeiten urbaner Gemeinschaften sind für solche, auf Käufer und „Music-Liebhaber"[46] zäh-
lende Produkte nicht nur geeignet, sondern Voraussetzung.

V. „Freyheit" und kultureller Reichtum:
Urbanität als Entwicklungspotential

Urbanes Leben als Rahmen künstlerischen Handelns zu verstehen, ist durchaus angemessen, greift aber in gewissem Sinne zu kurz. Urbanität ist mehr als wirtschaftliche Potenz und Kaufmannsgeist. Sie ist Ausdruck von Wertsetzungen, die sich in

---

40 Vgl. die Titel der Beiträge von Wolfgang Hirschmann, Ralph-Jürgen Reipsch und Katharina
Hottmann in diesem Band.
41 Johann Heinrich Zedler, Extravagance, in: ders.: *Grosses vollständiges Universal Lexicon* (Anm.
18), Bd. 8, Halle / Leipzig 1734, Sp. 2411.
42 Antoine Furetière, Extravagance, in ders. *Dictionnaire universel*, Bd. 2, La Haye 1727, [o. S.].
43 Johann Leonhard Frisch, *Nouveau Dictionnaire des passagers françois-allemand*, Leipzig 1737,
Sp. 587 zum folgenden Sp. 900.
44 Telemann, *Der Getreue Music-Meister* (Anm. 17), Neunte Lection, S. 36.
45 Mattheson, *Der vollkommene Capellmeister* (Anm. 6), S. 228.
46 Letztere spricht Telemann in der Vorrede des *Getreuen Music-Meisters* (Anm. 17) ausdrücklich
an.

Selbstbildern, Abgrenzungen und auch in kulturellem Handeln äußern. Wirtschaftlicher Erfolg und entpersonalisierte Trägerschichten ermöglichen Originalität, Experimente, das Ausloten ästhetischer Grenzen und evtl. auch Extravaganz, gerade weil sich die Welt in den urbanen Zentren rasch und grundlegend, überregional aber doch sehr disparat entwickelte. Und der Prozess ermöglichte – scheinbar widersprüchlich – zeitweise wieder eine Personalisierung, nämlich in den sogenannten Gelegenheitsdichtungen und -kompositionen. Dass diese lokalen Personalisierungen in der großen Metropole Hamburg aber schon in der Telemann-Zeit an Bedeutung verloren (erkennbar im Rückgang der Personalschriften), deutet auf eine veränderte Partizipation hin, die nun über Musikdruck, Publizistik und Verlagswesen anonymisierter vonstattenging. Der *Getreue Music-Meister* ist nicht das früheste Beispiel für diese Entwicklung, aber dennoch ein treffliches. Indem Musik damit zu einer käuflichen Ware wird, werden Fragen des Konsumverhaltens relevant, auch das Problem, was als begehrenswert, als angemessen, als konsensfähig oder als grenzüberschreitend verstanden wurde. Die Einstellung zum Luxus wird so erneut und in neuer Dimension erläuterungsbedürftig, auch die Frage der moralischen Schicklichkeit und Verantwortbarkeit. Was im 16. und 17. Jahrhundert mit der Kategorie des „Luxus" und der „Üppigkeit" noch zur Reglementierung und sozialer Distinktion taugte, scheint sich im 18. Jahrhundert zu liberalisieren. Das ist ein kultur- und sozialgeschichtlich bemerkenswerter Vorgang, aber er ist nicht minder bemerkenswert, wenn man ihn als eine Veränderung kultureller und auch musikalischer Praxen versteht, immer mit kompositionsgeschichtlicher Konsequenz. Telemann ist sicher einer der profiliertesten Komponisten, der sich dieser Grundbedingung musikalischen Gestaltens stellte. Und sein Geschäftssinn und die zuweilen geschmähte Eigenschaft der Musik als Ware – oft bewertet aus einer Position der emphatischen Werkästhetik des 19. Jahrhunderts und als Gegensatz zur wahren, sprich: absoluten Kunst verstanden –, erweisen sich (wieder einmal) nicht als ein Problem der Geschichte, sondern als ein Problem einer Geschichtsschreibung, die aus bestimmten ästhetischen Prämissen heraus Vergangenheit beurteilt.

Abschließend sei aber offen angedeutet, dass mit diesem Plädoyer für Hammonia und Mercurius eigentlich noch nicht viel festgestellt wurde, weil die Diskussion damit erst beginnt und sich zahlreiche Fragen eröffnen. Wie verändert sich der Zusammenhang von urbanem Selbstbewusstsein und musikalischer Reaktion? Bleibt dieses Verhältnis seit 1723 unverändert oder schafft die Eigendynamik des Marktes nicht wieder eine Gegenwelt, nun aber im Rahmen der Urbanität eine urbane Parallelwelt? Gilt Urbanität als Bedingung musikalischen Auslotens für alle musikalischen Gattungen, oder sind etwa bei der Kirchenmusik andere Optionen und Lizenzen gegeben als bei der Instrumentalmusik oder der Oper? Und muss man wirklich das Selbstbild Hammonias als objektiv gegeben verstehen und das höfische Musizieren ganz aus dem Blick verlieren? Oder anders gefragt: Wodurch unterscheiden sich letztlich die Ambitionen höfischer und städtischer Produzenten und Rezipienten in diesen Zeiten des Strukturwandels? Vieles deutet darauf, dass sich im Laufe der Telemann-Zeit kulturelle Praxen verstärkten und entwickelten, die als genuin urban zu verstehen sind, und nicht nur mit Blick auf Johann Wilhelm Ludwig Gleim kann man die Stadt als Träger der Aufklärung verstehen.[47] Dass in diesem vielschichtigen System „selbsterhaltender und selbstverstärkender Faktoren" und deren Wechselwirkungen[48] die Kategorie der Schicklichkeit und des *bon sens*, also der Umgang mit „ungereimten Weisen, Unbesonnenheiten, der flatterichten Art und mit Narrheiten", also mit der von Frisch so genannten „Extravagance", zum Gradmesser solcher Innovationen dienen kann, das ist gut vorstellbar. Denn vor allem in der Stadt mit täglichen Neuerungen gilt auch das, was Medientheorien formulieren: „Voraussetzung für die Kanonisierung" oder – offener gesagt – Eingang ins kollektive Gedächtnis ist nur über die Aufmerksamkeit möglich, also die „Resonanz in der Öffentlichkeit".[49]

---

47 *Urbanität als Aufklärung. Karl Wilhelm Ramler und die Kultur des 18. Jahrhunderts*, hrsg. von Laurenz Lütteken u. a., Göttingen 2003 (= Schriften des Gleimhauses Halberstadt 2).

48 Vgl. Elwert, Soziale Faktoren des kunstmusikalischen Aufstiegs Venedigs (Anm. 4), S. 102.

49 Elisabeth Kampmann, Instanzen der Wertung von Literatur, der Bildung und Pflege von Literaturkanones: Die Rolle des Literaturbetriebs/Absatz 5.2. Medien, in: *Handbuch Kanon und Wertung. Theorien, Instanzen, Geschichte*, hrsg. von Gabriele Rippl / Simone Winko, Stuttgart / Weimar 2013, S. 134–140, hier S. 135.

Steven Zohn

Telemann's *Fantaisies pour la basse violle* and his Fantasia Principle

Among the Telemann discoveries of recent years, two of the most exciting have been the recovery of instrumental collections published by the composer in Hamburg in the mid-1730s, reducing the number of lost publications containing his music to seven.[1] First to surface was the *VI Ouvertures à 4 ou 6* (1736).[2] Less than a decade later, the twelve *Fantaisies pour la basse de violle* (1735), TWV 40:26–27, made its welcome appearance. The fantasias had disappeared from public view between its publication and 2015, when viola da gambist Thomas Fritzsch, following a lead from musicologist François-Pierre Goy, confirmed the existence of a copy belonging to the private library assembled by Eleonore von Münster (née von Grothaus, 1734–94) at Schloss Ledenburg, now on deposit at the Niedersächsisches Landesarchiv in Osnabrück. Fritzsch and Günter von Zadow soon published an edition of the collection, including a facsimile of the original print.[3] In short order, Fritzsch and several others issued recordings of the fantasias.[4] Now that these works are well on their way toward achieving standard-repertory status, it is time to assess them as a set in relation to Telemann's earlier sets of fantasias for flute (1731), keyboard (1732–33), and violin (1735). Taking

---

1   These include the *Lustige Arien aus der Opera Adelheid* (1727/28; first edition); *Pimpinone, oder die ungleiche Heirat* (1728; lost during World War II); *Helden–Music, oder 12 neue musicalische Marches* (1728; lost during World War II); *Ouvertüre und Suite* (1730); *XII Fantasie per il violino senza basso* (1735; surviving in a manuscript copy); *Lustiger Mischmasch oder scotländische Stücke* (1734/35); and *Duos à travers. et violoncell* (1735).

2   The only extant copy of this collection, including the overture-suites TWV 55:F1, A1, Es1, a1, D2, and g1, went missing between World War II and 2008. See Steven Zohn, Tertiary Rhetoric in Telemann's *VI Ouvertures à 4 ou 6*, in: *Bach and His German Contemporaries*, ed. Andrew Talle, Chicago 2013 (= *Bach Perspectives* 9), pp. 24–49. See also the modern edition, Georg Philipp Telemann, *VI Ouvertures à 4 ou 6*, ed. Peter Huth, Beeskow 2009 (= *Musik zwischen Elbe und Oder* 21).

3   Georg Philipp Telemann, *Zwölf Fantasien für Viola da Gamba solo*, ed. Thomas Fritzsch / Günter von Zadow, Heidelberg 2016. Unlike many others of Telemann's publications, the *Fantaisies pour la basse de violle* does not appear in published sales and auction catalogs from the late 18th and 19th centuries; thus it left no trace in the historical record after 1735. In his review of Fritzsch and von Zadow's edition, Hans-Georg Kramer casts doubt on Telemann's authorship of the fantasias by pointing out passages that he considers musically suspect. None of Kramer's observations is convincing as style criticism, however, and he ignores substantial documentary, philological, and musical evidence that firmly establishes the fantasias as authentic works by Telemann. See Kramer, Zwölf Fantasien für Viola da Gamba solo. Sind es wirklich Kompositionen Georg Philipp Telemanns?, in: *Concerto*, No. 268 (2016), pp. 22–24. For refutations of Kramer's view, see letters by Federico Maria Sardelli and Bettina Hoffmann in *Concerto*, No. 269 (2016), p. 14, a further letter by Michael O'Loghlin (accompanying the review itself) at www.concerto–verlag.de/projekte/OLoghlin.pdf (17 August 2018), and Robert Smith's notes to his recording of the fantasias (cited below in note 4).

4   At the time of writing, complete recordings of the set are available by Fritzsch (Coviello Classics, COV 91601, 2016), Jonathan Dunford (private label, 2016: cdbaby.com/cd/jonathandunford5 and cdbaby.com/cd/jonathandunford6), Robert Smith (Resonus Classics, RES10195, 2017), and Paolo Pandolfo (Glossa, GCD 920417, 2017).

such a holistic view of the entire fantasia series illuminates the composer's relationship to the fantasia as a genre – what might be called his "fantasia principle."

The genesis of the *Fantaisies pour la basse de violle* goes back at least to 1733–34, when two printed catalogues of Telemann's publications, issued in Amsterdam and Hamburg, listed under the forthcoming items a set of "12. Fantaisies à Basse de Viole sans Bass" / "12 [Fantasien] mit 1 Viola da gamba ohne Baß."[5] Two years later, during the summer of 1735, the composer published the following announcement:

> Der Telemannische Verlag wird 12 Fantasien für die Viola di Gamba ohne Baß, und 6 deutsche moralische Cantaten ohne Instrumente/ dergestalt ans Licht stellen/ daß an einem Donnerstag 2 Fantasien/ und am andern eine Cantata/ wechsels=Weise zum Vorschein kommen [...] Der Anfang damit wird den 4. August gemacht. Sie werden in des Verfassers Wohnung/ und in der Music=Bude an der Börse/ ausgegeben [...].

> (The Telemann Press is bringing to light twelve fantasias for viola da gamba without bass and six German moral cantatas without instruments, such that two fantasias will appear on one Thursday and a cantata will appear on the next, in alternating fashion [...] Publication commences on 4 August. They will be distributed at the publisher's residence and at the music stall in the stock exchange [...].)

In order to boost sales, Telemann promised that "Pränumeranten" (advance subscribers) could purchase both the fantasias and the *VI moralische Cantaten* (TVWV 20:23–28) at substantial discounts, a practice that he had followed for several other publications over the previous decade. Assuming that the distribution schedule went as planned, the last of the fantasias would have appeared on 13 October.

Publishing music by advance subscription, as Telemann often did, allowed him to gauge the market while minimizing the considerable financial risk associated with acting as his own publisher. In other cases, Telemann's publication costs may have been partially subsidized through dedications to aristocrats, members of royalty, wealthy burghers, or musicians who, it was hoped, would return the favor in the form of cash gifts, future patronage, or lucrative professional connections. As Tables 1 and 2 show, the overlapping *Fantaisies pour la basse de violle* and *VI moralische Cantaten* were the only publications that Telemann both sold by subscription and dedicated to an individual.[6] This could indicate that the dedicatees did not directly subsidize publication costs. According to the title page of the *Fantaisies pour la basse de violle* (Figure 1), the music was "composed for and dedicated to Mr. Pierre Chaunel" ("faites et dediées

---

5   Transcriptions of the catalogues are provided in *Georg Philipp Telemann. Thematisch-systematisches Verzeichnis seiner Werke*, ed. Martin Ruhnke, Kassel 1984, vol. 1, pp. 234–238.

6   Note that the information in Tables 1 and 2 is almost certainly incomplete, and not only with respect to publications for which no copy has survived. That is, we are likely missing advertisements calling for "Pränumeranten" to other extant publications, and additional dedications may have been printed only in certain copies that are now lost. In the cases of the *Quadri* (1730) and *XII Solos à violon ou traversière* (1734), dedications appear to have been printed only in copies intended for sale in Hamburg. For further information about Telemann's subscription publications, see Steven Zohn, *Music for a Mixed Taste: Style, Genre, and Meaning in Telemann's Instrumental Works*, New York 2008, pp. 346–366.

Table 1:   Georg Philipp Telemann's Hamburg Subscription Publications

Publication	Date
Harmonischer Gottes-Dienst	1725–27
Auszug derjenigen musicalischen […] Arien	1727
Der getreue Music-Meister	1728–29
Fortsetzung des harmonischen Gottesdienstes	1731–32
Musique de table	1733
Singe-, Spiel- und General-Bass-Übungen	1733–34
Six concerts et six suites	1734
VI moralische Cantaten [I]	1735
Fantaisies pour la basse de violle	**1735**
Six ouvertures à 4 ou 6	1736
VI moralische Cantaten [II]	1736
Nouveaux Quatuors	1738
Musicalisches Lob Gottes	1744
Music vom Leiden und Sterben des Welt Erlösers	1746/47
"Engel-Jahrgang"	1748

Table 2:   Telemann's Hamburg Publications with Dedications

Publication (Date)	Dedicatee(s)
Sonates sans basse (1727)	George Behrmann and Pierre Diteric Toennies
Sept fois sept et un menuet (1728)	Andreas Plumejon
Zweytes Sieben mal Sieben und ein Menuet (1730)	Count Friedrich Carl von Erbach
Quadri (1730)	Joachim Erasmus von Moldenit
XX Kleine Fugen (1731)	Benedetto Marcello
Continuation des sonates méthodiques (1732)	Rudolph and Hieronymus Burmeister
Scherzi melodichi (1734)	Prince Carl August Friedrich von Waldeck
XII Solos à violon ou traversière (1734)	Rudolph, Hieronymus, and Johann Wilhelm Burmeister
VI moralische Cantaten [I]	Johann Christian Pichel
***Fantaisies pour la basse de violle* (1735)**	**Pierre Chaunel**
Vier und zwanzig, theils ernsthafte, theils […] scherzende, Oden (1741)	Johann Adolph Scheibe

à M.ʳ Pierre Chaunell"). Based in the neighboring town of Altona (now part of Hamburg), Chaunel was the son of Huguenot immigrants from Montpellier, a successful businessman and banker, and a prominent member of the town's French Reformed congregation.[7] He or a member of his family may have played the viola da gamba, but the instrument's close and long-standing association with French music would in any case have highlighted his Gallic heritage to purchasers of the fantasias. Chaunel himself purchased at least two of Telemann's other publications during the 1730s, for his name appears on lists of "Pränumeranten" to the *Musique de table* (1733) and

7   Carsten Lange, preface to Telemann, *Zwölf Fantasien für Viola da Gamba solo* (note 3), ii–iii.

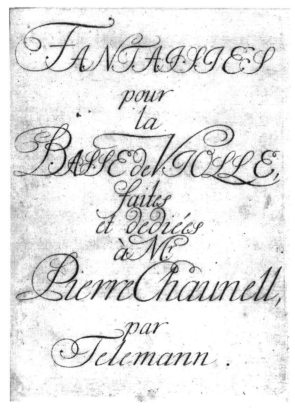

Figure 1: Title page to Georg Philipp Telemann's *Fantaisies pour la basse de violle*, engraved by Christian Fritzsch[8]

Nouveaux Quatuors (1738). It is significant that Chaunel's name is printed prominent-ly on the title page of the *Fantaisies pour la basse de violle*, for Telemann included his dedicatee's names on only three other Hamburg title pages (those of the *Sonates sans basse*, *XX Kleine Fugen*, and *Scherzi melodichi*).

With respect to its physical appearance, the *Fantaisies pour la basse de violle* is sim-ilar to other mid-1730s products of Telemann's Selbstverlag. Its title page was execut-ed by the Hamburg engraver Christian Fritzsch, whom the composer regularly hired between 1728 and 1736 to engrave title pages and various other texts for his publica-tions, including the *Musique de table* subscription list.[9] Other lettering and the musi-cal text was engraved by Telemann himself, mostly using the hammer-driven punch method he first developed in the late 1720s for publications such as the *Six Sonates à violon seul* (second edition) and *Essercizii musici*. Following the precedent established with the fantasias for flute, keyboard, and violin, each of the dozen works in the *Fan-taisies pour la basse de violle* occupies a single pewter engraving plate, and here one

---

8   Reproduced from Georg Philipp Telemann, *Zwölf Fantasien für Viola da Gamba solo*, ed. Tho-mas Fritzsch / Günter von Zadow, Heidelberg 2016.
9   On Fritzsch's work for Telemann, see Zohn, *Music for a Mixed Taste* (note 6), pp. 370–373, and Zohn, Tertiary Rhetoric in Telemann's *VI Ouvertures à 4 ou 6* (note 2), pp. 30–31.

peculiarity may be mentioned. Note in Figure 2 that Fantasia 9, shown on the right, is laid out differently than Fantasia 8, shown on the left, and the other ten works in the collection. Except for the top and bottom of the page, all staves of Fantasia 9 are grouped closely together in pairs, making the notation increasingly difficult to read as the music becomes polyphonic or requires ledger lines. At first glance, it would appear that Telemann used an engraving plate that had been pre-ruled for a keyboard work. Although this may have been the case, the layout does not match any of Telemann's keyboard publications from the 1730s. Perhaps the plate was intended for an unrealized publishing project, or for a printed collection that has been lost, such as the *Lustiger Mischmasch oder scotländische Stücke* of 1734/35.

With the recovery of the *Fantaisies pour la basse de violle*, we now have the complete series of Telemann's seventy-two fantasias for solo instrument: three dozen keyboard works, and a dozen works each for flute, violin, and viola da gamba. Seventy-two is a figure of some significance, corresponding precisely to the number of liturgical cantatas required at Hamburg during the church year, as represented in Telemann's three previously published cantata cycles, the last of which may have overlapped with the start of the fantasia series.[10] The number seventy-two also recalls the six times twelve of Arcangelo Corelli's opuses, and it seems possible that this historical association was on Telemann's mind as he conceived his fantasia series. Note as well that the collective scoring of the fantasias for flute, violin, viola da gamba, and keyboard closely resembles that of the *Quadri* (1730) and *Nouveaux Quatuors* (1738). Telemann could have intended the fantasias to complement his quartets by highlighting each of the four instruments in turn.

It is notable that Telemann adopts a different tonal scheme for each of the six sets of fantasias, even though he is working within an orbit of keys restricted to four sharps and four flats, no doubt to accommodate the most common keyboard temperaments and to promote good intonation for the flute, violin, and viola da gamba (Table 3). The first two sets, for flute and keyboard, maintain an ascending scheme in which many adjacent fantasias share a tonic pitch; the scheme is necessarily more regular in the keyboard fantasias, since the first work in each pair is repeated after the second to produce a large-scale ternary form. Greater variety is introduced in the second keyboard set, where fantasias in a pair may stand in either a parallel or relative relationship to each other (for example, C major and C minor, or B minor and D major). For the first and only time in the fantasia series, some keys are repeated (G minor and B♭ major). There is also a regular pattern in which groups of three fantasias following a minor–major–minor sequence of keys alternate with groups following a major–minor–major sequence. Along similar lines, there are four different sequences of keys in the flute fantasias: major–minor–minor, major–major–minor, major–mi-

---

10 These cycles include the *Harmonischer Gottesdienst* (1725–1727), the *Auszug derjenigen musicalischen und auf die gewönlichen Evangelien gerichteten Arien* (1727), and the *Fortsetzung des harmonischen Gottesdienstes* (1731–1732). On the publication schedule of the first two cycles, which appear to have overlapped in early 1727, see Georg Philipp Telemann, *Geistliche Arien (Druckjahrgang 1727)*, ed. Wolfgang Hirschmann / Jana Kühnrich, Kassel et al. 2012 (= Georg Philipp Telemann, Musikalische Werke 57), pp. x–xi.

Table 3: Telemann's Fantasia Series

Publication	Keys
12 Fantaisies à travers. sans basse (1731)	A–a–b–B♭–C–d–D–e–E–f♯–G–g
Fantaisies pour le clavessin (1732–33)	D–d–E–e–F–f–G–g–A–a–B♭–E♭ c–C–b–D–g–B♭–a–A–e–G–g–B♭ F–d–e–G–g–c–A–a–b–D–E♭–B♭
XII Fantasie per il violino senza basso (1735)	B♭–G–f–D–A–e–E♭–E–b–D–F–a
Fantaisies pour la basse de violle (1735)	c–D–e–F–B♭–G–g–A–C–E–d–E♭

nor–major, and minor–major–minor.[11] The third set of keyboard fantasias is slightly more adventurous in allowing some pairs of fantasias (Nos. 5–6 and 11–12) to be related by fifths. Here three major–minor–minor sequences lead to a concluding major–major–major sequence. The violin fantasias proceed mostly by third or fifth key relationships, but again we see a pattern of four three-work groups, each of which follows a major–major–minor key sequence. Finally, the gamba fantasias create a cyclic effect for the entire fantasia series by returning to the stepwise ascending pattern of the flute set (though here the ascent is not strictly linear) and offering four different sequences of keys: minor–major–minor, major–major–major, minor–major–major, and major–minor–major.

The apparent care that Telemann took with his tonal planning encourages us to hear the six sets of fantasias in dialogue with each other. A useful theoretical framework for this mode of hearing is what Elaine Sisman calls "tertiary rhetoric," an intertextual rhetoric in which self-contained works within and across opuses converse among themselves and with performers and listeners alert to such connections.[12] In the fantasias, certain works or movements might be thought of as engaging in a conversation based on their stylistic, generic, and structural parallels with each other. For example, the fact that there are only two allemandes in the fantasia series (in the flute and gamba sets) raises not only the possibility of one movement influencing the other, but also initiates a conversation about the nature of the dance as transferred to such unusual media. In this respect, the dances are also in dialogue with their counterparts in Bach's partitas for unaccompanied violin, BWV 1002 and 1004, and suites for unaccompanied cello, BWV 1007–12. Conversations might also be struck up about other unusual movements, such as the French overture in the seventh flute fantasia (as

---

11 This sequence was first observed in Wolfgang Hirschmann / Peter Huth, Georg Philipp Telemann, in: *Barockmusikführer: Instrumentalmusik 1550–1770*, ed. Ingeborg Allihn, Stuttgart / Kassel 2001, p. 446.

12 Elaine Sisman, Rhetorical Truth in Haydn's Chamber Music: Genre, Tertiary Rhetoric, and the Opus 76 Quartets, in: *Haydn and the Performance of Rhetoric*, ed. Tom Beghin / Sander M. Goldberg, Chicago 2007, pp. 281–326 (especially pp. 299–326); and Elaine Sisman, Six of One: The Opus Concept in the Eighteenth Century, in: *The Century of Bach and Mozart: Perspectives on Historiography, Composition, Theory, and Performance*, ed. Sean Gallagher / Thomas Forrest Kelly, Cambridge, MA 2008, pp. 79–107 (especially pp. 89–107). I apply Sisman's theory to Telemann's *VI Ouvertures à 4 ou 6* and Johann Sebastian Bach's *Clavierübung* I in Zohn, Tertiary Rhetoric in Telemann's *VI Ouvertures à 4 ou 6* (note 2), pp. 33–49.

Table 4:   Movement Types in the *Fantaisies pour la basse de violle*

Fantasia	Tonality	Opening Movement(s)	Concluding dance
1	c	Capriccio (prelude and fugue)	Giga
2	D	Concerto – adagio – concerto D.C.	Gavotte
3	e	Adagio – fugue	Menuet
4	F	Da capo aria – adagio	Hornpipe
5	B♭	Fugue – adagio (lament)	Bourrée/rigaudon
6	G	Rondeau (pastoral) – adagio	Rustic
7	g	Allemande – fugue	Bourrée/rigaudon
8	A	Concerto – adagio (sarabanda)	Menuet
9	C	Fugue – adagio (sarabanda)	Bourrée/rigaudon
10	E	Capriccio – siciliana	Rustic
11	d	Fugue – adagio (fugal)	Giga
12	E♭	Adagio – binary allegro	Binary allegro

compared to its more conventional predecessors in the keyboard fantasias) and several concerto-allegro movements in the keyboard, violin, and gamba fantasias.

Like the majority of the flute and violin fantasias, the *Fantaisies pour la basse de violle* follow one or two movements in a variety of styles and forms with a binary movement that is most often dance-based. An overview of the set is provided in Table 4, where "adagio" should be understood as a generic term for slow movements (sometimes modified by a descriptive word in parentheses) and "allegro" denotes a fast movement that is neither fugal nor dance-based and does not refer to another genre.[13] Perhaps not surprisingly, the gamba fantasias are most closely related to the contemporaneous violin fantasias in terms of their musical style, movement types, and overall performance length.[14] Yet they also include several movement types absent from all previous fantasia sets, such as the da capo aria, lament, and hornpipe.

In an advertisement for the violin fantasias, Telemann observed that "6 mit Fugen versehen, 6 aber Galanterien sind" ("six include fugues and six are Galanterien").[15] This was a slight exaggeration, since fugues appear in only five of the fantasias. But with the *Fantaisies pour la basse de violle*, Telemann made good on this promise: including the fugal sections of the set's opening movement, each odd-numbered fantasia contains a fugue as its first or second movement. This regular sequence is a further

---

13 See similar overviews of the flute and violin fantasias in Zohn, *Music for a Mixed Taste* (note 6), pp. 428 and 431. The keyboard fantasias follow several alternative formal schemes, all involving a da capo of the first movement and a repetition of the first fantasia in a pair after the second. Fantasias in the Italianate first set have two movements (fast–slow), both usually through-composed. Those in the French second set have three movements (slow–fast–binary dance), much like the flute, violin, and viola da gamba fantasias, but here the succession of movements is more suite-like and the concluding binary dance is heard following the da capo of the first movement. And fantasias in the Italianate third set have two movements (fast–slow, sometimes slow–fast or fast–dance), at least one of which is in binary form.

14 An informal survey of commercial recordings finds that the complete flute fantasias average 50–60 minutes in performance, the violin fantasias average 65–75 minutes, and the gamba fantasias average 80–85 minutes. Like the flute fantasias, the three sets of keyboard fantasias each average 50–60 minutes in duration.

15 *Telemann. Thematisch-systematisches Verzeichnis seiner Werke* (note 5), vol. 1, p. 237.

Figure 2:   Georg Philipp Telemann: *Fantaisies pour la basse de violle*, Nos. 8 and 9[16]

16 Reproduced from Telemann, *Zwölf Fantasien für Viola da Gamba solo* (note 3), p. 8, 9.

organizing principle of the set, and it offers a logical contrast from the placement of fugues in the flute fantasias (seven fugues mostly in the second half of the set) and violin fantasias (five fugues in the first half of the set). The gamba fugues encompass a wide variety of styles and subject types. For example, the fugue commencing the ninth fantasia features an old-fashioned long-note subject notated in 4/2 (Figure 2), whereas the second-movement fugue in the third fantasia is distinguished by a countersubject that briefly shadows the subject canonically and in contrary motion.

One movement type in the gamba fantasias that is in conversation with movements from both the flute and violin sets is what I call the capriccio, following Telemann's own title to a similar work in *Der getreue Music-Meister* for flute and continuo, TWV 41:G5. Capriccios are always opening movements in the fantasias, and they offer an improvisatory alternation of two segments of music in contrasting tempos, styles, and affects. Telemann chooses to open the *Fantaisies pour la basse de violle* with a capriccio, reminding us of how the flute fantasia set opened with another improvisatory movement type, the toccata. The gamba movement (excerpted in Example 1) is perhaps the most ambitious of all Telemann's capriccios, and certainly more so than the one opening the tenth fantasia of the same set. As with the capriccios in the third and twelfth flute fantasias, its mode is minor. And like the capriccio in the fifth violin fantasia, its second section is fugal. One might also make an intertextual connection with the B minor Arioso-Andante movement from the Sonata in D major for unaccompanied viola da gamba, TWV 40:1, a work also published in *Der getreue Music-Meister* and a likely inspiration for the *Fantaisies pour la basse de violle*. This fugal lament features a descending chromatic "bass" line, just as the capriccio's subject and countersubject are both chromatic. But the fantasia movement, in C minor, is darker and more serious than all of its predecessors. The prelude-like slow section features arpeggiated chords that invite the performer to improvise embellishments. Telemann subtly links the prelude with the fugue through a quotation of the former's opening arpeggio in measure 7. It is also noteworthy that the second fugal section, beginning in measure 32, inverts the entire five-measure exposition. The movement's striking combination of a serious affect with the improvisatory and learned styles has scarcely any parallel in the seventy-two work fantasia series, suggesting that here, in his final installment, Telemann wished simultaneously to reference and surpass his earlier capriccios.

Several other movements and movement pairs in the *Fantaisies pour la basse de violle* form dialogues with counterparts in earlier fantasia sets. The second fantasia repeats its opening Vivace after the second-movement Andante, recalling the first and eleventh violin fantasias, in which a fast movement is repeated after the following slow movement. These ternary structures ultimately derive from the keyboard fantasias, all of which repeat the first movement following the second (and also repeat the first fantasia after the second in each pair). In the case of the fifth and eighth keyboard fantasias of the first set, the first violin fantasia, and the second gamba fantasia, the repeated fast movements are all in ritornello form, qualifying them as examples of the "einstimmiges Concert" in the parlance of Telemann's Hamburg colleague

Example 1:
Georg Philipp Telemann, *Fantaisies pour la basse de violle* No. 1, movement 1, mm. 1–36[17]

Johann Adolph Scheibe.[18] But the gamba concerto movement is a more sophisticated piece than any of its predecessors (Example 2). Its ritornello is more varied in melodic and rhythmic content, and perhaps surprisingly, the two solo episodes (the first

---

17 Ibid., p. 2.
18 Johann Adolph Scheibe, Neun und sechzigstes Stück. Dienstags, den 22 December 1739, in: *Der critische Musicus*, Hamburg 1740, p. 342, 2nd revised edition as *Critischer Musicus*, Hamburg 1745, p. 637, Reprint Hildesheim / New York 1970. On this subgenre, see Zohn, *Music for a Mixed Taste* (note 6), pp. 285–289.

starting on the second beat of m. 18) are mainly lyrical, with a scoring of soloist and continuo implied through abrupt changes in register and material – a strategy familiar from the opening movement of Telemann's Sonata in D major for cello and continuo, TWV 41:D6, from *Der getreue Music-Meister*. The episodes' lyrical quality anticipates an "einstimmiges" Concert in the Suite in A major for keyboard, TWV 32:6, published in Telemann's *VI Ouverturen nebst zween Folgesätzen* (1745).

Example 2:
Georg Philipp Telemann, *Fantaisies pour la basse de violle* No. 2, movement 1, mm. 1–42[19]

A concerto movement also opens the eighth gamba fantasia, but here the form is less strongly articulated due to a tonally-open ritornello and a more compact structure. Another tonally-open ritornello is heard in the da capo aria opening the fourth fantasia (Example 3). What may be heard as the first "vocal" episode (mm. 11–28) begins in the dominant and eventually leads to a varied reprise of the opening ritornello in the tonic, starting in measure 29 and closing the A section; the shorter B section concludes in the relative minor before the A section is repeated. Telemann had already written a number of da capo movements for instrumental ensemble, but this is

---

19 Ibid., p. 4.

the only one in the entire fantasia series. Here he makes no attempt to simulate a vocal style of writing.

Example 3:
Georg Philipp Telemann, *Fantaisies pour la basse de violle* No. 4, movement 1, mm. 1–30[20]

The violin and gamba fantasias both include highly stylized sarabandas in two adjacent works (Nos. 6 and 7 of the former set, and Nos. 8 and 9 of the latter). As is typical of this movement type, all four examples are in 3/2 meter and three are marked Grave. The two movement pairs follow a through-composed sarabanda with one in binary form, and each dance is conceived as a solo with a continuo accompaniment simulated through strategically placed double stops or registral shifts. Because sarabandas occur in only three of the keyboard fantasias (No. 8 in the first set and Nos. 2

---

20 Ibid., p. 8.

and 10 in the second) and not at all in the flute fantasias, we are encouraged to hear the gamba movements with reference to those for violin. The same applies to the siciliana in the tenth gamba fantasia, which like the two examples among the violin fantasias (Nos. 6 and 9) is labeled as such. There are just two sicilianas among the keyboard fantasias (No. 7 of the first set and No. 2 of the third, neither bearing the dance's name), and again the flute fantasias include no examples of this dance type (surprisingly, given its pastoral association).

Another movement pair, the allemande-fugue sequence in the seventh gamba fantasia, is in dialogue with the eighth flute fantasia, which likewise opens with an allemande and fugue. The two allemandes are both in minor mode and share a reliance on compound lines to simulate melody and accompaniment (Example 4). But the flute allemande is only loosely dance-like, lacking the characteristic anacrusis and being through-composed, whereas the gamba allemande has the anacrusis and is in binary form. This latter dance, perhaps the most French movement in the *Fantaisies pour la basse de violle*, may be an overt nod by Telemann toward the French gamba tradition and, by extension, toward Chaunel's French ancestry.

Among the most unusual slow movements in the *Fantaisies pour la basse de violle* – and one without precedent in the fantasia series as a whole – is the Largo of the fifth fantasia (Example 5). This brief movement refers to the lament tradition by beginning with a chromatically descending tetrachord supporting sigh figures (mm. 1–3), then repeating an octave descent on G in alternation with more sighing figures (mm. 3–6). It is evocative not only of the chromatic fugue subject from the first fantasia's capriccio, but also of the fugal lament from the earlier sonata for unaccompanied viola da gamba. Also unique in the fantasia series is the tonic chord opening the sixth fantasia's Dolce movement, an introductory gesture that stands outside the movement's binary structure (Example 6). Perhaps the chord is an invitation to improvise a brief prelude to the movement – a rare notated opportunity for the player, rather than the composer, to exercise his or her fantasy in these works.[21]

One movement title that occurs in the gamba fantasias but in no others is "Scherzando", found in the opening movement of the sixth fantasia and the concluding dance of the tenth (Example 7). Elsewhere in his instrumental works, Telemann typically uses the words "Scherzo" and "Scherzando" to signify the Polish or pastoral-rustic style, and in fact the first "Scherzando" fantasia movement is a pastoral rondeau that evokes the hurdy-gurdy in its refrain. This instance of rondeau form is unique in the *Fantaisies pour la basse de violle* and may be considered another specifically French feature of the collection. The movement also brings to mind the pastoral-rustic rondeaus concluding the sixth and seventh flute fantasias, as well as the second-movement rondeaus in each even-numbered fantasia of the second, "French" keyboard set (there are no rondeaus in the two "Italian" keyboard sets or the violin set). The second "Scherzando" fantasia movement is more rustic than pastoral, and includes repetitive rhythmic figures often found in Telemann's Polish and Moravian dances.

---

21 Additionally, fermatas late in the Vivace of the second fantasia, the Grave of the eighth fantasia, and the Allegro and Grave of the eleventh fantasia invite brief cadenzas.

Example 4:
Georg Philipp Telemann, *Fantaisies à travers. sans basse*, No. 8, movement 1, mm. 1–8;[22] *Fantaisies pour la basse de violle* No. 7, movement 1, mm. 1–10[23]

22 Reproduced from Georg Philipp Telemann, *Fantasien für Flöte solo*, ed. Wolfgang Hirschmann, Vienna 1999, p. 16.
23 Reproduced from Telemann, *Zwölf Fantasien für Viola da Gamba solo* (note 3), p. 14.

Example 5:
Georg Philipp Telemann, *Fantaisies pour la basse de violle* No. 5, movement 2[24]

Example 6:
Georg Philipp Telemann, *Fantaisies pour la basse de violle* No. 6, movement 2, mm. 1–5[25]

Like a number of the keyboard, flute, and violin fantasias, several of the gamba fantasias adopt a slow–fast–dance movement order. But the twelfth fantasia – ending the set and the fantasia series as a whole – is alone in following a binary Andante with two binary allegros (Example 8). The binary allegro, as a movement type, also occurs in the third set of keyboard fantasias (Nos. 1 and 2) and among the Galanterien of the violin fantasias (Nos. 5, 7, 8, and 9), but these earlier examples do not occur as adjacent pairs, as they do here. In effect, Telemann has written a three-movement galant sonata in the style of his *XII Solos à violon ou traversière*, published in the previous year. The Andante makes the most intensive use of "Lombard" (reverse-dotted) rhythms – a hallmark of the galant style – of any movement in the set, and also includes fashionable alla zoppa (syncopated) rhythms, which are again heard in the third movement. Also in keeping with the galant aesthetic are the fantasia's unusually spare, homophonic textures, which feature little contrapuntal writing in the outer movements and include multiple-stops only at a few final cadences; one can almost imagine fitting a simple continuo accompaniment to this little sonata. In these respects, the fantasia's contrast with the eleven preceding works is striking, and appears even more so when we consider its stylistic and affective distance from the set's open-

---

24 Ibid., p. 11.
25 Ibid., p. 13.

Example 7:
Georg Philipp Telemann, *Fantaisies pour la basse de violle* No. 6, movement 1, mm. 1–13, and No. 10, movement 3, mm. 1–12[26]

ing capriccio, with its emphasis on improvisatory gestures and strict counterpoint. We may therefore hear the *Fantaisies pour la basse de violle* as tracing a journey from one stylistic pole to another, being given to understand that such seemingly irreconcilable musical idioms can fruitfully coexist with one another in the German "vermischter Geschmack" (mixed taste).

How shall we perceive Telemann's fantasia principle in light of the foregoing remarks? For him, the fantasia was not simply a repository for strict counterpoint and improvisatory style – though these compositional elements, both fundamental to seventeenth- and eighteenth-century conceptions of the genre, are well represented in the sets for flute, violin, and viola da gamba. It was also, perhaps even primarily, a vehicle for mixing styles and genres in the service of forging a German national language that could be regarded as comparable in stature to the French and Italian. Put another way, Telemann's fantasias emphasize the composer's subjectivity – especially his own sense of fantasy and compositional virtuosity – rather than that of the performer as musical conjurer. As listeners, we become critics alert to an astonishing variety of musical

---

26 Ibid., p. 12, 21.

types passing before our ears, and find ourselves continually challenged as the rhetorical ground shifts between movements, fantasias, and sets of fantasias. Perhaps, then, it was the remarkable versatility of the fantasia as Telemann conceived it – its freedom from the stylistic and formal expectations associated with other kinds of music, its ability to shift effortlessly between contrasting modes of musical expression, and its modest scoring as an inspirational challenge – that drew him to the genre at the peak of his Selbstverlag. After all, where else could one improvise a toccata, solo in a concerto or aria, play a hurdy-gurdy, work out a learned fugue, and dance a hornpipe?

Example 8:
Georg Philipp Telemann, *Fantaisies pour la basse de violle* No. 12, movement 1, mm. 1–9, movement 2, mm. 1–10, and movement 3, mm. 1–7[27]

27 Ibid., p. 24, 25.

II.
Netzwerke

Arnd Beise

Georg Philipp Telemann als Briefeschreiber

I.

Seinen Zeitgenossen galt Georg Philipp Telemann nicht nur als „eine[r] der ersten Tonsetzer Europens“,[1] sondern auch als „guter Dichter“.[2] Er war ein „Kopfarbeiter“, um es in Anlehnung an Johann Heinrich Rolle zu sagen,[3] der sich ebenso gut auf das Drechseln von „auserlesenen Worten“ verstand,[4] wie auf das Komponieren von Musikstücken.[5] Trotzdem sind Telemanns Poesie und sein Briefwerk meines Wissens bisher noch nie gründlich literaturwissenschaftlich und literaturhistorisch im Kontext der zeitgenössischen Dichtung untersucht worden. Im Rahmen dieses Aufsatzes kann allerdings auch nicht mehr geleistet werden, als einige einführende Hinweise zu geben.

Aus dem ziemlich umfangreichen Briefwechsel, den Telemann mit Korrespondenten aus ganz Europa geführt hat, blieben „so viele Schreiben erhalten […] wie von keinem anderen Barockkomponisten“, stellte Siegbert Rampe in seiner 2017 erschienenen Biographie fest.[6] Bedenkt man aber mit Rampe weiterhin, dass Telemann „offenbar täglich mehrere Stunden Korrespondenzen erledigte“,[7] dann sind die 84 überlieferten von ihm geschriebenen oder diktierten Briefe nicht besonders viele.[8] Immerhin liegen die weitaus meisten schon seit 1972 in einer kommentierten Sammelausgabe vor;[9] eine Ehre, die bisher erst ganz wenigen Komponisten der vorklassi-

---

1   Christian Friedrich Daniel Schubart, *Ideen zu einer Ästhetik der Tonkunst*, hrsg. von Ludwig Schubart, Wien 1806, S. 175; vgl. Christine Klein, *Dokumente zur Telemann-Rezeption 1767 bis 1907*, Oschersleben 1998 (= Schriftenreihe zur mitteldeutschen Musikgeschichte 2), S. 63 (Nr. 66).
2   *Hamburgische Nachrichten aus dem Reiche der Gelehrsamkeit*, 51. Stück, 3. Juli 1767; zitiert nach Georg Philipp Telemann, *Singen ist das Fundament zur Music in allen Dingen. Eine Dokumentensammlung*, hrsg. von Werner Rackwitz, 2. Aufl., Leipzig 1986, S. 274.
3   Ebenda, S. 278 (Brief an Georg Michael Telemann, 7. Juli 1767); vgl. Siegbert Rampe, *Georg Philipp Telemann und seine Zeit*, Laaber 2017, S. 288: „ein Intellektueller“.
4   Johann Mattheson, *Grundlage einer Ehren=Pforte*, Hamburg 1740, S. 354; vgl. Rampe, *Telemann und seine Zeit* (Anm. 3), S. 370.
5   Johann Adolf Scheibe sprach von der „geschickten Feder“ Telemanns, der „so wohl dichten als componiren kann“ (*Der Critische Musicus*, Bd. 2, 57. Stück, 1. Oktober 1739, S. 248; auch in: Telemann, *Singen ist das Fundament* [Anm. 2], S. 193).
6   Rampe, *Telemann und seine Zeit* (Anm. 3), S. 290.
7   Ebenda.
8   Vgl. ebenda, S. 278: „Von dem vermutlich immensen Briefwechsel“ zwischen Telemann und seinem Patenkind und späteren Nachfolger „sind genau zwei Briefe von Carl Philipp Emanuel Bach aus den Jahren 1756 und 1759 erhalten“; dies schon lasse „erahnen, wie groß die Verluste an Telemann'scher Korrespondenz sein mögen“.
9   Georg Philipp Telemann, *Briefwechsel. Sämtliche erreichbare Briefe von und an Telemann*, hrsg. von Hans Grosse / Hans Rudolf Jung, Leipzig 1972. Diese Ausgabe enthält 80 der bislang bekannten Briefe Telemanns.

schen bzw. vorromantischen Musikepoche zu Teil wurde.[10] Seither wurden nicht mehr als vier Briefe von Telemanns Hand entdeckt, um die man den *Briefwechsel* von 1972 ergänzen müsste;[11] zuletzt der Brief vom 3. April 1744 an Albrecht von Haller, der zeigt, dass Telemann nach 1740, als er Haller um Zusendung noch nicht publizierter „moralische[r] Oden" zwecks Vertonung bat,[12] noch einmal Kontakt mit dem Göttinger Gelehrten aufnahm,[13] nun vermutlich, weil er von dessen relativ neu angelegtem Botanischen Garten gehört oder gelesen hatte[14] und sich Blumensamen für seinen eigenen Garten „vor den Toren der Neustadt" erbat,[15] welche er auch schon bald zusammen mit der Bitte um Vermittlung einer literarischen Polemik an eine Hamburger Zeitung erhielt.[16]

II.

Die Editionsgeschichte von Telemanns Briefen beginnt bereits zu Lebzeiten. Schon 1725 veröffentlichte nämlich Johann Mattheson in seiner *Critica musica* einen der vielen Briefe, die er von Telemanns Hand noch aus dessen Frankfurter Zeit besaß. Dieser Brief ist als einziger von den erhalten gebliebenen in einer Fremdsprache geschrieben,[17]

---

10 Zu Musikerbriefen der Frühen Neuzeit vgl. meinen Überblicksartikel: Musikerbriefe in: *Die Musik in der Kultur des Barock*, hrsg. von Bernhard Jahn, Laaber 2019 (= Handbuch der Musik des Barock 7), S. 196–207, hier bes. S. 197.

11 Neben den weiter unten zitierten, von Wolf Hobohm 1983 (Anm. 52), Roman Fischer 1999 (Anm. 31) und Jürgen Neubacher 2003 (Anm. 16) publizierten Briefen ist noch der Brief an Elias Caspar Reichardt vom 11. Oktober 1755 (versteigert 1992, siehe Katalog 651 der Autographenhandlung J. A. Stargardt, Marburg / Berlin 1992, S. 390 f.) zu nennen.

12 Telemann, *Briefwechsel* (Anm. 9), S. 143; Telemann, *Singen ist das Fundament* (Anm. 2), S. 194. Gedacht waren sie vielleicht für das Projekt *Vier und zwanzig, theils ernsthafte, theils scherzende, Oden* (Hamburg 1741), wie Martin Staehlin (Albrecht von Hallers Gedichte im Lied, in: *Albrecht von Haller im Göttingen der Aufklärung*, hrsg. von Norbert Elsner / Nicolaas A. Rupke, Göttingen 2009, S. 419–432, hier S. 422) vermutete; doch diese Publikation enthält keine Ode von Haller: entweder weil Telemann keine bekam, oder, wenn doch, sie nicht geeignet fand.

13 Dem Brief vom 3. April 1744 muss ein persönliches Treffen oder mindestens ein weiterer Brief vorausgegangen sein, da Telemann auf die Erfüllung einer Bitte mit Dank reagierte; das von seinem Sohn Gottlieb Emanuel angelegte Briefregister (archiviert in der Burgerbibliothek Bern, Mss.h.h. XVII 68) nennt allerdings nur drei Briefe Telemanns: den vom 3. Februar 1740 sowie die beiden vom 3. und 12. April 1744 (*Repertorium zu Albrecht von Hallers Korrespondenz 1724–1777*, hrsg. von Urs Boschung u. a., Basel 2002, Bd. 1, S. 514).

14 Vielleicht bekam Telemann Hallers *Brevis enumeratio stirpium Horti Gottingensis accedunt animadversiones aliquae et novarum descriptiones* (Göttingen 1743) in die Hände und interessierte sich wegen seiner „Bluhmen-Liebe" (Telemann, *Briefwechsel* [Anm. 9], S. 237) für Samen aus dessen Bestand. Zum Göttinger Botanischen Garten vgl. Stephan Robert Gradstein / Michael Schwerdtfeger, Blüten der Gelehrsamkeit. Hallers botanischer Garten in europäischer Perspektive, in: *Haller im Göttingen der Aufklärung* (Anm. 12), S. 183–206.

15 Eckart Kleßmann, *Der Blumenfreund Georg Philipp Telemann*, Hamburg 1996, S. 10; vgl. ders., *Telemann in Hamburg 1721–1767*, Hamburg 1980, S. 95: „vor den Toren der Stadt". Vgl. auch Ralph-Jürgen Reipsch, Dokumente zu Georg Philipp Telemanns „Blumen-Liebe", in: *Das Moller-Florilegium des Hans Simon Holtzbecker*, hrsg. von der Kulturstiftung der Länder, Teil 2, Berlin / Hamburg 2001, S. 60–78.

16 Jürgen Neubacher, Göttinger Botanik und Hamburgs „Gahrtenlust", in: *Auskunft* 23 (2003), H. 2/3, S. 172–180 (der Brieftext hier auf S. 174 f.).

17 Telemann hat laut Mattheson (*Grundlage einer Ehren=Pforte* [Anm. 4], S. 366; Rampe, *Telemann und seine Zeit* [Anm. 3], S. 382) „nicht nur für einen Meister im Frantzösischen, und

nämlich im *alamodischen* Französisch, wie es für einen vollendet galanten Brief durchaus ziemlich ist. Mit diesem Brief bedankte sich Telemann für die „Zuschrifft" in Matthesons Traktat *Das Beschützte Orchestre, oder desselben Zweyte Eröffnung*, die er sich freilich mit elf Kollegen teilen musste. Der Traktat war neben „manchem *Musico*" an einen „würcklichen *galant-homme*" adressiert, der sich für die „musicalische Wissenschafft" der modernen Zeit interessiere;[18] die „Zuschrifft" war auf Deutsch verfasst, unterzeichnet jedoch wie folgt: „Dienstw.[illigster] Diener | *J. Mattheson*, | *Secr.[etaire] du Min.[istre] Brit.[annique] & Vicaire au Chapitre d'Hamb.[ourg]*".[19]

Mithin war es nicht unpassend, auf Französisch zu antworten. Telemann bewies sich damit als „würcklicher *galant-homme*", dem die wichtigsten „lebenden Sprachen"[20] ganz selbstverständlich zu Gebote standen. Das Schreiben ist denn auch ein Musterbeispiel eines im galanten Stil geschriebenen Briefs. „Die galanterie ist nichts anders/ als eine schertzhaffte und dabey kluge artigkeit: […] Sie ist der weg/ sich bey hohen und niedrigen beliebt zu machen", meinte Benjamin Neukirch; und der

> […] galante *stylus* ist nichts anders/ als eine vermengung des scharffsinnigen/ lustigen und satyrischen *styli*: und gleichwol ist er von allen dreyen sehr unterschieden […]/ [indem er] so wohl im ernste/ als im schertze das maß hält/ und den leser auf eine ungemeine art nicht allein ergötzet/ sondern auch gleichsam bezaubert. Dannenhero siehet man/ daß zu einem galanten brief=steller nicht nur ein herrliches *ingenium*, sondern auch ein gutes *judicium*, vor allen dingen aber ein hurtiger geist gehöret.[21]

Diesen hurtigen Geist besaß Telemann. In dem Brief an Mattheson dankte Telemann für die „Zuschrifft" und eine weitere lobende Erwähnung zugleich bescheiden und selbstbewusst und servierte seinem Adressaten „complimente" für dessen kompositorische und theoretische Arbeit mit den „zwey oder drey worten", die Neukirch in solchen Fällen empfahl.[22] Sein *ingenium* und *judicium* bewies er, indem er Matthesons doppelte Absicht mit seinem Buch kurz zusammenfasste und mit der Bitte verband, „seine Arbeit fortzusetzen, zur Ehre unsrer Nation und ihres eigenen Namens".[23] Er schließt mit dem Hinweis auf den Plan, einen ähnlichen „Tractat" zu verfassen, sowie einem konventionellen Gruß.[24]

Italiänischen, sondern auch so gar einiger maassen im Engländischen […] gehalten werden können: wie mir solches aus unserm Briefwechsel bekannt ist". Außerdem beherrschte Telemann natürlich das Lateinische und besaß auch Kenntnisse des Altgriechischen (vgl. ebenda, S. 355 bzw. S. 371).

18 Johann Mattheson, *Das Beschützte Orchestre, oder desselben Zweyte Eröffnung*, Hamburg 1717.

19 Ebenda, S. [IX].

20 Mattheson, *Grundlage einer Ehren=Pforte* (Anm. 4), S. 366; Rampe, *Telemann und seine Zeit* (Anm. 3), S. 381.

21 Benjamin Neukirch, *Anweisung zu Teutschen Briefen*, Leipzig 1709, S. [XII]f. (Vorrede) und S. 765f. (IV. Buch, 6. Cap.); vgl. *Der galante Stil 1680–1730*, hrsg. von Conrad Wiedemann, Tübingen 1969 (= Deutsche Texte 11), S. 31–41.

22 Neukirch, *Anweisung* (Anm. 21), S. 177 (II. Buch, 3. Cap.); nicht in: *Der galante Stil 1680–1730* (Anm. 21).

23 Telemann, *Briefwechsel* (Anm. 9), S. 252 f.; Telemann, *Singen ist das Fundament* (Anm. 2), S. 76 (Matthesons zeitgenössische Übersetzung).

24 Diesen nach allen Regeln der Kunst verfassten Brief abzudrucken, gereichte beiden zur Ehre: dem Absender wie dem Empfänger. Deswegen wählte Mattheson auch diesen „schöne[n]

Nicht untypisch für die damaligen „*lettres galantes*" ist,[25] dass Telemann ein „P. S." anfügte, in dem eine potentielle Kontroverse angesprochen und etwas Tratsch nachgeliefert wird, was beides im galanten Skriptum keinen Platz hatte. Telemann berichtete, dass er sich erst wunderte, ob Mattheson ein Gegner französischer Musik sei, die er, Telemann, sehr schätze; doch sei dieser Zweifel inzwischen behoben. Außerdem wusste er noch zu berichten, dass er früh von dem Ärger erfuhr, den die erste *Orchestre*-Schrift[26] bei dem Erfurter Organisten Johann Heinrich Buttstedt erregte und diesen – allerdings vergeblich – warnen ließ, darauf mit „liederliche[n] Stänkereyen" zu reagieren. Nun habe Buttstedt von Mattheson in der zweiten *Orchestre*-Schrift die verdiente Abreibung erhalten,[27] was Telemann heimlich zu freuen schien.

III.

Dieser erste publizierte Brief ist nicht der älteste erhalten gebliebene, und Telemann hatte nicht schon immer auf diese Art geschrieben. Seine frühesten erhaltenen Briefe, die weitgehend „der Wahrnehmung beruflicher Interessen" dienten,[28] waren nicht galant, weil sie keinen freundschaftlichen Charakter hatten.

Der älteste erhaltene Brief Telemanns, der Brief des 23-jährigen Jurastudenten und Freizeitmusikers an den Rat der Stadt Leipzig vom 8. August 1704 ist eine Initiativbewerbung und ganz den Mustern der frühneuzeitlichen Briefsteller verpflichtet. Auch wenn die Ordnung des Briefes um 1700 schon zunehmend freier wurde, befolgte der junge Telemann[29] relativ getreu das hergebrachte Schema[29] von salutatio – exordium – narratio – petitio – conclusio: Also zuerst die Anrede (in diesem Brief allerdings ohne eigentlichen Gruß bzw. salutatio) der Stadtherren – dann die Situationsbeschreibung zu Beginn (das exordium): Nach Fertigstellung der Orgel in der Neuen Kirche werde dort sicher „das *Directorium* der *Music*" neu besetzt werden – dann die Geschichte (narratio) der eigenen Ausbildung und bisherigen Tätigkeiten – dann die Bitte (oder petitio) um Beförderung auf besagtes „*Directorium*" – schließlich die Aussicht auf „demüthigste[n] Danck" und Ausdruck der eigenen Hoffnung sowie des „tieffste[n] *Respect*[s]" vor den Stadtherren zum Schluss (als conclusio).[30] Dem gleichen Muster gehorcht auch noch das Bewerbungsschreiben um die Stelle des Frankfurter „Directoris Musices", geschrieben vermutlich im Januar 1712, nur dass die narratio diesmal nicht die Geschichte seiner Ausbildung enthält, sondern – „ohne eitlen ruhm zu mel-

---

Brief" als Exempel für die „sinnreiche" Schreibweise des „weitberühmten H[er]rn Capellmeister[s] Telemann" (Johann Mattheson, *Critica musica*, Bd. 2, pars VII, 20. Stück, Hamburg 1725, S. 277; vgl. Telemann, *Briefwechsel* [Anm. 9], S. 261; Telemann, *Singen ist das Fundament* [Anm. 2], S. 75).

25 Neukirch, *Anweisung* (Anm. 21), S. 303 (II. Buch, 8. Cap.); *Der galante Stil* (Anm. 21), S. 33.

26 Johann Mattheson, *Das Neu=Eröffnete Orchestre*, Hamburg 1713.

27 Telemann, *Briefwechsel* (Anm. 9), S. 252–254; Telemann, *Singen ist das Fundament* (Anm. 2), S. 77 f.

28 Werner Menke, *Georg Philipp Telemann. Leben, Werk und Umwelt in Bilddokumenten*, Wilhelmshaven 1987, S. 25.

29 Georg Steinhausen, *Geschichte des deutschen Briefes. Zur Kulturgeschichte des deutschen Volkes*, 2 Theile, Berlin 1889–1891, Th. 1, S. 103; vgl. ebenda, Th. 2, S. 219.

30 Telemann, *Briefwechsel* (Anm. 9), S. 22 f.; Telemann, *Singen ist das Fundament* (Anm. 2), S. 55.

den" – eine ausführliche Darlegung seiner persönlichen Situation, seiner Fähigkeiten und Absichten sowie die Motivation zu dieser Supplik.[31]

Gut sechs Jahre später trat Telemann nicht „alß ein Fremder und unbekandter" Supplikant,[32] sondern als inzwischen fest Etablierter sehr viel selbstbewusster an den Rat der Reichsstadt Frankfurt am Main heran, wo er seit Februar 1712 als städtischer und kirchlicher Kapellmeister diente.[33] Am 5. Oktober 1717 ließ er seine Dienstherren wissen, dass er einen Ruf nach Gotha erhalten habe, dass seine Personalausstattung zu gering und sein Gehalt zu niedrig sei. Die petitio verklausulierte er als rhetorische Frage: „stelle Ew.[ren] HochEdelgeb.[ohrnen] Gestr.[engen] und Herrl.[ichkeiten] anheim, ob nicht meine Bestallung in etwas zu erhöhen sey?" voll „des festen Vertrauens", dass der Rat „hierauf hochgeneigt reflectiren" werde, verharrte er angeblich „in aller Submission", wovon angesichts der dem Brief zugrundeliegenden Erpressungsstrategie eigentlich keine Rede sein kann.[34]

Der Kanzleistil ist in diesem offiziellen Schreiben durch eine literarische Rhetorik abgelöst worden, während Telemann gleichzeitig in privaten Schreiben den galanten Stil benutzte, wie der nur wenige Wochen später geschriebene Brief an Mattheson zeigt.

Telemann präsentierte sich als Briefschreiber ab den 1710er Jahren mithin up to date. Seit dem Besuch der Magdeburger Domschule beseelte Telemann eine „Liebe zur deutschen Dichtkunst",[35] die ihn auch literarisch – mindestens geschmacklich – stets auf der Höhe der Zeit bleiben ließ.[36] Dies kam seinem epistolarischen Schreiben zugute.

Freilich sind die sozusagen amtlichen Briefe davon in gewisser Weise auszunehmen. Telemann schrieb hier wenigstens in den jüngeren Jahren, wenn auch rhetorisch nicht ungeschickt, relativ förmlich. Trotzdem sind sogar die Schreiben, die Telemann an den Rat der Hansestadt Hamburg respektive dessen Vertreter oder an die Kanzlei des Eisenacher Hofs schrieb, literarisch nicht uninteressant, denn auch hier bricht sich der „Witz",[37] für den Telemann bekannt war, seine Bahn; je später, desto mehr.

Hierfür ein Beispiel aus Telemanns letzten Jahren: Der Pastor der Hamburger Hauptkirche St. Katharinen reichte am 14. Juni 1764 eine Denunziation beim Regierenden Bürgermeister ein, worin er sich beschwerte, dass Telemann am Pfingstsonntag in St. Petri statt des Lutherischen Kirchenlieds „Komm, Heiliger Geist, Herre Gott..." (nach der Antiphon „Veni Sancte Spiritus, reple tuorum corda fidelium" aus

---

31 Roman Fischer, *Frankfurter Telemann-Dokumente*, hrsg. von Brit Reipsch / Wolf Hobohm, Hildesheim etc. 1999 (= Magdeburger Telemann-Studien 16), S. 178 f.

32 Ebenda, S. 178.

33 Vgl. ebenda, S. 165: Beschluss zu seiner „bestallung" vom 9. Februar 1712; ebenda, S. 192 f.: „Dienstbrief" vom 9. Februar 1712 (dieser auch in: Telemann, *Briefwechsel* [Anm. 9], S. 23 f.; Telemann, *Singen ist das Fundament* [Anm. 2], S. 64 f.).

34 Telemann, *Briefwechsel* (Anm. 9), S. 26 f.; Telemann, *Singen ist das Fundament* (Anm. 2), S. 73 f.; Fischer, *Frankfurter Telemann-Dokumente* (Anm. 31), S. 181 f.

35 Mattheson, *Grundlage einer Ehren=Pforte* (Anm. 4), S. 355; Rampe, *Telemann und seine Zeit* (Anm. 3), S. 371.

36 Vgl. die verschiedenen Beiträge in: *Telemann und seine Dichter. Konferenzbericht der 6. Magdeburger Telemann-Festtage vom 9. bis 12. Juni 1977*, Redaktion von Günter Fleischhauer / Walther Siegmund-Schultze, 2 Teile, Magdeburg 1978.

37 Friedrich Wilhelm Marpurg, *Legende einiger Musikheiligen*, Köln 1786, S. 69.

dem 15. Jahrhundert, die Martin Luther zu dem bekannten Kirchenlied ausbaute)[38] vom mitgebrachten Chor abermals – wie fünf Jahre vorher schon einmal – eine „auserst unglücklich geratene Verbeßerung eines neuen Dichters" absingen ließ, was die Gemeinde, die nicht mitsingen konnte, weil sie den Text nicht kannte, verwirrt und „mit großem Unwillen" zurückgelassen hätte. Da turnusgemäß diese Aufführung Trinitatis in seiner eigenen „Kirche […] wieder erscheinen" würde, „ersuche" er den Bürgermeister, dem ja daran gelegen sei, „daß bey unseren Gottesdiensten alles ordentlich zugehe, u.[nd] Aergerniße u.[nd] Anstöße auf das möglichste vermieden werden", „dem *Cantori Telemann* diesen Unfug [zu] verweisen", damit er, Goeze, nicht selbst zum Unruhestifter werden müsse, indem er den Skandal von der Kanzel herab öffentlich zu machen gezwungen sei.[39]

Wie so oft hatte der händelsüchtige Pastor mit seinem Schreiben Erfolg: Er erreichte in der kurzen noch verbliebenen Zeit bis zur Aufführung in seiner Kirche[40] das Verbot der veränderten Textfassung des abschließenden Chorals der Kantate. Telemann gab klein bei und ließ Luthers Liedtext singen. Ob man dieses Verhalten „souverän" nennen soll, wie es Siegbert Rampe tat, bleibe dahin gestellt.[41] Aber als souveräner Literat setzte er den Bürgermeister, den Senat und den Beschwerdeführer im Nachhinein ins Unrecht, womit er uns heute als der moralische Sieger erscheint. Er gab nämlich post festum, also nachdem er den Austausch des Textes für die Aufführung in St. Katharinen bestätigt und wegen der noch ausstehenden Aufführungen in „St. Jacobi und Michaelis" nachgefragt hatte, noch einmal eine höchst ironische Darstellung der Sache. Der Austausch des Textes sei „schon vor 5. Jahren" geschehen und damals hätte es keine Gemeinde übel genommen, ja, „da Herr Klopstock für" den Verfasser der Verse „angegeben ward", sei der Text von „vielen als eine des Originals würdige Parodie angesehen" worden.[42] Sodann spielte er die Rechtgläubigkeit der Pastoren gegeneinander aus:

38 *Evangelisches Kirchengesangbuch für die Evangelische Kirche in Hessen und Nassau*, 17. Aufl., Darmstadt 1962, Nr. 98.

39 Telemann, *Briefwechsel* (Anm. 9), S. 60 f.; Telemann, *Singen ist das Fundament* (Anm. 2), S. 263 f.

40 Die Kantaten wanderten „an den folgenden Fest- oder Sonntagen" durch die „übrigen Hauptkirchen" (Rampe, *Telemann und seine Zeit* [Anm. 3], S. 224): Man begann in St. Petri, danach folgten St. Nicolai, St. Katharinen und St. Jacobi, der Zyklus endete in St. Michaelis.

41 Ebenda, S. 286.

42 Im Kirchenjahr 1763/64 verwendete Telemann größtenteils die Kantaten des sogenannten *Horn-Jahrgangs* 1739/40; vgl. Ralph-Jürgen Reipsch, Beobachtungen an Telemanns Kirchenmusik nach 1750, in: *Wilhelm Friedemann Bach und die protestantische Kirchenkantate nach 1750*, hrsg. von Wolfgang Hirschmann / Peter Wollny, Beeskow 2012 (= Forum Mitteldeutsche Barockmusik), S. 85–108, hier S. 89 f., doch hatte er 1759 die ursprüngliche Pfingstkantate „Also hat Gott die Welt geliebet…" (TVWV 1:83) durch die neue Kantate „Komm, Geist des Herrn…" (TVWV 1:999, hrsg. von Ralph-Jürgen Reipsch, Magdeburg 2000) ersetzt, welche auch Klopstocks „Parodie" des Lutherischen Kirchenlieds enthielt, deren Wiederholung Goeze 1764 unterbinden wollte; vgl. Friedrich Gottlieb Klopstock, *Werke und Briefe. Historisch-kritische Ausgabe*, hrsg. von Horst Gronemeyer u.a., Abteilung Werke, Bd. III.1: Text, hrsg. von Laura Bolognesi, Berlin / New York 2010, S. 148 (Text Luthers) und 149 (veränderter Text Klopstocks); einem Rezensenten zählte im Jahr 1804 dieses Lied zu den vollendetsten unter den „Veränderten" (ebenda, Bd. III.2: Apparat, Berlin / Boston 2013, S. 356). Zu den Vorgängen vgl. auch Ralph-Jürgen Reipsch, Telemann und Klopstock. Annotationen, in: *Tele-

Sollten aber dergleichen Parodien unzuläßig seyn, so würde der sel.[ige] Herr Past.[or Erdmann] Neumeister übel gethan haben, da Selbiger […] mit einer ganzen Anzahl von Chorälen ein gleiches vorgenommen, und worüber meine Music in vielen evangelischen Kirchen bis hieher ohne Anstoß gehöret worden ist.

Am Ende beschließt er den Brief mit der verschmitzten Bemerkung:

Übrigens wird mein unvermögendes Alter, und meine nur noch kurz anscheinende Lebenszeit mich verhindern, ferner Unvorsichtigkeiten in diesem Falle zu begehen, der ich ehrerbietigst bin | Ewr. *Magnifizens* | gehorsamst=ergebenster Diener, | GP Telemann.[43]

IV.

Für Telemann war die Ironie aber nicht nur eine sprachliche Waffe, sondern auch ein Mittel der aufklärerischen Wahrheitsfindung. 1751 diskutierten Carl Heinrich Graun und Telemann über das Verhältnis von Wort und Ton, besonders im französischen und italienischen Rezitativ. Graun gefiel „die französische *Recitatif* Art gantz und gar nicht, und wie ich in meinem Leben erfahren habe, so gefält sie auch in keinen Theile der Welt, als nur in Franckreich, so bald aber als selbige über die Gräntzen tritt verursacht sie Eckel".[44]

Telemann gefielen solche apodiktischen Urteile seinerseits ganz und gar nicht. Auch in seiner Musiksprache bediente er sich bekanntlich nicht ausschließlich einer Sprache. Er antwortete Graun:

Ob die Französischen Recitative in keinem Welttheile gefallen, das weiß ich nicht, weil die Geschichtsbücher nichts davon melden. Vielleicht gehet es den Italiänischen, da wir alle beyde nicht dort gewesen sind, eben so, ob man sie gleich etwa hier und da, wie in Holl- und England die Sectirer, dulden mögte. Warum sind die Welschen Cantaten aus der Mode gekommen, und einzelne Arien an ihre Stelle getreten? Sind es nicht scheinbar die Recitative? Zum wenigsten habe ich Deutsche, Engländer, Russen, Palacken etc. auch ein Par Juden gekannt, die mir ganze Auftritte aus dem *Atys*, *Bellerophon* etc., auswendig vorgesungen. Das macht sie haben ihnen gefallen. Hingegen ist mir kein einziger Mensch vorgekommen, der von den Welschen mehr gesaget als: Sie waren schön, *exellent*, unvergleichlich, aber ich habe nichts davon behalten können. Man denke doch: von einer Music, die leibhaftig wie gesprochen ist![45]

mann-Beiträge. Abhandlungen und Berichte. 3. Folge, hrsg. von Wolf Hobohm / Brit Reipsch, Oschersleben 1997 (= Magdeburger Telemann-Studien 15), S. 105–130.

43 Telemann, *Briefwechsel* (Anm. 9), S. 46; Telemann, *Singen ist das Fundament* (Anm. 2), S. 264 f.

44 Telemann, *Briefwechsel* (Anm. 9), S. 278; Telemann, *Singen ist das Fundament* (Anm. 2), S. 242.

45 Telemann, *Briefwechsel* (Anm. 9), S. 283; Telemann, *Singen ist das Fundament* (Anm. 2), S. 247.

Telemann war sich also nicht so sicher wie Graun und setzte dessen Behauptung, das italienische „Recitatif sey vernünftiger, als der Franzosen ihres",[46] beherzt entgegen: „Sie taugen alle beyde nichts, in sofern wir ihnen eine Aehnlichkeit mit der Sprache beylegen". Tatsächlich seien Musik und Sprache zweierlei Systeme, bei deren Bezug aufeinander keine Sprache automatisch im Vorteil sei. Anschließend analysierte er Grauns Beispiele und betonte die Stärken bei den französischen und die Schwächen bei den italiänischen, um letztlich aber Grauns Forderung, „künftig [...] nach dem Italiänischen Leisten [zu] recitiren" mit zu „unterschreiben" – nicht etwa aus innerster Überzeugung, sondern „um mit dem Strome zu schwimmen, und mich keines Ketzerischen Eigensinnes beschuldigen zu lassen".[47]

Das klingt erst einmal opportunistisch, man kann das aber auch als Bereitschaft verstehen, sich auf das Neue, Andere, Ungewohnte einzulassen. Telemann bevorzugte ursprünglich die französische Kompositionsweise,[48] integrierte aber zunehmend auch solches, „was sich nach dem Italiänischen nennet".[49] Dass hierbei Telemanns Publikumsorientierung eine Rolle spielte, steht außer Frage. Es war aber auch eine undogmatische Neugier, die sich darin äußerte. Graun, sehr viel dogmatischer eingestellt als Telemann, lehnte die Opernsprache zum Beispiel Jean-Philippe Rameaus ab, während Telemann in einem verlorengegangenen Brief zuvor offenbar pro Rameau argumentiert hatte, jedoch wieder in ironischer Uneindeutigkeit, denn Graun antwortete:

> Der liebe etwas *satyrische Telemann* hat mir schon einen solchen Spaaß gespiehlet, als er des *Rameaux Partie* wegen der *Recitative* theils nahm theils nicht nahm. Ich habe *Dero* Schreiben mehr als 20 mahl durchgekauet, um das bittere und süße auszukosten, habe es aber noch nicht recht gefunden [...].[50]

Man wird also gewarnt sein, briefliche Aussagen Telemanns ohne Weiteres für seine Meinung zu halten. Graun wusste mit Telemanns Ironie nicht umzugehen: Was war ironisch und was war ernst gemeint? Genau das ist aber eine Qualität von Telemanns Briefen, dass sie gewissermaßen experimentell argumentieren, also abwägend, undogmatisch.

Außerdem verleiht die Ironie Telemanns Briefen der mittleren und späten Jahre eine Leichtigkeit, die sie dem aufklärerisch-empfindsamen Postulat nach einem quasi

---

46 Telemann, *Briefwechsel* (Anm. 9), S. 280; Telemann, *Singen ist das Fundament* (Anm. 2), S. 244.

47 Telemann, *Briefwechsel* (Anm. 9), S. 280–283; Telemann, *Singen ist das Fundament* (Anm. 2), S. 244–247.

48 1717 hatte er geschrieben (Telemann, *Briefwechsel* [Anm. 9], S. 252; Telemann, *Singen ist das Fundament* [Anm. 2], S. 77): „Je suis grand Partisan de la Musique Françoise, je l'avoue."

49 In der autobiographischen Notiz für Johann Gottfried Walther heißt es 1729: „Was er [Telemann] in den *stylis* der Music gethan, ist überall zur Gnüge bekannt. Erst war es der Polnische, dem folgte der Frantzösische, Kirchen=Cammer=und Opern=Styl, und was sich nach dem Italiänischen nennet, mit welchem er denn jetzo das mehreste zu thun hat" (zitiert nach Rampe, *Telemann und seine Zeit* [Anm. 3], S. 368). Die *Pariser Quartette* fast zehn Jahre später sind dagegen wieder ganz „Frantzösisch" gehalten.

50 Telemann, *Briefwechsel* (Anm. 9), S. 292; Telemann, *Singen ist das Fundament* (Anm. 2), S. 258.

natürlichen Sprechton annäherte. Den galanten Stil hatte Telemann in den 1730er Jahren hinter sich gelassen.[51]

V.

Als Telemann 1757 wegen der Verfertigung seines Kantatenzyklus *Die Tageszeiten* unter Zeitdruck geriet, weil Just Wilhelm Friedrich Zachariä vor einer Reise nur den *Morgen* und den *Mittag* geliefert hatte, hingegen *Abend* und *Nacht* noch schuldig geblieben war, bat der Komponist einen Braunschweiger Bekannten von Zachariä, der ihm offenbar einen Knabensopran vermittelt hatte,[52] um Hilfe:

> Ich beschwöre demnach Ew.[er] HochEdelgebohren bey der heiligen Freundschaft, die unter uns obwaltet, mir mit allernächstem hierin beförderlich zu seyn, oder, im Fall, wenn jener von der Reise noch nicht zurückgekommen wäre, Selbst Hand dran zu legen. Das Muster davon wird Ihnen vermutlich schon bekandt seyn [...]. Die Grösse meiner Verpflichtung dagegen können Sie sich nicht hinlänglich vorstellen, und meine Hochachtung gegen Dieselben würde alsdann den höchsten Grad erreichen, welches hiermit betheuret | Ew.[er] HochEdelgebohren, pp | M[eines] I[nsonders] h[ochzuehrenden] H[err]n | ergebenster Diener, G P Telemann.[53]

Wolf Hobohm vermutete, dass Telemann den Vorschlag, „die Dichtung gegebenenfalls selbst zu vollenden, [...] trotz des drängenden Termins nicht ganz ernst gemeint" habe.[54] Konnte aber der Empfänger die Ironie unter der Schmeichelei erkennen? Jedenfalls hatte Telemann den Brief hoch ironisch begonnen, als er sich dafür bedankte, an ein ihm selbst offenbar nicht mehr im Gedächtnis befindliches Ereignis aus der Schulzeit – vielleicht in Braunschweig selbst, wohin Telemann während seiner Hildesheimer Zeit öfters gepilgert war[55] – erinnert worden zu sein:

> Sollte es denn wol wahr seyn, daß ich vor diesem artig gewesen bin, und gegen Ew.[er] HochEdelgebohren mich geschickt aufgeführet habe? Sie werfen es mir ja so oft vor, daß ich endlich, aus Höflichkeit, einen Theil davon

---

51 Vgl. Menke, *Telemann* (Anm. 28), S. 26: „Durch die Anregung, die ihm der Kreis um Brockes in der ‚Patriotischen Gesellschaft' vermittelte, löste Telemann sich insbesondere auf dem Gebiet der Literatur zunehmend aus dem ‚galanten Stil' und schloß sich der ‚Aufklärung' an."

52 Vermutlich Johann Friedrich Helmuth, der 1757, 1762, 1764 und 1765 in Telemanns Rechnungen auftaucht (vgl. Rampe, *Telemann und seine Zeit* [Anm. 3], S. 206 und 212). Wer der Briefempfänger ist, ist nicht bekannt; er „wird unter den dichtenden Gelehrten, Pfarrern oder Schulmännern Braunschweigs zu suchen sein" (Wolf Hobohm, Ein unbekannter Brief. Aus dem Alltag des Kapellmeisters Telemann, in: *Kleine Beiträge zur Telemann-Forschung*, Magdeburg 1983 [= Magdeburger Telemann-Studien 7], S. 29–35, hier S. 31).

53 Ebenda, S. 30; in demselben Heft ist ein Faksimile des Briefs (S. 49–51) enthalten.

54 Ebenda, S. 33.

55 Vgl. Rampe, *Telemann und seine Zeit* (Anm. 3), S. 120; vgl. ebenda, S. 357 und 373, Telemanns autobiographische Einlassungen: „Die zwo benachbarten Capellen, zu Hannover und Braunschweig, die ich [...] mehrmals besuchte".

glauben muß. Ey nun! so bedanke ich mich denn für Ihr Andenken an meine Tendeljahre.[56]

Hobohm vermutete, nur einem wirklichen Jugendfreund gegenüber hätte Telemann „diesen aufgeknöpften Briefton anschlagen" können.[57] Ich denke, soweit muss man nicht gehen. Der an Unhöflichkeit grenzende Eingang wird durch Selbstironie und Humor gerade noch im Bereich des erlaubten Witzelns gehalten, die Ironie der den Brief beschließenden Schmeichelei ist für den Empfänger kaum zu spüren. Telemann war ein versierter Briefe-Schreiber, der stets das Decorum wahrte, aber seiner Gewitztheit bis an die Grenzen des noch Schicklichen freien Lauf ließ.[58]

1724 zum Beispiel schrieb Telemann an Johann Friedrich Armand von Uffenbach, einen „Frankfurter Partner" und „musikalischen Freund",[59] einen Brief, der zwar eine sehr respektvolle Anrede, aber einen sozusagen gestressten Einstieg hat:

> Endlich kann ich doch einmal zu Athem kommen, um Dero geehrtestes zu beantworten, welches in Gedanken schon hundertmal geschehen ist, und auch wirklich nicht so lange nachgeblieben wäre, wenn ich nicht wiederum in *Ihrem* letztern Schreiben, wie in den vorhergegangenen allen, so vielerley Reichthum an Materien gefunden hätte, die mir nicht einen Brief, sondern ein Buch, aus der Feder zu locken schienen, worzu mich iedoch die Enge der Zeit jedesmal ungeschickt gemacht, und ebenfalls noch gegenwärtig mir gemessene Gränzen setzet. Ich fange demnach zwar an, ohne zu wissen, wie weit ich kommen werde […]. Das erste ist, daß ich *Ihnen* zu *Ihren* poetischen Unternehmungen Glück wünsche, wovon *Sie* mir einige Probe-Stücke mitzutheilen beliebet haben.[60]

Durfte man als gestresster Musikmanager einen adligen Müßiggänger[61] und Gönner so ansprechen? Telemann durfte es offenbar. Jedenfalls hat er die Grenze zur Beleidigung nie überschritten; er wusste, wie weit er gehen konnte oder durfte.

---

56 Hobohm, Ein unbekannter Brief (Anm. 52), S. 29.
57 Ebenda, S. 31.
58 Schon in früheren Jahren reizte Telemann die Grenzen des Schicklichen auch nichtliterarisch aus. Der Frankfurter Ratsherr Daniel Fleischbein von Kleeberg etwa monierte 1714, dass Telemann bei der Erneuerung seines „Handtgelöbnüß[es]" gegenüber der Gesellschaft Frauenstein „ohne Mantel" erschien – also nicht adäquat gekleidet war. Er verlangte, dass dieser Umstand, „so gegen die Gewohnheit liefe", protokolliert würde und „inskünfftigs" die jeweiligen Kandidaten „ahnzuhalten" seien, dieses Gelöbnis „wie bräuchlich" abzulegen; 1719 „[s]upplicirte" Telemann „umb prolongation seines diensts, wie wohlen in Person abwesendt", worauf beschlossen und protokolliert wurde, dass sich dies nicht wiederholen dürfe, sondern der Kandidat „ins künfftig […] jederzeit in Persohn zu erscheinen" habe (vgl. Fischer, *Frankfurter Telemann-Dokumente* [Anm. 31], S. 203 und 205). Für den Hinweis auf die Protokolle der Gesellschaft Frauenstein danke ich Ute Poetzsch.
59 Hans Rudolf Jung in: Telemann, *Briefwechsel* (Anm. 9), S. 206 f.
60 Telemann, *Briefwechsel* (Anm. 9), S. 214; Telemann, *Singen ist das Fundament* (Anm. 2), S. 126.
61 Telemann ironisierte 1742 (als nach Einschätzung von Hans Rudolf Jung die Beziehung nicht mehr ganz so freundschaftlich war wie anfangs) den Wunsch Uffenbachs, ein „nützliche[s] Mitglied der menschlichen Gesellschaft [zu] werden" – um es einmal mit Georg Büchner (*Werke und Briefe*, hrsg. von Arnd Beise u. a., Darmstadt 2013, S. 118) zu sagen –, folgendermaßen: Er sei „begierig […] *Dero* Standes-Verwandelungen mündlich zu vernehmen [Uffen-

In dieser Hinsicht ist auch der Widmungsbrief von 1730, adressiert an einen fürstlichen Musikschüler, den Hans Rudolf Jung 1972 als „gemeinsame[n] Freund Uffenbachs und Telemanns" klassifizierte, interessant.[62] Wie soll man einen regierenden Grafen anreden, mit dem man früher noch musizierte?

Telemann wählte 1730 die poetische Epistel nach antikem Vorbild, eine Form, die „nach alter Art" das „edle Du" erlaubte,[63] welches in der sozialen Realität ausgeschlossen war; zugleich satirisierte er die Gattung Widmungsbrief:

Kömmt, *Hochgebohrner Graf*, *Dir* diß bedenklich vor,
Wann mein beflißner Kiel *Dir* Menuetten weihet,
Da mir doch wohl bekandt, daß *Dein* verwehntes Ohr
Gelehrter Symphonie nur gern Gehör verleihet:
So sag' ich, es geschieht aus eigner Gunst zu mir,
Und keineswegs *Dein* – nein! sondern ihrentwegen;
Ob *Dir* an ihnen nichts, ist ihnen doch an *Dir*
Und *Deines* Namens Glanz um so viel mehr gelegen.[64]

VI.

Telemanns Briefe zeichnen sich, summierend gesagt, immer stärker durch ihren ironischen, satirischen oder witzigen Ton bzw. Unterton aus, auch wenn es um ernste Dinge geht. Wolf Hobohm sprach einmal von Telemanns „Fähigkeit zu geistreichem Witz und zu aphoristischer, treffsicherer Formulierung".[65] Dabei kann man bei Telemann auf Grund seines langen Lebens und der relativ guten Überlieferungslage die Entwicklung des deutschsprachigen Briefstils von dem traditionellen Kanzleistil über die galante Schreibweise hin fast bis zur „vollkommenen Stilfreiheit", die Georg Steinhausen am Ende des 18. Jahrhunderts erreicht sah,[66] verfolgen. Der im musikalischen Gebiet zu beobachtenden Publikumsbezogenheit entspricht in Telemanns Epistolarik die auffällige Adressatenbezogenheit oder ganz allgemeine Zugewandtheit, die wohl auch sein persönliches Wesen ausmachte.[67] Das macht seine Briefe, soweit überliefert, noch heute zu lesenswerten Texten. Daher ist bedauerlich, dass offenbar nicht nur Te-

---

bach hatte eine Hamburg-Reise angekündigt], welche ich indeß immer noch als selten vorkommende betrachte, da ich den Tausch eines so lange geführten vollkommen ruhigen Lebens gegen ein mühsames nicht zu begreifen vermag." (Telemann, *Briefwechsel* [Anm. 9], S. 237).

62 Ebenda, S. 210.

63 Johann Christoph Gottsched, *Versuch einer Critischen Dichtkunst durchgehends mit den Exempeln unserer besten Dichter erläutert*, 4. Aufl., Leipzig 1751, S. 669.

64 Telemann, *Briefwechsel* (Anm. 9), S. 146 f.; Telemann, *Singen ist das Fundament* (Anm. 2), S. 163 f.

65 Georg Philipp Telemann, *Musik – der edelste Zeitvertreib. Aus Epigrammen, Sonetten und Kantaten*, hrsg. von Wolf Hobohm, Magdeburg 1985, S. 23.

66 Steinhausen, *Geschichte des deutschen Briefes* (Anm. 29), Th. 2, S. 295 und S. 301 f.

67 Vgl. Rampe, *Telemann und seine Zeit* (Anm. 3), S. 292: „eine sympathische Künstlerpersönlichkeit, deren Narzissmus begrenzt und beherrscht gewesen zu sein scheint. [...] Anscheinend sind es [...] Natürlichkeit und Offenheit, die auch Telemanns Musik spiegeln, mit denen er seine Zeitgenossen bezauberte und für sich einnahm. Daraus ist zu schließen, dass Telemann ein kommunikativer Mensch war, dem es leicht fiel, andere für sich und seine Sache einzunehmen."

lemann die an ihn gerichteten Briefe „in fast allen Fällen nicht aufbewahrt" hat,[68] sondern dass auch die Empfänger seiner privaten oder fachlichen Briefe sie in den allermeisten Fällen nicht aufhoben.

68 Menke, *Telemann* (Anm. 28), S. 26.

Vera Viehöver

Wege ins „irdische Paradieß"

Erzählter Erfolg in Autobiographien von Georg Philipp Telemann und Zeitgenossen

Hochgeehrter Kapellmeister oder vagierender Musikant – das sind die beiden Extreme möglicher Lebenswege von Musikern in der Frühen Neuzeit. Beides war möglich: maximaler Erfolg durch den Aufstieg in die höchsten Ränge der städtischen Hierarchien und Anerkennung über die Landesgrenzen hinaus – oder maximales Scheitern, verbunden mit dem Absinken in Armut, dem Vorwurf der Lasterhaftigkeit und Ehrlosigkeit sowie nicht selten auch mit der Notwendigkeit, ein Wanderleben ohne festen Wohnsitz zu führen.[1] Eine der meistzitierten Passagen aus Telemanns Autobiographie von 1740 führt dem Leser plastisch vor Augen, welche Art von Leben der Verlierer auf dem musikalischen Karriereweg zu erwarten hatte. Als der Zwölfjährige Ambitionen erkennen lässt, Berufsmusiker zu werden, kommen die „Musik-Feinde" zu seiner Mutter und warnen vor dem Risiko des totalen Statusverlustes: „Ich würde ein Gauckler, Seiltäntzer, Spielmann, Murmelthierführer etc. werden, wenn mir die Musik nicht entzogen würde."[2] Bekanntlich haben die Warnungen in Telemanns Fall nicht geholfen, war doch sein „natürlicher" Drang zur Musik so stark, dass weder Drohungen noch Sanktionen ihn von der Musik fernhalten konnten.[3]

Haben die in den Augen der bürgerlichen Gesellschaft erfolglosen vagierenden Musikanten vom Barock bis zum Realismus durchaus eine deutliche Spur in der fiktionalen Literatur hinterlassen – man denke nur an Grimmelshausens „seltsamen Springinsfeld", Kellers „Schwarzen Geiger" oder Storms „Sträkel-Strakel" –, so haben sie doch in aller Regel keine Autobiographien hinterlassen, und dies aus einem einfachen Grund: Bis zum Ende des 18. Jahrhundert erzählen Autobiographien nicht vom Scheitern, sondern vom Erfolg.

Ein nach bürgerlichen Normen und Wertmaßstäben erfolgreiches Leben geführt zu haben, ist die conditio sine qua non sowohl der Autobiographie als auch der aus

---

1   Vgl. dazu Michael Heinemann, Lose Musiker, in: *Lose Leute: Figuren, Schauplätze und Künste des Vaganten in der Frühen Neuzeit*, hrsg. von Julia Amslinger u. a., München 2019, S. 99–106.

2   Georg Philipp Telemann, Telemann. (ex autogr.), in: Johann Mattheson, *Grundlage einer Ehren-Pforte*, Hamburg 1740, zitiert nach: Georg Philipp Telemann, *Singen ist das Fundament zur Music in allen Dingen. Eine Dokumentensammlung*, Leipzig 1985 (= Taschenbücher zur Musikwissenschaft 80), S. 194–213, hier S. 197 [im Folgenden zitiert als: Autobiographie von 1740].

3   Zum Gedanken eines starken „natürlichen" Triebs zur Musik, der in zahlreichen Musikerautobiographien hervorgehoben wird, vgl. Joachim Kremer, „Naturell", „Lust" und „Fleiß" in der Musiker(auto)biographie des 18. Jahrhunderts. Anmerkungen zur pietistischen und der künstlerischen ‚Erweckung', in: *Pietismus und Neuzeit. Ein Jahrbuch zur Geschichte des neueren Protestantismus* 30 (2004), S. 155–175.

der Feder eines Dritten stammenden Biographie.[4] Wie Melanie Unseld in ihrer Studie *Biographie und Musikgeschichte* dargelegt hat, war Biographiewürdigkeit in der Frühen Neuzeit grundsätzlich an sozialen Status oder an vorbildhafte Lebensführung gebunden. Dies erklärt aus ihrer Sicht zugleich, warum die ersten Musikerbiographien erst verhältnismäßig spät entstanden: Bereits zu Beginn der Frühen Neuzeit nämlich sei es den Bildungs- und Kunsteliten gelungen, in puncto Biographiewürdigkeit zu den Herrschereliten aufzuschließen, da ihr sozialer Status sich verbessert hatte. Die soziale Aufwertung des Musikerberufs habe sich dagegen erst im Laufe des 18. Jahrhunderts vollzogen, und zwar im Zusammenhang mit der Neuordnung des Systems der Schönen Künste, innerhalb dessen nunmehr der Musik ein fester Platz eingeräumt wurde. Dass der Weg zur vollen sozialen Anerkennung für Musiker besonders mühsam war, lässt sich Unseld zufolge auch daran ablesen, dass bis ins 19. Jahrhundert hinein musikalische Kompetenzen und Leistungen lediglich notwendiges, nicht aber hinreichendes Kriterium für die Biographiewürdigkeit von Musikern gewesen seien: Anders als in der Bildenden Kunst habe Biographiewürdigkeit in der Musik bis in die Romantik hinein „nicht direkt auf der Aufwertung zum Künstlergenie, sondern – gleichsam als Umweg eben dorthin – auf jenen Werte- und Moralvorstellungen, die die Aufklärung und das sich formierende Bürgertum entwickelten", beruht.[5] Anders formuliert: Musiker, so herausragend ihre Leistungen auch sein mochten, mussten bis ins 19. Jahrhundert hinein den Beweis führen, in ihrer Lebensführung untadelig zu sein, andernfalls war ihr Leben von vornherein der biographischen Darstellung nicht würdig.

Was Unseld mit Blick auf die Biographik feststellt, lässt sich weitgehend auf die Autobiographik übertragen, jedenfalls wenn man unter diesen Begriff nicht jedes überlieferte Selbstzeugnis eines Musikers subsummiert, sondern eigenhändig verfasste Lebensbeschreibungen von einem gewissen Umfang im Blick hat. Die Entstehung längerer autobiographischer Texte war nämlich in der Frühen Neuzeit fast immer pragmatisch motiviert, z.B. durch die Bitten um Auskunft, die von den Herausgebern von Gelehrtenlexika, Zeitschriften oder ähnlicher Werke an die Künstler herangetragen wurden, oder durch die Notwendigkeit, im Rahmen von Bewerbungsverfahren über den eigenen Lebenslauf zu berichten. Um die Einsendung derartiger autobiographischer Texte gebeten zu werden, setzte also den beruflichen Erfolg bereits voraus, denn nur wer bereits erhebliche Meriten erworben hatte, wurde zur Mitarbeit an den genannten Publikationen überhaupt aufgefordert oder zur Teilnahme an einem Bewerbungsverfahren zugelassen. In der Regel gab es also für Musiker, die keinen besonderen Status erworben hatten, keinen Anlass zum autobiographischen Schreiben. Eine Ausnahme stellen die in der Frühen Neuzeit populären Genealogien und Familienchroniken dar, die nicht notwendig beruflichen Erfolg voraussetzten; hier ging es viel-

---

4   Für die Biographie hat Melanie Unseld diesen Zusammenhang ausführlich begründet. Ihrer Ansicht nach gab es in der Frühen Neuzeit grundsätzlich zwei unterschiedliche Möglichkeiten, Biographiewürdigkeit zu begründen: entweder durch den hohen sozialen Status und die damit verbundene Bedeutung der dargestellten Person oder durch die Modellhaftigkeit des dargestellten Lebens. Vgl. Melanie Unseld, *Biographie und Musikgeschichte. Wandlungen biographischer Konzepte in Musikkultur und Musikhistoriographie*, Köln etc. 2014 (= Biographik. Geschichte – Kritik – Praxis 3), S. 70–74.

5   Ebenda, S. 74.

mehr darum, die Erinnerung an das segensreiche Wirken Gottes im Leben einer Familie von Generation zu Generation weiterzugeben.[6]

I. Biographie als Erzählung

Bekanntlich kam durch Johann Matthesons ehrgeiziges Projekt der *Grundlage einer Ehren-Pforte, woran der tüchtigsten Capellmeister, Componisten, Musikgelehrten, Tonkünstler &c. Leben, Wercke, Verdienste &c. erscheinen sollen* um 1715 Bewegung in die Musikerautobiographik. Durch eine möglichst umfassende Sammlung von Viten vor allem lebender Musiker wollte Matheson die hohe Qualität der gelehrten Musikkultur seiner Zeit dokumentieren und so den Stand des Musikers insgesamt aufwerten. In der 1714 im *Harmonischen Denckmahl* veröffentlichten „Anrede/ An alle tüchtige Compositeurs und rechtschaffene teutsche Virtuosen", dem ersten Aufruf zur Mitarbeit am *Ehrenpforte*-Projekt, schreibt er:

> Aus Büchern verlange nichts oder gar wenig zu schreiben; von Todten auch nicht viel; […] aber von neuen/ lebendigen/ künstlichen/ galanten und wolgesinnten Subjectis einen honorablen Catalogum von etwa ein paar Alphabeten zu füllen/ wäre meine Freude; und dazu müssen mir neue/ lebendige/ künstliche/ galante und wolgesinnete Virtuosen die hülffliche Hand anbieten/ sonst wird nichts daraus.[7]

In doppelter Hinsicht unterscheidet sich Matthesons Projekt damit von früheren Sammelwerken: Zum einen verfolgt er mit seiner Idee einer musikalischen *Ehren-Pforte* nicht primär historiographische Ziele, wie dies etwa bei Wolfgang Caspar Printz mit seiner *Historischen Beschreibung der Edelen Sing- und Kling-Kunst* (Dresden 1690) der Fall gewesen war. Matthesons gegenwartsbezogenes Konzept („von Toten auch nicht viel") schließt zwar den Blick in die Geschichte nicht vollends aus, betrachtet aber die Sammlung „persönliche[r] Nachrichten de Viris Musica clarissmis" als das „vorläuffig" dringlichere Projekt, dem eine ausführliche Aufarbeitung in historiographischer Perspektive folgen möge.[8] Zum anderen geht es Matheson nicht darum, nach dem Modell der zu Beginn des 18. Jahrhunderts populären „compendiösen Gelehrtenlexika"[9]

---

6   Ein Beispiel dafür ist die von Telemanns Vater Heinrich (1646–1685) begonnene telemannische Genealogie, die von seinen Nachfahren fortgesetzt wurde und erst jüngst inklusive einer bisher unbekannten autobiographischen Skizze Georg Philipp Telemanns im Lettischen Staatsarchiv in Riga wiederaufgefunden wurde. Ralph-Jürgen Reipsch stellt zu Recht heraus, dass diese Sammlung religiös motiviert war, diente sie doch dem Nachweis des gottgefälligen Wirkens einer Familie über Generationen hinweg. Vgl. Ralph-Jürgen Reipsch, Unbekannte Biographien Georg Philipp Telemanns: Eine autobiographische Skizze und ein zweiter Deutsch-Französischer Lebenslauf, in: *Die Musikforschung* 67 (2014), S. 318–340.
7   Johann Mattheson, Anrede/ An alle tüchtige Compositeurs und rechtschaffene teutsche Virtuosen, zitiert nach Joachim Kremer, *„Von dem Geschlecht deren Bachen". Kommentierte Quellen zur Musikbiographik des frühen 18. Jahrhunderts*, Neumünster 2014, S. 85 f.
8   Ebenda, S. 85.
9   Vgl. etwa Johann Burckhardt Mencke, *Compendiöses Gelehrten-Lexicon*, Leipzig 1715. Fortgeführt durch: *Compendiöses Gelehrten-Lexicon: Darinne die Gelehrten aller Stände so wohl männ- als weiblichen Geschlechts, welche vom Anfang der Welt bis auf ietzige Zeit gelebt, und*

ein Lexikon der Musikgelehrten vorzulegen, wie es Johann Gottfried Walther mit seinem *Musicalischen Lexicon* (Leipzig 1732) realisierte. Er möchte vielmehr, wie Joachim Kremer erläutert, eine „Kultur der musikalischen Galanterie mittels der Biographik" dokumentieren,[10] wobei ihm die französische galante Kultur im Allgemeinen und die Biographie Lullys[11] im Besonderen das Modell liefert. Im Unterschied zum im deutschen Sprachraum bereits etablierten Modell der Gelehrtenbiographie, die sich am akademischen Werdegang orientiert und nüchtern über Wirkungsorte und Werke Auskunft gibt, kurz: über ein Gelehrten-„Leben" *informiert*, legt Matthesons neues Modell, auf Lullys Vorbild sich berufend, den Akzent darauf, eine „Lebensart" *darzustellen* – eine Akzentverschiebung, die einerseits Veränderungen auf der Ebene der für mitteilungswürdig befundenen Inhalte zur Folge hat, andererseits Veränderungen in der Mitteilungsform: „Stil und narrative Haltung sind wesentliches Teilmoment dieses biographischen Konzepts".[12] Ein wesentliches Strukturelement dieses neuen Konzepts, das nicht nur Wissen vermitteln, sondern auch auf elegante Weise unterhalten will, ist die oft als unzuverlässig gescholtene Anekdote. Melanie Unseld hat deren enorme Bedeutung als „Nucleus des biographischen Schreibens über Musiker und Musikerinnen im 18. Jahrhundert"[13] hervorgehoben und gezeigt, wie Mattheson in seiner Übersetzung der Lully-Biographie aus dem Material des Originals ganz bestimmte „Anekdoten-Kerne" herausarbeitet: „die niedrige soziale Herkunft, das Eingreifen des Schicksals, autodidaktisches Erlernen der späteren Kunst, die Entdeckung des Talents und die konfliktuöse Begegnung mit einem Mächtigen und das Sich-Erheben über einen sozial Höherstehenden auf dem Gebiet der Kunst."[14]

Mehrere Jahrzehnte hat es gedauert, bis die *Grundlage einer Ehren-Pforte* 1740 endlich der Öffentlichkeit präsentiert werden konnte. Auch wenn Mattheson von vielen Kollegen enttäuscht worden war, weil sie entweder seinem Modell nicht gefolgt oder seinen Aufrufen zur Mitarbeit gar nicht nachgekommen waren, stellt er im Vorbericht mit Stolz heraus, was sein Sammelwerk von früheren unterscheide: Die *Ehren-Pforte* biete nicht nacktes historisches Faktenwissen, sondern „ausführliche[] Erzehlungen",[15] die den Leser unterhalten und gerade deshalb Nutzen bringen:

---

sich der gelehrten Welt bekannt gemacht, nach ihrer Geburt, Absterben, Schrifften, Leben und merckwürdigen Geschichten aus denen glaubwürdigsten Scribenten nach dem Entwurff des sel. D. Joh. Burckh. Menckens in alphabetischer Ordnung beschrieben werden. In zwei Theilen, 3. Aufl., hrsg. von Christian Gottlieb Jöcher, Leipzig 1733.

10 Joachim Kremer, Von „scientia" zu „scientiae". Matthesons Konzept einer Musikerbiographik in der wissenschaftsgeschichtlichen Entwicklung, in: *Studien zum 250. Todestag Johann Matthesons. Musikschriftstellerei und -journalismus in Hamburg*, hrsg. von Simon Kannenberg, 2., überarb. Aufl., Berlin 2017, S. 59–85, hier S. 62.

11 Matthesons Quelle war ein Auszug aus den *Lettres historiques sur tous les spectacles de Paris* (1719), die er übersetzte, bearbeitete und unter dem Titel „Leben und Tod des weltberühmten Jean Baptiste de Lully" in der *Critica musica*, Bd. 1, Hamburg 1722, S. 178–184, veröffentlichte.

12 Kremer, Von „scientia" zu „scientiae" (Anm. 10), S. 65.

13 Unseld, *Biographie und Musikgeschichte* (Anm. 4), S. 118.

14 Ebenda, S. 127.

15 Johann Mattheson, Vorbericht zur musikalischen Ehrenpforte, in: ders., *Grundlage einer Ehren-Pforte* (Anm. 2), S. VII–XLIV, hier S. XXVI.

> Man wird vielleicht verschiedene nützliche Lehren und Anmerckungen im Vorbeigehen antreffen, die eben niemand so leicht vermuthet, und von solcher Art sind, daß sie mehr als einmahl, nicht wie eine blosse Historie, gelesen und erwogen werden müssen: wenn sie Nutzen schaffen sollen.[16]

Unter dem Gesichtspunkt der Didaxe, d.h. des moralischen Nutzens des Buches für den Leser, liegt für Mattheson also das besondere Potential eigenhändig verfasster, ausführlicher Lebensdarstellungen gerade in den Textelementen, die aus historiographischer bzw. lexikographischer Perspektive entbehrlich wären: nicht im „mageren und trocknen Fleische", sondern in der hinzugegossenen „schmackhaffte[n] Brühe",[17] also genau in dem, was aus einer Enumeration von Stationen eine Narration macht. Und wer wäre besser geeignet, diese Brühe anzugießen, als derjenige, der aus erster Hand erzählen kann? Deshalb betont Mattheson im Vorbericht, dass die Informationen über die Musiker gerade nicht aus Büchern stammten, sondern zum größten Teil aus „eigenhändigen Berichten […] und aus glaubwürdigen Handschrifften […]", was „die […] Beschreibungen desto gültiger" mache.[18] Während der modernen Musikforschung die Autobiographie wegen ihrer subjektiven Perspektive als besonders wenig verlässliche Quelle gilt, verhält es sich bei Mattheson also noch umgekehrt: die „Eigenhändigkeit" gilt ihm als höchste Form der Beglaubigung der narrativen Darstellung eines Lebens.

Dass dieses neue Darstellungskonzept erklärungsbedürftig war, zeigt die Entstehungsgeschichte von Telemanns wegen ihrer Eleganz viel gerühmten Autobiographie von 1818. Telemann war bekanntlich einer derjenigen „Compositeurs", die – anders als viele andere – auf Matthesons Aufruf sofort reagierten. Allerdings war Mattheson mit der ersten Sendung (vom 10. September 1718) nicht zufrieden gewesen und hatte Nachbesserung verlangt. Telemann kam der Bitte nach und sandte am 14. September 1718 ausführliche Anmerkungen ein:

> Mein Herr, Dieselben begehren/ nach dem meinen Lebens-Lauff/ und zwar insonderheit/ was die in die Music lauffende Dinge betrifft/ in compendio überschicket/ ich soll noch einige Anmerckungen hinzufügen. Demnach erfülle in gegenwärtigem dero Verlangen.[19]

Das Briefzitat zeigt, dass Telemann erst im zweiten Schritt verstanden hatte, was Mattheson vorschwebte: nicht die übliche Darstellung der Stationen des Ausbildungs- und Berufsweges „in compendio", d.h. in Kurzform, sondern eine wirkliche Lebenserzählung.

Joachim Kremer hat in seiner Dokumentation zur Musikerbiographik des frühen 18. Jahrhunderts ausführlich dargelegt, welch komplexen Konstruktionsprozess die Literarisierung eines (Musiker-)Lebens darstellt:

---

16 Ebenda.
17 Ebenda.
18 Ebenda, S. XI.
19 Brief an Johann Mattheson, undatiert [1718], in: *Singen ist das Fundament zur Music in allen Dingen* (Anm. 2), S. 90.

> Die Musikerbiographie als literarische Gattung stellt die schriftlich geworde-
> ne Konzentration dessen dar, was gelebt und erlebt wurde. Nicht immer wer-
> den die dabei entscheidenden Auswahlkriterien offengelegt oder benannt.
> Dem Akt der Selektion und der Verdichtung fallen im Gegenzug zahlreiche
> Informationen, Aspekte und Perspektiven eines reichhaltigen Lebensweges
> zum Opfer, sie werden schlichtweg ausgesondert und nicht beschrieben.[20]

Auch wenn die „chronologische Progression der Lebenszeit" in der Regel den äußeren
Rahmen vorgebe, womit Linearität suggeriert werde, bleibe Raum für die Darstellung
von „Diskontinuitäten, Brüche[n], Zufälle[n]".[21] Anders formuliert: Jeder Verfasser einer Autobiographie entwirft eine spezifische *Narration* seines Lebens, und zwar nach
Maßgabe zeit- oder milieutypischer Wertvorstellungen.

Über die Frage, was eine Narration eigentlich ausmache bzw. wo Erzählen anfange,
wird in der Literaturwissenschaft bis heute leidenschaftlich gestritten, und es würde zu
weit führen, die verschiedenen Positionen dazu darzulegen. Aus pragmatischen Gründen sei hier deshalb die von Tilmann Köppe und Tom Kindt vorgeschlagene Minimal-
definition zugrunde gelegt, die lautet: „Ein Text ist genau dann eine Erzählung, wenn
er von mindestens zwei Ereignissen handelt, die temporal geordnet sowie in mindestens einer weiteren sinnhaften Weise verknüpft sind."[22] Die sinnhafte Verknüpfung
kann dabei explizit sein, etwa durch Behauptung einer kausalen Beziehung zwischen
den Ereignissen, sie kann aber auch durch mentale Einstellungen von Personen hergestellt sein. Dabei bilden für Köppe und Kindt „die Handlungsmotive, Absichten, Plä-
ne, Vorhaben oder Wünsche einer Person" eine „besonders wichtige Gruppe menta-
ler Einstellungen, die zur Verknüpfung der Ereignisse einer Erzählung geeignet sind".[23]

Auf die Autobiographie angewendet, bedeutet dies, dass ein Curriculum vitae dann
zur Erzählung wird, wenn dem Leser nicht nur mitgeteilt wird, in welcher chronolo-
gischen Ordnung relevante Ereignisse stattgefunden haben, sondern auch, weshalb sie
relevant sind, welche Intentionen und Entscheidungen sie herbeigeführt haben bzw.
warum ein Ereignis aus einem anderen folgt. Diese textliche Verknüpfung der Ereignisse stellt damit zugleich eine narrative Sinnkonstruktion dar. Der Übergang von der
additiven Reihung von Stationen zur Erzählung bzw. zur narrativen Sinnkonstruktion hat nun weitreichende Konsequenzen: Je weiter sich eine Autobiographie vom reinen Curriculum vitae entfernt, desto mehr Bedeutung gewinnt die Ebene der Vermittlung, desto wichtiger wird damit die vermittelnde Erzählinstanz, kurz: der Erzähler,
sowie die in der erzählten Geschichte agierenden Figuren, zu denen auch der Protagonist gehört. Im Falle der Autobiographie ist die Erzählinstanz im Regelfall ein Ich-Erzähler, also das *erzählende* Ich, Protagonist ist die Ich-Figur, also das *erzählte* Ich, das
als bewusst gestaltetes Artefakt aufzufassen ist, auch wenn es sich bei der Autobiographie nicht um einen fiktionalen Text handelt. Sobald eine autobiographische Darstellung narrativ verfasst ist, modelliert sie zudem notwendigerweise ein Spannungsverhältnis zwischen Ich-Erzähler und Ich-Figur, das mehr oder weniger ausgeprägt sein

---

20 Kremer, „*Von dem Geschlecht deren Bachen*" (Anm. 7), S. 17.
21 Ebenda.
22 Tilmann Köppe / Tom Kindt, *Erzähltheorie. Eine Einführung*, Stuttgart 2014, S. 43.
23 Ebenda, S. 58.

kann. Dieses Spannungsverhältnis tritt u. a. dann deutlich zutage, wenn der Ich-Erzähler zugleich Erzähler von Anekdoten ist, die um die Ich-Figur kreisen, also etwa
in den für die Musiker(auto)biographik so charakteristischen Wunderkind-Anekdo-
ten. Des Weiteren ergibt sich aus der narrativen Verfasstheit einer Autobiographie,
dass die Ich-Figur in ein – möglicherweise ebenfalls spannungsreiches – Verhältnis zu
anderen Figuren der erzählten Geschichte tritt, so z. B. zur Figur des Vaters oder der
Mutter, zu Gegner- oder Helferfiguren.

II. Das Problem des Eigenlobs

Die Geschichte eines erfolgreichen Aufstiegs vom einfachen Musikschüler zum wohl-
bestallten Kapellmeister in Form einer ausgestalteten *Erzählung* zu erfassen, konfrontiert den Autor nun aber nicht zuletzt mit einem *moralischen* Problem, das sich dem
Verfasser einer Darstellung in Chronikform nicht stellt: Denn wie lässt sich angesichts
des geltenden bürgerlichen Wertekanons, der die Ruhmsucht und die Gier nach Status, Geld und Besitz als Laster sanktioniert, ein Werdegang, der Prestige und Vermögen eingebracht hat, erzählerisch so darbieten, dass nicht der geringste Verdacht
aufkommen kann, der Verfasser mache sich des Eigenlobs schuldig? Wie kann der
Autor dem Vorwurf untugendhaften (Schreib-)Verhaltens entgehen, könnte doch allein schon die Niederschrift eigener Verdienste als Akt der Eitelkeit verstanden werden, ganz zu schweigen von der narrativen Darstellung der Details eines Aufstiegs zu
Ruhm und Prestige?

Im klassischen Curriculum vitae wird der Karriereweg des Musikers als unkom-
mentierte und somit im Hinblick auf die Gefahr der unstatthaften Selbsterhöhung un-
problematische Abfolge von Stationen dargestellt. Dies lässt sich an Telemanns Lebenslauf „in compendio" von 1718 beobachten, der ja, wie oben erwähnt, erst im
zweiten Schritt ausführlich annotiert wurde. Telemann versieht die einzelnen Stationen seines beruflichen Aufstiegs systematisch mit Ordnungsbuchstaben, auf die er in
der späteren Kommentierung Bezug nehmen wird:

> a) Mein Schul-Jahre legte erst in Magdeburg/
> b) hiernächst auf dem Zellerfeldt/
> c) und endlich in Hildesheim zurück.
> d) A. 1701. gieng nach Leipzig auf die Universität/ woselbst A. 1702 das Di-
> rectorium über die Music in der neuen Kirche […] überkam.
> e) A. 1704. wurde nach Sorau zu Sr. Excellence, dem Herrn Grafen Erdmann
> von Promnitz/ als Capellmeister/ beruffen.
> f) A. 1708 kam in die Dienste des Durchl. Hertzogs/ Johann Wilhelms/ zu Sach-
> sen-Eisenach / anfangs als Concert- bald aber darauf als Capellmeister. […]
> g) A. 1712 wurde in der Reichs-Stadt Franckfurth am Mayn/
> h) als Capellmeister/ bestallet […][24]

---

24 Georg Philipp Telemann, Lebens-Lauff/ mein/ Georg Philipp Telemanns;/ Entworffen/ In
    Frankfurth am Mayn/ d. 10. Sept. A. 1718, in: *Singen ist das Fundament zur Music in allen
    Dingen* (Anm. 2), S. 89, [im Folgenden zitiert als: Autobiographie von 1718].

Es fällt auf, dass in diesem Curriculum, wenngleich es verbal formuliert ist, das Personalpronomen „ich" ausgespart wird, was zwar durchaus den Konventionen der Zeit entspricht, aber doch bemerkenswert ist, da ja gewissermaßen dort eine Leerstelle gesetzt wird, wo in einer Narration die erzählte Ich-Figur stehen würde. Vergleichbares findet man übrigens auch in der Selbstbiographie von Johann Beer (1700), die zwischen Curriculum vitae und Erzählung changiert, indem sie die Kindheit *erzählt*, über die Stationen des beruflichen Werdegangs aber in Chronikform berichtet:

> Anno 1685. den Sonabend vor Ostern, wurde Ich der Fürstlichen Capelle hir in Weissenfelß als Concertmeister vorgestellt, und mir eine absonderliche Bestallung eingehändiget, auch Järlich zu voriger Besoldung der 200 Rtl. noch 50 f. zugelegt.[25]
>
> [...]
>
> Den 25. Octob. [1691] wurde nacher Merseburg geruffen, alda mir von Herren Strunken Churfürstl. Vice Cappellmeistern in Dreßden, Königliche Dänische Dienste angebotten worden.[26]

Ein agierendes und somit die eigene Karriere aktiv vorantreibendes Subjekt wird in Beers Darstellung so gut wie gar nicht kenntlich, nicht einmal grammatikalisch, denn die wesentlichen Karriereschritte werden in passivischer Form präsentiert. Über die weiteren Umstände der erfolgreichen Bewerbungen und Berufungen erfährt der Leser nichts, die deskriptive Logik der Chronik lässt es nicht zu. Die Gefahr des Eigenlobs ist also hier nicht gegeben.

Johann Mattheson war bei der Vorbereitung der *Ehren-Pforte* sehr wohl bewusst, dass sein Konzept einer Sammlung von *auto*biographischen Erzählungen in moralischer Hinsicht Skepsis provozieren könnte. Um möglichen Einwänden vorzubeugen, sucht er daher schon in der oben erwähnten „Anrede/ An alle tüchtige Compositeurs" den Beweis zu führen, dass nur falsch verstandene Bescheidenheit einen Musiker von Reputation abhalten könne, über die eigenen Meriten Auskunft zu geben, und zwar am Beispiel der eigenen Person:

> Wie ich es keinem Menschen verüble/ wenn er durch erlaubte Wege sich in der Welt einen guten Namen zu machen suchet/ so wird mich hoffentlich auch niemand verdencken/ daß nach Vermögen trachte/ ein eben nicht zu verachtendes Talent/ so mir GOTT und die Natur verliehen/ mit aller Bescheidenheit anzulegen/ und dabey eine demselben gleichförmige Ehre/ wenn ja sonst nichts folgen soll/ zu erwerben. Ich verfahre hierin nicht nach der alten heuchlerischen Weise/ und mache viel Wesens von meiner Geringfügigkeit/ wie es denn mit der falschen Modestie ein recht abgeschmacktes Ding ist; sondern ich wollte wol eine kleine Reputation in der Welt haben/ und entsehe mich gar nicht/ die Trompete meiner eignen Famae auff gewisse Maasse abzugeben.[27]

---

25 Johann Beer, *Sein Leben, von ihm selbst erzählt*, hrsg. von Adolf Schmiedecke, mit einem Vorwort von Richard Alewyn, Göttingen 1965, S. 33.
26 Ebenda, S. 33.
27 Mattheson, Anrede/ An alle tüchtige Compositeurs und rechtschaffene teutsche Virtuosen (Anm. 7), S. 78.

Die Logik ist demnach folgende: Das Talent des Musikers ist von Gott gegeben; *nicht darüber zu sprechen,* was aus diesem Talent erwachsen ist, würde bedeuten, Gott selbst den ihm zustehenden Ruhm vorzuenthalten. Autobiographisches Schreiben wird somit rundheraus zur unumgänglichen Christenpflicht erklärt: „Man studire mit Ernst/ practisire ohne Auffhören/ schreibe mit Nachdruck und rette GOTTES/ der Music und seine eigene Ehre."[28] In der *Critica musica* (II, 1725) fordert Mattheson daher die möglicherweise skrupulösen Kollegen nochmals mit Nachdruck auf, in ihren Autobiographien auch solche „facta" zu nennen, die aus Bescheidenheit oft unerwähnt blieben, also „Auskommen, Dignitäten, Einkommen, Rang". Diese stünden nicht im Widerspruch zur „Modestie", da sie Wahrheit („veritatem") enthielten.[29]

Bekanntlich haben mehrere renommierte Kollegen Mattheson die Mitarbeit verweigert, darunter Johann Sebastian Bach, Georg Friedrich Händel und Reinhard Keiser. Über die Gründe für diese Weigerung kann letztlich nur spekuliert werden. Es liegt allerdings nahe zu vermuten, dass zumindest einige der Säumigen befürchteten, eine Erzählung über Aufstieg und Erfolg aus eigener Feder könnten ihnen als unzulässiges Eigenlob ausgelegt werden. Johann Joseph Fux jedenfalls begründete seine Absage explizit mit dem Hinweis auf das Modestia-Gebot:

> Ich kundte vüll vortheilhafftiges für mich, von meinen Aufkhommen, unterschiedlichen Dienst-Verrichtungen überschreiben, wan es nit wider die modestie wäre selbst meine elogia hervorzustreichen: Jndessen seye mir genug, das ich wirdig geschätzt werde, CAROLI VI. erster Capellmeister zu sein.[30]

Die durchaus berechtigte Befürchtung, eine Autobiographie zu schreiben könne vom Publikum als Beweis tadelnswerter Ruhmsucht und Eitelkeit genommen werden, hat in den frühen Musikerautobiographien insofern eine lesbare Spur hinterlassen, als die explizite Versicherung, die Niederschrift der eigenen Erfolgsgeschichte sei keineswegs dem Streben nach Ruhm und Ehre geschuldet, einer ihrer festen Topoi ist. So entschuldigt sich auch Telemann am Ende der Autobiographie von 1718 für die Länge seiner Ausführungen und bekräftigt, dass seine Schreiblust nicht der Eitelkeit entspringe:

---

28 Ebenda, S. 81.
29 Johann Mattheson, *Critica musica*, Bd. 2, Hamburg 1725, Reprint Laaber 2003, S. 205.
30 Brief an Johann Mattheson, in: ebenda, Bd. 2, S. 200. Mattheson selbst veröffentlichte den Brief in der *Critica musica*, um das Fehlen der Biographie zu begründen. Inwiefern auch andere Gründe für Fux' Weigerung eine Rolle spielten, wird in der Fux-Forschung diskutiert. Vgl. dazu Thomas Hochradner, *Thematisches Verzeichnis der Werke von Johann Joseph Fux* (?1660–1741), Wien 2016, Bd. 1, S. XIII f.

> Es dürfte […] hin und wieder scheinen/ als ob ich gar zu rühmlich von mir selbst geschrieben hätte/ […]
>
> Aber/ wie mit gutem Gewissen für aller Welt bezeugen kann/ daß/ ausser der erlaubten Ehre/ die ein jedweder Mensch haben soll/ mich keine närrische Hoffarth plage/
>
> Neque me ut miretur turba laborem;
> *(Horat. Sat. X. lib. I.)*[31]

Rechtmäßig erworben und damit auch erzählbar sind Ehre und Ruhm dann, wenn sie der Lohn für den Fleiß sind, mit dem das von Gott gegebene Talent zur vollen Entfaltung gebracht wurde.[32] Davon Zeugnis abzulegen ist deshalb nicht problematisch, weil dem Leser so ein Beispiel gegeben wird. Entsprechend stellt auch Johann Kuhnau in seiner um 1720 entstandenen Autobiographie den eigenen Weg zum Erfolg als das Ergebnis eines von Kindheit an unermüdlichen Fleißes dar:

> [Er] ließ […] es an seinem Fleiße, absonderlich in der musikalischen Setzkunst, so wenig erwinden, daß er von jedermann […] ein besonders Lob erhielt. […] Er trieb es auch täglich eben so starck in der Schule […] wodurch er je länger je mehr Ruhm erhielt.[33]

Gerade in Matthesons eigener Autobiographie zeigt sich allerdings, dass der Autobiograph die formelhafte Versicherung, die eigene Tüchtigkeit komme von Gott, nicht für ausreichend hält, den Verdacht untugendhafter Selbsterhöhung zu zerstreuen. Dem Vorwurf der Eitelkeit beugt er daher zusätzlich durch eine Erzählerfiktion vor:

> Johann Mattheson, ob er gleich das Hertz hätte, sich, wie andre, unter die tüchtigen Capellmeister, ja, unter die Haus- und Hof-Compositeurs mit zurechnen […]; will er doch jemand für sich reden, und die seltenen Zufälle seines Lebens […] folgender Gestalt einen dritten Mann erzehlen lassen. Für die reine Wahrheit des Vortrages bleibt er indessen selbst Bürge […].[34]

Durch diesen narrativen Trick geschützt, gibt Mattheson dann im weiteren Verlauf seiner mehr als 30 Seiten umfassenden Autobiographie, der längsten in der *Ehrenpforte*, ausführlich Auskunft darüber, welche Auszeichnungen, welchen pekuniären Lohn, vor allem aber welche Gunstbezeigungen hochgestellter Persönlichkeiten ihm sein Wirken als Komponist, Musikdirektor und nicht zuletzt als Diplomat eingebracht

---

31 Telemann, [Autobiographie von 1718] (Anm. 24), S. 104.

32 Vgl. dazu auch Wilhelm Seidel, Naturell – Unterricht – Fleiß. Telemanns Lebensläufe und der Geniebegriff des 18. Jahrhunderts, in: *Biographie und Kunst als historiographisches Problem. Bericht über die Internationale Wissenschaftliche Konferenz anläßlich der 16. Magdeburger Telemann-Festtage, Magdeburg, 13. bis 15. März 2002*, hrsg. von Joachim Kremer u. a., Hildesheim etc. 2004 (= Telemann-Konferenzberichte 14), S. 90–100.

33 Johann Kuhnau, Kuhnau. (ex autogr.), in: *Grundlage einer Ehren-Pforte* (Anm. 2), S. 153–158, hier S. 154.

34 Johann Mattheson, Mattheson. (ex autogr.), in: *Grundlage einer Ehren-Pforte* (Anm. 2), S. 187–217, hier S. 187.

hat.[35] Was spätere Forscher als Ausdruck der Kleingeistigkeit, ja „Lakaienhaftigkeit"[36] werteten, zeigt in Wirklichkeit, dass Berichte über finanzielle Erfolge in der Logik der Zeit den Berichterstatter nicht per se moralisch diskreditieren, sondern einerseits den vorbildlichen Umgang mit der von Gott gegebenen Tüchtigkeit belegen und andererseits die Bedeutsamkeit eines bürgerlichen Lebens unterstreichen.

III. Erzählkonstruktion und Figurenkonstellation bei Telemann

Anhand der Analyse der frühesten bewusst als Erzählungen konzipierten Musikerautobiographien lässt sich also nachvollziehen, dass über den topischen Hinweis auf die Gottgegebenheit des Talents hinaus jeweils bestimmte narrative Strategien gewählt werden, um Erfolg zu erzählen, ohne sich moralisch angreifbar zu machen. Wo Mattheson, der trotz der Länge seiner Autobiographie im Schreibverfahren noch stark der Chronik verhaftet bleibt, einen „dritten Mann" reden lässt, wählt nun Telemann in seiner letzten und ausführlichsten Autobiographie (1740) andere Mittel.

Hatte er 1718, wie erläutert, die von Mattheson gestellte Aufgabe noch in zwei Schritten erledigt, so legt er nunmehr einen von vornherein als Erzählung ausgestalteten Text vor. Anders als Mattheson im selben Jahr, hält er es nicht für nötig, einen Er-Erzähler als distanzierende Instanz einzuführen; selbstbewusst entscheidet er sich für die Ich-Perspektive und damit vordergründig für das gewagtere Erzählverfahren. Doch weiß er diesen wunden Punkt zu kompensieren, indem er nämlich das Verhältnis zwischen Ich-Erzähler und Ich-Figur deutlich differenzierter ausgestaltet, als dies in anderen Musikerautobiographien der Zeit der Fall ist. Charakteristisch für die Autobiographie von 1740 ist nämlich eine auffällige Distanz zwischen Ich-Erzähler und erzählter Ich-Figur, die sich in dem spöttisch-begütigenden Erzählton zu erkennen gibt, mit dem das reflektierende Ich von den Jugendtaten des Helden berichtet. Zugleich gewinnt die Ich-Figur eine präzisere Kontur als in der Autobiographie von 1718. In mehreren aufeinanderfolgenden Erzählepisoden wird sie als ein gewitzter und karrieretechnisch durchaus geschickter junger Bursche kenntlich. Ein erstes Beispiel dafür ist folgende Episode aus der Wunderkind-Zeit:

---

35 Es fällt auf, dass Mattheson von den Werken, für die ihm der größte Nachruhm zuteil wurde, nämlich die umfangreichen musiktheoretischen Werke der dreißiger Jahre, wenig Aufhebens macht: „Hiernächst wurde die nächste Auflage der grossen *Generalbaß-Schule* besorgt" (S. 212); „Vieler andern Aufträge zu geschweigen, so kam auf Ostern ans Licht: *Die grosse Generalbaßschule*, oder zwote Auflage der Organisten-Probe" (S. 214); „An. 1735 erschien endlich, an der Neujahrs-Messe, *Matthesons kleine Generalbaß-Schule*. Die Vorrede brachte das geistliche Ministerium auf; aber ohne Grund und Wirkung" (S. 215); „Der *vollkommene Capellmeister* trat auf Ostern ans Licht" (S. 217). Darin wird deutlich, dass Mattheson selbst sein Hauptverdienst in seinem gesellschaftlichen Wirken sieht: von seinen diplomatischen Erfolgen zu erzählen, mag ihm daher wichtiger gewesen sein, als seine Leistungen als Musikschriftsteller ausführlich darzustellen.
36 Alfred Einstein, Die deutsche Musiker-Autobiographie, in: *Jahrbuch der Musikbibliothek Peters* 28 (1921), S. 57–65, hier S. 58.

Abbildung: Georg Philipp Telemanns dritte Autobiographie (Beginn), in: Johann Mattheson, *Grundlage einer Ehren-Pforte*, Hamburg 1740[37]

354   T

auch wiederum mit einer güldnen Kette beehret.   Biber hat ihrer drey gehabt; Strungk zwo.

Wie er nun von Wien nach Dresden gekommen, ist er von dem Chur-fürsten von Sachsen, Johann Georg II, als Vice-Capellmeister angenommen, und hat nach Ableben des berühmten Bernhard, die wirckliche Capellmeister-Stelle, unter Johann Georg IV, von Ao. 1692. biß 1696. bekleidet.   Vier Jahr hernach, nehmlich Ao. 1700., ist er verstorben, seines Alters 60.

Im heutigen Kirchen-Styl, wie auch vornehmlich im oratorischen und dramatischen, hat er herrliche Proben abgeleget.   Von seiner Composition ist der Welt vieles bekannt worden; ob er gleich wenig davon hat drucken lassen.

Telemann.
† *

(ex autogr.)

Georg Philipp Telemann †) redet hier selber, und erzehlet uns, mit eigner geschickten Feder, die wunderwürdigen Zufälle seines Lebens, besonders in dem, was die musikalischen betrifft, mit folgenden auserlesenen Wor-ten, und in der angenehmsten Schreibart.

„Ich bin, sagt er, in Magdeburg 1681. *) den 14. Märtz gebohren, „und den 17ten drauf Evangelisch-Lutherisch getaufft worden.   Mein Vater,
Zen=

†) Wenn man diesen harmonischen Megalander und J. H. Buttstett in einer solchen Classe zusammen antrifft, darin die vor andern berühmten Tonmeister des itzigen Jahrhunderts eigentlich gepriesen werden sollen, wie wir leider! das Beispiel im XXII. Bande p. 1404. des Universal-Lexici erlebet haben: so kan man sich nicht ge-nug wundern über den Abgang gesunder Urtheilskraffe, mittelst welcher diese beide Nahmen zwar gewisser maassen in einem Buche; aber bey weitem nicht in einerley Rang und Würde stehen können. Mir ist nicht unbewust, daß es aus dem so genannten kurtzge-faßten musikal. Lexico wörtlich also abgeschrieben worden; allein desto schlimmer ist es. Doch, was soll man sagen? die ungeheuren Lexicographi können ja unmöglich alles wissen; wenn sie nur nicht andre alles lehren wollten! wiewohl, sie freuen sich des Vor-theils, daß keine Seele ihre 40. oder 50. Folianten von Ort zu Ende durchliest, und also niemand den tausenden Theil ihrer Fehler erfähret. Wer sonst nur ein wenig darin blättert, darf nach Uberfluß und Mangel nicht lange suchen.   Z. E. im XIX. Bande p.2047. werden Harmonik und Musik für einerley Ding, am Schwantze der Mathema-tik, angegeben: da mangelts am Unterschiede. Aber der artige überflüßige Präsident zu Mortier, im Artikel Miramion, Tomo XXI. p.421. siehet dem Herrn Articulo Schmalkaldico etwas ähnlich: denn wenn ein Ort zum Mann, und eine Mütze zum Ort gemacht wird, läufft es fast auf eins hinaus. etc. etc. etc.

*) Es hatte der Hr. Verfasser, in seinem eigenhändigen Aufsatze von 1718. aus Franckfurt,

---

37 Johann Mattheson, *Grundlage einer Ehren-Pforte*, Hamburg 1740, Reprint Berlin 1910, S. 354.

Inzwischen wuste ich, mit Unterschreibung eines erdichteten Nahmens, mein Machwerck (!) in des Cantoris Hände zu spielen, da ich es denn theils in der Kirche, theils auf der Gasse, und auch zugleich den neuen Verfasser aufs beste loben hörte. Dies machte mich so kühn, daß ich eine ertappte hamburger Oper [gemeint ist das Libretto einer Oper Johann Georg Conradis, das Telemann zufällig in die Hände fiel] Sigismundus, etwa im zwölfften Jahr meines Alters, in die Musik setzte, welche auch einer errichteten Bühne toll genug abgesungen wurde, und wobei ich selbst meinen Held ziemlich trotzig vorstellte. Ich mögte diese Musik wohl itzt sehen, wenn mir der Kopf nicht recht stehet.[38]

Die Distanz zwischen erzählendem Ich und erzähltem Ich wird hier deutlich spürbar in dem augenzwinkernden Spott des wissenden älteren Telemann über den Größenwahn des jungen. Die Ich-Figur wiederum erscheint im Hinblick auf die Entwicklung ihres Karriereweges nicht passiv, wie dies etwa in der oben erwähnten Autobiographie Beers der Fall war, sondern gestaltet aktiv ihren Karriereweg. Sie gewinnt zudem im Laufe mehrerer erzählter Episoden eine gewisse innere Kohärenz als gewiefter Schelm, der durchaus in der Lage ist, die Dinge so zu manipulieren, dass sie sich zu seinen Gunsten entwickeln.[39]

Diese „kühne" Musikerfigur zeigt auch die nächste Episode, die „hinterm Blockberge",[40] also in Zellerfeld spielt. Der in den Harz Verbannte steckt einem „Schulgesellen" heimlich zu, dass er „Tone zusammen zu setzen" wisse,[41] eine Information, die dieser plangemäß an die richtige Stelle weiterleitet, so dass der junge Telemann anlässlich eines Bergfestes in Vertretung des erkrankten Kantors eine Kantate zur Aufführung bringen kann, und zwar mit größtem Erfolg. Es ist dabei interessant, wer in dieser Erzählung die Anerkennung zollt:

Die treuhertzigen Bergleute, mehr durch meine Gestalt, als durch die Harmonie gerührt, wollten mir nach geendigtem Gottesdienste, ihre Liebe bezeugen, und brachten mich hauffenweise nach meiner Wohnung; einer aber von ihnen trug mich auf dem Arme dahin, wobey ich mich mit ihrem gewöhnlichen Lobspruche: Du kleiner artiger Boß! zum öfftern beehren hörte.[42]

---

38 Telemann, [Autobiographie von 1740] (Anm. 2), S. 196.
39 Man könnte vielleicht sagen, dass Telemann damit einen Figurentypus in die Autobiographie hineinholt, der bei seinen Vorgängern, also etwa Kuhnau und Printz noch in die Gattung des Romans ausgelagert bleibt. Beide haben ja neben ihren im Vergleich zu den Autobiographien Telemanns erzählerisch eher kargen Lebensbeschreibungen Musikerromane geschrieben, die Bernhard Jahn m. E. zu Recht zu den literarischen Musikerselbstzeugnissen zählt, da sie Lebensläufe in Form einer Kette von Anekdoten präsentieren, dabei jedoch nicht die innere Entwicklung eines unverwechselbaren Ichs erzählen, sondern den Musiker als Teil eines sozialen Kollektivs zeigen. Vgl. Bernhard Jahn, Autobiographie und Roman. Zu den literarischen Elementen der Autobiographie in der Zeit Telemanns am Beispiel einiger Musikerautobiographien, in: *Biographie und Kunst als historiographisches Problem* (Anm. 33), S. 121–129, hier S. 127.
40 Telemann, [Autobiographie von 1740] (Anm. 2), S. 197.
41 Ebenda.
42 Ebenda.

Nicht etwa andere Musiker und auch kein Vertreter von Adel oder Klerus, sondern die einfachen Leute, die der kleine Komponist in Rührung versetzt hat, ehren ihn. Die Anekdote zeigt die Ich-Figur wiederum als strategisch intelligent, der Ich-Erzähler erscheint dabei zugleich als distanziert – er führt den Erfolg auf das Alter des Komponisten zurück – als auch als bescheiden und anti-elitär, berichtet er doch aus mehr als 40-jährigem Abstand als längst etablierter großer Kapellmeister mit Stolz von der Anerkennung, die einfache Bergleute ihm einst zollten.

In der nächsten Episode hebt der Erzähler ein weiteres Mal das Geschick des jungen Musikers hervor, die Aufmerksamkeit anderer auf seine Fähigkeiten zu lenken: Mittlerweile auf der Leipziger Universität angelangt, lässt er seinen Stubengenossen wie zufällig eine eigene Psalm-Vertonung finden, die prompt in der Thomaskirche aufgeführt wird und ihm ein „erkleckliche[s] Legat"[43] einbringt. Dieses wiederum setzt ihn in den Stand, der Mutter den ihm zugedachten Geldwechsel zurückzuschicken und angesichts der nun erreichten finanziellen Unabhängigkeit um die „Aenderung ihres Willens, in Ansehung der Musik"[44] zu bitten – eine Bitte, der sie entspricht. Der Karriere als Berufsmusiker steht nun nichts mehr im Weg – und die Weichen dazu hat der junge Musiker selbst gestellt.

Genau hier liegt also Telemanns „Hamburger Innovation" in der Gattung Autobiographie: Während Beer,[45] Kuhnau,[46] Printz,[47] ja letztlich auch noch Mattheson, so ausführlich dessen Lebensbeschreibung auch ausfällt, lediglich den eigenen Fleiß als Motor ihrer Karriere hervortreten lassen, kommt in Telemanns Autobiographie von 1740 etwas Neues hinzu: Die erzählte Figur hat Chuzpe, strategisches Gespür, Sinn für gute Gelegenheiten, kurz, sie besitzt das Vermögen, lenkend ins eigene Leben einzugreifen. Es entspricht der narrativen Logik einer solchen Erfolgsgeschichte mit aktivem Helden, dass auch Gegner auf den Plan treten müssen. Während in früheren Autobiographien, etwa bei Printz, abgesehen von einigen Neidern keine echten Gegenspieler auf dem Karriereweg auftreten,[48] baut Telemann ein Spannungsverhältnis zwischen der Ich-Figur und den „Musik-Feinden" und „Notentyrannen"[49] auf. Diese stellen sich dem aufstrebenden Musiker in den Weg und müssen von ihm besiegt werden – was dem Protagonisten bekanntlich gelingt.

Dass der junge Telemann solcherart als aktiver Gestalter seines Erfolgsweges Kontur gewinnt, hat weniger damit zu tun, dass er charakterliche Eigenschaften besessen hätte, die anderen Musikern fehlten, sondern damit, dass er den Lebenslauf von 1740 tatsächlich konsequent als Erzählung verfasst hat und die Möglichkeiten narrativen

---

43 Ebenda, S. 200.
44 Ebenda.
45 Beer betont den eigenen Fleiß und die Belohnungen dafür, z.B. in Form von Freitischen und Stipendien (Beer, *Sein Leben, von ihm selbst erzählt* [Anm. 25], S. 21).
46 Zu Kuhnaus Fleiß vgl. ders., Kuhnau. (ex autogr.) (Anm. 34), S. 154.
47 Vgl. dazu die Episode, in der Printz erzählt, wie er durch enormen Fleiß das Bassgambenspiel in kürzester Zeit erlernt und daher mit nach Italien reisen darf: Wolfgang Caspar Printz, Printz. (ex autogr.), in: *Grundlage einer Ehren-Pforte* (Anm. 2), S. 257–276, hier S. 262 f.
48 Auch Mattheson erzählt von Gegnern, die ihm die Gunst neideten, die er bei „vornehmen Leuten" genoss. Vgl. Mattheson. (ex autogr.) (Anm. 35), S. 190 f.
49 Telemann, [Autobiographie von 1740] (Anm. 2), S. 197.

Darstellens gründlicher verstanden hat als etwa Mattheson selber, der ihn ja zum Erzählen angeregt hatte.

Blickt man auf Telemanns Zeitgenossen, so lassen sich am ehesten noch bei Printz,
dessen Autobiographie in der *Ehrenpforte* gedruckt wurde, jedoch nicht auf Matthesons Initiative hin entstanden ist, Ansätze zur ausgestalteten Narration erkennen.
Auch Printz illustriert vor allem Kindheit und Jugend durch Anekdoten. Anders als
bei Telemann zeigen diese Anekdoten den Musiker jedoch nicht als selbstbewussten
Gestalter des eigenen Karrierewegs, sondern lassen gerade umgekehrt seine Unfähig-
keit zu solcher Gestaltung hervortreten. So erzählt Printz beispielsweise, wie er, selbst
ein Lutheraner, einst im Streit einen Kollegen als „Calvinische[n] Spitz-Kopf" be-
schimpft habe, woraufhin ein Neider ihm zugetragen habe, dass der Beschimpfte dies
dem Fürsten gemeldet und seine unehrenhafte Entlassung unmittelbar bevorstehe.[50]
Dem kommt Printz jedoch selbst zuvor, verlangt den Abschied und verzichtet damit
auf das Kantorat, das ihm gerade in Aussicht gestellt worden war. Zu früh, wie sich
herausstellt, denn der Kollege hatte ihn gar nicht angeschwärzt. Printz kommentiert:
„Es war aber nunmehr geschehen, und ich wanderte in Gottes Nahmen fort, auf mich
selbsten zornig, daß ich dem falschen Freunde geglaubet, und also das irdische Para-
dieß so liederlich verscherzet hatte."[51] Diese kleine Geschichte des Misserfolgs, die der
Autobiograph durchaus hätte auslassen können, erfüllt innerhalb der Gesamtnarration
eine wichtige Funktion: Sie beweist nicht, wie im Text selbst behauptet wird, in erster Linie die Blauäugigkeit des Erzählers, sondern seine moralische Untadeligkeit: Der
junge Printz steht in Religionsdingen fest zu seiner Überzeugung, und seine Lauter-
keit macht es ihm unmöglich, Intrigen zu durchschauen. Dass es für Printz auf dem
Karriereweg dennoch weitergeht, ist wiederum lediglich seinem Fleiß zuzuschreiben,
der schließlich durch Berufungen belohnt wird.

IV. Ein Vergleich im Detail

Anhand eines Vergleichs von Telemanns vier Autobiographien lassen sich die Konsequenzen des Übergangs von der deskriptiven zur narrativen Vermittlung in der Musikerautobiographik besonders deutlich nachvollziehen. Abschließend sei dies anhand
des nur 14-tägigen Klavierunterrichts gezeigt, der in allen vier Texten thematisiert
wird, aber in signifikant unterschiedlicher Weise. 1718 wird davon unter der für den
Chronikstil typischen Aussparung des Personalpronomens lapidar berichtet: „Hierauf nahm Lection auf dem Claviere/ welche aber/ weiß selber nicht mehr/ warumb?
Nur 14. Tage fortsetzen konnte."[52] Im Beitrag für Walthers Musikerlexikon aus dem
Jahr 1729 heißt es, „Bey allem dem ist die bloße Natur meine Lehr-Meisterinn, ohne
die geringste Anweisung gewesen, es müsste denn sey[n], daß ich anfangs 14. Tage
lang auf dem Claviere unterrichtet worden."[53] Die Auskunft erfolgt also in passivischer

---

50 Printz, Printz. (ex autogr.) (Anm. 47), S. 264.
51 Ebenda.
52 Telemann, [Autobiographie von 1718] (Anm. 24), S. 91.
53 Brief Telemanns an Johann Gottfried Walther, 20. Dezember 1729, in: *Singen ist das Funda-
    ment zur Music in allen Dingen* (Anm. 2), S. 150–151, hier S. 151.

Form. In der autobiographischen Skizze von 1738 dagegen heißt es: „daher ließ [die Mutter] mich/ auf dem Claviere unterrichten", „jenes/ aber ward, nach 14 Tagen, durch einen Zufall unterbrochen".[54] Initiatorin dieser Ausbildungsetappe ist somit nicht Telemann, sondern die Mutter; dass der Klavierunterricht bald wieder beendet wird, ist reiner Zufall. Erst in der Autobiographie von 1740 macht Telemann aus der Episode eine Geschichte, in der die Ich-Figur – kohärent zu ihrem Verhalten in anderen Episoden – klar hervortritt, bereit dazu, das eigene Schicksal selbstbewusst zu lenken:

> Bevor ich zu solchem Vermögen [eine Oper zu schreiben] gelanget war, ließ ich mich auf dem Clavier unterrichten; gerieth aber zum Unglück an einen Organisten, der mich mit der deutschen Tabulatur erschreckte, die er eben so steiff spielte, wie vielleicht sein Grosvater gethan, von dem er sie geerbet hatte. In meinem Kopffe spuckten schon muntre Töngens, als ich hier hörte. Also schied ich, nach einer vierzehntägigen Marter, von ihm; und nach der Zeit habe, durch Unterweisung, nichts mehr gelernet.[55]

Als literarische Figur gewinnt der junge Telemann allein in dieser letzten Variante Profil: Der Erzähler präsentiert den Knaben als eine schon früh urteilsfähige Persönlichkeit, die in musikalischen Dingen klar auf der Seite der Innovation steht. Den altdeutschen Organisten stilisiert er dabei zur Gegnerfigur, zum Antagonisten in einer Art musikalischer Querelle des anciens et des modernes. Ähnliches geschieht übrigens auch in der Erzählung des Zusammentreffens mit Printz. Dieser wird bereits 1718 kurz erwähnt, doch erst in der Autobiographie von 1740 zum Gegner im Kampf des Neuen gegen das Alte stilisiert:

> Endlich hatte ich in Sorau noch das Vergnügen, mit dem berühmten Herrn Wolfgang Caspar Printz, Cantore daselbst, umzugehen, wobey er einen Heraclitum, und ich einen Demokritum vorstellete. Denn er beweinte bitterlich die Ausschweifungen der itzigen melodischen Setzer: wie ich die unmelodischen Künsteleien der Alten belachte.[56]

Beide Episoden machen deutlich, dass Telemann 1740 auch das rezeptionslenkende Potential des Erzählens erkannt hat und bewusst Figurenkonstellationen entwirft, die ihn selbst als Pionier und Innovator Kontur gewinnen lassen.

V. Erfolg und Scheitern: zur Entwicklung nach 1750

Was bei Telemann um 1740 anfängt, nämlich die Umformung der chronikartigen Berufsautobiographien in Lebensdarstellungen, die die Möglichkeiten des Narrativen bewusst nutzen, setzt sich in der zweiten Hälfte des Jahrhunderts fort. Dabei lässt sich beobachten, dass die Stilisierung des erzählten Ichs, die sich ja bereits in Telemanns

---

54 Georg Philipp Telemann, Autobiographische Skizze (um 1738), in: *Die Musikforschung* 67 (2014), S. 330–334, hier S. 331.
55 Telemann, [Autobiographie von 1740] (Anm. 2), S. 196 (Hervorhebung V. V.).
56 Ebenda, S. 202.

gewitztem Helden abzeichnet, immer mehr an Bedeutung gewinnt und dass die Ich-Figur jeweils im Anschluss an die dominanten moralischen und ästhetischen Diskurse ausgestaltet wird, was nicht zuletzt Auswirkungen auf die erzählerische Darstellung von Erfolg hat. So begegnen wir in der Autobiographie des Gellert-Schülers Johann Adam Hiller von 1784 einer ganz und gar empfindsamen Musikerseele.[57] Von Kindheit an ein melancholischer Sonderling, interessiert er sich für nichts so sehr wie für „Passions- und Sterbelieder"[58] und entwickelt schon früh hypochondrische Neigungen. Dem von seinem akademischen Lehrer Gellert vermittelten Programm einer lebenslangen „Ausbildung des Herzens" verpflichtet, sieht Hiller seinen beruflichen Erfolg vor allem in seinem Wirken für andere, aber auch im erfolgreich geführten Kampf gegen den „böse[n] Plagegeist der Hypochondrie",[59] also gegen einen inneren, nicht einen äußeren Gegner. Sein gesamtes Werk scheint Hiller diesem „Plagegeist" förmlich abgerungen zu haben: „Ich habe damals, und auch nach der Zeit noch, manches Stück geschrieben, wo ich mit einer Hand die Feder, und mit der anderen den Kopf hielt, daß er mir vom Krampfe nicht bersten sollte."[60] Berufliche Erfolge redet Hiller geradezu stur klein, sie seien alle kaum der Rede wert. Den eigenen Maßstäben gemäß erringt er seinen größten Erfolg nicht als Musiker, sondern als unablässig inneren Anfechtungen ausgesetzter Mensch.

Eine Art rousseauistisches Pendant zu Hiller finden wir bei dem Lütticher Komponisten André-Ernest-Modeste Grétry, dessen *Mémoires et essais sur la musique* (1789–1797) eine hybride Mischung aus klassischer Autobiographik und musikalischer Essayistik darstellen.[61] Im 1789 veröffentlichten ersten Band, der die Geschichte seiner Kindheit und Jugend enthält, stilisiert Grétry die Ich-Figur ähnlich wie Hiller als ein melancholisches, träumerisches und zum Leiden disponiertes begabtes Kind. Doch der junge Grétry leidet nicht nur psychisch, sondern auch physisch, und zwar unter den Züchtigungen der Geistlichen in der Sängerschule und unter den körperlichen Folgen der eigenen Arbeitsexzesse, die sich als chronischer Bluthusten manifestieren. Dem Vorbild Rousseaus, den er bewunderte, folgend, stellt Grétry in seiner Autobiographie seine durch permanente Selbstmisshandlung verursachten Leiden erzählerisch aus. Anstelle von Gegnerfiguren wird so in dieser Autobiographie der eigene Körper zum Gegenspieler, den es zu besiegen gilt. Auch den langersehnten Rom-Aufenthalt, der ihn dem Ruhm näherbringen soll, erringt der leidende Musiker im heroischen Kampf gegen den eigenen Körper: Geschwächt durch chronische Leiden, doch angetrieben durch die Aussicht auf Erfolg, tritt er die lange Fußreise nach Italien an, die

---

57 Für eine ausführlichere Darstellung von Hillers Autobiographie vgl. Vera Viehöver, Ein „musikalischer Gellert" – Johann Adam Hiller, in: *Praeceptor Germaniae. Christian Fürchtegott Gellerts 18. Jahrhundert. Festschrift für John Reynolds zu 70. Geburtstag*, hrsg. von Werner Jung / Sibylle Schönborn, Bielefeld 2013, S. 131–150.

58 Johann Adam Hiller, [Autobiographie], in: Johann Adam Hiller, *Mein Leben. Autobiographie, Briefe und Nekrologe*, hrsg. von Mark Lehmstedt, Leipzig 2004, S. 7–30, hier S. 8.

59 Ebenda, S. 17.

60 Ebenda, S. 18.

61 André-Ernest-Modeste Grétry, *Memoiren oder Essays über die Musik*, aus dem Französischen von Dorothea Gülke, hrsg. von Peter Gülke, Leipzig 1973 (= Taschenbücher zur Musik 18), S. 63.

ihm niemand zutraut, und feiert bald darauf in der Heiligen Stadt erste Triumphe als junger Opernkomponist.

Auch bei Christian Friedrich Daniel Schubart, dessen *Leben und Gesinnungen*[62] zwischen 1778 und 1788 während seiner Festungshaft auf dem Hohenasperg entstanden, ist der Gegenspieler kein menschlicher.[63] Schubarts Autobiographie unterscheidet sich von allen bisher genannten, die Telemannsche eingeschlossen, dadurch, dass zwischen Erzählerfigur und erzählter Figur nicht nur eine Distanz zu beschreiben ist, sondern ein echter Bruch.[64] Der Ich-Erzähler tritt in der Pose des moralisch Geläuterten auf, der mit dem Ich, das er einmal war, aufs Härteste ins Gericht geht. Gleich eingangs betont er, dass er nicht erzähle, um ein Beispiel zu geben, sondern um den Leser abzuschrecken, und verspricht sogleich, geschickt narrative Spannung aufbauend, ungeschminkt und wahrhaftig von jemandem zu erzählen, der vom rechten Wege abgekommen sei:

> Die Seele des Christenthums, seine herzbessernde Kraft blieb mir unbekannt. So lebt ich also, zaumlos als ein lustiger, sinnlicher, gedankenloser Jüngling mein Leben hin; dachte wenig an Gott, weniger an Jesus, selten ans Leben jenseits des Grabes […].[65]

Im Folgenden erzählt er lustvoll vom ausschweifenden und sinnenfreudigen Leben als Student in Erlangen und als Musikdirektor in der Residenzstadt Ludwigsburg. Auch in dieser Autobiographie ist die Frage nach den Gegnerfiguren aufschlussreich: Weder ein menschlicher Antagonist noch die Psyche oder der Körper treten in Schubarts Erzählung in der Rolle des Gegners auf, sondern – die Musik selbst. Immer wieder ist es die Musik, die an den Schaltstellen des Lebens wie eine böse „Zauberin" auf den Plan tritt und die verführbare Seele des Musikers mit sich in den Abgrund reißt. Nicht er lenkt sein Leben, sondern sie, *Musica*, weiblicher Dionysos und Gegenspielerin der Tugend.

> Die Musik ist der durch Weisheit geordneten Seele Labung; […] und doch wurde sie für mich eine Sirene, die mich durch ihren Zaubergang oft in verschlingende Strudel lokte. Ich floh den Ernst und den Schweiß wichtigerer Geschäfte, und gieng der Zauberin nach, die mich längst als ihren Günstling betrachtete.[66]

---

62 Christian Friedrich Daniel Schubart, *Schubart's Leben und Gesinnungen. Von ihm selbst im Kerker aufgesetzt*, Reprint der Ausgabe Stuttgart 1791 und 1793, mit einem Nachwort von Claus Träger, Leipzig 1980.

63 Für eine ausführlichere Darstellung vgl. Vera Viehöver, Musikerautobiografien zwischen Frühaufklärung und Sturm und Drang. Mattheson – Hiller – Schubart, in: *Lenz-Jahrbuch* 17 (2010), S. 105–134.

64 Zu diesem Bruch im Zusammenhang mit dem Modell der Bekehrungsautobiographie vgl. auch Günter Oesterle, „Ein auf alle Seiten gewandter Blick". C. F. D. Schubarts Autobiographie *Leben und Gesinnungen* als Widerspiel eines virtuosen Multitalents, in: *Christian Friedrich Daniel Schubart – Das Werk*, hrsg. von Barbara Potthast, Heidelberg 2016 (= Beihefte zum Euphorion 92), S. 131–148.

65 Ebenda, S. 24.

66 Ebenda, S. 59.

Anders als Mattheson, Telemann, Hiller, Grétry und alle anderen der erwähnten Erzähler des eigenen Lebens, ist Schubart der erste Musiker, der das schreibt, was Michaela Holdenried einmal eine „abweichende Autobiographie" genannt hat: Der Autobiograph erzählt nicht den Weg zum Erfolg und zur Approbation als hochrespektiertes Mitglied der bürgerlichen Gesellschaft, sondern wendet sich hin zur „Kontinuität des Nicht-Gelingens persönlicher Geschichte".[67]

---

67 Michaela Holdenried, *Autobiographie*, Stuttgart 2000, S. 37.

Martin Schneider

Bruchlinien der Integration

Konkurrierende Modelle politischer Gemeinschaft in den Libretti von Telemanns Kapitänsmusiken

Fragt man nach der politischen Funktion öffentlicher Musikaufführungen im 18. Jahrhundert, führt im Fall Hamburgs kein Weg an den Konvivien der Bürgerkapitäne vorbei. Alljährlich kamen die 57 Anführer der Bürgerwache am ersten Donnerstag nach Bartholomäus zusammen, um die Bedeutung ihrer Institution für den sozialen Zusammenhalt der Hansestadt in einem aufwendigen Zeremoniell zu inszenieren (Abbildung 1).[1] An dessen musikalischer und symbolischer Rahmung hatte Georg Philipp Telemann als Director musices wesentlichen Anteil. Zwischen 1723 und 1766 komponierte er 36 Kapitänsmusiken, von denen die meisten allerdings verloren oder nur zum Teil erhalten sind.[2]

Die Bürgerwache war seit dem 17. Jahrhundert für die Bewachung des Walls verantwortlich, half bei Schanz- und Bauarbeiten und übernahm das Aufeisen der Flüsse und Stadtgräben.[3] Sie rekrutierte sich aus dem Bürgertum der Stadt; auf Lebenszeit zum Kapitän gewählt zu werden, garantierte Ehre und Ansehen. Man erhielt ein Wappen und eigenes Gestühl in den Hauptkirchen, wurde im Staatskalender geführt und durfte die Konvente der erbgesessenen Bürgerschaft besuchen. Es verwundert deshalb nicht, dass in den von Telemann für die Konvivien komponierten Oratorien und Serenaten immer auch politische Fragen verhandelt wurden, die über den unmittelbaren Einflussbereich der Bürgerwache hinausgingen und die Stadt als Ganzes betrafen: Die Libretti, deren Autoren der Hamburger Gelehrtenschicht entstammten, reflektierten aktuelle Ereignisse wie drohende Kriege und Naturkatastrophen ebenso wie den Stellenwert von Religion, Moral und Ökonomie für die Konstitution einer funktionierenden bürgerlichen Gemeinschaft.

---

1   Im Jahr 1717 wurde ein Reglement von 20 Paragraphen verfasst, die das Zeremoniell neu ordneten. Dieses Reglement blieb während der gesamten Wirkungszeit Telemanns in Hamburg in Kraft, ist jedoch verschollen.

2   Nur neun Jahrgänge sind vollständig überliefert, die meisten davon befinden sich im Besitz der Stiftung Preußischer Kulturbesitz und der Mecklenburgischen Landesbibliothek Schwerin. Ediert sind lediglich die Kompositionen zu den Jahrgängen 1724 und 1730, vgl. Georg Philipp Telemann, *Freuet euch des Herrn, ihr Gerechten. Oratorio und Serenata zum Convivium der Hamburger Bürgerkapitäne 1724 (Kapitänsmusik 1724)*, hrsg. von Bert Siegmund, Beeskow 2010, sowie Georg Philipp Telemann, *Musik zum Konvivium der Hamburger Bürgerkapitäne 1730*, hrsg. von Willi Maertens, Kassel etc. 1995 (= Georg Philipp Telemann, Musikalische Werke 27). Die Libretti der hamburgischen Kapitänsmusiken, die in der Staats- und Universitätsbibliothek Hamburg unter der Signatur 4° KD II 151 aufbewahrt wurden, verbrannten bei der weitgehenden Zerstörung der Bibliothek im Zweiten Weltkrieg. Überliefert sind hier ebenfalls nur einzelne Exemplare. Die musikphilologische Aufarbeitung der Kapitänsmusiken hat geleistet: Willi Maertens, *Georg Philipp Telemanns sogenannte Hamburgische Kapitainsmusiken (1723–1765)*, Wilhelmshaven 1988 (= Quellen zur Musikgeschichte 21), S. 14.

3   Vgl. dazu im Folgenden ebenda, S. 23–32.

Abbildung 1:   Kapitänskonvivium von 1719 [Staatsarchiv Hamburg 720–10 / 261–02 = 08]

Hinzu kommt, dass die im Herrensaal des zentral gelegenen Eimbeckschen Hauses[4] aufgeführten Kapitänskonvivien während Telemanns Wirken in Hamburg zu einem der wichtigsten Feste der Stadt avancierten. Das ist nicht allein auf die Person Telemanns und die Qualität seiner Kompositionen zurückzuführen, sondern hatte auch mit dem Niedergang anderer repräsentativer Institutionen der Hansestadt zu tun. Die Gänsemarktoper schloss 1738 endgültig ihre Pforten,[5] bereits 1724 wurde mit den Ratskonvivien zu Petri und Michaelis das bis dahin bedeutendste städtische Fest eingestellt. Erst 1765 stand mit dem neugegründeten Theater am Gänsemarkt wieder ein Ort zur Verfügung, der vergleichbaren Raum bot für die öffentliche Reflexion politischer Ereignisse und sozialer Fragen. Damit füllte das Theater wiederum ein Vakuum, denn das Ansehen der Bürgerwache und ihrer Kapitänskonviven war seit der Jahrhundertmitte deutlich gesunken.

Der folgende Beitrag will versuchen, anhand von sieben überlieferten Libretti des Zeitraumes von 1724 bis 1756 erste Ansätze zu einer literaturwissenschaftlichen Beschreibung der politischen Dimension von Telemanns Kapitänsmusiken zu entwickeln. Diese hat bisher allein Willi Maertens in seiner grundlegenden Studie in den Blick genommen. Jedoch gilt es, die darin entwickelte These, dass der Wunsch nach

---

4   Ebenda, S. 37.
5   Vgl. hierzu Hans Joachim Marx, *Geschichte der Hamburger Barockoper. Ein Forschungsbericht*, Laaber 1978 (= Hamburger Jahrbuch für Musikwissenschaft 3), S. 27–29. Zur politischen Funktion der Hamburger Oper und der deutschsprachigen Oper in der ersten Hälfte des 18. Jahrhunderts vgl. Dorothea Schröder, *Zeitgeschichte auf der Opernbühne. Barockes Musiktheater in Hamburg im Dienst von Politik und Diplomatie (1690–1745)*, Göttingen 1998 (= Abhandlungen zur Musikgeschichte 2), sowie Bernhard Jahn, *Die Sinne und die Oper. Sinnlichkeit und das Problem ihrer Versprachlichung im Musiktheater des nord- und mitteldeutschen Raumes (1680–1740)*, Tübingen 2005 (= Theatron. Studien zur Geschichte und Theorie der dramatischen Künste 45), S. 351–390.

Erhalt des städtischen Wohlstandes das Zentrum der Oratorien und Serenaten bilde,[6] zu erweitern. Methodisch anschließen kann der Beitrag dabei an die aktuellere Untersuchung von Markus Rathey zu den Kapitänsmusiken Carl Philipp Emanuel Bachs, die belegt, dass nicht nur ökonomische, sondern auch politische und religiöse Diskurse die Libretti der 1780er Jahre prägten.[7]

Die Analyse erfolgt in zwei Schritten: Erstens sollen die Diskurse, die sich in den Texten im Hinblick auf die Begründung und Erhaltung des Kollektivs finden, in den Fokus rücken. Es wird sich zeigen, dass die Libretti unterschiedliche Legitimationsmodelle von Gemeinschaft anbieten, ohne ein einzelnes zu favorisieren.[8] Das führt zum einen zu Konvergenz, zum anderen aber auch zu Konkurrenz zwischen religiösen und säkularen Diskursen. Die größte Bedrohung erwächst der Stadtgemeinschaft nicht von außen, sondern durch jene Reibungen, die die Pluralität divergierender bürgerlicher Wertsysteme produziert. Welche Lösungswege die Libretti zur Harmonisierung und Integration konkurrierender Diskurse erkennen lassen, ist Thema des zweiten Abschnittes. Im Zentrum steht dabei die Frage, ob das Medium der Integration der Diskurs selbst sein kann, oder ob die symbolische Hervorbringung der Gemeinschaft nicht immer schon auf die performative Überschreitung ihres eigenen diskursiven Rahmens in der konkreten Situation der Aufführung angewiesen ist.

Die in den Libretti ausgeführten Begründungen von Gemeinschaft sind vielschichtig. Religiöse, soziale, ethische und ökonomische Modelle überschneiden sich, stehen aber auch einander gegenüber. Dies ermöglicht nicht zuletzt die komplexe Mischform protestantischer Oratorien, die durch das Auftreten unterschiedlicher Figuren sowie durch die Verbindung von Rezitativen, Arien, Chören, Chorälen und Bibeltexten zur Dialogizität prädestiniert waren. Die Einführung von Oratorien und Serenaten in die Kapitänskonvivien fällt noch in die Zeit vor Telemanns Amtsantritt in Hamburg.[9] Zuvor wurde das Fest von einem geistlichen Konzert und einer Arie gerahmt, nun fand sich ein kollektives Element eingefügt: Mehrere, meist allegorische Figuren verhandelten in Dialogen und Polylogen Fragen der städtischen Gemeinschaft. Dies erlaubte die Entwicklung dramatischer Dynamik und multiperspektivische Betrachtungen politischer Probleme.[10]

---

6   Maertens, *Georg Philipp Telemanns sogenannte Hamburgische Kapitainsmusiken* (Anm. 2), S. 43.

7   Markus Rathey, *Kommunikation und Diskurs. Die Bürgerkapitänsmusiken Carl Philipp Emanuel Bachs*, Hildesheim etc. 2009 (= Studien und Materialien zur Musikwissenschaft 45), S. 67–103.

8   Zur Frage der Gemeinschaftsstiftung vgl. auch Daniel Ortuno, Musik als soziales Ereignis. Zur Identitätskonstruktion in freien Reichsstädten des 18. Jahrhunderts am Beispiel von Georg Philipp Telemanns Einweihungsmusik für die „neue große St. Michaelskirche" (Hamburg 1762), in: *Die Musikforschung* 66 (2013), S. 209–232.

9   Maertens, *Georg Philipp Telemanns sogenannte Hamburgische Kapitainsmusiken* (Anm. 2), S. 39–41 zeigt, dass die Konvivien in der Zeit vor Telemann von einem geistlichen Musikstück und einer Arie gerahmt wurden. Michael Richey war dann der erste, der in seiner Textvorlage für das Konvivium von 1719 auf die Form von *Oratorio* und *Serenata* zurückgriff. Zur Regel wurde dies erst ab 1723. Aus dieser Reform ergaben sich Konsequenzen für den Ablauf des Konviviums. Die neun Kanonenschüsse vor dem Essen fielen weg, an ihrer Stelle erklang das *Oratorio*. Die *Serenata* wurde dann während des Essens gespielt.

10   Dass in der zeitgenössischen Theoriediskussion, nicht zuletzt von Johann Mattheson, das *Oratorio* als dramatische und opernähnliche Form gewertet wurde, zeigt Irmgard Scheitler, *Deutschsprachige Oratorienlibretti. Von den Anfängen bis 1730*, Paderborn etc. 2005 (= Beiträge zur Geschichte der Kirchenmusik 12), S. 357–360.

Die wichtigsten Begründungsmodelle der Libretti sind, wie im Zeitalter der Aufklärung nicht anders zu erwarten, sowohl religiöser als auch säkularer Natur. Als Ursprung und Zusammenhalt der städtischen Gemeinschaft werden nicht nur die Ewigkeit Gottes, sondern auch Vaterlandsliebe und Handelsgeist angeführt; Spiritualität trifft auf konkretes gesellschaftliches Handeln. Dabei gibt es in formaler Hinsicht eine Tendenz der Oratorien zur religiösen Fundierung der Gemeinschaft, während in den Serenaten meist politische und ökonomische Modelle sozialer Kohäsion diskutiert werden. Jedoch gilt es, diese Tendenz nicht absolut zu setzen, der christliche Glaube spielt auch in den Serenaten eine zentrale Rolle, umgekehrt findet sich in den Oratorien die Berufung auf säkulare Wertsysteme.

In Bezug auf die religiöse Dimension der Gemeinschaftsstiftung könnte man auch von einer vertikalen Begründung sprechen. Die Versammlung bezieht ihre Legitimation aus einer Instanz, die über ihr steht. Dies wird in der Symbolsprache der Oratorien auf verschiedene Weise deutlich. Etwa durch die wiederholt anzutreffende Metapher des „Ursprunges" in Gott, oder das Bild des zum Himmel aufsteigenden Weihrauches, der die Dankgebete der Gemeinschaft repräsentiert. So heißt es im *Oratorio* von 1724: „Ach! Zögre nicht, beglückte Stadt, | den Weihrauch anzufeuern | und dem, der dich beschützt, | wann tausendfache Not um dich herum geblitzt, | der Dankeslieder Zoll zu steuern."[11] 1730 wiederum kombiniert Telemann in dem von ihm selbst verfertigten Libretto des *Oratorio* unterschiedliche Metaphern, um die Begründung der Gemeinschaft durch die über ihr stehende Instanz Gottes darzustellen:

Ja, Ja, laßt Herz und Mund für Freuden übergehen,
ihr, deren Wachsamkeit und unerschrockner Mut
Hammonien, durch Gottes Gnadenhut,
zur sorgenlosen Wohnung macht.
Verfüget, daß, zu größrer Lust und Pracht,
die ruhmbegabten Colonellen
sich Euren Gliedern zugesellen.
Erhebet himmelhoch den wunderschönen Tag

[...]

Preiset den Höchsten mit Rühmen und Loben,
welcher, durch gnädigen Beistand von oben,
euch in beständigem Wachstum erhält.
So wird ferner sein Gedeihen
Kirche, Rat und euch erfreuen,
Handel und Gewerbe segnen,
und der ganzen Stadt begegnen,
was ihr nur ersprießlich fällt.[12]

Dass dieses christliche Begründungsmodell in erster Linie der Perpetuierung der bürgerlichen Stadtgemeinschaft und ihrer aufgeklärten Ethik dient, zeigt beispielhaft das von Jacob Friedrich Lamprecht verfasste *Oratorio* des Jahres 1738. In ihm verknüpfen

---

11 Telemann, *Freuet euch des Herrn, ihr Gerechten* (Anm. 2), S. XIII.
12 Telemann, *Musik zum Konvivium der Hamburger Bürgerkapitäne 1730* (Anm. 2), S. 54–61.

sich die vier Tugenden Andacht, Gerechtigkeit, Wahrheit und Vertrauen mit Hammonia zu einem „Band". Das damit beschworene „ewige Verbinden" kann aber nur durch „des Himmels Huld" erreicht werden.[13]

Diesen religiösen Legitimierungsstrategien treten in den Serenaten weltlich begründete Zusammenschlüsse an die Seite. Eine wichtige Rolle spielt, abermals zeittypisch, die Genealogie, die Berufung auf die Väter und die Tradition der Bürgerwache. In Lamprechts *Serenata* von 1738 singt der Kriegsgeist von den „alten Helden", die als „heller Strahl aus den entwichnen Zeiten" den Kapitänen den ruhmreichen Weg der Zukunft weisen.[14] Damit einher geht die Idee einer patriotischen Gemeinschaft,[15] am deutlichsten in Nikolaus Dietrich Gisekes Libretto der *Serenata* von 1744. In ihr wendet sich „Hamburgs Schutz-Geist" an „Die Liebe zum Vaterlande" mit den Worten: „Du hast ja den Bürgern ihr glückliches Leben, | Und, was sie so ruhig besitzen, gegeben; | Dir sey es heilig, Vaterland!"[16] Dieses antwortet mit einer politischen Rede, in der es sich selbst in die Rolle des Herrschers rückt, der als Herz den Volkskörper Hamburgs regiert:

> Und ihr verdienet den Genuß,
> Weil Lieb und Grosmuth sich so treu für mich erklären.
> Nichts trenne künftig mich von euch!
> So wie sonst, in der Brust, das Herz an Kräften reich,
> Des flüchtigen Geblüts geheimen Kreis=Lauf lenket,
> Durch hundert Weg' es allen Gliedern schickt,
> Und, wenn kein Zufall es verdickt,
> Gesundheit, Kraft und Leben schenket:
> So will ich unter euch beständig wirkend seyn,
> Zum allgemeinen Wol das, was ihr thut, regieren,
> Und ieder Handlung Heil verleihn.[17]

Mit diesem Patriotismus verbindet sich die Berufung auf das historische Fundament der Bürgerrepublik Hamburg. Bereits an früherer Stelle heißt es in Gisekes *Serenata*: „Der Geist, der unsrer Stadt die güldne Freyheit gab, | Ist der, durch welchen auch das grosse Rom gestiegen | [...]. Lässt er sich nicht bey euren Vätern finden, | Ihr Bürger, wenn sie sich zu eurem Heil verbinden?"[18]

---

13 *Als Das Wohl=Löbliche Collegium Der Hhrn Bürger=Capitaines Der Stadt Hamburg Bey beglückter Gegenwart Dessen respective Hohen und Geehrtesten Eingeladenen D. 28. Aug. Ao. 1738 Sein Jährliches Ehren= und Freuden=Mahl Feyerlich begieng Ward Dasselbe auf Befehl mit nachgesetzten Und musicalisch aufgeführten Oratorio Und Serenata Bedienet.* Hamburg [o. J.], [o. S.].
14 Ebenda.
15 Vgl. hierzu Martin Krieger, *Patriotismus in Hamburg. Identitätsbildung im Zeitalter der Frühaufklärung*, Köln etc. 2008 sowie Rathey, *Kommunikation und Diskurs* (Anm. 7), S. 15–31.
16 *Als das wohllöbliche Collegium der Hhrn. Bürger=Capitaines der Stadt Hamburg bey beglückter Gegenwart Dessen respective Hohen und Geehrtesten Eingeladenen den 3. September des 1744. Jahres Sein Jährliches Ehren= und Freuden=Mahl feyerlich begieng, ward dasselbe auf Befehl mit nachgesetzten und musicalisch aufgeführten Oratorio und Serenata bedienet,* Hamburg [o. J.], [o. S.].
17 Ebenda.
18 Ebenda.

Doch eben dieser Geist der Geschichte, mit dem die Gemeinschaft in Verbindung steht, erweist sich auch als bedrohliches Element. Immer wieder setzten sich die Libretti mit aktuellen Ereignissen auseinander, die das Glück Hamburgs gefährden könnten und erwägen verschiedene Handlungsoptionen.[19] Die Folgen des Erdbebens von Lissabon für die Hansestadt werden in dem von Wilhelm Adolf Pauli 1756 verfassten *Oratorio* ausführlich erläutert,[20] und bereits 18 Jahre zuvor prägt der russisch-österreichische Türkenkrieg den Text der *Serenata*. Die Teilnehmer des Konviviums werden daran erinnert, dass der Krieg weitab von Hamburg stattfindet und das Reich unter der Führung Habsburgs die Unterstützung der Hansestadt benötige. Der „Schutzgeist Deutschlands" appelliert:

> Ihr Deutschen auf! euch führt die Ehre,
> Die war stets euer eignes Gut.
> Auf! denkt die Römer sind vorhanden,
> Die dorten Hermanns Schwerdt empfanden,
> Euch rührt ja noch dasselbe Blut.
>
> […]
>
> Die Tapferkeit begeistert Heer und Glieder,
> Auf, schlagt den Trotz der Ottomannen nieder.
> Geht, sammlet für den größten Kaiser
> Ruhm, Ehr und Glück, und neue Siegesreiser.
> Byzanz ruft euren Muth zu seinen Mauren hin,
>
> […]
>
> Ergreifet den Degen zum muthigen Schlagen,
> Verfolget und schrecket den wankenden Mond.
> Ihr sollt noch von den Deutschen Helden
> Auch dort den alten Ruhm vermelden,
> Wo Frevel, Stolz und Meineid wohnt.[21]

Ganz anders gestaltet sich das in den Libretti beschriebene Verhältnis der hamburgischen Stadtgemeinschaft zum Krieg aber sechs Jahre später. 1744 toben die österreichischen Erbfolgekriege, die zum Teil auch auf deutschem Territorium ausgetragen werden und Hamburg potentiell bedrohlich werden. Deshalb beschwört das *Oratorio* nun den Geist des Friedens und spekuliert auf Gottes Gnade: „GOtt, rufe doch den wilden Krieg zurücke. | Der Fried ist ja der Erden Glücke: | Der Krieg ihr Unglück und ihr Tod."[22] An selber Stelle wird zwar der Krieg als Werk Gottes be-

---

19 Dass dies auch noch in den 1780er Jahren der Fall war, zeigt Rathey, *Kommunikation und Diskurs* (Anm. 7), S. 79–103.

20 *Als das wohllöbliche Collegium der Hhrn. Bürger=Capitaines der Stadt Hamburg, bey beglückter Gegenwart Dessen respective Hohen und Geehrtesten Eingeladenen, den 26sten August des 1756sten Jahres Sein Jährliches Ehren= und Freuden=Mahl feyerlich begieng, ward Dasselbe auf Befehl mit nachgesetztem und musicalisch=aufgeführtem Oratorio und einer Serenate bedienet*, Hamburg [o. J.], [o. S.].

21 *Als Das Wohl=Löbliche Collegium Der Hhrn. Bürger=Capitaines Der Stadt Hamburg* [1738] (Anm. 13).

22 *Als das wohllöbliche Collegium der Hhrn. Bürger=Capitaines der Stadt Hamburg* [1744] (Anm. 16).

schrieben, dessen „Würge-Schwerdt" schon „manche Völker dünn gemacht",[23] doch sei Hamburg als „von Gott beglückte Stadt" von diesem Zorn nicht betroffen.[24]

Das in den Kapitänsmusiken entworfene Gemeinschaftsmodell und die daraus abgeleiteten politischen Handlungsempfehlungen variieren je nach historischer Lage. Die Interessen der Stadt konnten sowohl auf friedlichem als auch auf kriegerischem Weg gewahrt werden. Durch ihre musikalische Form trugen die Konvivien der Bürgerkapitäne dazu bei, die öffentliche Selbstdarstellung der Hansestadt als idyllischer oder militärischer Gemeinschaft zu bekräftigen. Auch hier weisen *Oratorio* und *Serenata* gegensätzliche Tendenzen auf, selbst wenn sie nicht völlig in diesen aufgehen. Während die Oratorien zu Andacht und Stille neigen, eröffnen die Serenaten meist mit militärischen Klängen, deren Flöten und Trommeln auf den Dienst der Bürgerwache referieren. Besonders eindrücklich ist dieser Gegensatz von idyllischer Stille und militärischem Lärm zu Beginn der *Serenata* von 1738 umgesetzt. Hier freut sich der „Chor der Helden" zunächst über den Klang der „Trommel mit wirbelnden Schlägen", bevor dann die „Elbe" in Verein mit den „Schäfern" den „Seegens reiche[n] Friede[n]" als „Ursprung unsrer Sicherheit" preist.[25] Beide Positionen stehen textlich und musikalisch unvermittelt nebeneinander, in den folgenden Chören und Rezitativen wird jedoch deutlich, dass der „Kriegsgeist" über den Frieden die Oberhand behalten und in Hamburg einziehen wird. Die Elbe reagiert verzweifelt: „Oh weh! hier lässt sich ja in wiederholten Chören der wilde Krieg, die freche Mordlust hören. Man ruft zu Felde, bläst zur Schlacht." Sie vermeint zu hören, wie der „Mörser kracht" und die Erde „bebt".[26] Damit zeigte sich beim Konvivium des Jahres 1738 in besonders starkem Maße, was auch in den übrigen Kapitänsmusiken strukturell angelegt ist. Mit der Bürgerwache wird eine militärische Institution gefeiert, die eine theologische Begründung durch Gott, oder, in diesem Fall, durch die Idylle der Natur benötigt. Es könnte sich in musikologischer Hinsicht als fruchtbar erweisen, der kompositorischen Gestaltung dieses strukturellen Paradoxons von Stille und Lärm in Telemanns Kapitänsmusiken eine Untersuchung zu widmen.

Jedoch steht das religiöse Element nicht nur in Konkurrenz zu Patriotismus und Militär, sondern auch zur Ökonomie. Die Texte machen deutlich, dass der Wohlstand Hamburgs im Wesentlichen auf Handel beruht. So rühmt etwa Gisekes *Serenata* von 1749 die völkerverbindende Kraft des Warenaustausches:

> O Handlung, deren Flor der Flor der Länder ist,
> Die du des Seegens Quell, der Völker Mutter bist,
> Die sich durch dich gesellschaftlich verbinden.
> Umsonst hat die Natur, die sie zu trennen scheint,
> Dieß Volk in Meeren eingeschlossen,
> Ein andres Volk durch Berg und Klippen abgezäunt;
> Sie werden doch durch dich vereint!
> Durch Meere, die sonst einsam flossen,

---

23 Ebenda.
24 Ebenda.
25 *Als Das Wohl=Löbliche Collegium Der Hhrn. Bürger=Capitaines Der Stadt Hamburg* [1738] (Anm. 13).
26 Ebenda.

Und über sich allein den Himmel wandeln sahn,
Machst du dir einen Weg zu fremden Bundsgenossen;
Und über Klippen eine Bahn.
Dann sehen Völker sich, die sich noch nie gesehen,
Und sind zuerst einander lächerlich.
Sie handeln, eh sie noch einander recht verstehen,
Und nun verstehn sie sich.[27]

Daraus entsteht nun aber eine Bruchlinie zwischen religiösen Tugenden und kapitalistischen Verhaltensweisen, zwischen Demut und Frömmigkeit auf der einen sowie Geldgier und Egoismus auf der anderen Seite. Denn der Handel wirkt nicht nur friedens- und gemeinschaftsstiftend, sondern regt auch, wie er selbst bei seinem Auftritt in der *Serenata* von 1756 betont, das individuelle Profitstreben an: „Wunsch der Menschen bis zur Baare, | Theures Geld, gesuchte Waare, | Dich verdien' und schaff' ich an. | Ich, ich bin des Staates Ehre; | Denn, wenn keine Handlung wäre, | Wer wär' denn ein reicher Mann?"[28] Dass dies für eine auf christlichen Werten fundierte Gemeinschaft problematisch ist, verdeutlicht schon das erste Rezitativ des *Oratorio* von 1724 mit eindrücklicher Bildsprache:

Der Augenmerk,
worauf die Lust des Frommen zielet,
ist nicht ein roter Kot,
nach welchem Geldsucht ohne Not
in dem verborgnen Schoß
der schwangren Erde wühlet.
Golkondens Demantsteine,
nebst Siams Elfenbeine,
schlägt er verächtlich in den Wind.[29]

Neben Geldsucht und Profitstreben wird auch der Überfluss zum Problem, da er zu einer Vernachlässigung der Dankbarkeit gegenüber Gott verführen kann. So singt im *Oratorio* des Jahres 1738 das Laster der Unachtsamkeit folgenden provokanten Text:

Was hab ich nöthig zu erwegen,
Wer mir so viele Güter schenkt.
Ich will sie sonder Wahl geniessen,
Die Zeit wird nur umsonst verfliessen,
Da man den Ursprung von dem Seegen,
und seinen Ueberfluß bedenkt.[30]

---

27 Nikolaus Dietrich Gieseke, *Poetische Werke*, hrsg. von Carl Christian Gärtner, Braunschweig 1767, S. 272.
28 *Als das wohllöbliche Collegium der Hhrn. Bürger=Capitaines der Stadt Hamburg* [1756] (Anm. 20).
29 Telemann, *Freuet euch des Herrn, ihr Gerechten* (Anm. 2), S. XII.
30 *Als Das Wohl=Löbliche Collegium Der Hhrn. Bürger=Capitaines Der Stadt Hamburg* [1738] (Anm. 13).

Die Bürgerwache 1790.

Lieutenant.   Lohnwächter.   Capitain.

Abbildung 2:
Die Bürgerwache 1790
[Staatsarchiv Hamburg 720–10 /
261–01 = 62/77]

In der Kapitänsmusik von 1744 wird deutlich, dass von diesem Problem auch die Bürgerwache selbst betroffen war. Sie stand in der Kritik, weil immer mehr dienstpflichtige Bürger ihre Aufgaben von Lohnwächtern (Abbildung 2) übernehmen ließen.

Der Reichtum der Stadt bedrohte nicht mehr nur Frömmigkeit und Demut, sondern auch säkulare Werte wie Bürgerpflicht und Patriotismus. Deshalb sah sich Giseke in seinem Serenatentext dazu genötigt, den kapitalistischen Egoismus anzuprangern, allegorisch verkörpert durch das Laster des Leichtsinns. Dieser preist in seinem Rezitativ das Anheuern von Lohnwächtern für die Bürgerwache: „Die Liebe zum Vaterlande, Ich weis es wol, es fällt den wenigsten bequem, | Und die Bequemlichkeit ist angenehm. […] Doch werden, sonder uns, sich Leute dazu finden, | Wenn Ehr und Vorteil sie mit güldnen Ketten binden; | Nicht, wie du meynst, die Pflicht."[31] So legen die Libretti der Kapitänsmusiken Zeugnis davon ab, dass im Kapitalismus eine Dynamik am Werk ist, die nicht nur die religiöse Fundierung der Gemeinschaft, sondern auch ihre säkularen Kohäsionskräfte potenziell untergräbt.

Welche Modelle bieten die Libretti an, um jenen Bedrohungen entgegenzuwirken, die den religiösen und säkularen Legitimationsversuchen der Stadtgemeinschaft selbst entspringen? Zwar finden sich Beispiele wie im *Oratorio* des Jahres 1738, wo das Las-

---

31 *Als das wohllöbliche Collegium der Hhrn. Bürger=Capitaines der Stadt Hamburg* [1744] (Anm. 16).

ter der „Unachtsamkeit" von der Figur der Hammonia einfach aus der Gemeinschaft verbannt wird – „Dir sey hinfort bey mir die Wohnung untersagt. Du, du sollst meinen Kreis auf ewig meiden!"[32] –, doch ist dieses recht schlichte Exklusionsmodell keineswegs dominant. Häufiger wird versucht, das negative Element zu integrieren. Dies übersehen sowohl Willi Maertens als auch Markus Rathey. Letzterer konstatiert, dass den Kapitänsmusiken generell ein „Schwarz-Weiß-Denken" zu eigen sei, aufgrund dessen die Tugenden immer schon „als Sieger auszumachen" seien.[33] Jedoch lässt sich in jedem Jahrzehnt, in dem Telemanns Kapitänsmusiken aufgeführt wurden, ein Beispiel finden, in dem die Laster eben nicht ausgeschlossen oder besiegt, sondern in den Akt der Gemeinschaftsstiftung eingeschlossen werden. Zu nennen ist hier die *Serenata* von 1724, in der der „Neid" bis zum Schluss beteiligt bleibt und von den Tugenden gezwungen wird, in das Loblied Hammonias einzustimmen. Obwohl er seinen Unmut hierüber kundtut – „so wächset meiner Seelen Qual"[34] – ist seine Stimme musikalisch in das Finale der *Serenata* integriert. Das *Oratorio* von 1730 folgt dagegen einem dialogisch-dialektischen Modell von Integration. In dessen erster Hälfte treten die Freude und die Traurigkeit in ein Streitgespräch, wobei die Argumente jeweils mit entsprechenden Bibelstellen gestützt werden. Inszeniert wird dabei jedoch kein Kampf, an dessen Ende die Tugend als Sieger über die Untugend hervorgehen würde, stattdessen ermahnt die Traurigkeit zu Realismus und warnt vor zu eitler Freude am eigenen Wohlergehen.[35] Ausführlicher zitiert sei das Beispiel der *Serenata* 1755, weil dieser Text Michael Richeys zu den ungewöhnlichsten innerhalb des Korpus zählt. Dies zeigt sich bereits an der Tatsache, dass in ihm nicht, wie in den anderen Libretti üblich, ein einziges Laster den Kreis der Tugenden stört, sondern drei Laster und drei Tugenden erscheinen, also numerisches Gleichgewicht herrscht: Prudentius (Klugheit), Agenor (Tapferkeit) und Eucopus (Unverdrossenheit) stehen Commodianus (Gemählichkeit), Solisus (Scheinheiligkeit) und Brosius (Einfalt) gegenüber. Zudem begibt sich Richeys Libretto auf die Metaebene, reflektiert die Form der Konvivien und damit auch den prekär gewordenen Status der Bürgerwache innerhalb Hamburgs.

Laster und Tugenden führen einen Polylog, der an einen Komödientext erinnert und dessen formelle Pointe darin besteht, dass alle sechs Figuren zusammen, metapoetisch, nach einem Schlussreim für den gemeinschaftsstiftenden Chor suchen. Auch wenn die Laster dabei eine eher schlechte Figur machen, bleibt ihnen doch eine Teilnahme an den Pflichten der Bürgerwache in Aussicht gestellt.

---

32 *Als Das Wohl=Löbliche Collegium Der Hhrn. Bürger=Capitaines Der Stadt Hamburg* [1738] (Anm. 13).
33 Rathey, *Kommunikation und Diskurs* (Anm. 7), S. 69.
34 Telemann, *Freuet euch des Herrn, ihr Gerechten* (Anm. 2), S. XIX.
35 Telemann, *Musik zum Konvivium der Hamburger Bürgerkapitäne 1730* (Anm. 2), S. 3–41.

Prudentius.	Es reget sich in mir ein Dichter-Geist.
Solipsus.	Wenn der nur nicht satyrisch heisst.
Commodianus.	Gnug, wenn er von der Sclaverey
	Des mir verhassten Reimes frey.
Prudentius.	Ihr Freunde, wenn es euch gefiele,
	So wollten wir uns hier zusammen setzen,
	Und uns an einem Spiele …
Commodianus.	Mit Karten?
Prudentius.	Nein!
Brosius.	Mit Frauenzimmer?
Prudentius.	Nein!
	Mit Findung eines Reims ergetzen
	Durch dessen Schluß verbunden sich entdeckt,
	Was iedem für ein Wunsch im treuen Hertzen steckt.
Commodianus.	Ich passe.
Brosius.	Nein! Ich glaube daß ich kann,
	Weil meine Frau es glaubt.
Agenor.	Wolan!
	Was für ein Schluß-Wort trifft mit diesem Glückwunsch ein:
	„Das Neid und Feind für Teutschlands Adler fliehe?"
Eucopus.	„Daß Rath und Bürgerschaft nichts wiedriges bemühe."
Agenor.	„Daß Liebe, Treu und Fleiß in tapfern Hertzen glühe."
Prudentius.	„Daß Segen, Glück und Heil in allen Ständen blühe."
Brosius.	Daß…
Commodianus	Daß… Erst her ein Glas!
Prud./Ag./Euc.	Ey Was? „Daß unsre Hauptmannschaft mit Lust zu Walle ziehe."
Commodianus.	Vielleicht auch Brosius.
Brosius.	Und einst Commodianus.
Eucopus.	Das wäre wolgethan.[36]

Auch wenn die Integration der Laster in die Gemeinschaft der Konvivien hier sati-
risch gebrochen ist, reflektiert Richey doch die jahrzehntelange Tradition der Kapitänsmusiken, bedrohliche Elemente nicht aus-, sondern einzuschließen. Zum anderen
aber – und dieser Punkt ist für die Frage nach integrativen Modellen von Kollektivbildung noch bedeutender – verweist das Libretto darauf, dass es nicht genügt, Gemeinschaft diskursiv zu modellieren, sondern diese erst im performativen Vollzug einer
gemeinsamen Handlung entsteht.[37] Die Diskussion zwischen Tugenden und Lastern
mündet in Appelle, die den fiktionalen Rahmen des Textes überschreiten und sich an

---

36 *Als das wohllöbliche Collegium der Hhrn Bürger=Capitaines der Stadt Hamburg bey beglückter
    Gegenwart Dessen respective Hohen und Geehrtesten Eingeladenen den 28sten August des 1755.
    Jahres Sein Jährliches Ehren= und Freuden=Mahl feyerlich begieng, ward dasselbe auf Befehl mit
    nachgesetztem und musicalisch aufgeführtem Oratorio und Serenata bedienet*, Hamburg [o. J.],
    [o. S.].
37 Zur „Performanz als Resonanzraum" in Bezug auf die Bürgerkapitänsmusiken Carl Philipp
    Emanuel Bachs siehe Rathey, *Kommunikation und Diskurs* (Anm. 7), S. 49–58.

die konkrete Versammlung der Bürgerkapitäne richten. Es ist dabei in literaturwissenschaftlicher Perspektive zweitrangig, ob diese Appelle in der Realität umgesetzt wurden, die Teilnehmer also tatsächlich in die vorgegebenen Schlussworte eingestimmt haben. Wichtiger ist, dass nicht nur Richeys, sondern sämtliche überlieferten Libretti von Telemanns Kapitänsmusiken solche, für Gelegenheitsdichtungen typische Appellstrukturen aufweisen und damit auf die performative Konstitution des Kollektivs zielen. In den meisten Texten finden sich Choräle, deren Texte den Teilnehmern der Konvivien zum Mitsingen ausgeteilt wurden. Vor allem jedoch sind es die Apostrophen am Schluss der Oratorien und Libretti, die, als struktureller Höhepunkt, zu einer gemeinsamen Handlung aufrufen. Drei Beispiele: In der *Serenata* von 1724 singen sämtliche Figuren, im Tutti vereint, „Es lebe die Colonell- und Hauptmannschaft!"[38] Der ebenfalls im Kollektiv vorgetragene Bibelspruch am Schluss des *Oratorio* von 1730, „So gehe hin und iß dein Brot mit Freuden", spielt auf das von den Kapitänen gemeinsam eingenommene Mahl an.[39] Und 1744 wendet sich „Hamburgs Schutz-Geist" am Ende der *Serenata* direkt an die Versammlung und beschwört in seiner Arie das Bündnis zwischen den Kapitänen und den Bürgern der Stadt.[40]

Zu bedenken ist in diesem Zusammenhang, dass die Serenaten nicht den Schlusspunkt des Konviviums bildeten, sondern während der Mahlzeiten aufgeführt wurden. Jedoch zeigen die Quellen, dass für das Ende eines jeden Konviviums ein performativer Akt vorgesehen war, der gemeinschaftsstiftenden Charakter hatte. Die Rede ist vom sogenannten ‚Kettenschluss': Die Kapitäne, die an einer runden Tafel saßen, erhoben sich am Ende eines jeden Konviviums und reichten sich überkreuzend die Hände.[41] Eine überlieferte Beschreibung Richeys aus dem Jahr 1719 schildert, wie dies genau vonstatten ging:

> […] und darauf war dem alten rühmlichen Gebrauche nachgelebet | vermöge wessen beide Hoch- und Wollöbliche Collegia an Dero Tafeln rings herum die Hände Kreutzweise an einander schräncken | und dabey | unter einer fröhlichen Musique, alle Kenn-Zeichen einer hertzlichen Vertraulichkeit und Freude geben: welches der Ketten-Schluß genennet | und als ein löbliche Erinnerung der nothwendigen und heilsamen Eintracht | allemahl bey dem Freuden-Mahle beybehalten wird.[42]

---

38 Telemann, *Freuet euch des Herrn, ihr Gerechten* (Anm. 2), S. XVIII.
39 Telemann, *Musik zum Konvivium der Hamburger Bürgerkapitäne 1730* (Anm. 2), S. 65.
40 *Als das wohllöbliche Collegium der Hhrn. Bürger=Capitaines der Stadt Hamburg* [1744] (Anm. 16).
41 Zum Kettenschluss im Kontext der städtischen Liedkultur Hamburgs siehe Katharina Hottmann, *„Auf! stimmt ein freies Scherzlied an". Weltliche Liedkultur im Hamburg der Aufklärung*, Stuttgart etc. 2017, S. 253–255. Rathey, *Kommunikation und Diskurs* (Anm. 7), S. 103 f., bemerkt hierzu: „Zum Symbolfeld des Kettenschlusses gehört auch, dass die Kette in jener Zeit – neben ihrer Funktion als weibliches Schmuckstück – als Ehren- und Amtszeichen verwendet wurde. Indem sich die Bürgerkapitäne zu einer Kette zusammenschließen, formieren sie sich quasi zu einem eigenen Amtssymbol."
42 [Michael Richey], *Umständliche Beschreibung des ansehnlichen Jubel=Festins, Welches Die Hoch= und Wohllöblichen Collegia der Herren Colonels und Bürger=Capitaines in Hamburg | nachdem Dieselben bey Ihren wolergebrachten Verfassungen Hundert Jahre von Gott erhalten worden | A. 1719. d. 31. Augusti friedlich und frölich celebriret den künftigen Zeiten zur Nachricht ans Licht gestellet*, Hamburg 1719, [o. S.].

Abbildung 3: Kupferstich von Christian Fritzsch aus dem Jahr 1730 [Staatsarchiv Hamburg 720–1/
261–02=12]

Der Kettenschluss findet sich symbolisch dargestellt in einem Kupferstich aus dem
Jahr 1730 (Abbildung 3). Auffällig ist, dass die darin abgebildete Anordnung der Teilnehmer des Konviviums keine homogene Einheit von Gleichberechtigten zeigt. Tatsächlich wurden die Kapitäne, wie auch die Bürgerwache als Ganzes, in die Verwal-
tungsstruktur der fünf Hamburger Kirchspiele eingefügt. Es entstanden Gruppen, die,
einem komplizierten Proporzsystem zufolge, unterschiedlich groß und einflussreich

waren. Diese Gruppen wiederum folgten einer hierarchischen Struktur, in der die Obristen bzw. Kolonelherren[43] sowie die Obrist-Lieutenants bzw. Kolonelbürger über den 57 Kapitänen standen. Dadurch bildete sich zugleich die politische Trennung in Rat und Bürgerschaft ab, waren doch die fünf Kolonelherren die fünf Ältesten des Rates, während die Kolonelbürger der Bürgerschaft entstammten. Ungleichheit prägte außerdem nicht nur das innere Gefüge der Bürgerwache, sondern auch ihre Abgrenzung nach außen: Die Mitglieder des Kapitänskonviviums entstammten dem wohlhabenden und politisch einflussreichen Bürgertum, andere Schichten blieben ausgeschlossen.

Deutlich wird aber auch, dass der Kupferstich eben diese Bruchlinien innerhalb des Kapitänskonviviums symbolisch zu kompensieren versucht. Gerahmt wird die hierarchische Ordnung der Namen von den sich überkreuzenden Händen des Kettenschlusses. Die Darstellung suggeriert einen Zusammenschluss Gleichberechtigter, der in der sozialen Ordnung der Bürgerwache nicht gegeben war. Gleiches gilt für das während des Kettenschlusses gesungene, von Telemann vertonte Lied:

> 1.
> Schliesset die Kette der Einigkeit veste,
> daß keine Zwietracht noch Zank sich einneste!
> Gebet und folget vernünftigen Raht!
> Sucht der Stadt Bestes, so blühet ihr Staat!

> 2.
> Reicht Euch die Hände, zugleich mit den Herzen!
> Lasset die Lippen voll Redlichkeit scherzen!
> Denn bey der Falschheit geheuchelten Treu
> Reisst auch das stärkeste Bündniß entzwey.

> 3.
> Hüpfet und tanzet am frölich Reihen!
> Lasset noch Hände noch Herzen sich zweyen!
> Gebet ein Vorbild auf künfftige Zeit,
> Daß Ihr Euch jährlich hier wieder erfreut![44]

Sowohl in der symbolischen Darstellung des Kupferstiches als auch im Liedtext des Kettenschlusses tritt die formale Ambivalenz von diskursiver und performativer Gemeinschaftsstiftung deutlich hervor. Während der Kupferstich die kollektiv vollzogene Handreichung am Schluss der Konvivien als Rahmung sozialer Ordnung deutet, ist der Liedtext diskursiv und appellativ strukturiert. Gemeinschaft könne nur bestehen, so wird argumentiert, wenn die Teilnehmer Vernunft und Tugend folgen. Zum ande-

---

43 So war etwa Barthold Heinrich Brockes Kolonelherr im Michaelis- und Katharinenspiel.
44 Zitiert nach Maertens, *Georg Philipp Telemanns sogenannte Hamburgische Kapitainsmusiken* (Anm. 2), S. 38. Rathey, *Kommunikation und Diskurs* (Anm. 7), S. 104–106, deutet die erste Strophe als äußere, die zweite als innere, emotive und die dritte als prospektive Funktion. Der Schlussgesang „verstärkt und erklärt nicht nur das Gemeinschaftserlebnis beim Kettenschluss, sondern das gemeinsame Singen führt selbst zu einem dem Kettenschluss analogen Gemeinschaftsgefühl."

ren jedoch zielen die Imperative auf den performativen und unmittelbaren körperlichen Vollzug der Gemeinschaft in gegenseitiger Handreichung und Tanz.

Die Libretti der Kapitänsmusiken wurden als Drucke publiziert, Telemanns Vertonungen gelangten in den auf das Konvivium folgenden Wochen an verschiedenen Orten der Stadt zur Aufführung;[45] das Wechselspiel von diskursiver und performativer Kollektivbildung prägte auch die Rezeption außerhalb der Bürgerwache. Der Versuch, durch den Rückgriff auf religiöse und säkulare Wertsysteme die Stadtgemeinschaft zu legitimieren und ihre Dauerhaftigkeit zu garantieren, konnte nun zwar potentiell von jedem Bürger im Privaten nachvollzogen werden, jedoch wurden die Leser dabei mit den in den Libretti zu Tage tretenden Bruchlinien diskursiv verfasster Gemeinschaften und mit einer Appellstruktur konfrontiert, die die Teilhabe an der Gemeinschaft nur in der konkreten Aufführungssituation möglich erscheinen ließ. Diese war jedoch, ebenso wie die in den Texten entworfenen Modelle, immer auch ephemer, weshalb die Kapitänsmusiken den Zusammenhalt der Stadt Jahr für Jahr aufs Neue begründen und vollziehen mussten.

---

45 Vgl. hierzu Annemarie Clostermann, *Das Hamburger Musikleben und Georg Philipp Telemanns Wirken in den Jahren 1721 bis 1730*, Reinbek 2000, S. 76.

Carsten Lange

Telemanns Verbindungen zur französisch-reformierten Gemeinde in Altona

Eine Spurensuche

Die Beziehungen Georg Philipp Telemanns nach Altona ziehen immer wieder das Interesse nicht nur der Telemannforschung auf sich. Neben der nachbarschaftlichen Nähe zu Hamburg dürfte das nicht selten auch der besonderen Situation geschuldet sein, dass der heutige Stadtteil Hamburgs als selbstständige Stadt zeitweilig unter dänischer Verwaltung stand. Das war auch während der Amtszeit Telemanns in Hamburg von 1721 bis zu seinem Tod 1767 der Fall.

Mit der „Musikgeschichte Altonas während der Zeit von Telemanns Wirken in Hamburg" setzte sich zuletzt Jürgen Neubacher auseinander.[1] Auf der Basis des von ihm zusammengetragenen umfangreichen Materials lassen sich persönliche Beziehungen Telemanns nach Altona bis in die 1720er Jahre zurückverfolgen, als er 1724 die Patenschaft über die zweite Tochter des Altonaer Kantors Wilhelm Ernst Kühlemorgen, Anna Margareta, übernahm.[2] Neubacher gelang es, auf ein bis vor wenigen Jahren noch nahezu unbekanntes umfangreiches musikalisches Engagement Telemanns in Altona aufmerksam zu machen. Es setzte Ende der 1730er Jahre ein und lässt sich mit Veränderungen in Altona in Zusammenhang bringen, die positive Auswirkungen auf das Musikleben der Stadt hatten: 1738 wurde die Lateinschule in ein Akademisches Gymnasium umgewandelt, welches 1744 nach dem dänischen König Christian VI. den Namen „Christianeum" erhielt, ab 1739 erfolgte die Wiederbelebung des Chorus symphoniacus und gleichzeitig kam es auch zu einer Verstärkung der Besetzung der privilegierten Stadtmusikanten.[3] Vom musikalischen Aufschwung in Altona profitierte Telemann einerseits durch Kompositionsaufträge (insbesondere für Festmusiken),[4] andererseits konnte er bisweilen auf Musiker aus Altona für seine eigenen Aufführungen in Hamburg zurückgreifen. Dass Telemann bereits vor diesem fruchtbringenden musikalischen Austausch über Kontakte zu Persönlichkeiten aus Altona verfügt haben dürfte, die eher dem Handels- und Bankenwesen als den musikalischen Bereichen zuzuordnen sind, geht aus Telemanns Widmung zu seiner Sammlung der zwölf *Fantaisies pour la Basse de Violle* (TWV 40:26–37) hervor, die er 1735 in

---

1 Jürgen Neubacher, Zur Musikgeschichte Altonas während der Zeit von Telemanns Wirken in Hamburg, in: *Hamburger Jahrbuch für Musikwissenschaft* 18 (2001), S. 267–311; ders., Georg Philipp Telemanns Altonaer Festmusik anläßlich des 100jährigen Jubiläums der Erbsouveränität des dänischen Königshauses am 16. Oktober 1760. Einführungstext zur Aufführung der Festmusik am 23. August 2014 in der Altonaer St.-Trinitatis-Kirche (barockwerk hamburg, Leitung: Ira Hochman), Nachdruck in: *Mitteilungsblatt der Internationalen Telemann-Gesellschaft e. V.* 28 (Dezember 2014), S. 34–36. Vgl. dazu auch die CD „Festmusiken für Altona ‚Die dicken Wolken scheiden sich' TVWV deest (1760)", Georgsmarienhütte: cpo, 2017.
2 Neubacher, Musikgeschichte Altonas (Anm. 1), S. 270.
3 Vgl. ebenda, S. 293.
4 Vgl. dazu bei Neubacher, Musikgeschichte Altonas (Anm. 1), besonders „Anhang 1: In Altona aufgeführte Festmusiken von 1713 bis 1767", S. 295–306.

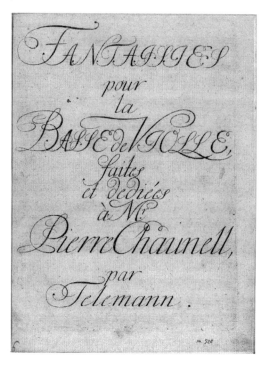

Abbildung 1:
Georg Philipp Telemann, *Fantaisies pour la Basse de Violle* (Hamburg 1735), Titelblatt [Niedersächsischen Landesarchiv in Osnabrück, NLA OS Dep 115 b Akz. 2000/002 Nr. 528]

Hamburg im Selbstverlag veröffentlichte. Die Werke wurden im sogenannten Amsterdamer Katalog von 1733 angekündigt und in einem auf 1735 zu datierenden Katalog sowie 1736 im *Hamburger Relations-Courier* und im *Hamburgischen unpartheyischen Correspondenten* angezeigt.[5] Sie galten seit Telemanns Tod als verschollen. Erst 2015 stieß Thomas Fritzsch auf das derzeit einzige nachweisbare Druckexemplar, als er sich auf Anraten des französischen Musikwissenschaftlers François-Pierre Goy der Durchsicht des Aktenmaterials des Gutes Ledenburg widmete.[6] Dieses wird als Depositum im Niedersächsischen Landesarchiv in Osnabrück aufbewahrt.[7]

Telemann komplettierte mit seinen zwölf *Fantaisies pour la Basse de Violle* die Reihe seiner Fantasien, die er in den 1730er Jahren für verschiedene Instrumente in seiner „Music-Bude"[8] herausgebracht hatte: Je zwölf Solofantasien für Traversflöte TWV 40:2–13 (1732/33) und Violine TWV 40:14–25 (1735) sowie die *3. Douzaines des Fan-*

5   Vgl. Martin Ruhnke, *Georg Philipp Telemann. Systematisches Verzeichnis seiner Werke. Telemann-Werkverzeichnis (TWV)*, Kassel etc. 1984 (= Georg Philipp Telemann, Musikalische Werke, Supplement), Bd. 1, S. 115 und zu den Katalogen S. 233–235, bes. S. 235, sowie S. 236–237; *Hamburger Relations-Courier*, Nr. 7 (1736), vom 12. Januar (Donnerstag); *Hamburgischer unpartheyischer Correspondent*, Nr. 12 (1736), vom 21. Januar (Sonnabend). Vgl. auch Carsten Lange, „Einführung", in: *Georg Philipp Telemann (1681–1767). Zwölf Fantasien für Viola da Gamba solo, Hamburg 1735, TWV 40:26–37*, hrsg. von Thomas Fritzsch / Günter von Zadow, Heidelberg 2016, S. II–III.

6   Vgl dazu Martin Schürrer, „…gesellte sich Musik zur Poesie". Verschollene und unbekannte Gambenkompositionen Georg Philipp Telemanns und Carl Friedrich Abels in der Notensammlung der Dichterin Eleonore von Münster, in: *Osnabrücker Mitteilungen* 121 (2016), S. 81–92.

7   Georg Philipp Telemann, *Fantaisies pour la Basse de Violle*, Hamburg 1735, überliefert im Niedersächsischen Landesarchiv, Standort Osnabrück, NLA OS Dep 115 b Akz. 2000/002 Nr. 528.

8   So die Bezeichnung für den telemannischen Verlag im Katalog H (Anm. 5).

taisies pour le Clavecin TWV 33:1–36 (1732/33). Auch auf diesem Gebiet zeigt sich so ein innovatives, geradezu systematisch-enzyklopädisches Vorgehen Telemanns.

Das Wiederauffinden der Sammlung eröffnet der Forschung zahlreiche analytische Untersuchungsmöglichkeiten und ist für die Musikpraxis als Bereicherung zu bewerten. Anhand des Titelblattes wurde nun bekannt, dass Telemann sie Pierre Chaunel zugeeignet hatte (Abbildung 1).[9] Über den Widmungsträger lenkt sie den Blick dabei auch auf das bislang kaum behandelte Thema des Kontaktes Telemanns zu Angehörigen der französisch-reformierten Gemeinde in Altona und Hamburg.

I. Emigranten in Hamburg und Altona

Im Zuge der Verfolgung von Angehörigen reformierten Glaubens im katholischen Frankreich bis zum Edikt von Nantes 1585 und nach dessen Auflösung 1685 kamen Réfugiés in großen Schüben aus diesem Gebiet auch in die norddeutschen Hansestädte. Hamburg gewährte ihnen die Ansiedlung und gegen Bezahlung eines sogenannten „Fremdenschoßes" auch freien Handel und wirtschaftliche Gleichberechtigung. Bürger der Stadt wurden sie damit allerdings nicht und sie waren auch von einer Integration in die städtische Verwaltung ausgeschlossen. Das hing vor allem mit der Verquickung von weltlichen und kirchlichen Ämtern zusammen und traf somit alle Angehörigen anderer als der lutherischen Glaubensgemeinschaft. Auch die offizielle Ausübung ihres Glaubens in Hamburg war den Reformierten bis in die Mitte des 18. Jahrhunderts hinein verwehrt.[10]

Vor 1602 reisten die Angehörigen reformierten Glaubens bis nach Stade, um in Gemeinschaft ihren Gottesdienst zu praktizieren. Nahe Hamburg, in Altona, hatten die Hamburger Hugenotten – und mit ihnen andere Reformierte – erst von 1602 an einen Ort, an dem ihnen die gemeinsame Religionsausübung offiziell möglich war. In jenem Jahr sicherte der Graf von Schaumburg ihnen mit einem Privileg zu, in Altona eine reformierte Gemeinde gründen und eine Kirche bauen zu dürfen.[11]

II. Der Widmungsträger Jean Pierre Chaunel

Jean Pierre Chaunel [auch Chaunell] gehörte zur zweiten Generation calvinistischer Protestanten, die aus dem katholischen Frankreich flüchteten, um vor Verfolgung und Tod sicher zu sein. In verschiedenen Regionen Deutschlands, darunter in Preußen, waren Réfugiés willkommen und sollten unter anderem mit ihren handwerklichen und kaufmännischen Erfahrungen zum wirtschaftlichen Aufschwung beitragen. In Al-

---

9 Vgl. inzwischen auch die Neuausgabe mit Faksimile der Quelle: *Georg Philipp Telemann (1681–1767). Zwölf Fantasien für Viola da Gamba solo* (Anm. 5).

10 Vgl. hierzu und zum Folgenden *Hugenotten in Hamburg. Tagungsschrift zum Deutschen Hugenottentag Hamburg 23.–26. April 1976*, hrsg. von Hans W. Wagner, Stade / Altona 1976, bes. S. 31.

11 An den Ort der freien Religionsausübung in Altona erinnert noch heute der Straßenname „Kleine Freiheit".

tona existierte seit 1686 eine starke französisch-reformierte Gemeinde. Sie entstand, als sich in jenem Jahr die dortigen Reformierten aufgrund ihrer sprachlichen Zugehörigkeit in eine deutsch-reformierte und in eine französisch-reformierte Gemeinde aufspalteten. Hinzuweisen ist darauf, dass beide Gemeinden ihre Mitglieder weiterhin in Altona und in Hamburg hatten.[12]

Die Vorfahren von Jean Pierre Chaunel lebten an der französischen Mittelmeerküste. Den Wechsel nach Norddeutschland vollzog Chaunels Vater Jacques, der aus Montpellier stammte und sich Ende des 18. Jahrhunderts in Altona ansiedelte. Aus seiner 1700 geschlossenen Ehe mit Marie Raillard ging Jean Pierre Chaunel hervor.[13] Er wurde am 1. Mai 1703 in Altona geboren und am 13. Mai daselbst getauft.[14] Ihm war ein ähnlich langes Leben wie Telemann beschert: Mit 83 Jahren starb er am 14. September 1789. Beigesetzt wurde er am 19. September 1789 auf dem Friedhof St. Georg (Hamburg). Urkundlich belegt ist, dass er 1733 in Hamburg zwei nebeneinander gelegene Grundstücke im „Alten Wandrahm" erwarb, eines davon mit Speicher und Kontor. Diese Besitzungen verkaufte er 1768.[15]

Jean Pierre Chaunel betätigte sich als Handelsmann und Bankier.[16] Bislang konnte nicht abschließend geklärt werden, mit welcher Art von Handelsunternehmungen er – neben den Geldgeschäften – befasst war. Er galt bis ins hohe Alter als vermögend[17] und besaß vermutlich neben dem erwähnten Grundstück noch mehrere Häuser in Hamburg. Georg Schües verwies 1934 in seiner Familiengeschichte darauf, dass die Hochzeit von Chaunels „Enkelin Jeanne Susanne Texier mit Ulrich Schües mittags in seinem [Chaunels] Hause bei der Börse gefeiert" wurde.[18] Zur Vermögenssituation in Chaunels letzten Lebensjahren ermittelte Schües anhand der städtischen Steuerbücher einen Rückgang der Abgaben. Da Chaunel als Reformierter nicht Bürger der Stadt Hamburg werden konnte, zahlte er einen ihm freien Handel sichernden sogenannten Fremdenschoß, der nach dem Einkommen berechnet wurde. Chaunels Steuerzahlungen endeten im Jahr 1787, also zwei Jahre vor seinem Tod. Das veranlasste Schües zu der Annahme, dass Chaunel „sich in seinen letzten Lebensjahren in Vermögensverfall befunden haben muß".[19]

Dass Chaunel andere Zeiten erlebt hatte und zu den angesehensten Persönlichkeiten in Altona und Hamburg zählte, verdeutlicht der Blick auf seine Verbindungen zu einflussreichen und wirtschaftlich bedeutenden Familien der beiden Städte. So heiratete er am 1. Mai 1725, seinem 22. Geburtstag, die erst 13-jährige Marie Jacobée Boué (geb. 13. Januar 1712), das drittälteste von sieben Kindern von Pierre Boué und sei-

---

12 Vgl. Götz Mavius, *Die Evangelisch-reformierten Gemeinden in Stade, Hamburg und Altona. Ihre Pastoren und Kirchen 1588–2007*, hrsg. von Andreas Flick u. a., Bad Karlshafen 2007.

13 Georg Schües, *Familiengeschichte Schües – Hamburg*, Aschersleben 1934, Anhang: Die Familien Texier – Chaunel – Boué, S. 38.

14 Zu den genealogischen Angaben vgl. im Internet <https://gw.geneanet.org/jldinand?lang=en&n=chaunel&oc=0&p=jean+pierre> (letzter Aufruf: 8. August 2018).

15 Vgl. dazu die folgende Akte: Staatsarchiv Hamburg, 741-2, Sign. 1/917 Chaunel (mschr.). Einer der späteren Eigentümer war der Kaufmann Johann Cäsar Godeffroy (1742–1818), der ebenfalls hugenottische Wurzeln hatte.

16 Vgl. Schües, *Familiengeschichte* (Anm. 13), S. 38.

17 Ebenda.

18 Ebenda.

19 Ebenda.

ner Frau Marie Jacobée Bardewisch. Die Familie Boué war in jener Zeit eine der führenden Kaufmannsfamilien, deren Stammvater einst im Bergerac beheimatet war.[20] Pierre Boué (1677–1745) wurde in Bordeaux geboren und kam über Amsterdam und Kopenhagen nach Altona, wo er sich als Kaufmann niederließ. Zusammen mit seinem Bruder Jacques gründete er in Altona Schiffswerften und Holzsägereien. Der Hamburger Senat war bestrebt, die Schiffswerft nach Hamburg zu ziehen und überließ der Familie zu diesem Zweck ein Gelände[21] am Grasbrook (heute Teil der HafenCity), wo sich später weitere Werften ansiedelten. Die Firma Pierre Boué und später Peter Bouè & Söhne gehörte insbesondere im 18. Jahrhundert zu den größten Geschäften in Hamburg.[22]

Chaunels Frau starb bereits am 14. Februar 1730 im Alter von 18 Jahren.[23] Beider Tochter Marie Jacobée (1726–1813) vermählte sich am 29. November 1752 mit Pierre Texier, wodurch Chaunel nun auch mit einer weiteren vermögenden und einflussreichen Kaufmannsfamilie, deren Wurzeln ebenfalls im Bergerac lagen, verbunden war.

In Bezug auf Jean Pierre Chaunels Vernetzung in Altona und Hamburg ist auch darauf hinzuweisen, dass seine jüngere Schwester Louise Madeleine (1706–1786) im Jahr 1724 den 1692 in Rouen geborenen und seit ca. 1720 in Hamburg wirkenden Bankier und Kaufmann Pierre His (1692–1760) heiratete.[24] His handelte mit Schiffen und zahlreichen weiteren Gütern. „Aus den Hamburger Zollbüchern ist heute noch ersichtlich, was er einführte. Er war zeitweise der größte Importeur der Hansestadt. Er handelte mit überseeischen Produkten, mit Tee und Kaffee, mit Zucker, mit Tabak, mit Ingwer, aber auch mit Kupfer und Blei, mit Arsenik und Alaun, mit Juchten und Walfischbarten – die Liste, bis zu Biergläsern, ist unerschöpflich."[25] His zählte zur Spitze der Hamburger Kaufmannschaft und war eine weit über die Grenzen Hamburgs hinaus bekannte und in Handels- und Geldgeschäften anerkannte Persönlichkeit. Zusätzlichen Reichtum, den er in der Regel in den Kauf von Häusern und Landbesitz investierte, zog er ferner aus einem ganz anderen Betätigungsfeld: Das Haus His war laut Piter Poel das erste, das „gegen eine ansehnliche, der Stadt geleistete Retribution eine Zahlenlotterie eingeführt und für seine Rechnung übernommen hatte".[26] Gegen Ende seines Lebens galt er als der reichste Kaufmann Deutschlands, der in der

---

20 Ebenda, S. 39.
21 Das Gelände wurde rechtlich als „Fideikommiß" (Schües, *Familiengeschichte* [Anm. 12], S. 39) zugewiesen, d. h. auf dem Wege eines Stiftungsaktes. In der Regel waren solche Grundstücke weder teil- noch belastbar. Sie unterlagen einer bestimmten Erbfolge.
22 Schües, *Familiengeschichte* (Anm. 13), S. 39; vgl. auch Percy Ernst Schramm, Zwei „Millionäre" aus Refugié-Familien, in: Wagner, *Hugenotten in Hamburg* (Anm. 10), S. 29–40, bes. S. 32–34 (dort auch ein Porträt von Pierre Boué).
23 Vgl. zu den genealogischen Angaben Anmerkung 13.
24 Zu His siehe Percy Ernst Schramm, His, Pierre, in: *Neue Deutsche Biographie* 9 (1972), S. 248; vgl. auch Percy Ernst Schramm, Zwei „Millionäre" aus Refugié-Familien (Anm. 22), S. 29–40, hier bes. S. 34–38 (dort auch ein Porträt von Pierre His); vgl. ebenso Peter Ochs, Die Herkunft des Basler Staatsmannes Peter Ochs, in: *Basler Stadtbuch* (1960), S. 11–57.
25 Ebenda, S. 25 f. Zu His' Fremdenschoß-Zahlungen vgl. ebenda, S. 23.
26 Pi[e]ter Poel, *Bilder aus vergangener Zeit*, Teil 1, Hamburg 1884, zitiert nach Schramm, Zwei „Millionäre" aus Refugié-Familien (Anm. 22), S. 37. Im Zusammenhang mit Immobilienangelegenheiten des Pierre His sei am Rande auch erwähnt, dass er Anfang der 1720er Jahre zeitweilig Wohnraum von Barthold Heinrich Brockes angemietet hatte (vgl. Eckart Kleßmann, *Barthold Heinrich Brockes*, Hamburg 2003, S. 29, ohne Angabe von Quellen). Auch das belegt

Geschäftswelt fast unbeschränktes Vertrauen genoss. Ihm gehörten mehrere Häuser und ein Landsitz in St. Georg bei Hamburg. Letzterer wurde 1737 von Pierre His allerdings mit dem Vermögen seiner Frau erworben. Dieser – später auch erweiterte – Landsitz wurde „durch Umfang, Anlage und Einrichtung berühmt" und „galt um die Mitte des XVIII. Jahrhunderts als einer der geschmackvollsten von ganz Hamburg".[27] Es wird berichtet, dass „der untere, ebene Teil des Gartens […] mit den Anlagen von Versailles verglichen worden" sei.[28]

Dass Jean Pierre Chaunel in St. Georg starb und beigesetzt wurde, deutet darauf hin, dass er seine letzten Lebensjahre bei seiner mit Pierre His verheirateten Schwester auf diesem Landsitz in St. Georg verbrachte. Ob das mit dem oben erwähnten, von Schües vermuteten „Vermögensverfall" Chaunels im Alter im Zusammenhang steht oder mit anderen, vielleicht gesundheitlichen Umständen, eventuell auch mit beidem, ließ sich bislang nicht ermitteln. Das bisher Bekannte legt die Annahme nahe, dass Chaunel die letzte Zeit seines Lebens von seiner Schwester betreut und versorgt wurde. Man wird nicht fehl in der Annahme gehen, dass der für seine „Bluhmen-Liebe"[29] im Alter bekannte Telemann diesen Park kannte – vielleicht hat er Chaunel im hohen Alter dort auch aufgesucht…

III. Jean Pierre Chaunel als Subskribent von Telemann-Werken

Quellen, die Informationen über Chaunels musikalische Fähigkeiten oder Neigungen enthalten, ließen sich bislang nicht ermitteln. So bleibt auch im Dunkeln, ob er ein Instrument spielte. Sein Name wird jedoch mehrere Male im Zusammenhang mit Telemanns Druckveröffentlichungen in den 1730er Jahren erwähnt.

Unter den Subskribenten der 320 Seiten starken *Musique de Table*, die Telemann 1733 in Hamburg in Form von gedruckten Stimmen im Selbstverlag publizierte, ist in der alphabetisch geordneten „Table de ceux, qui ont souscrit à cet ouvrage" auf der ersten Seite folgender Käufereintrag für ein Exemplar vermerkt: „Mr. Chaunel. Hamb." (Abbildung 2). Dabei handelt es sich zweifelsfrei um den aus Altona stammenden Jean Pierre Chaunel. Die Ortsangabe Hamburg könnte dabei ein Hinweis darauf sein, dass er spätestens mit dem oben erwähnten Grundstückskauf 1733 im „Alten Wandrahm" über eine Hamburger Adresse verfügte.

---

auf eigene Weise die vielseitigen gegenseitigen Bekanntschaften und Kontakte führender Persönlichkeiten der Stadt.

27 Ochs, Die Herkunft des Basler Staatsmannes Peter Ochs (Anm. 24), S. 28.

28 Vgl. Schramm, Zwei ‚Millionäre' aus Refugié-Familien (Anm. 22), S. 37.

29 Erstmals erwähnt Telemann seine „Bluhmen-Liebe" am 27. August 1742 in einem Brief an Friedrich Armand von Uffenbach, mit dem er seit seinen Frankfurter Tagen befreundet war: Vgl. Georg Philipp Telemann, *Briefwechsel. Sämtliche erreichbare Briefe von und an Telemann*, hrsg. von Hans Grosse / Hans Rudolf Jung, Leipzig 1972, Nr. 88, S. 237–238. Zu diesem Thema insbesondere Ralph-Jürgen Reipsch, Telemanns „Bluhmen-Liebe", in: *Telemann-Beiträge, 2. Folge. Günter Fleischhauer zum 60. Geburtstag am 8. Juli 1988*, Magdeburg 1989 (= Magdeburger Telemann-Studien 12), S. 34–46; ders., Telemanns „Bluhmen-Liebe", in: *Das Moller-Florilegium des Hans Simon Hotzbecker*, Hamburg / Berlin 2001 (= Kulturstiftung der Länder. Patrimonia 210), S. 60–79.

Abbildung 2:   Subskriptionsliste zu Georg Philipp Telemanns *Musique de Table* (Hamburg 1733)[30]

---

30 Abbildung nach: Georg Philipp Telemann, *Tafelmusik. Teil 1*, hrsg. von Johann Philipp Hinnenthal, Kassel etc. 1959 (= Telemann-Ausgabe 12), S. [X].

Auch Telemanns 1738 in Paris mit königlichem Privileg publizierte Sammlung *Nouveaux Quatuors en Six Suites* bestellte der Kaufmann und Bankier. Hier ist sein Name für den Kauf eines Exemplars in der Rubrik der – von Paris aus gesehen – „Noms des Souscrivants Des Pays Etrangers" eingetragen: „Mr. Chaunel. … Hambourg." (Abbildung 3). Wie die *Musique de Table*, so erschien auch diese Sammlung in Form einzelner Stimmendrucke. Das orientiert auf eine spielpraktische Zielstellung beider Veröffentlichungen. Am Rande ist auch anzumerken, dass die in Paris publizierte Sammlung mit der „Basse de viole" (Viola da gamba) besetzt ist, also mit jenem der französischen Musik ureigenen Instrument, für das Telemann einige Jahre zuvor die Chaunel gewidmete Sammlung komponiert hatte.

Über diese drei Belege hinaus lässt sich Chaunels Name sonst bislang nicht im Kontext von Telemann-Kompositionen oder -Dokumenten nachweisen. Ohne zu sehr über Chaunels Musikalität spekulieren zu wollen, legen die drei Fundstellen indes die Annahme nahe, dass er eine Affinität zur Musik gehabt haben dürfte. Dass er zwei zum Musizieren gedachte und auch finanziell ein Wertobjekt darstellende gedruckte Stimmensätze erwarb, lässt auch auf eine Verwendung dieser Literatur zu eigenen Zwecken oder in seinem engeren Umfeld schließen. Diese Käufe könnten folglich Indizien für Chaunels nähere Beschäftigung mit der Musik, möglicherweise auch für eigene instrumentale Erfahrungen sein, vielleicht mit der Gambe; Beweise sind dafür gegenwärtig nicht beizubringen.

Telemanns Beweggründe für die Dedikation der zwölf Gambenfantasien lassen sich ebenfalls nur erahnen. Denkbar ist über musikalische Aspekte hinaus, dass damit nicht nur eine Verbundenheit dem Widmungsträger gegenüber zum Ausdruck kommt, sondern – nicht zuletzt vor dem Hintergrund von dessen Vermögensverhältnissen und Vernetzung – vielleicht auch die Hoffnung, sich damit dessen beständige Gewogenheit sichern zu können. So wird die Widmung einen vielschichtigen Hintergrund haben. Eine an die französischen Wurzeln Chaunels erinnernde Geste ist sie allemal.

Dass Telemann mit dieser Dedikation auch die Verbreitung der Sammlung im französischen Sprachraum im Blick gehabt haben dürfte, sollte ebenfalls mit bedacht werden. Mehr noch als in Deutschland, wo das Violoncello in jenen Jahren längst den Siegeszug gegenüber der Viola da gamba angetreten und sie weitgehend aus dem Musikleben verdrängt hatte, war sie in Frankreich nach wie vor fester Bestandteil des Instrumentariums.

Es ist angesichts des innovativen Denkens des Komponisten Telemann vor dem Hintergrund seines Unternehmertums und des steten Ausbaus der Vertriebsstrukturen für sein Verlagsunternehmen nicht unwahrscheinlich, dass er mit der Dedikation der Gambenfantasien an Chaunel den Gedanken verfolgte, dort Märkte zu erschließen, wo die Zielgruppe für diese Werke zahlenmäßig am größten war: in Frankreich.[31]

---

31 Zur Rezeption von Telemanns Drucken in Frankreich vgl. auch Thierry Favier, Aufgeklärte Netzwerke? Telemann und seine französischen Liebhaber, in: *Telemann und die urbanen Milieus der Aufklärung*, hrsg. von Ulrich Tadday, München 2017 (= Musik-Konzepte, Sonderband), S. 110–179.

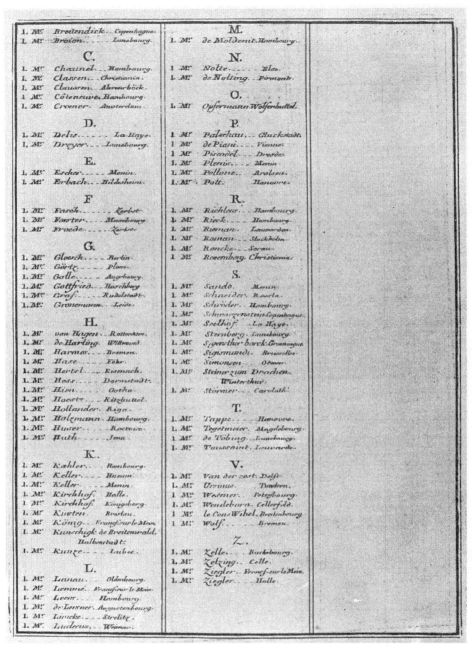

Abbildung 3: Subskriptionsliste zu Georg Philipp Telemanns *Nouveaux Quatuors en Six Suites* (Paris 1738)[32]

---

32 Abdruck nach Georg Philipp Telemann, *Zwölf Pariser Quartette Nr. 7–12 (Paris 1738)*, hrsg. von Walter Bergmann, Kassel etc. 1965 (= Telemann-Ausgabe 19), S. XII) [2. Aufl.: *Nouveaux Quatuors en Six Suites für Flauto traverso, Violino, Viola da gamba oder Violoncello und Basso continuo*, Paris 1738, Kassel etc. 2000].

So wird Chaunel und der mit ihm verbundene Kreis der in Altona und Hamburg ansässigen französischstämmigen Handelsmänner für Telemann von besonderem Interesse gewesen sein, da die Réfugiés vielfach Kontakte zu ihren Heimatregionen unter-
hielten und diese oftmals in ihre Im- und Exportgeschäfte einbezogen haben.[33] Die
Hugenotten in Altona und Hamburg waren für Telemann folglich nicht nur potentielle Vermittler seiner Musikalien, sondern auch in der Lage, ihm bei der Erweiterung
der Vertriebsstrukturen seines Verlages zu helfen.

Aber auch Chaunel könnte von dieser Widmung geschäftlich profitiert haben,
denn Telemann war 1735 in Frankreich und insbesondere in Paris längst kein Unbekannter mehr – sein Name besaß Zugkraft.

IV. Kontakte Telemanns zu reformierten Gläubigen

Chaunel ist nicht die erste Persönlichkeit aus dem Kreis der reformierten Gläubigen,
dem Telemann eine seiner im Selbstverlag publizierten Veröffentlichungen zuschrieb.
Bereits 1728 widmete er die Sammlung der *Sept fois Sept et un Menuet* dem Harburger
Kauf- und Handelsmann Andreas Plumejon (geb. 1698).[34] Dieser Nachkomme nieder-
ländischer Glaubensflüchtlinge betrieb in jener Zeit in Harburg unter anderem einen
Holzhandel. Sein Unternehmen geriet allerdings ab den 1730er Jahren in Zahlungs-
schwierigkeiten und trieb Plumejon in den Ruin. Über eine voranschreitende Erblin-
dung hinaus verschlechterte sich sein gesundheitlicher Zustand in dieser Zeit, und er
verfiel in „Gemüths-Verwirrung", die bis zu seinem Lebensende nach 1755 – ein ge-
naues Sterbedatum ist nicht ermittelt – anhielt.[35] Telemann hatte Kontakte zur Familie
Plumejon auch über Andreas Plumejon hinaus: 1751 war ein „Amtsschreiber Plumejon aus Haarburg" Telemanns Reisebegleiter bei einer Brunnenkur in Pyrmont, den
Friedhelm Brusniak als Heinrich Andreas Plumejon identifizieren konnte.[36]

---

33 Vgl. dazu u. a. Fred-Konrad Huhn, *Die Handelsbeziehungen zwischen Frankreich und Hamburg
     im 18. Jahrhundert unter besonderer Berücksichtigung der Handelsverträge von 1716 und 1769*,
     2 Bde., Diss. Universität Hamburg 1952.
34 Dorothee Löhr, Telemanns Geschenk an einen reformierten Harburger Kaufmann oder: Haben
     Hamburger Reformierte im 18. Jahrhundert getanzt, musiziert und komponiert?, in: *Hugenot-
     ten* 71 (2007), H. 3 [Themenheft: *Hugenotten in Hamburg*], S. 111–116.
35 Friedhelm Brusniak, Anmerkungen zu den „Scherzi melodichi", einem Pyrmonter Gelegen-
     heitswerk Georg Philipp Telemanns, in: *Telemanns Auftrags- und Gelegenheitswerke. Funk-
     tion, Wert und Bedeutung. Bericht über die Internationale Wissenschaftliche Konferenz an-
     läßlich der 10. Magdeburger Telemann-Festtage. Magdeburg, 14. bis 16. März 1990*, hrsg. von
     Wolf Hobohm u. a., Oschersleben 1997 (= Telemann-Konferenzberichte 10), S. 199–204, bes.
     S. 200 f. Die finanziellen und gesundheitlichen Probleme von Andreas Plumejon wurden in ei-
     ner zwölfseitigen gedruckten biographischen Information von Freunden des Kaufmanns dar-
     gestellt: „Einige Nachricht den Kaufmann Andreas Plumeion zur Haarburg betreffend, 1755"
     (Niedersächsische Landesbibliothek Hannover, Sign. Cm 383, Gelegenheitsschriften). Ich dan-
     ke Friedhelm Brusniak für freundlichen Gedankenaustausch und die Überlassung von Unter-
     lagen zu seinen Recherchen. Zu den Lebensdaten von Plumejon vgl. Dietrich Kausche, Ham-
     burg und die Niederlande 1660–1730, in: *Zeitschrift des Vereins für Hamburgische Geschichte*
     67 (1981), S. 75–103.
36 Brusniak, Anmerkungen zu den „Scherzi melodichi" (Anm. 35).

Die Menuettsammlung stammte aus besseren Lebenszeiten des Andreas Plumejon. Das lässt sich auch aus der von Telemann in Versform abgefassten „Zueignungs-Schrift" schließen, die mit „Hamburg, den 21. April 1728" datiert ist. Telemann bezeichnete Plumejon darin als „großen Musenfreund" und würdigte dessen Notensammlung ebenso wie ein in dessen Besitz befindliches „selten[s] Clavier". Der Hinweis auf „der Instrumenten Reihen" könnte ein Indiz für zahlreiche weitere Instrumente in Plumejons Besitz sein.[37]

Es muss – wie bereits festgestellt – offenbleiben, ob Chaunel im vergleichbaren Maße ein „Musenfreund" wie Plumejon war. Telemanns Widmung seiner zwölf Gambenfantasien an eine Persönlichkeit, die gegenwärtig noch wenig mit musikalischen Dingen in Berührung gebracht werden kann, sondern aufgrund der persönlichen Beziehungen und verwandtschaftlichen Verhältnisse Interesse auf sich zieht, lenkt über Chaunel den Blick auch auf das Themenfeld der Kontakte Telemanns zu Angehörigen der französisch-reformierten Gemeinde in Altona. Bemerkenswert ist in unserem Zusammenhang, dass dem Handelsmann und Bankier Jean Pierre Chaunel innerhalb dieser Gemeinde eine führende Position zukam, und er sich intensiv dafür einsetzte, dass die Angehörigen der französisch-reformierten Gemeinde die Möglichkeit erhielten, auch in Hamburg ihren Glauben offiziell ausüben zu können.

V. Chaunel und die französisch-reformierte Gemeinde in Altona und Hamburg

Die von Johannes Calvin entwickelte „Discipline ecclésiastique" als Grundlage der Presbyterial- und Synodalordnung des Calvinismus trägt gegenüber der lutherischen Kirchenordnung Züge weitgehender Selbstverwaltung der Gemeinden unter starker Beteiligung von Laien in leitenden Funktionen in sich.[38] Chaunel zählte zu den „Anciens", zu den Ältesten der französisch-reformierten Gemeinde in Altona und gehörte damit dem Kirchenvorstand („consistoire") an. Gewählt wurde dieser Kirchenvorstand, zu dem neben den Ältesten auch Pfarrer („pasteur") und Diakone („diacres") zählten, durch die Versammlung der Familien- bzw. Hausväter. Dem Kirchenvorstand oblag folglich die religiös-kirchliche Selbstverwaltung, die Diakonie und die Aufsicht über die Einhaltung der sittlich-moralischen Ordnung in der Gemeinde. Geprägt wird der reformierte Protestantismus auf diese Weise von der Gemeindekirche und nicht durch eine innerkirchliche Hierarchie.[39]

Chaunel war nicht nur einer der „Anciens", sondern übte auch das Amt eines Sekretärs der Altonaer Gemeinde aus. Anhand von Dokumenten im Staatsarchiv Hamburg ist diese Tätigkeit für ihn in den 1740er Jahren zu belegen. Das geht auch aus einer an den Hamburger Rat gerichteten umfangreichen „Gegen Supplication" vom 30. Oktober 1744 hervor, die von den Mitgliedern des Kirchenvorstandes der franzö-

---

37 Abdruck der „Zueignungs-Schrift" der *Sept fois Sept et un Menuet* in: *Georg Philipp Telemann. Singen ist das Fundament zur Music in allen Dingen. Eine Dokumentensammlung*, hrsg. von Werner Rackwitz, Leipzig 1981 / Wilhelmshaven 1981, Nr. 30, S. 142.

38 Nach Barbara Dölemeyer, *Die Hugenotten*, Stuttgart 2006, S. 16.

39 Dazu im Detail ebenda.

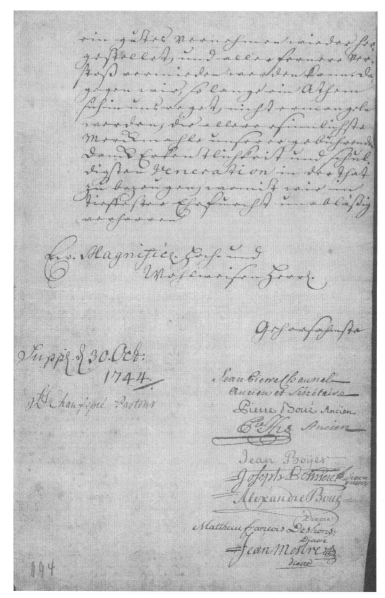

Abbildung 4: „Gegen Supplication" der französisch-reformierten Gemeinde an den Hamburger Rat vom 30. Oktober 1744, Ausschnitt, u. a. mit den Unterschriften von Jean Pierre Chaunel und Pierre Boué [Staatsarchiv Hamburg, Senat, Cl. VII Lit.Hf No. 2a, Bd. 6b]

sisch-reformierten Gemeinde unterzeichnet wurde und die Chaunel in seiner Funktion als „Ancien et Sécrétaire" unterschrieb (Abbildung 4).[40] Es bleibt noch zu ermitteln, in welchem Zeitraum er dieses Amt insgesamt ausgeübt hat.

---

40 „Gegen Supplication" der französisch-reformierten Gemeinde an den Hamburger Rat vom 30. Oktober 1744, Staatsarchiv Hamburg, Senat, Cl. VII Lit.Hf No. 2a, Bd. 6b.

Joachim Whaley widmete sich in seiner Untersuchung der religiösen Toleranz und des sozialen Wandels in Hamburg im Zeitraum von 1529 bis 1819 insbesondere auch dem Fußfassen der Reformierten in Hamburg und dem Aufbau der französisch-reformierten Gemeinde in Hamburg.[41] In den komplizierten Prozessen wurde dem Hamburger Senat ein Höchstmaß an Diplomatie abverlangt. Einerseits war er durchaus bereit, den Reformierten unterschiedlicher Richtungen Freiheiten zur Ausübung ihres Glaubens einzuräumen, da sie ein Grundpfeiler wirtschaftlicher Prosperität der Stadt waren und mit den Niederlanden und Preußen für Hamburg wichtige Schutzmacht-Partner im Rücken hatten, mit denen es sich nicht anzulegen galt. Andererseits übte die Geistlichkeit der Stadt mit ihrer „policy of militant opposition"[42] enormen Druck aus; orthodoxe Vertreter des Luthertums zeigten sich kompromisslos und beharrten darauf, das Luthertum als einzige Staatsreligion zu erhalten.

Sichtbar traten die Differenzen beispielsweise mit der vom Senat – trotz eines insbesondere dem Drängen der Geistlichkeit folgenden Verbots – praktizierten Duldung von Zusammenkünften der Reformierten in den Häusern des niederländischen und des preußischen Residenten zutage.

Zu solchen geduldeten Gottesdiensten der Französisch-Reformierten kam es ab 1744 in den Räumlichkeiten von Jean Destinon, dem preußischen Residenten in Hamburg. Gewissermaßen auf „exterritorialem" Gebiet ließ er eine Kapelle einrichten, die er der französisch-reformierten Gemeinde zur Verfügung stellte. Darüber berichtete beispielsweise die Altonaer Zeitung *Reichspost-Reiter* in ihrer Ausgabe vom 20. Oktober 1744:

> Der hiesige Königl. Preuss. Minister, Hr. Geheimder Rath Destinon, welcher vor einiger Zeit das Haus, worinn vorhin Se. Königl. Hoh. der Schwedische Thron-Folger gewohnet, an sich gekauft und darinn eine Capelle aptiren lassen, hat gestern in solcher den Franz. Reformirten Gottesdienst bey einer Zahlreichen Versammlung so hoher als niederer Standes-Personen, unter welchen ersten auch Se. Durchl. der hier mit seiner Durchl. Frau Groß-Mutter sich aufhaltende Prinz von Anhalt-Zerbst gewesen, zum erstenmahle halten lassen.[43]

Der Lösungsprozess der in Hamburg lebenden Französisch-Reformierten von der Gemeinde in Altona erhielt durch diese Situation einen enormen Schub, doch zur Trennung der Gemeinden kam es erst im Juli 1761.

Mit seiner Zugehörigkeit zum Kreis der französisch-reformierten Gemeinde war Chaunel Angehöriger einer Glaubensrichtung, die heftig in der Kritik der orthodoxen Hamburger Geistlichkeit stand. Diese befürchtete, dass jegliche als Aufwertung der reformierten Glaubensgemeinschaften zu wertenden Zugeständnisse das orthodoxe Luthertum als privilegierte Staatsreligion in Hamburg gefährden würden. Ihnen war

---

41 Joachim Whaley, *Religious Toleration and Social Change in Hamburg 1529–1819*, Cambridge 1985, bes. S. 126–144. Seiner Darstellung wird hier gefolgt.
42 Ebenda, S. 134.
43 Zitiert nach Joachim W. Frank und Hermann Hipp, Von einer Französisch-reformierten „Kapelle", die leider nie gebaut wurde, in: *Hugenotten* 71 (2007), H. 3 [Themenheft: *Hugenotten in Hamburg*], S. 99–110, bes. S. 104.

ein Dorn im Auge, dass die Calvinisten die Anwesen von Residenten für ihre Gottesdienste nutzten.

Andererseits hatte Chaunel auch unter den Französisch-Reformierten selbst nicht nur Fürsprecher. Er gehörte gemeinsam mit Pierre His und einigen anderen zu einer kleinen Gruppe, die die Schutzherrschaft Preußens und die Gottesdienste in der Obhut der Residenz von Destinon nicht als Lösung ansahen, da sie letztlich keine vollständige Form freier Glaubensausübung für die französisch-reformierte Gemeinde bedeutete, sondern das Praktizieren des Glaubens unter einem Patronat. Whaley fasst das Bestreben von Chaunel und seinen Mitstreitern so zusammen: „They wanted either limited informal independence in Hamburg, or to stay in Altona."[44] Dahinter standen auch finanzielle Überlegungen, denn es war zu befürchten, dass die Altonaer Gemeinde ihre finanzkräftigsten Mitglieder an die Gesandtschaftskapelle in Hamburg verlor.

Wenn auch der Senat reformierte Gesandtschaftskapellen zunächst duldete und später – 1744 – zuließ, so waren weitere Zugeständnisse gegenüber den Hugenotten, wie die Genehmigung absoluter Freiheit der Glaubensausübung und der Bau eigener Gotteshäuser, in dieser Zeit nicht zu erwarten. Das hätte eine Gleichbehandlung aller Glaubensminderheiten nach sich gezogen und eine Auflösung des Luthertums als Staatsreligion bewirkt. Dieses Tolerieren anderer Glaubensgemeinschaften vollzog sich in Hamburg erst 1785 im Zusammenhang mit dem Hamburger Toleranz-Edikt, welches die Rechte religiöser Minderheiten – mit Ausnahme der Juden – generell stärkte.

Der Kreis um Chaunel und His arrangierte sich nach 1744 schließlich mit dem Patronat des preußischen Gesandten und vermied damit bis 1761 eine Spaltung der Gemeinden von Altona und Hamburg, zumal geregelt war, dass Gottesdienste in der Kapelle des preußischen Gesandten stattfinden konnten, Taufen, Trauungen und Beerdigungen jedoch in Altona vollzogen wurden. Mit dieser Regelung konnte sich die Altonaer Gemeinde nicht zuletzt einen wichtigen Teil der Einnahmen sichern. Erreichen konnte der Kreis um Chaunel mit Hilfe der dänischen Obrigkeit auch, dass keine Auszahlung von Gemeindekapital an Mitglieder stattfand, die nicht am Gottesdienst in Altona teilnahmen.

Telemann werden all diese Entwicklungen nicht verborgen geblieben sein, zumal der Konflikt zwischen der orthodoxen lutherischen Geistlichkeit und den Reformierten in den Jahren zwischen 1739 bis 1741 erneut eskalierte. Anlass bot der Vorstoß des preußischen Residenten Destinon gegenüber dem Hamburger Rat, den französisch-reformierten Gläubigen den Bau einer Kirche zu genehmigen. Die lutherische Orthodoxie, namentlich Erdmann Neumeister, ging daraufhin mit einer Schärfe in Predigten und Schriften gegen die Reformierten vor, die selbst die Könige von England und Preußen zu Protestnoten gegenüber dem Hamburger Rat veranlassten, in denen auch eine Bestrafung Neumeisters gefordert wurde.[45] Diese erfolgte mit einer offiziellen Abmahnung, doch ließ sich Neumeister davon natürlich nicht beirren. Das

---

44 Whaley, *Religious Toleration* (Anm. 41), S. 139. Auf Whaley beziehe ich mich auch im weiteren Verlauf.

45 Vgl. dazu Andreas Flick, Schreiben Ihrer Königlichen Majestät in Preussen etc. An den Magistrat zu Hamburg […], in: *Hugenotten* 71 (2007), H. 3 [Themenheft: *Hugenotten in Hamburg*], S. 117–125.

war auch im Festgottesdienst zur Altareinweihung der St. Gertraudenkirche 1742 zu spüren.[46] Neumeister nutzte diese Gelegenheit, um in seiner Predigt erneut Andersgläubige und insbesondere die reformierte Kirche anzugreifen. Die Festmusik Telemanns *Ich halte mich zu deinem Altar* TVWV 2:4, für die der Komponist den Text selbst unter Rückgriff auf Poesien von Erdmann Neumeister und dessen Sohn Erdmann Gotthold Neumeister sowie auf Bibelworte und Choräle zusammenstellte, verdeutlicht, dass auch Telemann sich hier – ganz, wie es der Anlass von ihm forderte – auf der Linie der lutherischen Orthodoxie stehend zeigte. Wolfgang Hirschmann konstatierte, dass die „renovierte Kirche mit ihrem prächtigen neuen Altar und die gesamte Zeremonie […] bestens dazu geeignet [waren], die Macht und den Glanz des orthodoxen Luthertums in Hamburg zu unterstreichen".[47] Vor dem Hintergrund dieser Festmusik rät Hirschmann: „Die antiaufklärerische Funktionalisierung, die Telemanns Festmusik durch Neumeisters Predigt erfuhr, sollte zu einem nochmaligen Nachdenken anregen über Telemanns geschichtliche Position." Trotz aller aufklärerischen Ideale, von denen sich Telemann durchaus leiten ließ, sei „ebenso zu berücksichtigen, daß seine Hamburger Kirchenmusik, insofern sie im Rahmen von Gottesdiensten rigoros orthodoxer Geistlicher aufgeführt wurde, in Kontexte hinein geriet, die aufklärerischem Denken diametral entgegenstanden."[48]

Die persönlichen Beziehungen zwischen Chaunel und Telemann werden vor solch einem Hintergrund in ein besonderes Licht gerückt. Trotz dieses Spannungsfeldes religiöser Auseinandersetzungen und des bisweilen harten Konfrontationskurses, den insbesondere orthodoxe Lutheraner gegen die Reformierten – und damit gegen den Kreis von Chaunel und seiner Glaubensgemeinschaft – führten, widmete Telemann einem führenden Vertreter der französisch-reformierten Gemeinde eine Sammlung seiner Kompositionen. Das spricht dafür, dass beide eine Ebene des Umgangs miteinander gefunden haben dürften, die auf christlicher Vernunft basierte, die von aufklärerischem Denken getragen war und die nicht zuletzt wohl auch von wirtschaftlichen Faktoren beeinflusst gewesen sein dürfte. Letzteres wird dabei Telemann mehr genützt haben als Chaunel.

VI. Wirtschaftliche Potentiale der Beziehungen Telemanns zu französisch-reformierten Kreisen in Altona und Hamburg

Der Wohlstand Hamburgs ist nicht zuletzt mit den hugenottischen Einwanderern zu verbinden. Whaley betont: „the Huguenot immigrants after 1685 laid the foundations of prosperity in the eighteenth century. They too brought wealth and, perhaps more

---

46 Wolfgang Hirschmann, Georg Philipp Telemanns Festmusik zur Altareinweihung an der St. Gertrudkirche (Hamburg 1742) – Liturgische Integration und politische Funktion, in: *Zur Aufführungspraxis und Interpretation der Vokalmusik Georg Philipp Telemanns. Ein Beitrag zum 225. Todestag. Konferenzbericht der XX. Wissenschaftlichen Arbeitstagung Michaelstein, 19. bis 21. Juni 1992*, hrsg. von Eitelfriedrich Thom, Michaelstein / Blankenburg 1995 (= Studien zur Aufführungspraxis und Interpretation der Musik des 18. Jahrhunderts 46), S. 59–68.
47 Ebenda, S. 66.
48 Ebenda.

importantly, commercial contacts with France."[49] Die Kontakte zu Chaunel und zu den Hugenotten werden auch vor diesem Hintergrund für Telemann von einiger Bedeutung beispielsweise für den Ausbau der Vertriebsstrukturen seines Verlages gewesen sein, möglicherweise auch für die Vorbereitung seiner Parisreise 1737/1738.

Abgesehen davon, dass einige der Händler unter den Réfugiés weiterhin Warenhandel mit ihren Herkunftsgebieten betrieben, gehörte Frankreich zu jener Region, zu der die Hansestadt Hamburg umfangreiche Wirtschaftsbeziehungen unterhielt.[50] Der Handel mit Frankreich, mit französischen Gütern, spielte ab den 1730er Jahren eine zentrale Rolle für Hamburg und den wirtschaftlichen Erfolg der Stadt. Es waren Hugenotten, die sich in diesem Bereich naturgemäß in besonderer Weise einbrachten. Einige von ihnen erlangten damit beträchtlichen Reichtum und Wohlstand, wie Pierre Boué und Pierre His, die bereits in den 1730er Jahren zu den vermögendsten Hamburgern zählten.[51]

Für Telemann dürften diese Händler, die möglicherweise selbst musizierende Dilettanten waren, nicht nur interessante Käuferschichten für seine Notendrucke gewesen sein. Deren Kontakte könnten ihm auch geholfen und Abnehmer im französischsprachigen Raum vermittelt haben. Bei der Durchsicht der Subskribentenliste (inklusive „Supplement de Souscrivants"[52]) für die 1738 in Paris gedruckten *Nouveaux Quatuors en Six Suites* fällt auf, dass über Paris hinaus, wo 130 und damit die meisten Exemplare im französischen Raum verblieben, die größte Anzahl an Drucken in den Städten Rouen (7 Exemplare), Bordeaux und Lille (je 4 Exemplare) sowie Amiens und Lyon (je 3 Exemplare) bestellt wurde. Dass sich in Rouen eine größere Abnehmerschaft der *Nouveaux Quatuors* fand, ist insofern bemerkenswert, als es der Geburtsort von Pierre His ist.

Dem frankophilen Telemann, der sich 1717 in einem Brief an Johann Mattheson als „grand Partisan de la Musique Françoise" bezeichnete,[53] dürften diese Handelsbeziehungen der Hugenotten nicht nur geholfen haben, eigene Werke auf den französischen Markt zu bringen, sondern auch in den Besitz der neuesten französischen Kompositionen zu gelangen. Auch hier rückt der Ort Rouen in den Fokus: In den Admiralitäts- und Convoygeld-Einnahmebüchern, in denen von auswärts eingehende und vom Empfänger zu verzollende Sendungen eingetragen wurden, ist dokumentiert, dass Telemann am 31. Juli 1733 „1 päck[chen] musicalien" aus Rouen

---

49 Whaley, *Religious Toleration* (Anm. 41), S. 9.

50 Vgl. dazu Huhn, *Handelsbeziehungen* (Anm. 33).

51 Nach Whaley, *Religious Toleration* (Anm. 41), bes. S. 144. Vgl. auch Schramm, Zwei „Millionäre" aus Refugié-Familien (Anm. 22).

52 Das „Supplement de Souscrivants" ist in einer späteren Ausgabe der *Nouveaux Quatuors* enthalten, die in der Library of Congress, Washington, Sign. M420.A2.T18, und in der Bibliothek des Conservatoire Royal de Musique, Brussel, Sign. V. 7119, überliefert ist.

53 Georg Philipp Telemann an Johann Mattheson, Brief vom 18. November 1717, in: Georg Philipp Telemann, *Briefwechsel* (Anm. 29), Nr. 89, S. 251–254, sowie Johann Mattheson, *Critica musica*, Bd. 2, Hamburg 1725, S. 278. Vgl. zu Telemanns Affinität zur französischen Musik und seinen Beziehungen nach Frankreich: *Telemann und Frankreich – Frankreich und Telemann*, hrsg. von Ralph-Jürgen Reipsch / Wolf Hobohm, Oschersleben 1998, sowie *Telemann und Frankreich – Frankreich und Telemann. Bericht über die Internationale Wissenschaftliche Konferenz, Magdeburg, 12. bis 14. März 1998*, hrsg. von Carsten Lange u. a., Hildesheim etc. 2009.

im Wert von 25 Hamburger bzw. Lübische Mark und am 16. Mai 1740 „1 Kiste Music", ebenfalls aus Rouen, im Wert von 60 Hamburger bzw. Lübische Mark verzollte.[54] Sollten diese Kontakte Telemanns nach Rouen durch Chaunel oder sein Umfeld vermittelt worden sein, was durchaus wahrscheinlich ist, dürfte die Bekanntschaft zwischen beiden spätestens Anfang der 1730er Jahre begonnen haben.

Auch nach Bordeaux, wo ebenfalls mehrere Exemplare der *Nouveaux Quatuors* erworben wurden, lassen sich unmittelbare Beziehungen aus dem persönlichen Umfeld von Jean Pierre Chaunel nachweisen, indem es sich hierbei – wie bereits mitgeteilt – um den Geburtsort seines Schwiegervaters Pierre Boué handelt.

Es ist nicht auszuschließen, dass solche Parallelen zufällig zustande kamen. Doch den zweckdienlichen Gebrauch persönlicher Kontakte Telemanns zum ideenreichen und innovativen Vertrieb seiner Musikalien über Angehörige der Kaufmannschaft belegt auch sein undatierter, vermutlich im Winter 1732/33 abgefasster Brief an den Rigaer Kaufmann Johann Reinhold Hollander. Er bittet ihn darin mit den folgenden Worten um eine Werbung für die *Musique de Table*: „Endlich ersuche ich noch, von meinen *Musicalien* an den Oertern, wo *Sie* durchkommen, (insonderheit von meiner Tafel *Music*) ein gutes Wort zu sprechen."[55] Dabei lieferte er in diesem Fall en passant den Werbespruch auch gleich mit: „Diß Werk wird hoffentlich mir einst zum Ruhm gedeien, | Du aber wirst den Wehrt zu keiner Zeit bereuen."[56]

Diese insgesamt starken Indizien sprechen dafür, dass Telemann seine Kontakte zu Chaunel – und möglicherweise auch direkt zu anderen Hugenotten und damit zu Angehörigen der französisch-reformierten Gemeinde in Altona und Hamburg – in besonderer Weise auch zum Ausbau des Vertriebsnetzes seiner Musikalien genutzt haben wird. Die Widmung der zwölf Gambenfantasien könnte insofern auch als ein Dank des Komponisten gegenüber dem Kaufmann aufgefasst werden sowie als Möglichkeit, mit dem Namen Chaunel auf dem Titel den Absatz zu erhöhen.

VII. Resümee

Einige Indizien und insbesondere Telemanns Widmung der Sammlung mit zwölf *Fantaisies pour la Basse de Violle* sprechen für eine persönliche Bekanntschaft zwischen Telemann und Jean Pierre Chaunel. Anhand der bislang ausgewerteten Quellen ließ sich jedoch nicht ermitteln, wann sie einander kennengelernt haben und wie eng das Verhältnis zwischen beiden war. So bleibt der Beitrag eine Spurensuche, die folgende Richtungen aufzeigt:

---

54 Vgl. die „Verzeichnisse der dem Admiralitätszoll unterliegenden, auf Seeschiffen ein- und ausgehenden Waren […]" für das Jahr 1733 (Staatsarchiv Hamburg, Sign. 371-2 F6, Bd. 6, Eintrag vom 31. Juli 1731) und für das Jahr 1740 (ebenda, Bd. 12, Eintrag vom 16. Mai 1740). Für den freundlichen Hinweis auf diese Quelle danke ich Herrn Dr. Jürgen Neubacher. Vgl. auch Eckart Kleßmann, *Georg Philipp Telemann*, Hamburg 2004, S. 88 (ohne Quellenangabe).

55 Brief von Georg Philipp Telemann an Johann Reinhold Hollander, undatiert [verm. Winter 1732/1733], in: Telemann, *Briefwechsel* (Anm. 29), Nr. 59, S. 179–181, Zitat S. 180.

56 Ebenda.

1) Telemann verfügte nicht nur dank seiner Verbindungen zum Akademischen Gymnasium über Kontakte nach Altona, sondern auch durch Chaunel, der ein hohes Amt innerhalb der dort ansässigen französisch-reformierten Gemeinde ausübte. Es ist sehr wahrscheinlich, dass er über diese Persönlichkeit mit ihren französischen Wurzeln seine Affinität zur französischen Kultur und Geisteswelt ausbaute. Der Umgang mit der hugenottischen Bevölkerungsgruppe in Altona und Hamburg, mit der Telemann sich nicht zuletzt auch französisch verständigen konnte, entsprach absolut seinem frankophilen Naturell.

2) Mit der Widmung der Sammlung der Gambenfantasien an einen Bankier und Kaufmann wird über die musikalisch-kulturelle Komponente hinaus insbesondere auch ein geschäftlicher Aspekt verbunden gewesen sein: Chaunel zählte zu den wohlhabenden, exzellent (auch nach Frankreich) vernetzten sowie familiär gut situierten und bestens miteinander verbundenen Kreisen. Solch ein Kontakt eröffnete Telemann – neben allem persönlich Befruchtenden – kaum zu überschätzende Möglichkeiten zur Erweiterung des Vertriebssystems seiner Musikalien einerseits und eröffnete dem „grand Partisan de la Musique Françoise" andererseits auch bemerkenswerte Wege, die neueste französische Musik in Form von Notenmaterialien zu erhalten.

3) In einer Zeit, in der in Hamburg das institutionalisierte Luthertum den Angehörigen anderer Religionsgemeinschaften zum Teil äußerst feindselig gegenüber stand und in der sich die Reformierten in nur kleinen Schritten Freiräume zur Praktizierung ihres Glaubens gegenüber dem orthodoxen Luthertum als Staatsreligion erwirkten, die letztlich erst 1785 gewährt wurden, vermag durchaus zu beeindrucken, wie es Telemann, dem städtischen Musikdirektor, Komponisten und Unternehmer in Personalunion, gelang, sich in diesem als Spannungsfeld zu bezeichnendem religiösen und sozialen Gefüge der Stadt überaus erfolgreich zu bewegen. Einerseits folgte er seinem Glauben und vertrat als städtischer Musikdirektor in exponierter Position mit seiner Musik das Luthertum als einzige Glaubensrichtung in den Hamburger Kirchen, andererseits trug er die Gedankenwelt der Aufklärung in sich, die nicht zuletzt in seinem Sendungsbewusstsein, seinem verlegerischen Wirken und in seinen Kontakten zu Menschen anderen als des eigenen Glaubens zu spüren ist.

4) Die insbesondere in den 1730er Jahren Indizien für die Beziehungen zwischen Telemann und Chaunel liefernden Dokumente lassen es als nicht unwahrscheinlich erscheinen, dass Telemann sich auf seine „längst=abgezielte Reise nach Paris", die er 1737/38 auf Einladung „durch einige der dortigen Virtuosen" vornahm,[57] auch mit Hilfe von Chaunel und dessen Umfeld vorbereitet haben dürfte. Aktuelle Hinweise über Frankreich und insbesondere das Leben in Paris, Erkundigungen über günstige und sichere Reiserouten sowie genauere Informationen zur „kulturellen Szene", die über das in den Zeitungen überlieferte Material hinausgingen, dürften

---

57 Telemann. (ex autogr.), in: Johann Mattheson, *Grundlage einer Ehren-Pforte*, Hamburg 1740, S. 354–369, S. 366 f. Abdruck in: Rackwitz, *Georg Philipp Telemann. Singen ist das Fundament* (Anm. 37), S. 194–213, bes. S. 209 f.

im damaligen Hamburg kaum anderswo besser einzuholen gewesen sein, als unter den Hugenotten.

5) Schließlich sei auch noch die Vermutung geäußert, dass Chaunel und die Altonaer bzw. Hamburger Hugenotten 1736 mit dazu beigetragen haben dürften, dass Telemann die ihm durch die Spielsucht seiner Frau entstandene Schuldenlast von 5.000 Reichstalern teilweise zurückzahlen konnte: Immerhin 600 Reichstaler an Zuwendungen für Telemann sind auf diese Weise zusammengekommen.[58] Pikanterweise könnte sich unter den Spendern für Telemann auch jener Pierre His befunden haben, der einst in Hamburg die Zahlenlotterie eingeführt hatte und mit ihr gut verdiente.[59]

So gesehen eröffnet Telemanns Widmung der zwölf Gambenfantasien an Jean Pierre Chaunel neue Perspektiven, Telemanns Vernetzung zu den Hugenotten und zur französisch-reformierten Gemeinde in Hamburg und Altona zu betrachten. Wenn hier nun erste Erkenntnisse dazu vermittelt werden, geschieht das in der Gewissheit, dass die Aufarbeitung dieses Themas weiterer Studien bedarf. Vielleicht lassen sich dabei dann manche der in diesem Beitrag geäußerten Vermutungen anhand von Quellen belegen oder auch verwerfen. Wie bei einer Spurensuche nicht unüblich, muss bis dahin manches im Konjunktiv verbleiben.

---

58 Vgl. die Informationen Telemanns zu dieser Schuldenangelegenheit und seinen Hinweis auf die enorme Spendenbereitschaft der Hamburger im Brief vom 1. September 1736 an Johann Reinhold Hollander in Riga. Abdruck in: Telemann, *Briefwechsel* (Anm. 29), Nr. 61, S. 184–185.
59 Vgl. Anmerkung 26.

Jürgen Neubacher

Eine Altonaer Trauermusik Telemannscher Herkunft für den dänischen König Friedrich V. von 1766

Mit einer Untersuchung der erst 1998 von ihrer kriegsbedingten Verlagerung aus Armenien in die Staats- und Universitätsbibliothek Hamburg zurückgekehrten Sammelhandschrift ND VI 81g:4, in der mindestens fünf von zehn Kompositionen einen eindeutigen Altona-Bezug aufweisen (darunter drei Werke von Telemann), konnte erstmals das Augenmerk der Forschung auf Telemanns kompositorisches Engagement in Hamburgs Nachbarstadt Altona gelenkt werden, die seit 1647 dem dänischen Gesamtstaat angehörte.[1] Eine daran anknüpfende Studie wies dann insgesamt bereits zehn Telemannsche Werke aus der Zeit von 1741 bis 1764 als speziell für Altonaer Anlässe entstandene Kompositionen nach, von denen die Hälfte bis dahin völlig unbekannt waren.[2] Darüber hinaus zeigte diese Studie zahlreiche Querverbindungen zwischen Telemann und der Altonaer Musikszene auf wie zum Beispiel die gelegentliche Hinzuziehung von Altonaer Sängern oder Instrumentalisten bei Telemanns Hamburger Aufführungen oder die über solche Engagements hinausgehenden beruflichen Kontakte Telemanns zu Altonaer Kantoren (insbesondere zu Johann Tobias Reichenbach und Bernhard Christoph Heuser), aber auch zu Organisten (etwa zu Pierre Prowo und Christian Friedrich Endter) sowie zu Instrumentalisten. Unter letzteren ist vor allem Peter Joachim Fick zu nennen, Sohn eines Altonaer Stadtmusikanten, der – als Kopist möglicherweise im Auftrag Telemanns arbeitend – Zugang zu zahlreichen Instrumental- und Vokalwerken Telemanns gehabt haben muss und Abschriften davon an den Schweriner Hof transferierte, wo er ab 1730 als Lakai und Schlossorganist angestellt war.

In diesen Kontext gehört nun auch die in der Altonaer Hauptkirche am 18. März 1766 aufgeführte Trauermusik für den dänischen König Friedrich V. (1723–1766). Der Titel des Originaltextdruckes zu diesem Ereignis lautet: *Cantate auf den Begräbnißtag Seiner Höchstseligen Majestät, Friderich des Fünften* [...] *bey der feyerlichen Gedächt-*

---

1   Vgl. Jürgen Neubacher, Unbekannte Kompositionen Georg Philipp Telemanns in der wieder zugänglichen Musikhandschrift ND VI 81g:4 der Staats- und Universitätsbibliothek Hamburg, in: *50 Jahre Musikwissenschaftliches Institut in Hamburg. Bestandsaufnahme – aktuelle Forschung – Ausblick*, hrsg. von Peter Petersen / Helmut Rösing, Frankfurt a. M. etc. 1999 (= Hamburger Jahrbuch für Musikwissenschaft 16), S. 385–404. Zwei der drei in der Handschrift enthaltenen Telemann-Werke mit Altona-Bezug – die Festmusik *Die dicken Wolken scheiden sich* zur Einhundertjahrfeier der dänischen Erbsouveränität am 16. Oktober 1760 in der Altonaer Hauptkirche und eine lateinische Ode *Nunc auspicato sidere* auf den dänischen König (beide ohne Nachweis im Telemann-Vokalwerke-Verzeichnis) erschienen 2017 als CD-Einspielung des Ensembles barock*werk* hamburg bei cpo (cpo 555 018-2).

2   Jürgen Neubacher, Zur Musikgeschichte Altonas während der Zeit von Telemanns Wirken in Hamburg, in: *Beiträge zur Musikgeschichte Hamburgs vom Mittelalter bis in die Neuzeit*, hrsg. von Hans Joachim Marx, Frankfurt a. M. etc. 2001 (= Hamburger Jahrbuch für Musikwissenschaft 18), S. 267–311. Die dort in Anhang 1 unter dem 17. Oktober 1760 genannte lateinische Festmusik eines ungenannten Komponisten zur Einhundertjahrfeier der dänischen Erbsouveränität im Altonaer Akademischen Gymnasium (*Rite vestra nunc, camenae, nunc movete jubila*) konnte inzwischen als Komposition Telemanns identifiziert werden (TVWV deest).

Abbildung: Textdruck zur Altonaer Trauermusik für König Friedrich V. von 1766
            [Staatsarchiv Hamburg, A 541/816, Kapsel 1, Nr. 40]

nißpredigt den 18ten März 1766 in der Evangelisch-Lutherischen Hauptkirche zu Alto-
na musicalisch aufgeführet von B.[ernhard] C.[hristoph] Heuser, Cantorn und Directorn
der Kirchenmusik (Abbildung). Aufgrund der Formulierung „musicalisch aufgeführt
von [...] Heuser" wurde in der Studie von 2001 etwas voreilig geschlussfolgert, Heuser sei der Komponist dieser Trauermusik, was jedoch aufgrund eines neuen Quellen-
fundes zu hinterfragen ist.

In den Beständen des sogenannten Literatur-Archivs der Staats- und Universitätsbibliothek Hamburg – eine umfangreiche Autographensammlung mit Stücken aus den
Bereichen Literatur, Kunst, Musik, Religion, Politik und Gesellschaft – fand sich ein
Brief des Dichters und Schriftstellers Johann Jacob Dusch (1725–1787), der am Altonaer Akademischen Gymnasium (Christianeum) als Professor für die schönen Wissenschaften, später für englische und deutsche Sprache, Philosophie und Mathematik

sowie als Zweiter Direktor tätig war.[3] Dusch schreibt hier am 5. April 1766, also knapp drei Wochen nach der Aufführung der königlichen Trauermusik, an seinen Dichterkollegen Heinrich Wilhelm von Gerstenberg:

> Ich sende Ihnen zugleich, mein liebster Freund, eine Cantate [gemeint ist der Libretto-Druck]: doch finde ich ausdrücklich nöthig, dabey zu erinnern, daß ich auf dem Seile habe gehen müssen. Es ist nur eine Parodie, da, aus ökonomischen Ursachen, die Vorsteher der Kirche für gut befanden, eine alte schon fertige Musik zu wählen, und den neuen Text nach einem alten Zimmermannischen bequemen zu lassen.[4]

Mit dem „alten Zimmermannischen" Text kann nur eine Dichtung des Hamburger Theologen Joachim Johann Daniel Zimmermann (1710–1767) gemeint sein, von dem sich derzeit knapp 20 Texte für Telemannsche Vokalmusiken nachweisen lassen.[5] Tatsächlich musste nicht lange gesucht werden, um die Parodievorlage für die von Dusch angefertigte Umdichtung zu finden. Es handelt sich um Zimmermanns Text zu Telemanns Trauermusik für Kaiser Karl VII. *Ich hoffete aufs Licht* (TVWV 4:13) aus dem Jahr 1745, ein damals vom Rat der Stadt Hamburg bei Telemann in Auftrag gegebenes Werk.[6] Dies wird deutlich in einer Gegenüberstellung der beiden Texte (siehe Anhang).

Von den insgesamt 29 Nummern der älteren Vorlage hat Dusch neun Nummern parodiert, das heißt, den Ursprungstext durch Umdichtung an den neuen Inhalt des Jahres 1766 angepasst. Dabei hatte er selbstverständlich auf die bereits vorhandene Musik sowie deren jeweiligen Ausdruck und Affektgehalt Rücksicht zu nehmen. Dies lässt sich beispielsweise an der ersten parodierten Arie zeigen (Nr. 3 der Trauermusik von 1766). Aus Zimmermanns Bild des Schwebens „auf unbekannten Wellen in Nacht und Sturm und Wolken" wird bei Dusch ein „Pflügen der Wogen im Orcan": das heißt, der in Telemanns Musik verwendete Topos einer Sturm- und Unwetter-Arie wird im neuen Text bewusst aufgegriffen. Inhaltlich aber hat Dusch die 1745 bei Zimmermann thematisierte Angst der Untertanen vor einer aufgrund des Todesfalls zu

---

3   Zu Dusch siehe Hans Haupt, Dusch, Johann Jacob, in: *Schleswig-Holsteinisches Biographisches Lexikon*, Bd. 5, Neumünster 1979, S. 81–84, sowie Peter Heßelmann, Dusch, Johann Jakob, in: *Killy. Literaturlexikon. Autoren und Werke des deutschsprachigen Kulturraumes*, 2., vollständig überarb. Aufl., hrsg. von Wilhelm Kühlmann, Bd. 3, Berlin / New York 2008, S. 140–142.

4   Johann Jacob Dusch, eigenhändiger Brief vom 5. April 1766 an Heinrich Wilhelm von Gerstenberg (Staats- und Universitätsbibliothek Hamburg, Signatur: LA: Dusch, Johann Jacob: 19–20), fol. 19v–20r.

5   Zu Zimmermanns Texten für Telemann vgl. Wolf Hobohm, Vorwort zur Edition von Telemanns Passionsmusiken *Der Tod Jesu* (TVWV 5:6) und *Betrachtung der neunten Stunde am Todestage Jesu* (TVWV 5:5), hrsg. von dems., Kassel etc. 2006 (= Georg Philipp Telemann, Musikalische Werke 31), S. IX f.

6   Das Autograph der bislang unveröffentlichten Komposition befindet sich unter der Signatur Mus.Hs. 18.483 in der Österreichischen Nationalbibliothek in Wien. Dem Verfasser stand zusätzlich eine von Michael Schneider angefertigte Spartierung für dessen 2011 bei cpo erschienene CD-Einspielung (cpo 777 603-2) zur Verfügung, wofür auch an dieser Stelle herzlich gedankt wird. Zur kaiserlichen Trauermusik von 1745 vgl. auch Jürgen Neubacher, Telemanns Hamburger Trauermusiken für römisch-deutsche Kaiser aus den Jahren 1740, 1745 und 1765 (TVWV 4:10, 4:13 und 4:16), in: *Trauermusik von Telemann. Ästhetische, religiöse, gesellschaftliche Aspekte*, hrsg. von Adolf Nowak, Beeskow 2015 (= Ortus-Studien 18), S. 111–142.

befürchtenden politischen Destabilisierung (man befand sich damals mitten im Zweiten Schlesischen Krieg, der wiederum Teil des Österreichischen Erbfolgekrieges war) umgedeutet zur Todesangst des im Sterben liegenden Königs Friedrich V.

Dieses Balancieren zwischen Ursprungstext, dem eigenen Anspruch auf eine dichterisch nicht hinter der Vorlage zurückbleibende Neuschöpfung und der vorhandenen Musik – ein Verfahren, das Dusch im oben zitierten Brief beschreibt als „auf dem Seile habe gehen müssen" – ist ihm in allen parodierten Sätzen durchaus gut gelungen. Von den Umdichtungen betroffen sind in erster Linie Arientexte sowie ein Accompagnato-Rezitativ. Den Chorsatz „Meine Harfe ist eine Klage worden, und meine Pfeiffe ein Weinen" (Nr. 10 der Neudichtung), dem ein Vers aus dem alttestamentlichen Buch Hiob zugrunde liegt, konnte Dusch wegen des eindeutigen, in beiden Trauermusiken gleichermaßen angebrachten Affekts des Klagens und Weinens, unverändert übernehmen. Ungeeignet für eine Übernahme oder Umdichtung waren dagegen aus naheliegenden Gründen die den jeweiligen situativen Kontext beschreibenden Rezitative sowie wegen ihres kommentierenden Charakters die Choräle, bei denen außerdem vielleicht auch lokale liturgische Gepflogenheiten zu berücksichtigen waren.

Gesonderter Überlegungen bedarf der eröffnende Satz: Der Bibeltext des ursprünglichen Eingangschores – „Ich hoffete aufs Licht, und kommt Finsternis" (Hiob 30, 26) – wäre für eine Übernahme in den neuen Kontext durchaus brauchbar gewesen, denn König Friedrich V. litt seit 1765 an einer Krankheit, über die seit spätestens Januar 1766 auch öffentlich im *Altonaischen Mercurius* berichtet wurde.[7] In Anbetracht des Gesundheitszustands des Monarchen muss sich den Untertanen zu dieser Zeit die aktuelle Situation als eine Mischung aus bangem Hoffen und Mit-dem-Schlimmsten-Rechnen dargestellt haben, so dass der Text „Ich hoffete aufs Licht, und kommt Finsternis" (und damit auch Telemanns Musik) hätte übernommen werden können. Das sich anschließende neugedichtete Rezitativ stünde inhaltlich nicht im Widerspruch zu dem vorausgegangenen Hiob-Text. Insbesondere die Zeilen „Die Wünsche [= Hoffnung], welche du [Dänemark] umsonst zu Gott gesandt, Sie fanden, ach! sie fanden kein Gehör [= Finsternis]" lassen sich unmittelbar auf den Hiob-Text beziehen. Die Entscheidung, trotz der hier aufgezeigten Übernahmeoption einen neuen Text für den Eingangssatz zu wählen, scheint erst relativ spät, nämlich nach dem 3. März 1766, also

---

7 „Se. Majestät, unser allergnädigster König, haben Sich seit einiger Zeit unpäßlich befunden; […] Da aber Sr. Majestät Schwachheit in diesen Tagen zugenommen, so hat dieselbe den äusserst bekümmerten Unterthanen […] nicht unbekannt bleiben können. Es ist daher leicht zu schliessen, wie algemein und tief das Betrübniß über Sr. Majestät Zustand ist […]. Es sind auch bey diesen betrübten Umständen alle öffentliche Lustbarkeiten und Schauspiele, bis zu Sr. Majestät, Gott gebe, baldigen Wiederherstellung! eingestellet worden" (*Altonaischer Mercurius*, Nr. 3 vom 6. Januar 1766, S. 1 f.); „Wegen Sr. Königl. Majestät Gesundheitszustandes, kan man melden, daß Allerhöchstdieselbe in diesen letztverwichenen Nächten ziemlich gute Ruhe und Schlaf gehabt, und darauf auch diese Tage über sich besser, als vorhin, befunden haben. Man hat daher die Hofnung, daß Gott in Gnaden, so vieler getreuen Unterthanen Gebet und Seufzer, für dieses allertheuersten Monarchen Leben und Gesundheit, gewähren werde" (*Altonaischer Mercurius*, Nr. 5 vom 9. Januar 1766, S. 1); „Es gefällt dem Allerhöchsten, uns noch zwischen Furcht und Hofnung für Se. Majestät, den König, zu lassen, Höchstdessen Krankheit noch ohne merkliche Zeichen zur Besserung anhält" (*Altonaischer Mercurius*, Nr. 7 vom 13. Januar 1766, S. 1); „Wegen Sr. Königl. Majestät Gesundheit-Zustandes, kan man nichts Veränderliches melden, so daß es damit weder schlechter noch besser ist" (*Altonaischer Mercurius*, Nr. 9 vom 16. Januar 1766, S. 1).

nur vierzehn Tage vor dem von Kopenhagen aus anberaumten Termin für den Trauergottesdienst, gefallen zu sein. Am 3. März nämlich informierte der Altonaer Probst und Konsistorialrat Johann Gotthilf Reichenbach in einem Rundschreiben seine Altonaer Amtskollegen, dass ihm mit einer königlichen Anordnung aus Kopenhagen vom 24. Februar 1766 vorgegeben worden sei, im Trauergottesdienst am 18. März

> […] einen Leichen-Sermon und Trauer-Predigt nach Anleitung des dazu verordneten Textes aus dem *ersten Buche Mosis 48 Cap. 21 v: und Israel sprach zu Joseph: siehe! ich sterbe, und Gott wird mit euch seyn*; selbst zu halten, und daß eben dieser Text zu dem Ende am obbenan[n]ten Tage von allen übrigen Predigern in Unserer Stadt Altona verlesen und erkläret werde.[8]

Diese Kopenhagener Textvorgabe scheinen auch Dusch und Heuser zum Anlass genommen zu haben, ihre bis dahin im Konzept sicherlich bereits fertig entworfene Parodie der Telemannschen Trauermusik dahingehend abzuändern, dass der offizielle Predigttext für diesen Gottesdienst nun auch im Eingangssatz ihrer Kantate aufgegriffen werden sollte. Offenbleiben muss allerdings, ob dafür in Anbetracht der knappen Zeit ein neuer Eingangssatz komponiert wurde (und wenn, ob von Heuser oder von Telemann) oder ob man den neuen Text der vorhandenen Musik des Eingangschores von 1745 unterlegte. Letzteres ist durchaus möglich, wenn auch mit einigen vorzunehmenden rhythmischen Anpassungen der Singstimmen (Notenbeispiel).[9]

Mit insgesamt 18 Nummern – gegenüber 29 in der Vorlage – ist die vorrangig durch Textparodie gewonnene Trauerkantate von 1766 deutlich kleiner ausgefallen als diejenige von 1745, was sicherlich dem erheblichen Aufwand des Umdichtens und Anpassens geschuldet war. Erwähnt sei noch, dass die Unterlegung der neuen Texte unter Telemanns Musik keine nennenswerten Probleme bereitet.

Ist somit die musikalische Autorschaft für neun der 18 Nummern der Trauermusik von 1766 zweifelsfrei geklärt, stellt sich die Frage, wer die übrigen Texte – also diejenigen für den Eingangssatz, sechs Rezitative und zwei Choräle – vertont haben könnte. Aus dem oben zitierten Brief des Altonaer Textdichters geht hervor, dass „aus ökonomischen Ursachen, die Vorsteher der Kirche für gut befanden, eine alte schon fertige Musik zu wählen". Damit wird angedeutet, dass es für die Gemeinde preiswerter war, eine ältere Komposition zum Zweck der Wiederaufführung zu erwerben, als eine Neukomposition in Auftrag zu geben. In der Tat lässt sich in anderen Zusammenhängen beobachten, dass Telemann bei Neukompositionen außer den Kosten für Auffüh-

---

8 Kirchenkreisarchiv Hamburg-West / Südostholstein mit Sitz in Pinneberg, Bestand „Propstei Altona vor 1900", Nr. 2050 (Anordnungen zu kirchlichen Feiern und Ordinationen), darin Nr. 3 (Papiere betreffend das Ableben Friedrichs des Fünften 1766), Hervorhebung im Original durch Unterstreichung.

9 Den von Telemann polyphon vertonten Abschnitten auf den Text „Ich hoffete aufs Licht, und kommt Finsternis" (T. 9–15 und 19–26) lässt sich der Satz „Und Israel sprach zu Joseph: Siehe ich sterbe" unterlegen, und der Halbsatz „und Gott wird mit euch sein" des neuen Textes kann den homophonen, in punktierten Vierteln vertonten Abschnitten der Takte 16–18 und 27–32 zugeordnet werden (vgl. Notenbeispiel). Voraussetzung für diese hypothetische Möglichkeit der Textunterlegung ist jedoch die Einbeziehung des den Bibelvers einleitenden Wörtchens „Und" als Pendant zum auftaktigen „Ich" des Ursprungstextes, das allerdings im Textdruck der Trauermusik von 1766 fehlt.

Notenbeispiel:
Singstimmenparticell zur Trauermusik von 1745, Satz 1, T. 9–18, mit hypothetischer Unterlegung des Textes der Trauermusik von 1766

rung und Direktion auch – was nicht verwunderlich ist – ein Kompositionshonorar in Rechnung stellte.[10] Dagegen verlangte er bei der Wiederverwendung einer bereits vorhandenen älteren Musik kein Kompositionshonorar, sondern nur die Aufführungs- und Direktionskosten. Sein besonderer Geschäftssinn äußert sich jedoch darin, dass er im Fall solcher Anfragen offenbar darauf drängte, bei ihm vorzugsweise eine Neukomposition in Auftrag zu geben. Davon zeugt beispielsweise das Protokoll des Hamburger Geistlichen Ministeriums anlässlich einer Predigereinführungsmusik für den nach Archangelsk in Nordrussland berufenen Pastor Georg Ehrenfried Paul Raupach im Mai 1748, wo es heißt:

> Der Capellmeister H. Telemann machte Schwierigkeit für den H. Raupach, eine alte Music bey der Ordination zu nehmen, und suchte denselben zu nöthigen, eine neue Music componiren zu laßen [= TVWV 3:54], dafür er 24 Mk [Honorar] u. 4 Mk copial-Gebühr geben muste, wodurch die Unkosten ohne Noth vermehret wurden, indem H. Telemann so alles [in allem] 56 Mk bekam.[11]

Leider sind für den Fall, dass bei der Wiederverwendung einer älteren Musik kompositorische Anpassungen vorgenommen werden mussten – zum Beispiel die Neukomposition von Rezitativen oder die Hinzufügung neuer Sätze –, keine Kostenangaben überliefert.

---

10 Vgl. dazu Jürgen Neubacher, *Georg Philipp Telemanns Hamburger Kirchenmusik und ihre Aufführungsbedingungen (1721–1767). Organisationsstrukturen, Musiker, Besetzungspraktiken*, 2., durchgesehene und mit einem Nachwort ergänzte Aufl., Hildesheim etc. 2012 (= Magdeburger Telemann-Studien 20), Anhang 1, passim.

11 Staatsarchiv Hamburg, Bestand: 511-1, Signatur: II 7, S. 99 und 109; vgl. Neubacher, *Telemanns Hamburger Kirchenmusik* (Anm. 10), S. 53.

Angesichts der Tatsache, dass den Altonaer Kirchenvorstehern das Honorar für eine Neukomposition zu hoch war, sind nunmehr zwei Szenarien für das Entstehen der Trauermusik von 1766 denkbar:

1) Telemann überließ den Altonaern zu einem angemessenen Preis seine zwanzig Jahre alte kaiserliche Trauermusik von 1745, und zwar möglicherweise mit der Erlaubnis, deren musikalische Umformung (das heißt die Hinzufügung neuer Rezitative, eines neuen Eingangschores und neuer Choräle) in Eigenregie zu organisieren, beispielsweise durch Beauftragung des Altonaer Kantors Bernhard Christoph Heuser, der auch die Aufführung zu leiten hatte.

2) Telemann erklärte sich bereit, zu einem Preis, der irgendwo zwischen der unveränderten Überlassung einer alten Komposition und einer Neukomposition lag, die musikalischen Anpassungen an den neuen Text selbst vorzunehmen.

Gegen das zweite Szenario spricht, dass Telemann sich nach 1764 aus Altersgründen wohl nur noch auf wenige, ihm besonders wichtige, Neukompositionen konzentriert zu haben scheint.[12] Auch wird Telemann nicht im Titel des Librettos als Komponist genannt. Immerhin ist der Hinweis in Duschs Brief auf die „ökonomischen Ursachen" der Parodie und die darin implizierten finanziellen Verhandlungen ein Indiz, dass Telemann noch als 85-jähriger Greis über einen wachen Geschäftssinn verfügt und seine Werke nicht einfach weitergegeben zu haben scheint.

Bis hierhin wurde die Trauermusik von 1766 vorrangig aus musikhistorischer Perspektive betrachtet. Das Thema hat aber auch noch eine literaturgeschichtliche Facette, eine öffentliche Auseinandersetzung der beiden Dichter Joachim Johann Daniel Zimmermann und Johann Jacob Dusch betreffend, auf die in anderen Zusammenhängen bereits Wolf Hobohm und Ralph-Jürgen Reipsch kurz hingewiesen haben.[13]

Einige Monate nach der Entstehung und Aufführung der Altonaer Trauermusik vom März 1766, nämlich im November 1766 – nur zwei Monate übrigens vor Zimmermanns Tod Anfang Januar 1767 – war dieser, durchaus selbstverschuldet, in einen Rezensentenstreit über Regeln und Normen von Literaturkritik geraten. Nachdem in zwei anonym erschienenen Rezensionen in der von Friedrich Nicolai herausgegebenen *Allgemeinen Deutschen Bibliothek* zunächst Zimmermanns Schrift *Betrachtungen über den Verstand und die Folgen der ersten Drohung Gottes wider einige Gelehrte* (Hamburg 1765) sowie knapp hundert Seiten später auch die 1766 abgeschlossene postume Ausgabe sämtlicher Gedichte Michael Richeys, des Lehrers und dichteri-

---

12 Freundlicher Hinweis von Ralph-Jürgen Reipsch, Magdeburg. Vgl. dazu auch von dems., Neue Ufer: Die Kirchenmusik des Spätwerks, in: *Die Tonkunst* 11 (2017), S. 501–507, insbesondere S. 506, und ders., Werkeinführung, in: *Georg Philipp Telemann (1681–1767). Markuspassion 1767*, Programmheft zum Eröffnungskonzert des 28. Biederitzer Musiksommers 2017 am 18. März 2017 im Dom zu Magdeburg, veranstaltet vom Förderkreis der Biederitzer Kantorei e.V. im Rahmen des 9. Internationalen Telemann-Wettbewerbs und von telemania*2017 in Kooperation mit der Landeshauptstadt Magdeburg, (Kulturbüro/Gesellschaftshaus/Zentrum für Telemann-Pflege und -Forschung), der Internationalen Telemann-Gesellschaft e.V. und dem Kirchenkreis Magdeburg, Magdeburg 2017, [o. S.].

13 Vgl. Wolf Hobohm, Vorwort zur Edition von Telemanns *Tod Jesu* (Anm. 5), S. X, und Ralph-Jürgen Reipsch, Vorwort zur Edition der Serenata auf den Tod Augusts des Starken (TVWV 4:7), hrsg. von dems., Kassel etc. 2007 (= Georg Philipp Telemann, Musikalische Werke 49), S. XIII f.

schen Vorbilds von Zimmermann, scharf angegriffen worden waren,[14] reagierte Zimmermann mit einer Anfang Dezember 1766 veröffentlichten Verteidigungsschrift, in der er heftig gegen die Rezensionen der *Allgemeinen Deutschen Bibliothek* polemisierte.[15] Das wiederum rief Reaktionen[16] und Gegenreaktionen[17] in Altonaer und Hamburger Zeitungen hervor. Diese Diskussion fasste schließlich Johann Jacob Dusch, der Textdichter unserer Altonaer Trauermusik, als einer der vermeintlich betroffenen Rezensenten[18] in seiner Schrift *Verschiedene Urtheile über die Poesie des seligen Herrn Archidiaconus Zimmermann, geprüfet von einem Rezensenten in Altona* 1767 zusammen und kommentierte sie ausführlich. Darin arbeitet sich Dusch vor allem an einem ungenannten Verteidiger Zimmermanns ab, der diesen im *Hamburgischen unpartheyischen Correspondenten* vom 19. Dezember 1766 mit Hinweis auf dessen Texte zu Telemannschen Festmusiken gewürdigt hatte und dies am Beispiel einer Arie aus der Krönungsmusik für Kaiser Franz I. von 1745 (TVWV 13:16) deutlich zu machen versuchte. Dusch zerlegt nun diese Arie – desgleichen auch einige Nummern aus der Festmusik zur Vermählung Kaiser Joseph II. von 1765 (TVWV 11:20) – Wort für Wort, um insbesondere die seiner Meinung nach falsch gewählten Sprachbilder Zimmermanns ad absurdum zu führen und andere dichterische Mängel aufzuzeigen.[19] Man fragt sich, ob Dusch bei dieser sezierenden Analysearbeit, die kaum ein gutes Haar an Zimmermanns Texten lässt, auch auf den ihm bestens bekannten, weil von ihm parodierten, Text der kaiserlichen Trauermusik von 1745 zu sprechen kommen wird. Tatsächlich bezieht er auch diesen Text in seine Stilkritik mit ein, und zwar am Beispiel der Sturm- und Unwetter-Arie „Die ihr auf unbekannten Wellen" (siehe Anhang, Nr. 4 im Textdruck von 1745). Dusch schreibt dazu:

> Ich führe, bloß um zu zeigen, daß der Hr. Verfasser sich immer gleich ist, noch eine Arie aus einem andern Singgedichte an: „Die ihr auf unbekannten Wellen | In Nacht, und Sturm, und Wolken schwebet, | In deren fürchterliche Schwellen | Der letzte Stern sich nun vergräbet, | Ach! eurer Angst ist unsre gleich." Hier haben Sie Wolken mit Schwellen, und in diese Schwellen vergräbt sich der letzte Stern – zugleich mit meinem ganzen Verstande, und mit meiner Lust, noch mehr Stellen zu beleuchten.[20]

---

14 Zur Rezension der Zimmermannschen Schrift siehe *Allgemeine Deutsche Bibliothek*, Bd. 3, 1. Stück, Berlin / Stettin 1766, S. 165–172, und zur Rezension der Richey-Ausgabe ebenda, S. 250–252.

15 Joachim Johann Daniel Zimmermann, *Vertheidigung seiner Schrift von der ersten Drohung Gottes, zugleich auch einiger Gelehrten, wieder die allgemeine deutsche Bibliothek. Nebst einem Versuche über die Religion dieser Bibliothek*, Hamburg 1766 (das Erscheinen der Schrift wurde angezeigt in Nr. 194 des *Hamburgischen unpartheyischen Correspondenten* vom 6. Dezember 1766, S. 4).

16 Siehe die Rezension im Altonaer *Beitrag zum Reichs-Postreuter*, Nr. 97 vom 11. Dezember 1766, S. 4.

17 Vgl. *Hamburgischer unpartheyischer Correspondent*, Nr. 201 vom 19. Dezember 1766, S. 5, und *Hamburgische Nachrichten aus dem Reiche der Gelehrsamkeit*, Nr. 1 vom 2. Januar 1767, S. 1–7.

18 Es ist unklar, ob er die Rezension im *Beitrag zum Reichs-Postreuter* verfasst hatte.

19 [Johann Jacob Dusch], *Verschiedene Urtheile über die Poesie des seligen Herrn Archidiaconus Zimmermann, geprüfet von einem Rezensenten in Altona*, Altona 1767, S. 26–30 und 30–40.

20 Ebenda, S. 41.

Zusammenfassend fällt Dusch schließlich ein gnadenloses Urteil über Zimmermanns Stil: „Ich denke, diese ausserordentlichen Fehler werden es unwidersprechlich entscheiden, dass der selige Herr Pastor Zimmermann durchaus kein Dichter war, und sehr wenig von der Poetik verstand."[21] Duschs Urteil ist zweifellos zu hart ausgefallen, in der Sache aber nicht völlig unberechtigt. Es sind nun einmal zwei grundverschiedene ästhetische Auffassungen, die hier aufeinanderprallen, bedingt durch die unterschiedliche Generationenzugehörigkeit der beiden Verfasser. Umso wertvoller ist Duschs Textparodie der Trauermusik von 1745, vermag sie doch im direkten Vergleich der beiden Texte die Unterschiede zwischen der älteren, noch stark einer panegyrisch-pathetischen Ausdrucksweise verhafteten Sprache Zimmermanns und dem moderneren, bereits deutlich der sogenannten Empfindsamkeit verpflichteten, das heißt, das subjektive Leiden des sterbenden Königs und seiner Untertanen in den Mittelpunkt stellenden Stil Duschs zu verdeutlichen.

---

21 Ebenda.

Anhang: Texte der Trauermusiken von 1745 und 1766

Trauermusik für Kaiser Karl VII. (TVWV 4:13)[22]	Trauermusik für König Friedrich V.[23]
Hamburgs Klage über das höchstschmerzhafte Ableben weiland Ihro Römisch-Kayserlichen Majestät Carls des Siebenden glorwürdigster Gedächtniß in einem Oratorio welches am Sonntage Reminiscere 1745 in den Kirchen aufgeführet worden (Hamburg: König 1745).	Cantate auf den Begräbnißtag Seiner Höchstseligen Majestät, Friderich des Fünften, Königes zu Dännemark […] etc. bey der feyerlichen Gedächtnißpredigt den 18ten März 1766 in der Evanglisch-Lutherischen Hauptkirche zu Altona musicalisch aufgeführt von B. C. Heuser, Cantorn und Directorn der Kirchenmusik (Altona: Burmester, 1766)
Vor der Predigt	Vor der Predigt.
[1.] Hiob XXX, 26. Ich hoffete aufs Licht, und kommt Finsternis.	[1.] 1. B. Mos. 48, v. 21. Israel sprach zu Joseph: Siehe! ich sterbe; und Gott wird mit euch seyn.
	[2.] Recit. Wie Kinder um den besten Vater klagen, Und alles, alles Trostes leer, Indem er stirbt, den Busen schlagen, Und seufzen: Ach! er ist nicht mehr! So unterliege deinem Leide, O Dännemark, du Vaterloses Land! Die Wünsche, welche du umsonst zu Gott gesandt, Sie fanden, ach! sie fanden kein Gehör: Dein Stolz, dein Vater, deine Freude, Dein Friedrich ist nicht mehr! Der Himmel gab Ihn dir auf kurze Zeit, Nur daß Er auf der Ihm zu schlechten Erde, Auf Wegen der Unsterblichkeit Den Königen ein Muster werde; Dann von der Last der Königssorgen frey, Die Nachwelt zwar noch durch sein Beyspiel lehre, Doch selbst belohnt zurück zu seinem Himmel kehre, Und seines Stammes Schutzgeist sey.
[4.] Arie *Die ihr auf unbekannten Wellen* *In Nacht und Sturm und Wolken schwebet,* *In deren fürchterliche Schwellen* *Der letzte Stern sich nun vergräbet;* *Ach! eurer Angst ist unsre gleich!* 　*Der Untergang von diesem Lichte,* 　*Setzt uns noch mehr aufs Ungewisse,* 　*Und machet deiner Führer Schlüsse* 　*Mit ganz verneuter Noth zunichte,* 　*O teutsches Reich!* 　　　　　　　　　V.[on] A.[nfang]	[3.] Aria. *So fürchtet, ängstigt sich, erbebet,* *Der im Orcan die Wogen pflüget,* *Itzt nahe unter Wolken schwebet,* *Itzt in des Abgrunds Schlünden lieget,* *Ach! was für Angst ergreift sein Herz!* 　*Von jedem Sturz der Well' erschüttert,* 　*Von langer Todesangst erkaltend,* 　*Empor zu Gott die Hände faltend,* 　*Liegt er zu Boden, betet, zittert* 　*Weint Himmelwärts.* 　　　　　　　　　Von Anf.[ang]

---

22 Originaltextdruck, Staats- und Universitätsbibliothek Hamburg, Signatur: E 977: 1, 17.
23 Originaltextdruck, Staatsarchiv Hamburg, Signatur: A 541/816, Kapsel 1, Nr. 40.

	[4.] Recit. So lagen wir gebeugt im Staube, der unsre heissen Zähren trank, Und beteten auf unsern Knieen: Als F r i e d r i c h mit dem Tode rang, Für den, den unser Gott gegeben, Um Leben, ach! um Leben! Doch Er, den uns der Himmel nur geliehen, War der Vollendung nah. Die grosse Seele zu empfangen, Stand schon der Engel Gottes da, Und trocknet' eine Thräne von den Wangen, Als er uns Waisen beten sah.

[9.] Arie
Des Zepters, den Er führte,
Der Krone, die Er zierte,
War Seine Tugend werth.
   Wenn Noth und Furcht uns ohne Thränen liessen;
   Doch würden sie um solchen Kayser fliessen,
   Der Gnad' und Huld für Seinen Glanz erklärt.
                    V. A.
	[5.] Aria.
	Ein Zepter! bester König!
	Ein Zepter! o wie wenig
	War dieser Lohn für Dich!
	   Der Schmerz, der Gram und jede Thräne zeuget,
	   Wie groß der war, der so uns hingebeuget,
	   Der Menschenfreund, der sanfte F r i d e r i c h!
	                    Von Anf.

	[6.] Recit. O Gott! der du die Fürsten wählest, Und Völkern, die du züchtigst oder liebst, Tyrannen, oder Väter giebst; Und ihre Tage zählest; Du sahst uns, Zähren im Gesicht, Inbrünstig unsre Hände falten, Den theuren, theuren König zu behalten; Du sahst es, Gott! und du erhörtest nicht!

[11.] Arie
Lasst uns klagen,
Lasst uns sagen:
Edelster des Fürstenstandes,
Haupt des ganzen Vaterlandes,
Ach! verblichner Kayser, ach!
   Flehten wir vorhin vergebens
   Um den Frieden Seines Lebens,
   O so fahre
   Seiner Baare
   Ein erhörtes Seufzen nach!
                    [V. A.]
	[7.] Aria.
	Jüngling! klage
	Mit den Greisen!
	Klaget, vaterlose Waysen!
	Daß ein Stand dem andern sage:
	Ach! Er ist entschlafen, ach!
	   Weint ihr Enkel unsrer Söhne,
	   Wenn eur künftiges Jahrhundert
	   Ihn bewundert,
	   Unsre Thräne,
	   Seufzet unsern Seufzer nach.
	                    Von Anf.

	[8.] Choral.[24] Sein Herz war nur im Himmel droben; Denn da nur war sein Lohn und Theil: Den hat sein Gott Ihm aufgehoben; Dort, dort war sein versprochnes Heil. Die Krone war für Ihn zu schlecht; Im Himmel war kein Bürgerrecht.

---

24 Nachdichtung von Strophe 5 des Liedes „Herr Gott, du kennest meine Tage" (Melodie: „Wer weiß wie nahe mir mein Ende / Wer nur den lieben Gott läßt walten") von Johannes Schmidlin (Zürich 1758).

Nach der Predigt	Nach der Predigt.
[12.] [Accompagnement] *Ja! fahre fort, gedämpftes Klang-geräthe,* *Und stimme dem, an heil'ger Stät[t]e* *Erhobnen Klaggeschrey,* *Durch Thränen-reizendes Geweine matter Sayten,* *Durch Seufzer wehmuthvoller Flöten,* *Durch die bey dunkelm Paukenhallen* *Anjetzt nur girrende Trommeten,* *Mit traurigem Zusammenschallen* *Beweglich bey.*	[9.] Accomp. *Mit Thränen salbt die heiligen Gebeine!* *Wer redlich weinen kann, der weine!* *Wie eines Sterbenden* *Gebrochner Seufzer schallt, wenn kaum ein Funken Leben* *In seinen kalten Adern glimmt,* *Lasst Wehmuth durch die Saiten beben,* *Zu Thränen tief herab gestimmt;* *Und seufzt: Hier liegen die Gebeine* *Des Theuersten!*
[13.] Hiob XXX, 31. *Meine Harfe ist eine Klage worden, und meine Pfeiffe ein Weinen.*	[10.] Hiob 30, v. 31. *Meine Harfe ist eine Klage worden, und meine Pfeiffe ein Weinen.*
[15.] *Lasst uns klagen,* *Lasst uns sagen:* *Edelster des Fürstenstandes,* *Haupt des ganzen Vaterlandes,* *Ach! verblichner Kayser, ach!*	[11.] Aria. *Jüngling! klage* *Mit den Greisen!* *Klaget, vaterlose Waysen!* *Daß ein Stand dem andern sage,* *Ach! Er ist entschlafen, ach!*
	[12.] Recit. Es stand an seinem Thron Die Wachsamkeit mit schlummerlosen Augen; Die heilige Religion, Die höchste Schutzgöttin der Staaten, Der Fürsten Majestät; Die Weisheit, die das Beste räth, Und die Belohnerin der edlen Thaten, Die Gnade, die sich freut, Zahllose Menschen zu beglücken, Und unbestechliche Gerechtigkeit Mit scharfen Adlerblicken.

[17.] Arie
 Melde, gewognes Gerüchte,
 Meldet, verdiente Geschichte,
 Fernen Gestaden und fernen Geschlechtern
 Carols Ruhm!
     Dieses Gestirne der Bayern
     Glänze, bey andern verewigten Wächtern,
     Ähnlich an Dauer den himmlischen Feuern,
     In dem teutschen Kayserthum.
                               [V. A.]
	[13.] Aria.
	 Schmeichle, bestochnes Gerüchte,
	 Melde für Wahrheit Gedichte,
	 Gib den Tyrannen, den Geisseln der Erden,
	 Ruhm für Schmach!
	     Friedrich, dem Vater der Dänen,
	     Weint, wenn Trophäen vernichtiget werden,
	     Alle vergossene dankbare Thränen
	     Fühlend noch der Enkel nach.
	                               Von Anf.

	[14.] Recit. Wer aber, du gebeugtes Land! Wer reichet dir, dich aus dem Staub zu heben, Itzt eine Väterliche Hand? Getrost! du sol[l]st nicht ohne Führer leben! Die Weisheit Gottes sorgt für dich: Er hat für den geliebten Friederich, Dir seinen Christian gegeben.

[23.] Arie
Wir knieen, o Versöhner, hier,
Vor deinem Vater und vor dir;
Dich selbst, und durch dich bitten wir
Um Frieden, ach! um Frieden.
    Liebst du noch Sanftmuth und Geduld,
    Gilt noch die uns erworbne Huld;
    So laß das Rachschwerdt unsrer Schuld
    Doch nun einmal ermüden.
              [V. A.]
	[15.] Aria.
	Herr! Herr! im Staube beten wir
	Gebeugt, wie tief gebeugt vor dir!
	Dem König, den du uns verliehn,
	Gib Leben, ach! gib Leben!
	    O! rüst Ihn aus mit Menschenhuld,
	    Mit Gnade, Weisheit und Gedult;
	    Und wo Er wandelt, laß um Ihn
	    Den Engel, Friedrich, schweben!
	            Von Anf.

	[16.] Choral. (Nach der Melodie: Täglich, Herr Gott! wir loben dich etc.)[25] *Wir lassen, unser Gott! dich nicht;* *Du gibst uns denn die Zuversicht!* *Daß unser innigstes Gebet* *Für Ihn, für Ihn! umsonst nicht fleht!* *Gott segne, Gott behüte Dich!* *Mit seiner Gnad umstrahl er Dich!* *Der ewig ist, des Angesicht* *Umleuchte Dich mit seinem Licht!* *Dir geb er Frieden[,] Frieden Dir!* *In jenem Leben Frieden Dir! Amen.*
	[17.] Recit. *Ermuntert euch, und faltet fromme Hände!* *Zum Ewigen empor:* *Und jedes Alter, alle Stände* *Verbinde das Gebet zu Einem Chor!*

[29.] Chor
O du Volk vom teutschen Saamen,
Rufe kläglich,
Rufe täglich:
    GOtt! gieb Fried in deinem Lande,
    Glück und Heil zu allem Stande,
    Amen, amen!
	[18.] Schlußchor.
	O du Gott der Fürsten! schütze
	Friedrichs Samen!
	Gib Ihm Gnade!
	    Gib Ihm, Vater! deinen Segen,
	    Glück und Heil auf allen Wegen,
	    Amen! Amen!

---

25 Letzter Abschnitt des Klopstockschen Dankliedes „Der Welten Herrscher, dir" (Melodie: „Herr Gott, dich loben wir").

Jürgen Neubacher

Der Altonaer Organist Christian Friedrich Endter und seine Bedeutung als Telemann-Kopist

Nahezu sämtliche lexikalischen Informationen über Endter[1] gehen zurück auf einen Nachruf, erschienen im *Altonaischen Mercurius* anlässlich seines Todes am 26. Mai 1793. Auch wenn, wie im Folgenden zu zeigen sein wird, der Text in mehrfacher Hinsicht korrekturbedürftig ist (obwohl er Details preisgibt, die nur von einer Endter nahegestandenen Person stammen können), sei er wegen seiner nicht ganz leichten Zugänglichkeit hier vollständig wiedergegeben:

> Altona, vom 29 May. Am 26sten dieses Monats verschied Herr Christian Friedrich Endter, Organist an der hiesigen Lutherischen Hauptkirche, in dem Hause seines Bruders und Arztes zu Buxtehude, wohin er, um seine zerrüttete Gesundheit wieder herzustellen, gereiset war, an den Folgen eines Schlagflusses im 65sten Jahre seines Alters.
>
> Sein Lehrmeister in der Musik und besonders in der Kunst die Orgel zu spielen, war der berühmte Organist Pfeiffer an der Petri-Kirche in Hamburg. Durch den Unterricht dieses Mannes, durch den Umgang mit geschickten Tonkünstlern, unter welchen Adolph Carl Kunzen, ehemaliger Musikdirector zu Lübeck, einer seiner Jugendfreunde war, und besonders durch eigenes Studium bildete er sich zu einem gründlichen Harmonisten und vorzüglichen Orgelspieler, der in seinem Vortrage das Süßtönende mit der ernsten und strengen Kunst so zu verbinden wußte, daß er nicht allein dem Kenner, sondern auch dem blossen Liebhaber ein Genüge that.
>
> Schon im 18ten Jahre ward er Organist in Buxtehude, wo er 1757 Lieder-Compositionen, unter dem Titel: Lieder zum Scherz und Zeitvertreibe, herausgab, die in Hamburg gedruckt worden sind. Seit dieser Jugendarbeit, die zu ihrer Zeit vielen Beyfall erhielt, ist nichts von seinen Compositionen erschienen, ungeachtet noch viele in Manuscript vorhanden sind. Unter diesen befindet sich eine von dem Herrn Justitzrath und Professor Henrici gedichtete Lateinische Cantate, die am Krönungsfeste Seiner jetzt regierenden Königl. Majestät im grossen Hörsahle des hiesigen Gymnasiums mit vielem Beyfall aufgeführt worden. Auch hat er in der Handschrift einige Ausarbei-

---

1   Vgl. Berend Kordes, *Lexikon der jetztlebenden schleswig-holsteinischen und eutinischen Schriftsteller*, Schleswig 1797, S. 457 f.; Ernst Ludwig Gerber, *Neues historisch-biographisches Lexikon der Tonkünstler*, Teil 2, Leipzig 1812, Sp. 35 f.; Heinrich Wilhelm Rotermund, *Das gelehrte Hannover oder Lexikon von Schriftstellern und Schriftstellerinnen, gelehrten Geschäftsmännern und Künstlern die seit der Reformation in und außerhalb den sämtlichen zum jetzigen Königreich Hannover gehörigen Provinzen gelebt haben und noch leben*, Bd. 1, Bremen 1823, S. 560; Hans Schröder, *Lexikon der Hamburgischen Schriftsteller bis zur Gegenwart*, Bd. 2, Hamburg 1854, S. 185; Robert Eitner, *Biographisch-bibliographisches Quellen-Lexikon der Musiker und Musikgelehrten der christlichen Zeitrechnung bis Mitte des 19. Jahrhunderts*, Bd. 3, Leipzig 1900, S. 337.

tungen über die Kunst des reines Satzes hinterlassen, mit dessen Studio er sich sehr zu beschäftigen pflegte.

Seine hiesige Organisten Stelle hat er seit 1759, mithin einige 30 Jahr mit vielem Ruhm bekleidet.

Er hinterläßt übrigens den Ruf eines sehr frommen und rechtschaffenen Mannes. Wer wahre Tonkunst und besonders gutes Orgelspiel zu schätzen weiß, wird gewiß seinen Verlust sehr bedauern und wünschen, daß derselbe, wo möglich, durch einen gleichen Nachfolger ersetzt werde.[2]

Christian Friedrich Endter war der ältere von zwei Söhnen des aus Thüringen stammenden Arztes Christian Ernst Endter (1693–1775). Dieser war von Januar bis Oktober 1729 als Münzinspektor am herzoglichen Hof in Eisenach tätig gewesen, übersiedelte dann nach Hamburg und ersuchte von hier aus Herzog Wilhelm Heinrich von Sachsen-Eisenach um Anstellung als herzoglich-eisenachischer Korrespondent.[3] Diese Tätigkeit übernahm Endter senior von keinem Geringeren als dem seit 1721 als Kantor und Kirchenmusikdirektor in Hamburg wirkenden Komponisten Georg Philipp Telemann, der sie von 1725 bis Mai 1730 nebenberuflich ausgeübt hatte.[4] 1733 zog Endter mit seiner Familie auf den Hamburger Berg, eine Vorstadt Hamburgs (das heutige St. Pauli), und begann dort als Arzt zu praktizieren. Anfang der 1740er Jahre erfolgte ein erneuter Umzug in die dänische Nachbarstadt Altona, wo sich Endter nun bis zu seinem Tod als Arzt niederließ. Indem sich durch die Weitergabe der Eisenacher Korrespondententätigkeit von Telemann an Endter senior beider Wege kreuzten, dürfte auch für Christian Friedrich Endter eine – wie auch immer geartete – Bekanntschaft mit Telemann vorgezeichnet gewesen sein.

Christian Friedrich Endter wurde – abweichend vom oben zitierten Nekrolog – am 6. März 1731 in Hamburg getauft, und zwar auf die Namen Friedrich Christian.[5] Der Taufeintrag enthält keinen Hinweis auf irgendeine Anomalität etwa der Art, dass der Täufling bereits drei Jahre alt gewesen wäre (glaubt man der Altersangabe des Nekrologs, derzufolge Endter 1728 hätte geboren worden sein müssen).[6] Den Widerspruch zwischen Taufdatum und Altersangabe im Nekrolog vermag das Begräbnisregister der

2   *Altonaischer Mercurius*, Nr. 85 vom 30. Mai 1793, S. 1125 f.
3   Vgl. dazu und zum folgenden: Andreas Schwander, *Leben und Werk des Arztes Christian Ernst Endter (1693–1775)*, Diss. Universität Göttingen 1991, revidierte Fassung, Stade 2009 (als elektronische Ressource abrufbar unter https://d-nb.info/995983364/34; letzter Aufruf: 13. August 2018), S. 10–15.
4   Vgl. dazu das Schreiben Telemanns an Herzog Wilhelm Heinrich vom 31. Dezember 1729, in: Georg Philipp Telemann, *Briefwechsel. Sämtliche erreichbare Briefe von und an Telemann*, hrsg. von Hans Grosse / Hans Rudolf Jung, Leipzig 1972, S. 97 f.
5   Der Taufeintrag vom 6. März 1731 lautet: „Christian Ernst Endter. K.[ind:] Frider. Christian. T.[aufpaten:] H. Graf Frieder. von Löwenhaupt. H. Landrath von Schöllen, Fr. Clara Kasenberger" (Staatsarchiv Hamburg, 512-7, C 4 Band 1, S. 321); zum Taufeintrag sowie zu den Paten vgl. auch Schwander, *Leben und Werk des Arztes Christian Ernst Endter* (Anm. 3), S. 15, wo es heißt: „Daß Endter ein angesehener Mann war, zeigt sich an den Paten: Graf Friedrich von Löwenhaupt (vermutlich ein Angehöriger der schwedischen Adelsfamilie von Löwenhaupt, Grafen von Raseburg und Falckenstein, die auch in Deutschland und Dänemark lebten) und Landrat von Schöllen".
6   1731 als Geburtsjahr Endters bestätigt – abweichend vom Nekrolog – auch der Eintrag in Kordes' Lexikon von 1797 (Anm. 1).

St.-Petri-Kirche in Buxtehude zu klären, wo Endter laut Nekrolog im Haus seines Bru-
ders verstarb und, laut Begräbnisregister, auch begraben wurde. Dem Sterbeeintrag
zufolge war Endter am 26. Mai 1793 im Alter von 63 Jahren als Witwer verstorben,
womit das Geburtsjahr 1731 bestätigt wird.[7] Über Endters schulische Ausbildung ist
nichts bekannt. Ob er wie sein jüngerer Bruder Conrad Ernst Endter (1733–1794),
der später als Arzt in Buxtehude wirkte, die Schule in Stade und dann das Königliche
Pädagogium in Altona, eine dem dortigen Akademischen Gymnasium angeschlosse-
ne Lateinschule, besucht hatte, ist nicht erwiesen.[8] Jedenfalls dürfte es sich bei dem
1742–1744 in den Chorgeldlisten des Altonaer Chorus symphoniacus – einem Schul-
chor – genannten Diskantisten „Endter" wohl eher um Conrad Ernst als um Christian
Friedrich gehandelt haben.[9] Die im Nachruf auf Christian Friedrich Endter erwähnte
Ausbildung bei dem Hamburger St.-Petri-Organisten Johann Ernst Bernhard Pfeiffer
(1703–1774) könnte analog zu anderen Hamburger Organistenausbildungen jener Zeit
einem Lehrverhältnis ähnlich bis zu sechs oder mehr Jahre gedauert haben, während-
dessen Endter möglicherweise im Haushalt seines Lehrers wohnte.[10] Als sich Endter
1749 – nicht 1746, wie sich rechnerisch aus dem Nekrolog ergibt – in Buxtehude um
die gerade freigewordene Organistenstelle an der dortigen St.-Petri-Kirche bewarb,
war er – in diesem Detail ist der Nekrolog wieder korrekt – erst 18 Jahre alt. Der Neu-
besetzung der Stelle war in Buxtehude ein Rechtsstreit zwischen Kirche und Magistrat
über die Frage vorausgegangen, wem die Wahl des Organisten zustehe, ob also der
Organist ein kirchlicher oder städtischer Bediensteter sei, wobei sich der Rat durch-
setzen konnte.[11] Vor diesem Hintergrund ist bemerkenswert, dass in den Ratsproto-
kollen Endter einerseits – wie zu erwarten – stets mit seinem Taufnahmen Friedrich
Christian Endter benannt wird (6. August 1749: „hat Friedrich Christian Endter aus
Hamburg die Probe auf der Orgel […] glücklich und wohl gespielet"; 26. September
1749: „der neu erwählte Organiste Friderich Christian Endter erschien und bedanck-
te sich für die ihm erzeigte Gewogenheit").[12] Andererseits taucht dann aber in der
sorgfältig ausgearbeiteten und gesiegelten Bestallungsurkunde zum ersten Mal die Na-

---

7   Niedersächsisches Landesarchiv Standort Stade, Mikrofiches des Begräbnisregisters von 1793
    der St.-Petri-Kirche Buxtehude (Dep 43, acc. 2016/002 Nr. 31), verzeichnet unter Nr. 30; Herrn
    Dr. Thomas Bardelle sei für die freundliche Mitteilung des Sterbeeintrags gedankt.

8   Vgl. den Nachruf auf Conrad Ernst Endter, in: Friedrich Schlichtegroll, *Nekrolog auf das Jahr
    1794. Enthaltend Nachrichten von dem Leben merkwürdiger in diesem Jahre verstorbener Deut-
    schen*, Jg. 5, Bd. 2, Gotha 1796, S. 334–337.

9   Zum Altonaer Chorus symphoniacus vgl. Jürgen Neubacher, Zur Musikgeschichte Altonas
    während der Zeit von Telemanns Wirken in Hamburg, in: *Beiträge zur Musikgeschichte Ham-
    burgs vom Mittelalter bis in die Neuzeit*, hrsg. von Hans Joachim Marx, Frankfurt a. M. etc.
    2001 (= Hamburger Jahrbuch für Musikwissenschaft 18), S. 267–311, speziell S. 269–271, und
    zur Erwähnung des Diskantisten „Endter" die Chorgeld-Rechnungen 1741–1748 im Archiv
    des Gymnasiums Christianeum Hamburg-Altona (Signatur: R 4), unpaginiert.

10 Vgl. die Angaben zu den Ausbildungen von Philipp Ernst Vett und Gottlieb Wilhelm Pape bei
    dem Hamburger St.-Michaelis-Organisten Anthon Alsen, in: Jürgen Neubacher, *Georg Philipp
    Telemanns Hamburger Kirchenmusik und ihre Aufführungsbedingungen (1721–1767). Organisa-
    tionsstrukturen, Musiker, Besetzungspraktiken*, 2., durchgesehene und mit einem Nachwort er-
    gänzte Aufl., Hildesheim etc. 2012 (= Magdeburger Telemann-Studien 20), S. 117.

11 Vgl. dazu Konrad Küster, *Musikstadt Buxtehude. Bausteine einer Geschichte*, Buxtehude 2009,
    S. 57, sowie die Akte *Die dem Magistrate mit Ausschluss der Prediger und Juraten gebührende
    Wahl des Organisten, 1748* im Stadtarchiv Buxtehude (KSch V, Nr. 3).

12 Stadtarchiv Buxtehude, Ratsprotokolle 1749 (ohne Signatur), S. 70 und 87.

mensvariante „Christian Friedrich Endter" auf, die Endter später ausnahmslos verwendete (er selbst unterzeichnete die Urkunde allerdings noch in alter Gewohnheit mit „Friedrich Christian Endter").[13] Die noch nicht erreichte Volljährigkeit[14] Endters und die damit möglicherweise anfechtbare Wahl – beispielsweise durch die im Rechtsstreit unterlegenen Kirchenvorsteher – könnte Anlass für eine denkbare Absprache zwischen dem Magistrat und Endters Familie gegeben haben, das Alter des Gewählten zu verschleiern. Endter würde sich dann ab diesem Zeitpunkt drei Jahre älter gerechnet haben als er tatsächlich war (mit Auswirkungen bis hinein in den Nachruf), und um die Überprüfbarkeit seines Geburtsjahres in den Taufbüchern der Hamburger Kirchen zu erschweren, hätte die Vertauschung seiner Vornamen ersonnen worden sein können. Jedenfalls blieb Endter fortan in allen heute noch nachweisbaren Schriftstücken, Veröffentlichungen und Lebensdokumenten bei dieser erstmals in der Buxtehuder Bestallungsurkunde auftauchenden Namensvariante Christian Friedrich Endter.

Der Berufung Endters ging eine Orgelprobe voraus, die als durchaus anspruchsvoll bezeichnet werden kann. Ihre Anforderungen dokumentiert eine Anlage zum Ratsprotokoll vom 6. August 1749:

Probe für Frid. Christ. Endter.

I. Praeludium aus C moll, welches in 4 bis 5 Minuten in Fis dur muß geführet werden, als aus welchem Ton der Choral: Am Waßerflüßen Babylon soll gespielet werden

   1.) Wird die Melodie simple vorgespielet

   2.) 1 oder 2 Variationes

   3.) Der Choral mit dem Vollen Wercke.

II. Praeludium aus Fis dur in G moll zur Ausführung des Thematis

III. Thema zur Fuge

IV. Wird eine Aria accompagnirt, die extempore in die kleine tertie muß transponiret werden

---

13 Stadtarchiv Buxtehude, KSch V, Nr. 4, darin Faszikel Nr. 1; die Bestallungsurkunde datiert vom 28. Oktober 1749.

14 Volljährigkeit und damit die Möglichkeit zur Wahrnehmung aller Rechtshandlungen war vor 1875 in den meisten deutschen Ländern nach neuerem römischen Recht für männliche Personen auf die Vollendung des 25. Lebensjahres festgelegt, nirgendwo aber auf unter 21 Jahre. Für Hamburg konnte eine „Verordnung wegen der Minderjährigkeit" vom 4. September 1732 ermittelt werden, wonach „die Knaben nicht eher, als nach ihrem völlig zurückgelegten 22sten Jahre, die Mädgen aber nach dem 18ten Jahre ihres Alters, für mündig geachtet, und bis dahin unter geschwornen Vormündern stehen sollen" (vgl. *Sammlung der Hamburgischen Gesetze und Verfassungen*, Teil 3, hrsg. von Johann Klefeker, Hamburg 1767, S. 691 f.). Im Kurfürstentum Hannover, dem Buxtehude seit 1715 angehörte, dürfte die Rechtslage nicht wesentlich anders gewesen sein.

V. Zum Beschluß spielet der Candidatus seine eigenen elaborirte[n] Sachen.

Von seiner Buxtehuder Stelle aus, die er bis nachweislich 1759 innehatte,[15] bewarb sich Endter 1758 um die Organistenstelle an der Altonaer Hauptkirche.[16] Das gelang nicht gleich im ersten Anlauf, da einer seiner Mitbewerber – Johann Christoph Friedrich Bach aus Bückeburg, zweitjüngster Sohn Johann Sebastian Bachs – den Vorzug erhielt.[17] Als jedoch Bach die Stelle aufgrund der zwischenzeitlichen Beförderung zum Hofkapellmeister in Bückeburg ablehnte, nutzte Endter die sich bietende Chance zu einer erneuten Bewerbung, argumentierend, Altona sei „meine Vaterstadt" und er habe sich „von Jugend auf mit vielem Eifer auf die Music geleget", außerdem konnte er auf „die gedrukten Proben meiner Compositionen" verweisen sowie darauf, dass er „schon seit einigen Jahren die Organisten Stelle bey der Lutherischen Kirche in der Stadt Buxtehude mit al[l]gemeiner Zufriedenheit" bekleide.[18] Nur gut eine Woche später wurde Endter schließlich vom dänischen König zum Organisten an der Altonaer Hauptkirche ernannt.[19] Er versah die Stelle bis zu seinem Tod 1793.

In Altona heiratete Endter 1762 die gebürtige Altonaerin Anna Louise Schröder[20] und bekam mit ihr 1763 und 1765 zwei Töchter[21] sowie 1768 einen Sohn.[22] Außer dass die älteste Tochter im Alter von neun Jahren bereits verstarb,[23] ist über den Lebensweg der Kinder nichts weiter bekannt.

Wie im Nekrolog angedeutet, betätigte Endter sich schon in jungen Jahren auch kompositorisch. Verbunden ist mit seinem Namen heute noch eine bereits 1757 in Hamburg veröffentlichte „Jugendarbeit" (Nekrolog), die Sammlung *Lieder zum Scherz und Zeitvertreib* (Hamburg 1757). Sie ist – wie jüngst von Katharina Hottmann ausführlich dargestellt – im Kontext der Hamburger und Altonaer Liedkultur zwischen etwa 1730 und 1780 zu sehen,[24] zusammen mit meist in Hamburg publizierten Generalbass- und Klavierliedsammlungen von Telemann (1733/34, 1741), Johann Valen-

15 Sein Nachfolger Statius Tantau wurde am 28. Juni 1759 als Organist an St. Petri in Buxtehude bestallt (Stadtarchiv Buxtehude, KSch V, Nr. 4, darin Faszikel Nr. 2).

16 Christian Friedrich Endter, eigenhändiges Bewerbungsschreiben an König Friedrich V. von Dänemark vom 28. Januar 1758 (Schleswig-Holsteinisches Landesarchiv Schleswig, Abt. 65.2, Nr. 3785, fol. 148 f.).

17 Vgl. Barbara Wiermann, Johann Christoph Friedrich Bachs Berufung an die evangelisch-lutherische Hauptkirche in Altona, in: *Bach-Jahrbuch* 84 (1998), S. 149–165.

18 Christian Friedrich Endter, eigenhändiges Bewerbungsschreiben an König Friedrich V. von Dänemark vom 24. März 1759 (Schleswig-Holsteinisches Landesarchiv Schleswig, Abt. 65.2, Nr. 3785, fol. 152 f.).

19 Bestallung für Christian Friedrich Endter als Organisten bei der Evangelisch-Lutherischen Kirche zu Altona vom 2. April 1759 (Schleswig-Holsteinisches Landesarchiv Schleswig, Abt. 65.2, Nr. 3785, fol. 128 und 156).

20 Ev.-Luth. Kirchenkreis Hamburg-West / Südholstein mit Sitz in Pinneberg, Trauungsregister 1758–1765 der Hauptkirche Altona, unter dem 18. Mai 1762.

21 Ev.-Luth. Kirchenkreis Hamburg-West / Südholstein, Taufregister 1760–1765 der Hauptkirche Altona, 1763, Nr. 68 und 1765, Nr. 117.

22 Ev.-Luth. Kirchenkreis Hamburg-West / Südholstein, Taufregister 1766–1768 der Hauptkirche Altona, 1768, Nr. 21.

23 Ev.-Luth. Kirchenkreis Hamburg-West / Südholstein, Totenbuch 1772–1781 der Hauptkirche Altona, S. 156, Nr. 94.

24 Katharina Hottmann, „*Auf! stimmt ein freies Scherzlied an". Weltliche Liedkultur im Hamburg der Aufklärung*, Stuttgart 2017, passim sowie insbesondere S. 110–117.

tin Görner (1742, 1744, 1752), Knuth Lambo (1754), Johann Dietrich Leyding (1757), Christian Ernst Rosenbaum (1760, 1762), Johann David Holland (um 1777) und Christian Gottfried Telonius (1777), ein Repertoire, zu dem laut Hottmann auch Liedsammlungen von Komponisten aus der weiteren Umgebung Hamburgs zu zählen sind wie etwa Adolph Carl Kuntzen, Johann Heinrich Hesse, Johann Wilhelm Hertel oder Johann Christoph Schmügel. Über Endters Lied-Kompositionen hinaus sind von ihm heute nur noch zwei Choralsätze überliefert,[25] wohingegen von den im Nekrolog erwähnten handschriftlichen Kompositionen – darunter eine Trauermusik für den dänischen König Friedrich V. (1766) sowie eine Krönungsmusik und eine weitere Festmusik für dessen Nachfolger Christian VII. (beide 1767) – jegliche Spur fehlt.[26] Mit einer kleinen Abhandlung zum Thema „Woher es komme, daß ein musicalisches Stück aus dis, oder E dur, imgleichen aus F, oder fis moll, unser Gehör auf eine weit angenehmere Art rührt, als aus dem D, C dur, wie auch aus E moll?" betätigte er sich sogar musikschriftstellerisch.[27]

Die aus heutiger Sicht größte Bedeutung hat Endter jedoch als Kopist und Sammler von zum Teil anderweitig nicht überlieferten Kompositionen Telemanns, darunter auch drei mit einem Altona-Bezug. Die Identifizierung Endters als Notenkopist gelang mit Hilfe mehrerer eigenhändiger Schriftstücke wie beispielsweise seine bereits erwähnten Bewerbungsschreiben an König Friedrich V. von Dänemark für die Organistenstelle in Altona vom 28. Januar 1758 (mit Begleitschreiben gleichen Datums an Reichsfreiherrn Johann Hartwig Ernst von Bernstorff) und vom 24. März 1759, sodann seine Dankesschreiben an von Bernstorff vom 10. April 1759 und an den König vom 1. Mai 1759[28] sowie ein vom Rat der Stadt Buxtehude bei ihm in Auftrag gegebenes Gutachten vom 10. Juni 1761 zur Abnahme einer Orgelreparatur (in zweifacher Ausfertigung vorliegend).[29] Da es sich bei diesen umfangreichen Schriftproben dennoch nur um reine Textschriften (ohne Noten) handelt, entpuppten sich zwei in der Staats- und Universitätsbibliothek Hamburg aufbewahrte musiktheoretische Abhandlungen mit Notenbeispielen als wichtiges Scharnier zwischen den Text- und den Notenhandschriften Endters. Diese beiden Handschriften mit den Titeln *Vom Fugirten und doppelten Contrapunct* (ND VI 5575) und *Musicus Practicus Welcher in Kürtze weiset, die Ahrt, wie man zu Voll-Kommener erkenntniß aller derjenigen Sachen, welche*

---

25 *Wie schnell ist doch ein Jahr vergangen*, RISM A/II, Nr. 452512078; vgl. dazu auch Küster, *Musikstadt Buxtehude* (Anm. 11), S. 59, und *Wo sind die Weisen*, RISM A/II, Nr. 452512082.

26 Zu erhaltenen Textdrucken der drei Kompositionen siehe Neubacher, Zur Musikgeschichte Altonas während der Zeit von Telemanns Wirken in Hamburg (Anm. 9), S. 305 f.

27 Christian Friedrich Endter, Beantwortung der Aufgabe, so im 35. St. dieser Nützl. Saml. vorgeleget worden: Woher es komme, daß ein musicalisches Stück aus dis, oder E dur, imgleichen aus F, oder fis moll, unser Gehör auf eine weit angenehmere Art rührt, als aus dem D, C dur, wie auch aus E moll? welches sogar solche, die keine besondere Kenner der Musik sind, manchmal wissen zu unterscheiden, in: *Nützliche Sammlungen vom Jahre 1757*, Hannover 1758, 42. Stück, Sp. 665–670.

28 Schleswig-Holsteinisches Landesarchiv Schleswig, Abt. 65.2, Nr. 3785, fol. 148 f. + 113 f., 152 f., 129 f., 131 f.

29 Archiv der Kirchengemeinde St. Petri Buxtehude, Magistrat Fasz. 16 Nr. 3 (sogenannte Orgelakte). Der Verfasser dankt Herrn Pastor Thomas Haase für die Erlaubnis zum Abdruck von Beispielseiten aus diesem Gutachten, ebenso Frau Eva Drechsler, Stadtarchiv Buxtehude, für die Vermittlung und Anfertigung einer Reproduktion der Quelle.

bey setzung eines Gesanges unterlauffen, und was die Kunst des Contra-Puncts erfordert, gelangen kann (ND VI 5575 l) – eine verkürzte und um einen Anhang erweiterte Abschrift der 1707 in Stuttgart erschienenen deutschen Übersetzung von Giovanni Maria Bononcinis Lehrbuch *Musicus practicus* – tragen beide auf ihrer Titelseite den Besitzvermerk „F. C. Endter" und sind vollständig von Endter selbst geschrieben. Es handelt sich dabei unzweifelhaft um die im Nekrolog erwähnten „Ausarbeitungen über die Kunst des reines Satzes", die er „in der Handschrift [...] hinterlassen" habe (siehe oben). Die Abfolge der Vornamen in den Besitzvermerken deutet darauf hin, dass beide Abschriften vor 1749 entstanden sein dürften (siehe oben), also in die Ausbildungszeit bei Johann Ernst Bernhard Pfeiffer fallen. Die schriftbezogenen Gemeinsamkeiten zwischen den Beispielen aus Endters Text- und seinen Notenhandschriften lassen sich unter anderem an folgenden Details festmachen:

a) ein annähernd kreisrunder Kopf bei den lateinisch geschriebenen Großbuchstaben „P", „R" und gelegentlich auch „B" (vgl. Abbildung 1, „Partituren"; Abbildung 2, „Recit:", „Pomposo"; Abbildung 3, „Brust", „Pedal", „Principal", „Posaune"; Abbildung 5, „Replica"; Abbildung 6, „Pedes", „Pyrrichius");

b) der diagonale Strich von links unten nach rechts oben beim lateinischen Großbuchstaben „D" (Abbildung 1, „Dom.", „Dict."; Abbildung 3, „Dulcian", „das grosse D"; Abbildung 6, „Dissyllabi", „Dactylus");

c) die spitz nach rechts oben zulaufenden lateinischen Großbuchstaben „I" und „J" (Abbildung 1, „Jubel"; Abbildung 3, „Intonation"; Abbildung 5, „Imitation"; Abbildung 6, „Jambus");

d) der schräg von links unten nach rechts oben verlaufende Oberstrich der lateinischen Großbuchstaben „T" und „F" (Abbildung 1, „Telem."; Abbildung 4, „Friedrich"; Abbildung 5, „Fuga", „Tons"; Abbildung 6, „Trisyllabi", „Trochaeus", „Tribrachys");

e) der markante, einer nach links geneigten und nach unten geöffneten „8" ähnelnde Bassschlüssel (Abbildungen 2 und 5);

f) die Schreibweise mancher Ziffern, insbesondere die Oberlänge der „6" (Abbildung 1, „1760"; Abbildung 2, Generalbassbezifferung; Abbildung 4, „1761").

Zu diesen und weiteren Merkmalen von Endters Schrift zählt als ein besonders auffälliges Charakteristikum die in allen Dokumenten zu beobachtende starke Rechtsneigung mit meist spitz nach links unten zulaufenden Unterlängen.

Kann die Zuschreibung der im folgenden erörterten Musikhandschriften an Endter als deren Kopisten nunmehr als gesichert gelten, muss die rund 20 Jahre ältere Einschätzung des Verfassers, der Hamburger Hauptkirchenorganist Johann Ernst Bernhard Pfeiffer sei der Kopist dieser Quellengruppe gewesen,[30] hiermit revidiert werden.

---

30 Vgl. Jürgen Neubacher, Unbekannte Kompositionen Georg Philipp Telemanns in der wieder zugänglichen Musikhandschrift ND VI 81g:4 der Staats- und Universitätsbibliothek Hamburg. Ein quellenkundlicher Beitrag zur Telemann-Forschung, in: *50 Jahre Musikwissenschaftliches Institut in Hamburg. Bestandsaufnahme – aktuelle Forschung – Ausblick*, hrsg. von Peter Petersen / Helmut Rösing, Frankfurt a. M. etc. 1999 (= Hamburger Jahrbuch für Musikwissenschaft 16), S. 385–404, insbesondere S. 404, außerdem Jürgen Neubacher, Drei wieder zugängliche Ariensammelbände als Quellen für das Repertoire der Hamburger Gänsemarkt-Oper, in: *Beiträge zur Musikgeschichte Hamburgs vom Mittelalter bis in die Neuzeit*, hrsg. von Hans Joachim

Die damals anhand nur einer eigenhändigen Unterschrift Pfeiffers gewonnene Einschätzung stand auf einer zu schwachen Quellenbasis.

Insgesamt sind derzeit folgende Kompositionen als Abschriften von der Hand Christian Friedrich Endters auszumachen:

A. Werke Georg Philipp Telemanns:
1. „Jubel Music von 1760" („Die dicken Wolken scheiden sich", TVWV deest), D-Hs, ND VI 81g:4, fol. 2–22[31]
2. Hochzeitsserenata von 1754 „Mein Zepter gibt der Welt Gesetze" (TVWV deest), ebenda, fol. 37–46[32]
3. Adventsmusik 1743 „In deinem Wort und Sakrament" (TVWV 1:931), ebenda, fol. 47–52[33]
4. Ode auf den dänischen König „Nunc auspicato sidere" (TVWV deest), ebenda, fol. 53–57[34]
5. Ostermusik 1757 „Christus hat ausgezogen die Fürstentümer" (TVWV 1:139), ebenda, fol. 76–83
6. Auszug aus der Musik zum Amtsantritt von Elias Caspar Reichard als Professor für Beredsamkeit und Dichtkunst am Königlichen Akademischen Gymnasium in Altona 1741 *Die Verbindung der Dichtkunst mit der Gottesfurcht und Weltweisheit* (TVWV 20:38), ebenda, fol. 108–111[35]
7. Serenata 1761 *Don Quichotte der Löwenritter* (TVWV 21:32), D-LEm, PM 3810[36]
8. Orgelfuge e-Moll (TWV 30:29), D-Hs, ND VI 3326[37]

B. Werke anderer Komponisten:
1. Johann Sebastian Bach, Orgelfuge g-Moll (BWV 542/2), D-Hs, ND VI 3327e

---

Marx, Frankfurt a. M. etc. 2001 (= Hamburger Jahrbuch für Musikwissenschaft 18), S. 195–205, hier S. 200–205, sowie *Georg Philipp Telemann (1681–1767) und Johann Ernst Bernhard Pfeiffer (1703–1774). Drei Orgelfugen aus dem Repertoire der Hamburger St. Petrikirche,* hrsg. von Jürgen Neubacher, Sankt Augustin 2001, Vorwort.

31 Vgl. dazu Neubacher, Unbekannte Kompositionen Georg Philipp Telemanns (Anm. 30), S. 388–392, sowie die Edition in: Georg Philipp Telemann, *Festmusiken für Altona,* hrsg. von Jürgen Neubacher, Kassel etc. 2019 [in Druck] (= Georg Philipp Telemann, Musikalische Werke 66).

32 Vgl. ebenda, S. 397–400.

33 Vgl. ebenda, S. 394–397, und *Georg Philipp Telemann. In deinem Wort und Sakrament TVWV 1:931,* Erstausgabe, hrsg. von Jürgen Neubacher, Partitur, Stuttgart 2001.

34 Vgl. Neubacher, Unbekannte Kompositionen Georg Philipp Telemanns (Anm. 30), S. 392–394, sowie die Edition in: Georg Philipp Telemann, *Festmusiken für Altona* (Anm. 31).

35 Vgl. ebenda, S. 394, sowie die Edition in: Georg Philipp Telemann, *Festmusiken für Altona* (Anm. 31).

36 Zu dieser Partiturabschrift, deren Kopist bislang nicht identifiziert wurde, vgl. Georg Philipp Telemann, *Don Quichotte auf der Hochzeit des Comacho. Comic Opera-Serenata in One Act,* hrsg. von Bernd Baselt, Madison/WI 1991 (= Recent Researches in the Music of the Baroque Era 64/65), S. IX und Abbildung 4.

37 Ediert in: *Drei Orgelfugen aus dem Repertoire der Hamburger St. Petrikirche* (Anm. 30).

2. Vincent Lübeck [senior oder junior], Präludium und Fuge F-Dur für Orgel, D-Hs, ND VI 3294o[38]

3. Johann Ernst Bernhard Pfeiffer, Orgelfuge e-Moll, D-Hs, ND VI 3328e[39]

4. Johann Ernst Bernhard Pfeiffer, Orgelfuge g-Moll, D-Hs, ND VI 3328f[39]

5. Johann Gottfried Walther, Choralvariationen G-Dur über „Allein Gott in der Höh sei Ehr" (8 versus), D-Hs, ND VI 3246n

6. Christian Friedrich Witte, Orgelfuge F-Dur, D-Hs, ND VI 3323i

7. Rinaldo da Capua, „Venga morte io non parvento", Arie für Tenor, Streicher und Basso continuo, D-Hs, ND VI 81g:11, S. 227–235

8. Geminiano Giacomelli, „Rendimi alle ritorte", Aria aus der 1748 unter Leitung von Christoph Willibald Gluck in Hamburg aufgeführten Pasticcio-Oper *Arsace*, ebenda, S. 259–266

9. Carl Heinrich Graun, „Bel piacer saria d'un core", Aria aus *Catone in Utica*, ebenda, S. 236–239

10. Carl Heinrich Graun, „Se parla l'onore Giabasta, Aria aus *Ifigenia in Aulide*, ebenda, S. 243–246

11. Carl Heinrich Graun, „Sforzero l'averso mare", Aria aus *Ifigenia in Aulide*, ebenda, S. 247–254

12. Carl Heinrich Graun, „Sulle sponde dal pigro lete", Aria aus *Adriano in Siria*, ebenda, S. 240–242

13. Carl Heinrich Graun, „Vivi a noi vivi all'impero", Aria aus *Adriano in Siria*, ebenda, S. 255–258

14. Giovanni Battista Pergolesi, Cantata *Chi non ode e chi non vede*, ebenda, S. 267–286

15. Paolo Scalabrini, „Conservati fedele", Aria aus der 1743 in Hamburg aufgeführten Pasticcio-Oper *Artaserse*, ebenda, S. 287–290

16. Dionisio Zamparelli, „Rendimi i lacci miei" und „Lo sapete oh dio", Rezitativ und Arie aus *Siface*, ebenda, S. 219–226

Außer durch die oben skizzierten Schriftmerkmale lassen sich die Handschriften auch aufgrund weiterer Beobachtungen Endter zuordnen. Bereits erwähnt wurde der Altona-Bezug der Sammelhandschrift ND VI 81g:4. Dieser lässt sich neben den drei von Endter kopierten Altona-Werken (Nr. 1, 4 und 6 der obigen Liste) auch an einer Michaelis- und einer Weihnachtsmusik des für mehrere Jahrzehnte in Altona ansässigen Musikers und Komponisten Johann Balthasar Rein (1714–1794) festmachen.[40] Die Or-

---

38 Ediert als Werk von Vincent Lübeck senior, in: ders., *Neue Ausgabe sämtlicher Orgel- und Clavierwerke*, hrsg. von Siegbert Rampe, Bd. 2, Kassel etc. 2004, S. 8–11, vgl. auch S. V und XII; ediert als Werk von Vincent Lübeck junior, in: *Vincent Lübeck senior (1654–1740) / Vincent Lübeck junior (1684–1755). Sämtliche Orgelwerke*, hrsg. von Klaus Beckmann, Mainz etc. 2004 (= Meister der Norddeutschen Orgelschule 12), S. 68–71, vgl. auch S. 4f. und 79. In beiden Publikationen ist der Hinweis auf Pfeiffer als Kopisten der Handschrift ND VI 3294o zu korrigieren.

39 Ediert in: *Drei Orgelfugen aus dem Repertoire der Hamburger St. Petrikirche* (Anm. 30).

40 Zu Rein, der 1755 auch ein *Vierstimmiges Choralbuch, worinnen alle Melodien des Schleswig-Holsteinischen Gesangbuchs enthalten sind*, herausgegeben hatte, und zu den genannten Werken vgl. Neubacher, Unbekannte Kompositionen Georg Philipp Telemanns (Anm. 30), S. 401f.

gelhandschriften in der obigen Liste können mit hoher Wahrscheinlichkeit Endters Ausbildungszeit bei Johann Ernst Bernhard Pfeiffer zugewiesen werden, wie insbesondere Endters Abschriften von dessen Orgelfugen zeigen. Die aus Opern- und anderen Arien zusammengesetzte Sammelhandschrift ND VI 81g:11, die wie die Abschrift von Telemanns Serenata *Don Quichotte der Löwenritter* ein Interesse Endters an außerkirchlicher Vokalmusik erkennen lässt, enthält auf der Rückseite des Titelblatts ein von ihm geschriebenes, nach Tonarten geordnetes Register mit der Bezeichnung „Verschiedene Töne", für dessen Entstehung man sich einen Zusammenhang mit seiner oben erwähnten Abhandlung „Woher es komme, daß ein musicalisches Stück aus dis, oder E dur, imgleichen aus F, oder fis moll, unser Gehör auf eine weit angenehmere Art rührt, als aus dem D, C dur, wie auch aus E moll?" vorstellen kann. Auch einige weitere Register auf dem hinteren Umschlag (stets mit Seitenangaben zu den gelisteten Stücken) weisen auf eine intensive analytische Beschäftigung Endters mit diesen Arien hin: so die Register „Expressiones" (Auflistung von besonderen Affekten, Empfindungen, Tempo- und Ausdrucksbezeichnungen der einzelnen Stücke), „Italienische Singstücke", „Instrumente" und „Arien, so etwas besonders enthalten" (vorwiegend auf harmonische Besonderheiten zielend). Zu überprüfen wäre beispielsweise, ob sich Endter anhand dieser analytischen Durchdringung der Ariensammlung Anregungen für die Vertonungen seiner 1757 veröffentlichten *Lieder zum Scherz und Zeitvertreib* holte. Dass Endters Sammlung von Abschriften ihn interessierender Werke vom Umfang her wohl weit über die obige Auflistung hinausgegangen sein dürfte, darauf deutet die von ihm auf einigen Bänden notierte Bandzählung hin, wonach allein die Partituren-Sammlung mindestens 33 Bände umfasst haben muss. Nachweisbar sind gegenwärtig: Band 4 („Partituren 4. Theil", D-Hs, ND VI 81g:4, fol. 1; vgl. Abbildung 1), Band 11 („Sing Partituren Pars XI", D-Hs, ND VI 81g:11, S. I) und Band 33 („Partit. XXXIII", D-LEm, PM 3810, Innenseite des vorderen Einbanddeckels).

Sowohl die Bände 4 und 11 der Endterschen Partituren-Sammlung als auch die Orgelhandschriften und die beiden musiktheoretischen Handschriften aus Endters Besitz gelangten 1897 aus dem Nachlass des Hamburger Organisten Friedrich Gottlieb Schwencke (1823–1896) in die Hamburger Stadtbibliothek. Dass sie wohl schon dem Vater des Nachlassers, dem Organisten Johann Friedrich Schwencke (1792–1852) gehört hatten, darauf deutet ein Detail in Band 4 der Partituren-Sammlung hin: Auf Blatt 23 recto findet sich hier von der Hand Johann Friedrich Schwenckes der Zusatz „Hochzeits-" zum Titel *Oratorium* sowie die Angabe „Serenade dazu s.[iehe] S.[eite] 29". Johann Friedrich Schwencke hatte die wegen ihrer Bach- und Mozart-Autographen gerühmte Musiksammlung seines Vaters, des Hamburger Kantors und Musikdirektors Christian Friedrich Gottlieb Schwencke (1767–1822), weitergeführt, bis sie beim Hamburger Brand von 1842 zu großen Teilen zerstört wurde.[41] Wie und vor allem wann Endters Musikalien – oder zumindest ein Teil davon – in den Besitz der Schwencke-Familie kamen, ist unbekannt.

---

41 Zur Schwenckeschen Musikaliensammlung vgl. Robert von Zahn, *Musikpflege in Hamburg um 1800. Der Wandel des Konzertwesens und der Kirchenmusik zwischen dem Tode Carl Philipp Emanuel Bachs und dem Tode Christian Friedrich Gottlieb Schwenkes*, Hamburg 1991 (= Beiträge zur Geschichte Hamburgs 41), S. 187–192.

Offen ist noch die Frage, wie Endter an die Vorlagen für seine Telemann-Abschriften gelangte beziehungsweise ob er mit Telemann persönlich bekannt war. Angesichts der oben erwähnten Korrespondententätigkeit für den Eisenacher Hof, die der Vater Christian Ernst Endter 1730 nach seiner Ankunft in Hamburg von Telemann übernommen hatte und dabei Telemann sicherlich auch persönlich kennenlernte, ist die Wahrscheinlichkeit nicht gering, dass auch Endter junior in Kontakt zu Telemann kam, beispielsweise, indem er ihm aufgrund seiner musikalischen Begabung vorgestellt wurde. Über seinen späteren Lehrer, den Hamburger St.-Petri-Organisten und Telemanns Musikerkollegen Johann Ernst Bernhard Pfeiffer, dürften Endter und Telemann zumindest indirekt in Verbindung gestanden haben. Die Überlieferung der Telemannschen Orgelfuge (Nr. 8 in obiger Liste) kann sowohl auf eine direkt von Telemann erhaltene Vorlage zurückgehen als auch auf eine ihm von Pfeiffer zur Verfügung gestellte Quelle, die dieser wiederum von Telemann erhalten haben könnte. Endters Abschriften der Ostermusik 1757, der „Jubel Music von 1760", des *Don Quichotte* und vielleicht auch der Adventsmusik 1743 (die als ein Werk aus Telemanns Lied-Jahrgang auch nach 1743 mehrfach in Hamburg aufgeführt wurde) könnten persönliche Aufführungserlebnisse Endters vorausgegangen sein und das Interesse zur Abschrift dieser Werke geweckt haben. Ob Endter für seine Telemann-Kopien das jeweilige Autograph oder Abschriften anderer Kopisten vorlagen, ist nicht sicher zu ermitteln. Falls ihm die Autographen vorgelegen haben sollten, hätte er allerdings – so der Befund in seinen Abschriften – Telemanns durchgängig deutschsprachige Vortragsbezeichnungen nur punktuell beibehalten und an vielen anderen Stellen italianisiert.

Ein Beleg für die Mitwirkung Endters an der Aufführung einer Telemannschen Komposition – vielleicht sogar unter Telemanns Leitung – findet sich in einer bislang unbekannten eigenhändigen Rechnung Telemanns zur Aufführung seiner Festmusik zur Hundertjahrfeier der Verleihung des Stadtprivilegs an Altona am 24. August 1764 im Altonaer Akademischen Gymnasium.[42] Diese Rechnung weist unter den Spielern

---

42 Aufwendige Recherchen im Staatsarchiv Hamburg brachten zutage, dass sich das heute verschollene Original der Rechnung zusammen mit einer eigenhändigen Quittung Telemanns für den Erhalt der Kompositionskosten ehemals in Bestand 424-5 (Kämmerei Altona) unter den Rechnungsbeilagen des Jahres 1764 (Signatur: 1641 Band 1/2) befunden haben muss. In der in Band 1 dieses Konvoluts enthaltenen Kladde mit der Bezeichnung „Rechnung der Stadt-Gelder 1764", befindet sich als Teil eines Protokollauszugs vom 3. September 1764 folgende Kostenaufstellung (S. 72 f.):

„1. An den Capellmeister Telemann für componirung einer auf dem
Gymnasio aufgeführten Music L[aut] Q[uittung]   36 Rthl
2. an denselben für die Aufführung solcher Music, L Q   71   20 [ß]
3. an den Hn Professor Henrici wegen der gehaltenen öffentl. Rede
als ein honorarium, L Q   60
4. an die hiesigen Stadt Musicanten Schieferlein & Catovius für ihre
Bedienung bey obiger Music L Q   8
[es folgen 10 weitere Positionen]   [...]
                                             [Summe:] 343 Mk 15 ß"

Das ebenfalls in Band 1 enthaltene Faszikel mit der Bezeichnung „Designation derer bey der Altonaischen Rechnung von Stadt-Geldern pro Anno 1764 befindlichen Beylagen" zählt unter den Nummern 205–207 folgende Beilagen auf, von denen in Band 2 des Konvoluts allerdings nur noch Nr. 205 und 206 vorhanden sind:
205: „Original Königl. Rente Cammer Schreiben vom 15 Decb 1764, wornach die wegen der Altonaischen Jubel-Feyer verwendete 343 Mk 15 ß auszubezahlen";

der Zweiten Violine den Musiker „Endter" als einen von vier mitwirkenden, aber separat bezahlten, Altonaer Musikern aus, bei dem es sich nur um Christian Friedrich Endter handeln kann (siehe Anhang und Abbildung 7).[43] Die Tatsache, dass Endter von dem die Geschäfte führenden Ersten Stadtmusikanten Altonas, Johann Dietrich Schieferlein,[44] zur Mitwirkung an dieser Festmusik hinzugezogen wurde (wahrscheinlich in Vertretung eines verhinderten Stadtmusikanten), ist zum einen ein interessanter Hinweis darauf, dass Endter neben seiner Organistentätigkeit auch ein brauchbarer Violinist gewesen sein muss, und legt zum anderen die Möglichkeit nahe, dass er auch bei anderen Gelegenheiten in Altona – zum Beispiel bei Aufführung der „Jubel Music von 1760" – mitgewirkt haben könnte, was wiederum seinen Zugang zu Telemannschen Partituren und Aufführungsmaterialien erklären helfen würde.

206: „Königl. Rescript vom 10. Aug. 1764 wegen vorgedachter Jubelfeyer";
207: „Original mit dem Rente-Cammer Sigel bedrucktes Verzeichnis der wegen solcher Jubelfeyer verwandten Unkosten, nebst angehefteten 3 Stück extrajudic: Protocollextracten und *14 Stück quitirten Rechnungen*" (Hervorhebung vom Verfasser). Unter den 14 quittierten Rechnungen der Beilage 207 müssen sich Telemanns Rechnung und eine zugehörige Quittung befunden haben. Bei der in Abbildung 7 und 8 gezeigten Rechnung handelt es sich nicht unmittelbar um das Original, sondern um eine ältere, mit hoher Wahrscheinlichkeit vor dem Zweiten Weltkrieg entstandene photographische Reproduktion des Originals auf dünnem Photopapier, die schon seit langem in der Autographensammlung der Hamburger Theatersammlung aufbewahrt wird (heute: D-Hs, AHT: 22–23: 23: Bl. 1–3). Diese Autographensammlung geht zurück auf den Altonaer Kaufmann Oscar Ulex (1852–1934) und war 1927 von dem Altonaer Theaterforscher und Stadtarchivar Paul Theodor Hoffmann für das Stadtarchiv Altona erworben und anschließend erweitert worden, bis sie schließlich in die 1940 gegründete, zunächst in den Räumlichkeiten des Altonaer Stadtarchivs untergebrachte, Theatersammlung der Hansestadt Hamburg (so die damalige Bezeichnung) überging, die 1951 von der Universität Hamburg übernommen und 2014 an die Staats- und Universitätsbibliothek Hamburg übergeben wurde (vgl. dazu Joseph Gierlinger, Die Städtische Autographensammlung, in: *Die Stadt Altona*, hrsg. von Matthäus Becker, Berlin 1928, S. 108–110). Es ist zu vermuten, dass die in Abbildung 7–9 gezeigten Reproduktionen auf Veranlassung des Stadtarchivars Hoffmann angefertigt wurden, um damit die Autographensammlung anzureichern. Möglicherweise wurde schon damals die oben genannte Beilage 207 durch unterbliebene oder fehlerhafte Rückordnung vom übrigen Bestand separiert und ging – anders als die in ihrem ursprünglichen Sammlungszusammenhang verbliebenen Beilagen 205 und 206 – in den Wirren des Zweiten Weltkriegs verloren.

43 Der Bruder Conrad Ernst Endter lebte zu dieser Zeit bereits als Arzt in Buxtehude, und für den mittlerweile betagten Vater Christian Ernst Endter gibt es keinerlei Hinweise auf eine musikalische Betätigung.

44 Zu Johann Dietrich Schieferlein vgl. Neubacher, Zur Musikgeschichte Altonas während der Zeit von Telemanns Wirken in Hamburg (Anm. 9), S. 289 f. und 309.

Anhang

a) Georg Philipp Telemann, eigenhändige Rechnung für die Aufführung der Festmusik zur Hundertjahrfeier der Verleihung des Stadtprivilegs an Altona am 24. August 1764 im Akademischen Gymnasium (TVWV deest)
b) Georg Philipp Telemann, eigenhändige Quittung für die ihm ausgezahlten Kompositionskosten
Frühe photographische Reproduktionen der verschollenen Originale (D-Hs, AHT: 22–23: 23: Bl. 1–2 und Bl. 3)[45]

a) *Orchester zur Jubelmusic in Altona.*

Sänger[:]

H.[err] *Taute* [Gotthard Alexander Samuel] [Baß]		*12 Mk*
–	*Jllert* [Friedrich Martin] [Baß]	*12*
–	*Michel* [Johann Heinrich] [Tenor]	*12*
–	*Schieferlein* [Otto Ernst Gregorius] [Alt]	*12*
–	*Stopp* [Christian Ludewig] [Alt]	*9*
–	*Holland* [Johann David] [Sopran]	*9*
Hoffmann [Johann Andreas] [Sopran]		*6*

1. Viol.[:]

H.	*Buchhofer* [Johann Adolph Matthias Anton Buckhoffer]	*12*
–	*Hartmann sen.* [Paul]	*12*
–	*Hartmann jun.* [Johann (II)]	*12*

2 Viol.[:]

–	*Menges sen.* [Johann Philipp]	*12*
–	*Menges jun.* [Johann Peter]	*12*
–	*Endter* [Christian Friedrich]	[–]

Bratsche:

–	*Fick* [Paul (II)]	[–]

Bässe[:]

–	*Hase* [Christian (III)]	*12*
–	*Tank* [Jochim Hinrich]	*12*
–	*Jütte* [Salomon] [Fagott]	*12*

Hob.[oe:]

–	*Schieferlein* [Johann Dietrich]	[–]
Telemann jun. [Georg Michael], *Clavier*		*9*

---

45 Vgl. dazu den Abdruck der andernorts überlieferten, ebenfalls autographen, jedoch aufgrund einer Beschneidung des unteren Blattrandes unvollständigen Kostenaufstellung zur selben Aufführung in: Neubacher, *Georg Philipp Telemanns Hamburger Kirchenmusik und ihre Aufführungsbedingungen* (Anm. 10), S. 389 f.; einige der dort aufgrund des Textverlusts rekonstruierten Namen und Beträge sind anhand der neuen Quelle zu korrigieren.

Tromp. & Pauken[:]

H. Meyer jun. [Simon Peter oder Dietrich Alexander]	12	
– Cadovius [Carl Lorentz]	[–]	
– Meyer sen. [Johann Matthias]	12	
für 28 Bogen Copiatur		
à 3 ß	5	4 ß
für die Jnstrumente		
zu tragen pp.	6	
für mancherley Wege		
dem Chorknaben	2	
	214 Mk 4 ß	

Daß der Belauf vorstehender Rechnung mit 214 Mk 4 ß, für die bey der Altonaischen Stadt-Jubelfeyer, am 24. Aug. 1764 auf dem dasig. Gymnasio aufgeführten Music, an mich richtig bezahlet worden, solches bekenne hiermit, Hamburg, d. 27. August, 1764. G. P. Telemann.

b) *Daß mir für Componirung der am 24. August 1764, bey der Altonaischen Stadt-Jubelfeyer auf dem dasigen Gymnasio aufgeführten Music 36. Rthl. bezahlet worden, solches bescheinige hiermit. Hamburg, d. 27. Aug. 1764. G. P. Telemann.*

Abbildung 1: Christian Friedrich Endters Inhaltsverzeichnis zu Band 4 seiner Partituren-Sammlung
[Staats- und Universitätsbibliothek Hamburg, ND VI 81g:4, fol. 1ʳ]

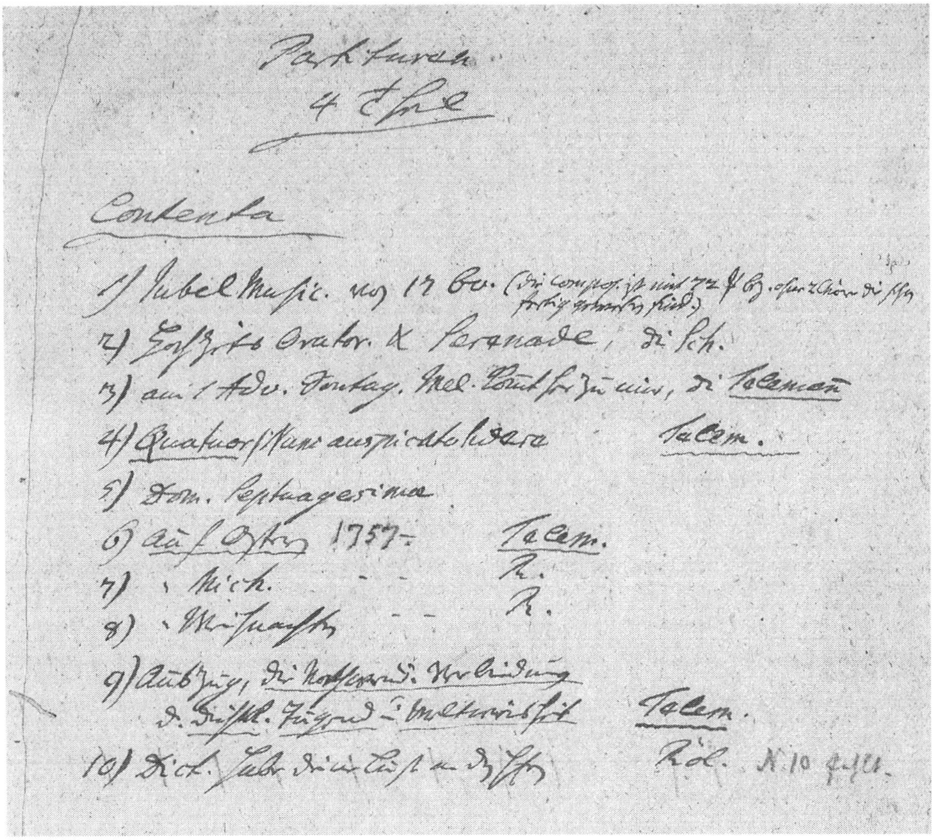

Abbildung 2: Beispiel einer von Christian Friedrich Endter geschriebenen Seite aus dem Hoch-
zeitsoratorium *Haus und Güter* eines Unbekannten [Staats- und Universitätsbibliothek Hamburg, ND VI 81g:4, fol. 31ʳ]

Abbildung 3: Christian Friedrich Endters Orgelgutachten (2. Ausfertigung) für St. Petri in Buxtehude, Seite 2 [Archiv der Kirchengemeinde St. Petri Buxtehude, Magistrat Fasz. 16 Nr. 3]

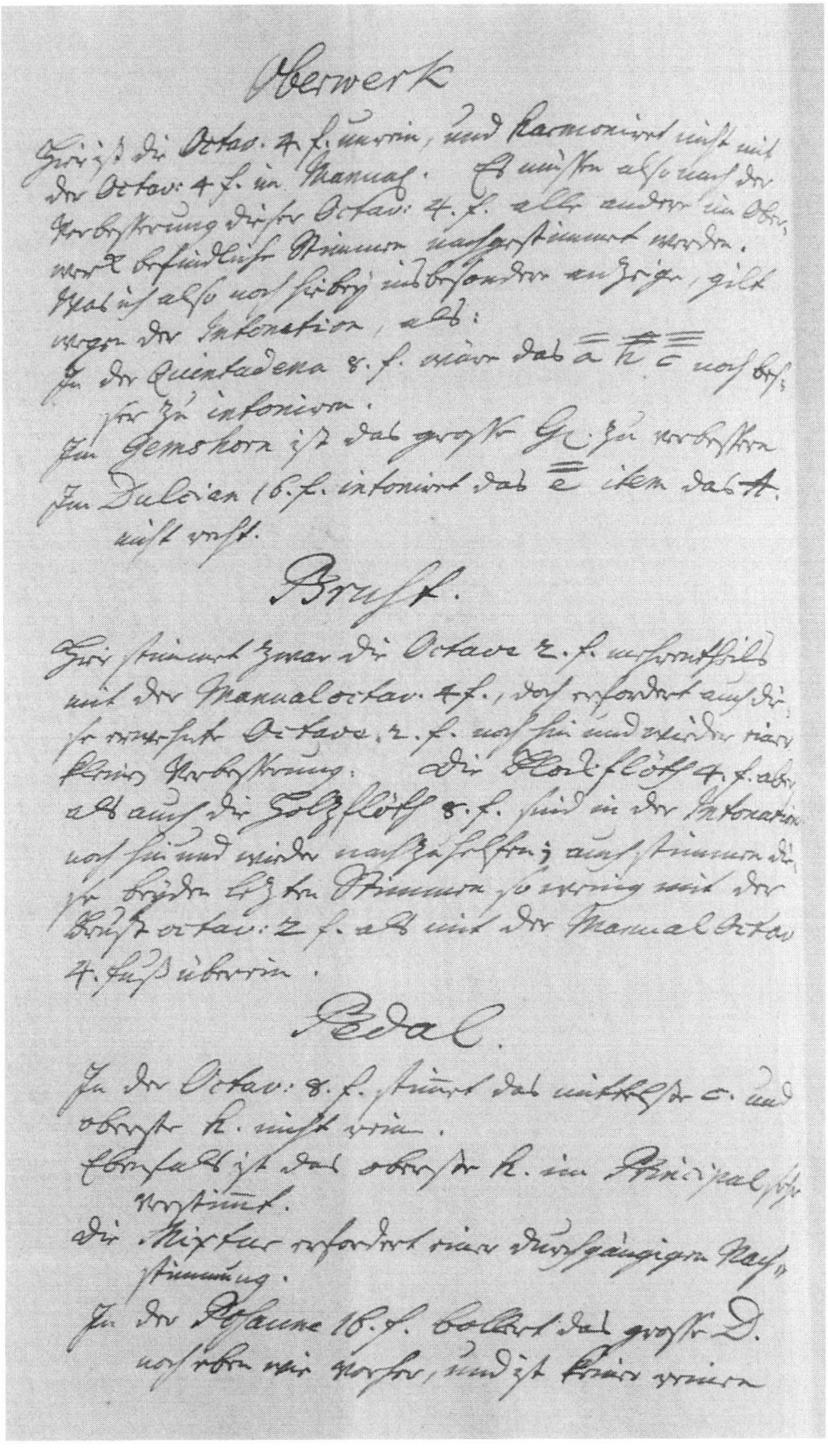

Oberwerk

Hier ist die Octav. 4 f. unrein, und harmoniret nicht mit der Octav. 4 f. im Manual. Es müßen also nach der Verbeßerung dieser Octav. 4. f. alle andere im Oberwerk befindliche Stimmen nachgestimmet werden. Was ich also noch hiebey insbesondere anzeige, gilt wegen der Intonation, als:
Die Quintadena 8. f. wäre das a h c noch beßer zu intoniren.
Im Gemshorn ist das große Gis zu verbeßern
Im Dulcian 16. f. intoniret das c item das A. nicht recht.

Brust.

Hier stimmet zwar die Octave 2. f. [illegible] mit der Manualoctav. 4 f., doch erfordert auch diese [illegible] Octave. 2. f. noch hin und wieder eine kleine Verbeßerung. Die Blockflöte 4. f. aber als auch die Holzflöte 8. f. sind in der Intonation noch hin und wieder nachzuhelfen; auch stimmen diese beyden letzten Stimmen so wenig mit der Brustoctav. 2 f. als mit der Manual Octav 4. fuß überein.

Pedal.

In der Octav. 8. f. stimmt das mittelste c. und oberste h. nicht rein.
Ebenfalls ist das oberste h. im Principal [illegible] verstimmt.
Die Mixtur erfordert eine durchgängige Nachstimmung.
In der Posaune 16. f. blöket das große D. noch eben wie vorher, und ist keine reinen

Abbildung 4: Christian Friedrich Endters Orgelgutachten (2. Ausfertigung) für St. Petri in Buxtehude, Seite 7 [Archiv der Kirchengemeinde St. Petri Buxtehude, Magistrat Fasz. 16 Nr. 3]

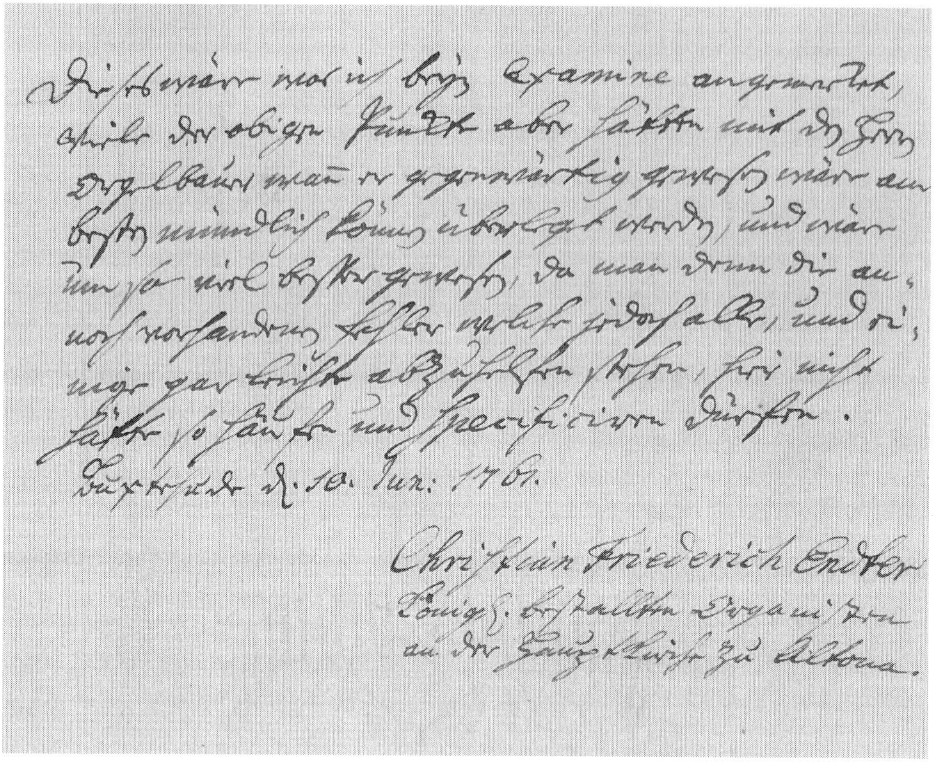

Dieses wäre was ich beym Examine angemerket,
weile die obigen Puncte aber sollten mit den Herrn
Orgelbauer wann er gegenwärtig gewesen wäre am
besten mündlich können überleget werden, und wäre
denn so viel bester gewesen, da man denn die an
noch vorhandenen Fehler welche jedoch alle, und einige gar leichte abzuhelfen stehen, hier nicht
hätte so häufen und specificiren dürfen.
Buxtehude d. 10. Jun: 1761.

Christian Friedrich Endter
Königl. bestallter Organisten
an der Hauptkirche zu Altona.

Abbildung 5: Christian Friedrich Endters Abschrift von Giovanni Maria Bononcinis *Musicus practicus*, folio 16ʳ [Staats- und Universitätsbibliothek Hamburg, ND VI 5575 I]

Abbildung 6:   Christian Friedrich Endters Abschrift von Giovanni Maria Bononcinis *Musicus practicus*, folio 24ᵛ [Staats- und Universitätsbibliothek Hamburg, ND VI 5575 I]

Abbildung 7: Georg Philipp Telemanns Rechnung für die Aufführung der Festmusik im Altonaer Akademischen Gymnasium am 24. August 1764, Seite 1; frühe photographische Reproduktion des verschollenen Originals, S. 1 [Staats- und Universitätsbibliothek Hamburg, AHT: 22–23: 23: Bl. 1]

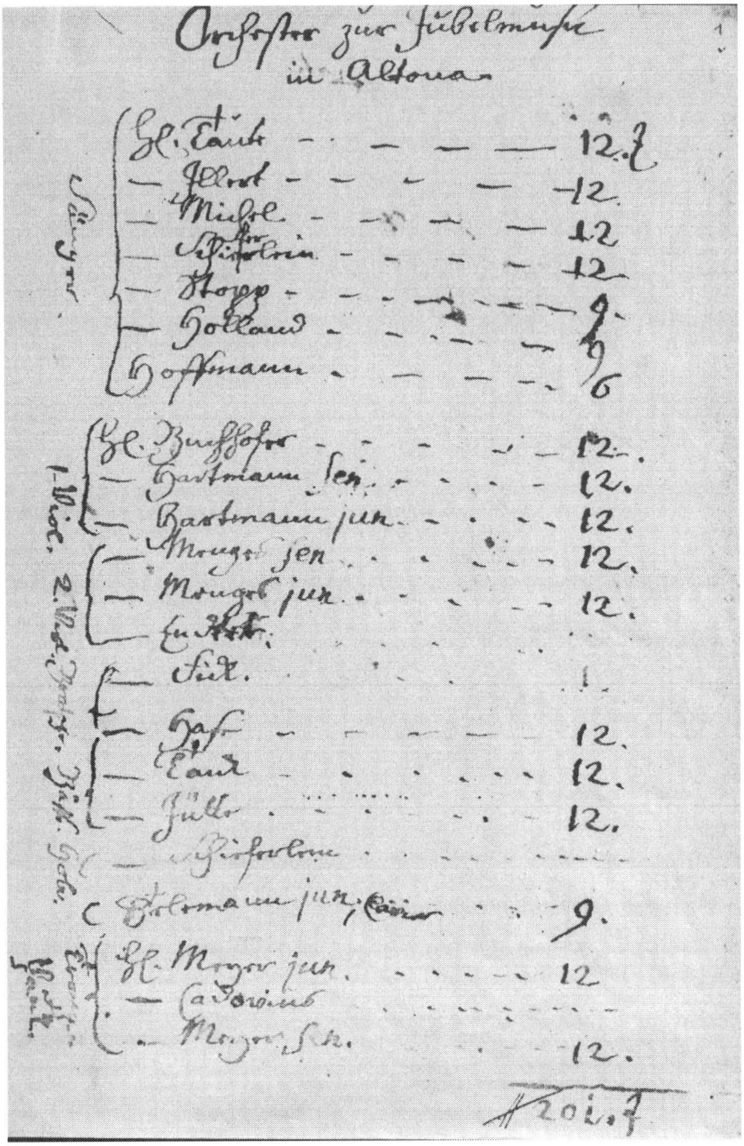

Abbildung 8: Georg Philipp Telemanns Rechnung für die Aufführung der Festmusik im Altonaer Akademischen Gymnasium am 24. August 1764, Seite 2; frühe photographische Reproduktion des verschollenen Originals [Staats- und Universitätsbibliothek Hamburg, AHT: 22–23: 23: Bl. 2]

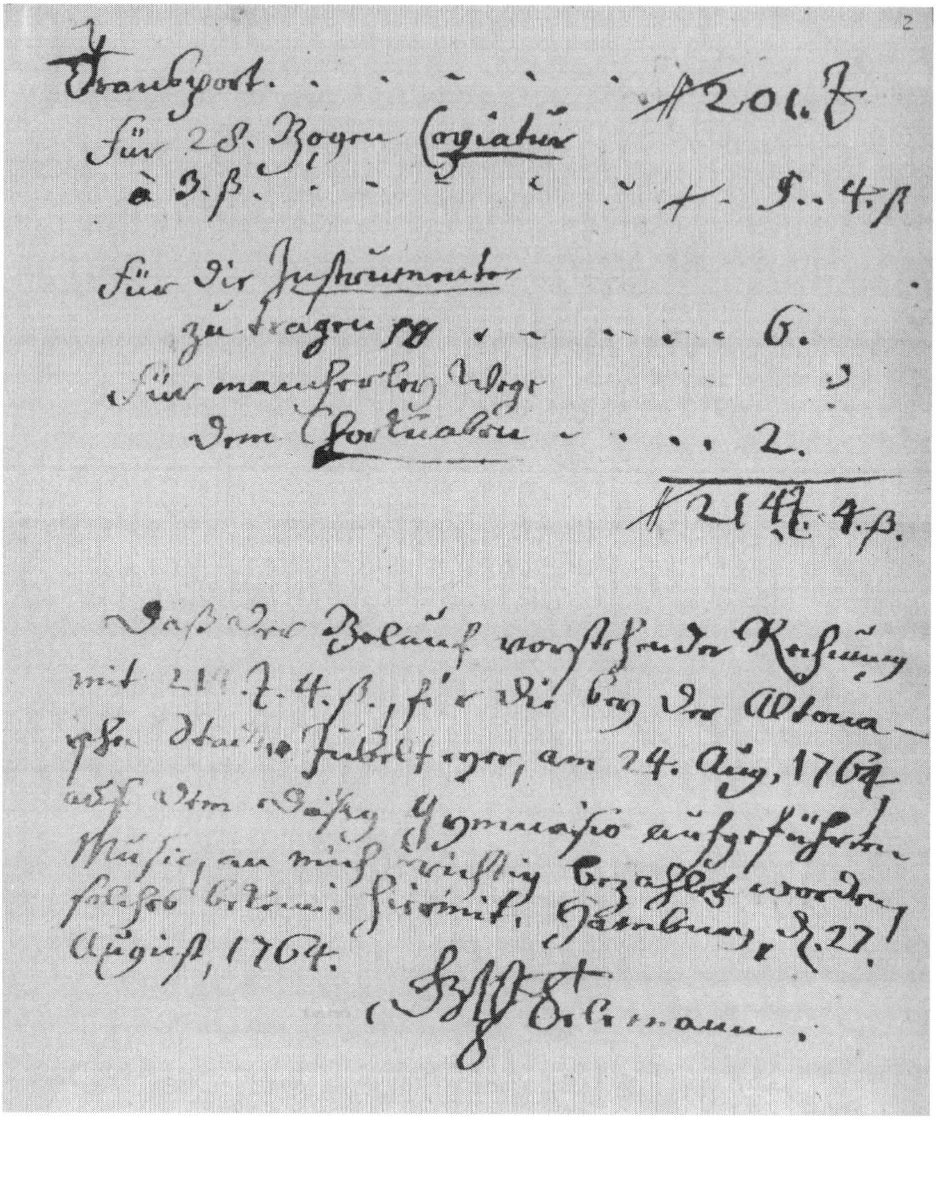
2

Transport. . . . . . ℳ 201. ƒ

Für 28. Bogen Copiatur à 3. ß. . . . . 5.. 4. ß

Für die Instrumente zu tragen . . . . . 6.

Für mancherley Wege dem Choralisten . . . . 2.

ℳ 214. 4. ß.

Daß der Belauf vorstehender Rechnung mit 214. ƒ. 4. ß. für die bey der Altonaischen Stadts Jubelfeyer, am 24. Aug. 1764 auf dem dasigen Gymnasio aufgeführten Music, an mich richtig bezahlt worden, solches bekenne hiemit. Hamburg, d. 27. August, 1764.

GPTelemann.

Abbildung 9: Georg Philipp Telemanns Quittung für die ihm ausgezahlten Kompositionskosten der Festmusik im Altonaer Akademischen Gymnasium am 24. August 1764; frühe photographische Reproduktion des verschollenen Originals [Staats- und Universitätsbibliothek Hamburg, AHT: 22–23: 23: Bl. 3]

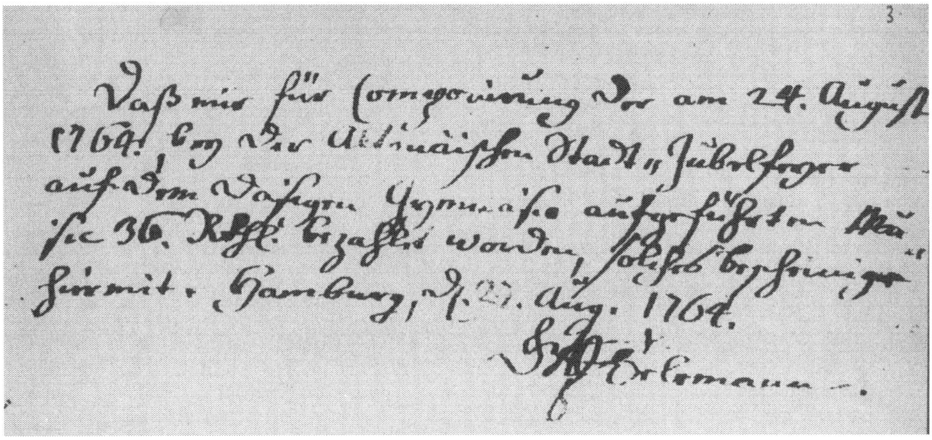
3

Daß mir für Componirung der am 24. August 1764. bey der Altonaischen Stadt-Jubelfeyer auf dem dasigen Gymnasio aufgeführten Music 36. Rthl. bezahlt worden, solches bescheinige hiermit. Hamburg, d. [illegible]. Aug. 1764.

GPTelemann.

III.
„Geschäftssinn“

Ute Poetzsch

„Schrift-mäszige Gedanken" und „Gemüts-Bewegungen"
Die *Fortsetzung des Harmonischen Gottesdienstes*

Mit den zitierten Begriffen „Schrift-mäszige Gedanken" und „Gemüts-Bewegungen", die Telemann im Vorwort zur *Fortsetzung des Harmonischen Gottesdienstes* verwendet, sind die Pole genannt, zwischen denen Telemann seine Kirchenmusik entfaltet. Denn in seiner Kirchenmusik geht es immer um die Auslegung der Schrift, also der unterschiedlichen Perikopen und damit der biblischen und Glaubenswahrheiten über die Erregung der Affekte und Gemütsbewegungen. Unter diesem Aspekt werden auch die Vorlagemusiken, aus denen Telemann die Kantaten *Fortsetzung des Harmonischen Gottesdienstes* gewonnen hat, anhand von Stichproben in den Blick genommen. Zuerst wird der Verfasser der Textvorlagen Tobias Henrich Schubart vorgestellt, danach anhand von Stichproben Telemanns Vertonungen mit dem Fokus auf der formalen Gestaltung, um dann auf die Publikation selbst einzugehen.

Seine an den „Geehrtesten Leser" gerichtete Vorrede beginnt Telemann mit einer Feststellung und einem Wunsch:

> Gleichwie nicht alle Menschen zur Poesie gebohren sind, also schreiben nicht alle Poeten Verse zur Music, insonderheit aber zur geistlichen; und wäre es zu wünschen, dasz eine geschickte Feder sich die Mühe gäbe, eine Unterweisung hierzu ans Licht zu stellen.

Der Verfasser der „gegenwärtigen Cantaten" habe mit seinen Texten aber auch ohne eine solche Unterweisung „der Welt ein Muster vor Augen geleget", „welches alle Schönheiten enthält, so zu dergleichen Sätzen erfordert werden mögen".[1] Damit kommt dieses Lob fast dem gleich, das Telemann 1714 Neumeister zollte, den er gegenüber dem auftraggebenden Eisenacher Hof als „eintzigen guten Poeten in geistlichen Sachen" bezeichnete.[2]

Tobias Heinrich Schubart wurde 1699 in Osterbruch im Lande Hadeln geboren, wo bereits sein Vater Pfarrer war. Er besuchte in Hamburg das Johanneum, danach das Akademische Gymnasium und studierte in Jena Theologie. 1724 hielt er in der neuen Michaeliskirche seine erste Wahlpredigt, 1725 wurde er Pfarrer in Neuenkirchen (Hadeln), 1728 in Osterbuch, das er bereits im Herbst des Jahres wieder verließ, um in Hamburg sein Amt als Diakon an der Michaeliskirche anzutreten, das er bis zu

---

1   Georg Philipp Telemann, *Fortsetzung des Harmonischen Gottesdienstes*, Hamburg 1731, Vorrede; derselbe Wortlaut auch in: Georg Philipp Telemann, *Singen ist das Fundament zur Music in allen Dingen. Eine Dokumentensammlung*, Leipzig 1981, S. 169–172, hier S. 169; ebenso in: *Fortsetzung des Harmonischen Gottesdienstes*, hrsg. von Jeanne Swack, Albany 1996–2006 (= Baroque Music Series 3), S. V–VII.
2   Telemann an den Eisenacher Hofrat Johann Jacob Witsch, 27. Dezember 1714, in: Georg Philipp Telemann, *Briefwechsel. Sämtliche erreichbare Briefe von und an Telemann*, hrsg. von Hans Grosse / Hans Rudolf Jung, Leipzig 1972, S. 175.

seinem Tod im Februar 1747 ausübte.[3] Erdmann Neumeister bezeichnete Schubart in der Vorrede zu den drei letzten Predigten des Kollegen als „Creutzträger" und „Exempel der Geduld".[4] Er lebte „christziemend" und „ungeheuchelt", war „gottesfürchtig" und mied das Böse:

> Er war ein Mensch, der seine Menschlichen Gebrechen nie geläugnet, noch sich mit Pharisäischer Heiligkeit geschmincket hat, sondern wohl wusste, daß er in dem Vater Unser auch die Fünffte Bitte demüthig zu bethen Ursache hätte.[5]

Neumeister spricht davon, dass Schubart „erbärmlichen Jammer" und „empfindlichste Schmertzen" – Schubart hatte ein Steinleiden – kennengelernt habe und deshalb manchmal sogar „seinen Ampts-Verrichtungen nicht obliegen konnte". Doch habe wohl niemand jemals ein ungeduldiges Wort von ihm gehört. Er preist Schubart als einen „in der Orthodoxie wohlgegründeten und für die Evangelische Wahrheit eyfernden" Gottesgelehrten, der ein „fleißiger Arbeiter im Worte" und ein beliebter Prediger und Seelsorger gewesen sei.[6] Und Schubart war nach seinen Worten ein „christlicher Poet", der seine poetische „Geschicklichkeit" vor allem „zur Ehre GOTTES und zur Erbauung des Nächsten" angewendet hatte.

Schubarts geistliche Dichtungen umfassen den Jahrgang für Telemann, Oratorien und Gelegenheitswerke. Sie sind in den beiden Bänden der *Ruhe nach geschehener Arbeit* publiziert, wobei in unserem Zusammenhang der erste Band aus dem Jahr 1733 von Interesse ist.[7] Darin enthalten sind der Jahrgang und die gedichteten „Passions-Arien und Soliloquia" der Matthäuspassion 1730, außerdem zwei Oratorienlibretti für Johann Mattheson,[8] Gelegenheitsdichtungen, moralische und galante Gedichte und, wie in solchen Publikationen üblich, auch Übersetzungen aus dem Französischen und Englischen. Dazu kommen die für seine Amtseinführung 1728 an der Michaeliskirche gedichteten und von Telemann vertonten *Texte zur Music*.[9]

---

3   *C. F. Weichmanns Poesie der Nieder-Sachsen (1721–1738). Nachweise und Register*, bearb. von Christoph Perels u. a., Wolfenbüttel 1983 (= Repertorien zur Erforschung der frühen Neuzeit 7), S. 160 f.

4   Erdmann Neumeister, Vorrede zu: Tobias Heinrich Schubart, *Drey letzte Predigten*, Hamburg 1747, S. 27.

5   Ebenda, S. 27 f.

6   Ebenda, S. 33.

7   *T. H. Schubarts, | Predigers an S. Mich. | zu Hamburg, | Ruhe nach geschehener | Arbeit, | in unterschiedlichen | Gedichten | und | Uebersetzungen, | der Ehre GOTTES | und dem Dienste des Nächsten gewidmet. || Hamburg, | In Verlag Johann Christoph Kißners. | 1733.* http://resolver.sub.uni-goettingen.de/purl?PPN546200931 (letzter Aufruf: 9. Mai 2018).

8   Irmgard Scheitler, *Deutschsprachige Oratorienlibretti. Von den Anfängen bis 1730*, Paderborn etc. 2005 (= Beiträge zur Geschichte der Kirchenmusik 12), S. 305.

9   Separater Druck: *I.N.I. | Texte | zur | MUSIC, | als der | Wohl-Ehrwürdige, in GOTT an- | dächtige und Wohl-gelahrte | HERR | Tobias Henrich | Schubart, | in der Kirchen zu St. Michaelis, | d. 2. Novembr. 1728. | zum Diaconat an selbiger eingesegnet | ward; | von Ihm Selbst poetisch verfasset, | und | aufgeführet | von Telemann. || Hamburg, | gedruckt und zu finden bey Rudolph Benecken.*

In seinem „Vorbericht an den Werthen Leser" reflektiert Schubart über den Titel,[10] den er seinem Werk gegeben hat: Er habe „nach den vielfältigen Verrichtungen, zu welchen mich mein heiliges Amt verpflichtet", wenn „ein freyes Stündchen übrig geblieben", sein „Gemühte" erquickt, wenn er „zur Ehre Gottes […] ein Verschen" machte. Auch andere seien sicherlich „seines Sinnes", „daß man die Poesie für eine rechte Weide des Gemühtes zu schätzen habe, darauf dasselbe mit süsser Ruhe, Zufriedenheit und Vergnügung gestärcket und gelabet wird". Die Poesie beruhige nicht nur „mit ihrem reitzenden und muhtigen Wesen", sondern auch mit „mannigfaltigem Nutzen". Nicht nur dort, wo man „magere Wasser-Suppen" esse, auch „Häupter, die Cronen tragen", und „Personen, die der Fürsten-Hut schmücket", hätten „poetischen Übungen freywillig nachgehangen". Dafür gebe es einige „Exempel" in der Heiligen Schrift, und Schubart verweist hierbei auf die Einleitung der 1725 in Breslau anonym erschienenen „Anleitung zur Poesie". Nach Schubarts Ansicht stärke die „fleissige Uebung im Dichten" sowohl die „Kräfte der Seelen" als auch die „Urtheilungs-Kraft". Sein Wunsch sei, dass durch die geistlichen Gedichte „Jesus Christus, unser Seligmacher, in der Seele eines jeden Lesers je mehr und mehr eine Gestalt gewinne", sie mögen „zu einer dienlichen Handleitung gereichen", „dahin zu gelangen, wo die Seligen ruhen von aller Ihrer Arbeit".

Auf den Jahrgang für Telemann geht Schubart eigens ein. Diesen „musicalischen Jahr-Gang von Cantaten auf alle Sonn- und Fest-Tags-Evangelia" hatte „Herr Georg Philipp Telemann, unser Sehr-Geschickter und Weitberühmter Director Chori Musici, in dem vorigen 1732. Jahre, bey den öffentlichen Gottes-Diensten hieselbst, aufgeführet". Die „Composition" habe Telemann „in Folio drucken lassen", „und zwar auf solche Art, daß Er von einer, in der Kirchen gantz aufgeführten, Cantate nur zwo einstimmige Arien und ein Recitative hierzu genommen". Mit der Veröffentlichung der „Singe-Gedichte" sollte nun denen, welche sich das „grosse Werck, mit den Noten, angeschaffet haben", damit sie sich mit den „Arien vorher besser und kürtzer werden bekannt machen und dadurch in dem Singen eine grosse Erleichterung finden können", ein besonderer „Dienst" geleistet werden. Vermutlich spielt Schubart hier vor allem auf die in Telemanns Publikation verwendete lateinische Schrift und den Verzicht auf Groß- und Kleinschreibung – außer bei „Gott" und „Jesus" – der den Noten unterlegten Worttexte an, die Telemann in seiner Anrede an den Leser damit begründet, dass „diejenigen Ausländer, so unsere Sprache nur einigermaszen inne haben" das Werk dadurch „ebenfalls benutzen können".[11]

Schubart ergänzt mit der Ausgabe seiner Texte Telemanns Angebot an diejenigen Personen, die die Kantaten selbst musizierten und zur Privatandacht verwendeten. Die Referenz auf Telemanns Publikation äußert sich darüber hinaus in der Anordnung der Texte; wie Telemanns Druck beginnt auch der Schubarts mit Neujahr, es

---

10 In Frankfurt wurde für die Aufführung des Jahrgangs im Kirchenjahr 1741/42 der Titel von Schubarts Veröffentlichung übernommen: „Herrn T. H. Schubarts, Predigers zu St. Michael in Hamburg, Ruhe nach geschehener Arbeit oder Worte zur Music, welche […] von Advent 1741 biss zu Advent 1742 […] harmonisch vorzutragen sind […]." Dieser Textdruck ist verloren, zitiert nach: Peter Epstein, Telemanns Frankfurter Kantatenjahrgänge. Eine bibliographische Übersicht, in: *Zeitschrift für Musikwissenschaft* 8 (1925/26), S. 289–294, hier S. 293.

11 Telemann, *Singen ist das Fundament* (Anm. 1), S. 172.

gibt vier Sonntage nach Epiphanias und 24 nach Trinitatis, worauf sich die Stücke für den Advent und für Weihnachten anschließen. In einem Anhang sind die bei Telemann ebenfalls im Anhang vorhandenen „5 kurtzen Cantaten" für die Sonntage abgedruckt, „welche in dem 1732. Jahre nicht eingefallen sind".[12] Insgesamt ist der Anhang von Telemanns Druck umfangreicher, denn dort sind außer den genannten Kantaten auch Stücke für die Passionszeit von Invocavit bis Palmarum außer Oculi und Mariae Heimsuchung, in der nach Hamburger liturgischer Praxis die Passion aufgeführt wurde, und die Kantaten für die dritten Feiertage und den Sonntag nach Neujahr enthalten.[13] Beide Drucke bilden damit in unterschiedlicher Weise die Gestalt des Kirchenjahres 1731/32 ab.

Schubart nennt seine Texte „Cantaten" oder „Singe-Gedichte", der Zwischentitel lautet „Musicalischer Jahr-Gang, auf alle Sonn- und Fest-Tags-Evangelia". Dass es sich bei den von Telemann gedruckten Stücken für eine Stimme, zwei Instrumente und Basso continuo, in denen ein Rezitativ von zwei Arien umschlossen wird, um „Cantaten" im bekannten Sinn als Solo mit Begleitung handelt, bedarf keiner weiteren Erläuterung. Jedoch scheinen Gestalt und formale Anlage von Schubarts Texten durch den Begriff „Cantata" nicht gedeckt. Denn jeweils unter dem De tempore gibt es die Zeile „Singende" wie es bei den Oratorien von Albrecht Jacob Zell und später auch hin und wieder bei den „Oratorie" genannten Texten Gottfried Behrndts der Fall ist.[14]

Diese „Singenden" sind u. a. Jesus, oft Jesaias, David, Gott, Johannes, Paulus, Petrus, Simeon, Zephania (ein kleiner Prophet), einmal auch Maria (Mariae Heimsuchung), andächtige, bußfertige, gläubige, furchtsame und getröstete Seelen, die Freude, die Andacht, die Betrachtung, oft Glaube, Liebe, Hoffnung, außerdem die Wollust oder Der wollüstige Weltmensch, ein Eitler und ein Erfahrener, eine Troststimme, eine Zornstimme. Gruppen sind z. B. eine geistliche Herde, aus der ein einzelnes Schäflein Christi heraustritt, Chöre der Pharisäer und Schriftgelehrten, der Versöhnlichen, der Zufriedenen, der guten Haushalter, der Gläubigen, der Lobenden. Es sind immer mindestens drei Personen, die miteinander kommunizieren.

Insgesamt gibt es ein großes Spektrum an vielgestaltigen Anlagen ohne ein festgelegtes Schema. Alle Texte werden mit einem Choral beschlossen. Erklärt Neumeister oft Glaubensgrundsätze und unterweist er quasi katechetisch und gestaltet Zell große Kontraste zwischen bewegter Handlung und ihrer kontemplativen Interpretation, dichtet Schubart ganz innerliche Reflexionen. Eine zeitgenössische Beurteilung stellte fest, dass es „des Herrn Verfassers Vorsatz gewesen, der Music zwar zu häuffigen und anmuthigen Erfindungen durchgehens Gelegenheit zu geben; aber doch deshalben auch der Erbauung nichts zu nehmen und also hierinn die löbliche Mittelstraße zu halten".[15] Adressat ist das gläubige Individuum, das eingeladen wird, sich mit dem Positiven zu identifizieren und das Böse abzulehnen. Möglicherweise hängt diese inhaltliche Ausrichtung der poetischen Auslegungen mit Telemanns Plan der Druck-

---

12 Ebenda, S. 193–200 (5. und 6. Sonntag nach Trinitatis, 25. bis 27. Sonntag nach Trinitatis).

13 Vgl. auch Nicholas E. Taylor, *The Published Church Cantatas of Georg Philipp Telemann*, PhD Diss. Indiana University 2014, S. 93.

14 Siehe dazu stellvertretend Ute Poetzsch, Oratorien als Kirchenmusik, in: *Die Tonkunst* 11 (2017), S. 480–485.

15 *Hamburgische Berichte von Gelehrten Sachen* 1732, Nr. 12 (9. Februar 1732), S. 96.

veröffentlichung zusammen, die sich auch über lutherische Kreise hinaus für private Andachtsübungen eignen sollte.[16] Dass Telemann eine breite Rezeption angestrebt hat, belegt auch seine Begründung für die Verwendung der lateinischen Schrift (siehe oben). Auffällig ist jedenfalls der Fokus der poetischen Auslegung, der oft auf der Lebenswelt liegt. Ein Beispiel dafür ist das Stück zum 21. Sonntag nach Trinitatis. Im Evangelium (Joh 4,47–54) wird berichtet, dass ein königlicher Beamter sich an Jesus wendet, da sein Sohn erkrankt ist. Dieser Sohn wird durch Jesus geheilt, weil der Vater Glaubensstärke bewiesen hat. Ausgehend von der Perikope, auf die das erste Rezitativ und die anschließende Arie der Traurigen Mutter Bezug nehmen („Wenn langer Seuchen Heftigkeit"), wird ein ideales Familienbild propagiert. Die passenden Dicta sind Salomon mit „Ein weiser Sohn ist seines Vaters Freude, aber ein törichter Sohn ist seiner Mutter Gram" (Spr 10,1), und Paulus mit „Ihr Kinder, seid gehorsam euren Eltern in dem Herrn, denn das ist billig. Ehre deinen Vater und Mutter! Das ist das erste Gebot, das Verheißung hat, auf dass dies wohl gehe, und du lange lebest auf Erden. Und, ihr Väter, reizet eure Kinder nicht zum Zorn, sondern ziehet sie auf in der Zucht und Vermahnung zum Herrn!" (Eph 6,1–4), zugeordnet. Der Fröhliche Vater besingt „Wohlgerathne Söhne" und „Töchter, die an Tugend schöne", die „treuen Eltern" ein „Lust-Haus" sind. Ein Lehrer mahnt Eltern und Kinder, ihre Pflichten wahrzunehmen, um „den Verlust des Seelen-Heils" zu verhindern. Im vorletzten Satz, einem Terzett, werden alle vorherigen Gedanken in der Bitte der Eltern um Abwehr von Schaden und Schutz für ihre Kinder aufgehoben, worauf Jesus in Anlehnung an „Lasset die Kindlein zu mir kommen, und wehret ihnen nicht, denn solcher ist das Reich Gottes" (Mk 10,14 und Lk 18,16), antwortet. In diesem Satz wird darüber hinaus die Tradition des Dialogs von Seele und Jesus aufgegriffen.

Am 13. Sonntag nach Trinitatis (Lk 10,23–37) bezieht sich der Text auf die ersten Verse des Evangeliums, aus dem auch das von Jesus gesprochene Eingangsdictum „Selig sind die Augen, die da sehen, das ihr sehet. Denn ich sage euch: Viel Propheten und Könige wollten sehen, das ihr sehet, und habens nicht gesehen, und hören, das ihr höret, und habens nicht gehöret", entnommen ist. Davon ausgehend schließen sich je ein Rezitativ des Sehenden Glaubens und des Hörenden Glaubens sowie ein Duett beider an, später melden sich Der erbarmende Glaube und Der fröhliche Glaube zu Wort. Beschlossen wird der Text, in dem Das gläubige Sehen des „Glaubens-Auges" und das Hören des „Wortes" und der „göttlichen Lehren" allegorisiert werden, mit der 10. Strophe aus „O Haupt voll Blut und Wunden" von Paul Gerhardt, deren erste Verse „Erscheine mir zum Schilde | zum Trost in meinem Tod" als „Erscheine mir zum Bilde | zum Trost in einer Not" angegeben sind.

Im Unterschied zu anderen Auslegungen dieses Evangeliums, die vor allem die Themen der auf die Eingangsverse folgenden Mitteilungen von Jesus Gesprächen mit unterschiedlichen Partnern bearbeiten, konzentriert sich Schubart auf die in den bei-

---

16 Vgl. dazu die Überlegungen von Bernhard Jahn, Telemanns Harmonischer Gottes-Dienst – Marketing-Strategien und Transkonfessionalität, in: *Die Tonkunst* 11 (2017), S. 469–474.

den ersten Versen angesprochene Öffnung des Auges und des Ohres durch und für den Glauben.[17]

Figuren und sprechende Personen verweisen auf eine Gattung, die Telemann zu Beginn der 1730er Jahre für den sonntäglichen Gottesdienst fruchtbar gemacht hat – das Oratorium. In Hamburg hatte sich eine eigene Tradition des Oratoriums herausgebildet,[18] an die Telemann anknüpfte. Unter Oratorium soll dabei eine literarische Gattung verstanden sein, die dadurch charakterisiert ist, dass „Informationsvermittlung durch Figurenrede, auch wenn auf Handlung und eine dramatische Fabel kein Wert gelegt wird",[19] geschieht. Dies ist in den Libretti von Schubart zweifellos der Fall; es sprechen Figuren miteinander, wobei zugleich unterschiedliche Textarten miteinander kommunizieren.

Jeder Text enthält zwei Dicta, die Schubart passenden biblischen Gestalten und Gott in den Mund legt: Jesaias und Gott sind Sprüche aus dem Propheten Jesaja, David Psalmtexte, Jesus Auszüge aus den Evangelien und Paulus Epistelstellen zugeordnet. Die Dicta sind entweder vierstimmig vertont, solistisch mit Streicherbegleitung oder als Obligato-Solosätze. Hier sind die Bässe thematisch und wirken wegen ihrer rhythmischen Struktur oft quasi ostinat, wobei die Vokalstimme entweder ebenso prononciert rhythmisch-deklamatorisch geführt ist oder sich in melodischen, textgezeugten Bögen entfaltet. Der Generalbass wird von den hohen Streichern verdoppelt, was eine ganz besondere klangliche Textur ergibt.

Die allegorischen oder „realen" Figuren sprechen und singen die gedichteten Texte, meistens zwei Rezitative und mehrere (zwei oder drei) Arien. Diese Arien sind entweder Soloarien oder Duette, Terzette und Quartette. Dabei sind die mehrstimmigen Arien in besonderer Weise auffällig gebaut. So singen die Partner etwa nicht simultan, sondern nacheinander, so dass der A-Teil von einer Figur gesungen wird, der B-Teil von einer anderen. Oder der A-Teil erklingt solistisch und im B-Teil wird dialogisiert wie im Duett zwischen dem bußfertigen Haushalter und Gott im Stück zum 9. Sonntag nach Trinitatis.[20] Im Duett des Osterstücks reagiert im B-Teil ein Echo auf den Gesang des Fröhlichen Christen. Im Oratorium zum 16. Sonntag nach Trinitatis tröstet Jesus im Rezitativ „Hiervon kann ich insonderheit" Eine Witwe, indem er auf ihre Klage mit dem aus dem Evangelium entlehnten „Weine nicht" (Lk 7,13) antwortet, das im folgenden Duett der beiden Protagonisten für den A-Teil konstituierend wird. Im B-Teil entwickelt sich dann der Dialog zwischen der Seele und Jesus: „Woran soll ich mich Arme fassen / Ich will dich nimmermehr verlassen".[21] Ein ähnliches Duett gibt

---

17 Ob diese Ausrichtung auch in Hinblick auf die kulturtragende Zielgruppe gewählt wurde, bedürfte weiterer Prüfung. Vgl. z. B. auch die entsprechenden Dichtungen („Die Sinne", „Das Gehör" u. a.) von Barthold Heinrich Brockes in seinem *Irdischen Vergnügen in Gott*.

18 Scheitler, *Deutschsprachige Oratorienlibretti* (Anm. 8), insbesondere das Kapitel „Die Anfänge des poetischen Oratoriums".

19 Ebenda, S. 9.

20 Für dieses und im Folgenden genannte Beispiele aus der Trinitatiszeit vgl. die Edition: Georg Philipp Telemann, *Zwölf Oratorien aus einem Jahrgang nach Texten von Tobias Heinrich Schubart. 8. bis 19. Sonntag nach Trinitatis*, hrsg. von Christoph Stockmeyer, Kassel etc. 2014 (= Georg Philipp Telemann, Musikalische Werke 59), hier S. 59–63.

21 Ebenda, S. 269–273.

es zwischen Einem Betenden und Gott in „Herr! meiner Sehnsucht Seltenheit" zum 11. Sonntag nach Trinitatis.[22]

Auch die Terzette sind in dieser Weise gestaltet. Im Terzett des Dankgeflissenen, des Andächtigen und Jesus „Lasst, fertige Lippen" aus dem Stück zum 12. Sonntag nach Trinitatis erklingt ganz direkt Jesus' Ruf „Hephata!" („Tue dich auf!"), der nach den Worten des Andächtigen an diejenigen gerichtet ist, deren Lippen flehen, danken und loben sollen. Im B-Teil loben der Dankgeflissene und der Andächtige zusammen Jehova, wobei eine Stimme von der Blockflöte, die zweite von der Oboe verdoppelt wird.[23] In der Aria a tre „In Jesu, der Augen ergetzlichsten Weide" des Stückes zum 13. Sonntag nach Trinitatis dialogisieren im A-Teil der Sehende und Der fröhliche Glaube, im B-Teil kommt Der sich erbarmende Glaube allein zu Wort.[24]

Wie die Stichproben zeigen, sind die Alleinstellungsmerkmale des Jahrgangs neben der besonderen erbauenden Qualität der Textvorlagen die solistischen Obligato-Dicta und die Gestalt der Ensemblesätze mit ihren Szenen und Dialogen.

Im Vorwort zur Druckausgabe der Auszüge aus den Oratorien als Kantaten mit dem Titel *Fortsetzung des Harmonischen Gottesdienstes* charakterisiert Telemann seine Kompositionen mit folgenden Worten: Er habe eine „Schreib-Ahrt" gewählt, „die in den Arien mehr das Anmutige als Rauschende zum Ziele hat", so dass die „Stellen, so ins Muntere, Freudige, Zürnende etc. laufen", mit einem „gemäszigten Feuer" vorzutragen seien. Auch im Rezitativ sollten beim Vortrag durch eine möglichst deutliche Aussprache, die genaue Berücksichtigung der „Unterscheidungs-Puncte" und die Anbringung der „Rhetorischen Figuren" die „in der Poesie befindlichen Regungen erwecket werden".[25] Zwar sind Telemanns Äußerungen auf die Kammerkantaten bezogen, doch gelten sie auch für die Kirchenmusiken im Ganzen.

Für die Druckausgabe hat Telemann jeweils zwei Arien und ein Rezitativ zu Kantaten verbunden. Um diese Bestandteile herauslösen zu können, muss Telemann die Kirchenmusiken in einer Weise vorbereitet haben, dass die zeitnahe Drucklegung der Auszüge möglich war, weshalb er die Oratorien und Kantaten gleichzeitig konzipiert haben muss. So sind die für den Druck vorgesehenen Arien in einer Weise angelegt, dass durch die Reduktion des Instrumentariums auf zwei obligate Instrumente und Generalbass keine Substanz verlorengeht. Die Instrumente werden, soweit dies an den vorhandenen Quellen rekonstruierbar ist, bereits in den entsprechenden Arien der Vorlagemusiken prominent verwendet; oft handelt es sich dabei neben den Violinen um Holzblasinstrumente wie Traversflöte, Blockflöte, Oboe, die paarig oder auch in Kombination eingesetzt werden. Die Streicher begleiten immer nur in den Ritornellen des A-Teils, im B-Teil begleiten die obligaten Instrumente, wobei sie auch colla parte mit den Vokalstimmen geführt werden können. Bei der von Telemann vorgesehenen Interpretation durch eine Person, die sich selbst begleitet, können auch noch die obligaten Instrumente wegfallen.

Schon mit dem *Harmonischen Gottesdienst* und den *Arien* hatte Telemann hauptsächlich auf die Verwendung der Stücke für die Privatandacht gezielt. Auch das neue

---

22 Ebenda, S. 113–116.
23 Ebenda, S. 144–149.
24 Ebenda, S. 178–187.
25 Telemann, *Singen ist das Fundament* (Anm. 1), S. 171.

Werk wurde in einer dafür geeigneten Form herausgebracht, die Telemann im Vorwort erläutert: Es gibt

> [...] eine Singe-Stimme, worunter der General-Basz befindlich. In diese Partitur ist zugleich das benöthigte aus der Symphonie gerücket worden, damit die Cantaten zur Privat-Andacht, und also einer einzigen Person zum Nutzen gereichen mögten, wann sie nemlich die kleinern Noten spielet.[26]

Damit ist ein Klavierauszug beschrieben, in dem die Verläufe der obligaten Stimmen, durch Kleinstich gekennzeichnet, für die Ritornelle eingearbeitet sind. Die Stellen, an denen das Instrumentarium erweitert werden kann, werden wie folgt bezeichnet: Man hat „die Wörter tutti und solo hinzugethan, da denn der grosze Chor nach jenem, nemlich dem tutti, in Abschrift heraus zu ziehen ist", bei einfacher Besetzung „ist unter dem Worte tutti, forte, und unter solo piano zu verstehen". Die Viola kann „bey starker Aufführung" bei „jedem tutti die Octave über" dem Bass mitspielen.[27] Der Partitur sind separate Stimmhefte für das erste und das zweite Instrument beigegeben.

Die Arien erscheinen in voller Länge, aber im instrumentalen Aufwand reduziert. Dabei wurden nicht nur Soloarien übernommen, auch Duette und Terzette wie das aus dem Kirchenstück zum 1. Ostertag oder das Terzett aus dem Stück zum 12. Sonntag nach Trinitatis erscheinen im Druck. Durch Umarbeitung der beteiligten Stimmen zu einer bleibt aber der dialogisierende Charakter erhalten, da die Einwürfe eines Echos wie am 1. Ostertag oder der Ruf „Hephata" am 12. Sonntag nach Trinitatis deutlich akzentuiert sind, im Falle des „Hephata" zusätzlich melodisch und rhythmisch, so dass dieser trotz des fehlenden Wechsels der Stimmlage deutlich markiert ist.

Dagegen können Rezitative umgestaltet werden: Lange Rezitative werden gekürzt wie am 9. Sonntag nach Trinitatis oder zwei Rezitative werden zu einem zusammengezogen wie in dem Stück zum 1. Ostertag (siehe Tabellen 1 und 2).

In seinem Vorwort hebt Telemann auf die Abwechslung der Gemütsbewegungen insbesondere bei den Arien ab. Doch darf man hier im Sinne der affektiv moderaten „Mittelstraße" keine großen Ausschläge oder Kontraste erwarten. Es handelt sich mehr um Nuancen und Abstufungen im Ausdruck manchmal ähnlicher Affekte, aber auch um gegensätzliche Regungen, wie z. B. am 21. Sonntag nach Trinitatis (Instrumente: Traverse, Violine). Hier werden in der ersten Arie in feiner Diktion (Largo, g-Moll, 3/8) und mit schwingender, kleinschrittiger bis chromatischer Bewegung Mitleiden und Angst von Eltern um ihr Kind beschrieben. Am Ende des B-Teils bricht die Musik ab und kommt ohne Bassstütze und mit dynamischen Anweisungen bis hin zum Pianissimo fast ganz zur Ruhe. In der zweiten Arie (Vivace, G-Dur, 2/4) herrscht mit synkopierten Rhythmen und Figurenspiel die Freude der Eltern über wohlgeratene Kinder.

Noch vor dem Beginn des Kirchenjahres 1731/32 und damit vor der Aufführung des neuen Jahrgangs begann Telemann mit der Werbung für sein neues Verlagsprodukt. Am 9. November 1731 wurde im *Hamburgischen Correspondenten* eine *Fortset-*

---

26 Ebenda, S. 170.
27 Ebenda, S. 171.

zung des Harmonischen Gottesdienstes auf Pränumeration angekündigt. Die erste Pränumeration, zwei Reichsthaler pro Quartal, würde bis sechs Wochen nach Neujahr
angenomen, danach koste das vollständige Werk 10 Reichsthaler. Die erste Lieferung wird für den 28. Dezember angekündigt, die folgenden sollen ebenfalls „an solchem Tage" und damit freitags „alle 2 Wochen" ausgegeben werden.[28] Am 30. November brachte die Zeitung einen Katalog des Telemannschen Verlages, in dem die
Fortsetzung enthalten ist und einen nochmaligen Aufruf zur Pränumeration mit der
zusätzlichen Information, dass man nicht nur bei Telemann selbst, sondern auch bei
dem Verleger Grund pränumerieren könne. Am 4. und 15. Dezember wurde der Jahrgang erneut angezeigt, und am 29. Januar 1732 wurde darüber informiert, dass Telemann mit der Publikation fortfährt; ergänzend teilte man einen Auszug aus dem Vorwort mit.[29]

Parallel dazu erschienen Ankündigungen in den *Niedersächsischen Nachrichten von
Gelehrten neuen Sachen*[30] und den *Hamburgischen Nachrichten*[31] bzw. *Berichten von
neuen gelehrten Sachen*. In ersteren wird stichpunktartig auf die Gestalt der Veröffentlichung als Particell und Stimmen, auf das Druckverfahren und die Qualität des Pa-
piers hingewiesen und Einzelheiten zum Pränumerationsverfahren mitgeteilt. Die spätere Nachricht informiert über den Fortgang des Unternehmens und hebt vor allem
auf die Texte und Telemanns Lob für den Dichter ab.

Über diese mediale Begleitung hinaus suchte Telemann das Interesse an seinem
Werk aber auch über persönliche Kanäle zu wecken. So berichtete er am 13. November 1731 Uffenbach von seinem Vorhaben. Die Musik wolle er „mit außerordentlichem Fleiße" ausarbeiten, zumal die „Poesie" „rein und artig an Gedanken" sei.[32] Im
Februar 1732 bedauerte er, dass er fünf Personen in Frankfurt angesprochen habe,
aber „nicht ein einziger" hatte „ihn einer Antwort gewürdiget". Uffenbach selbst wollte nicht „Stück-weiß" pränumerieren, sondern das vollständige Werk erwerben, was
Telemann bedauerte, denn er würde „nach Kaufmanns-Ahrt, einen geringen gewissen
Vortheil einem gehofften grössren" vorziehen.[33] Jedenfalls konnte Telemann am 23. Februar 1732 mitteilen, dass bereits „60. Platten heraus sind" und bis Ostern (13. April)
noch weitere 40 folgen sollen. Insgesamt hat die Partitur 196 Seiten, dazu kommen die
Stimmhefte (56 bzw. 50 Seiten) für das erste und zweite Instrument.

Noch einmal wurde die mediale Aufmerksamkeit auf Telemanns Werk gelenkt, als
Schubart seinen Sammelband in Druck gab. Am 25. Februar 1733 erschien im *Hamburgischen Correspondenten* die Nachricht, dass Schubert seine Dichtungen herausge-
ben würde, worin auch die „Texte von denen Kirchen-Musiquen vorigen Jahres" enthalten seien. Am 3. April 1733 wurde gemeldet, dass die *Ruhe nach geschehener Arbeit*

---

28 *Hamburgischer Correspondent* 1731, Nr. 178 (9. November).
29 *Hamburgischer Correspondent* 1731, Nr. 190 (30. November), 192 (4. Dezember), 199 (15. De-
    zember); 1732, Nr. 17 (29. Januar).
30 *Niedersächsische Nachrichten von Gelehrten neuen Sachen* 1731, Nr. 92 (19. November), S. 751f.
31 *Hamburgische Berichte* 1732, Nr. 12, S. 96f.
32 Telemann an Johann Friedrich Armand von Uffenbach, 13. November 1731, in: Telemann,
    Briefwechsel (Anm. 2), S. 232.
33 Telemann an Uffenbach, 23. Februar 1732, in: ebenda, S. 234.

erschienen ist.[34] In den *Niedersächsischen Nachrichten* wurde Schubarts Band ebenfalls angekündigt und nach Erscheinen besprochen.[35]

Tabelle 1: Textvergleich des Oratoriums und der Kantate zum 1. Ostertag[36]

Singende Personen: Ein Ältester, nebst dem Chore, Paulus, Der fröhliche Christ, Die gottselige Betrachtung, Echo

Oratorium	Kantate
Dictum Weine nicht! Siehe! Es hat überwunden der Löwe, der da ist vom Geschlecht Juda, der Wurzel David. (Apk. 5,5)	
Aria (Tenor) *Der fröhliche Christ* Zürne nur, du alte Schlange! Zische, schäume, krümme dich! Schau! Dein blutigs Fersen-Stechen Muß dir selbst den Stachel brechen, JESU tritt dich unter sich. [Da capo]	Aria (Canto) Zürne nur, du alte schlange, zische, schäume, krümme dich! Schau! dein blutigs fersen-stechen muß dir selbst den stachel brechen: Jesus tritt dich unter sich. [Da capo]
Recitativo (Tenor) [*Die gottselige Betrachtung*] So singt der Gläubigen vergnügte Schar, Die, wegen ihres JESU Not, Sonst voll Kummer war. Itzt preiset sie die frohen Stunden, Darin nun auch der letzte Feind, der Tod, Von unserm Lebens-Fürsten überwunden. Und da die Sonne der Gerechtigkeit, Durch eigne Macht, Nun aus des Todes Nacht Ganz herrlich aufgegangen, So sehen sie zugleich die Gnaden-Sonne prangen. Ach! Dieses Glanzes Seltenheit Macht (Trotz, des Satans Groll!) Das Herze voller Mut, den Mut recht Freuden-voll.	Recitativo (Canto) So singt der gläubigen vergnügte schar, die, wegen ihres Jesu not, sonst voller kummer war. Jetzt preiset sie die frohen stunden, darin nun auch der letzte feind, der tod, von unserm lebens-fürsten überwunden. **Da dies, o mensch, dein herz betrachtet, und diesen großen sieg so freuden-würdig achtet, so laß auch doch, vor allen, recht großen dank dafür oft wiederschallen.**
Dictum (Alt) *Paulus* Er hat ausgezogen die Fürstentümer und die Gewaltigen, und sie schau getragen öffentlich, und einen Triumph aus ihnen gemacht, durch sich selbst. (Kol. 2,15)	

---

34 *Hamburgischer Correspondent* 1733, Nr. 32 (25. Februar).

35 *Niedersächsische Nachrichten* 1732, Nr. 101 (18. Dezember), S. 873 (Ankündigung); 1733, Nr. 27 (2. April), S. 225–227.

36 Siehe auch weitere Beispiele in Ute Poetzsch-Seban, Georg Philipp Telemann als Herausgeber eigener kirchenmusikalischer Werke, in: *Autoren und Redaktoren als Editoren. Internationale Fachtagung der Arbeitsgemeinschaft für Germanistische Edition* […], hrsg. von Jochen Golz / Manfred Koltes, Tübingen 2008 (= Beihefte zu Editio 29), S. 75–90.

Aria (Baß) *Der fröhliche Christ* Auf! auf! Erlöste Seelen, Erhebet des himmlischen Königes Krieg! Laßt uns den zerquetschten Rachen Des besiegten Höllen-Drachen, Samt des Todes Wut, verlachen! Jesu Sieg ist unser Sieg. [Da capo]	
Aria (2 Soprane) *Der fröhliche Christ, Echo* Singt nicht dein Herz ein Halleluja? Ja. Dringt noch des Todes Furcht hinein? Nein. Mein Herz frohlocket, lobet, singet, Singet! Da Jesus Sieg und Beute bringet. Ringet! Nun ist der Segen vielfach mein. Ach mein! [Da capo]	Aria (Canto) Singt nicht dein herz halleluja? ja: dringt noch des todes furcht hinein? nein! Mein herz frohlocket, singet; Singet! Da Jesus sieg und beute bringet. Ringet! Nun ist der segen vielfach mein. Ach mein! [Da capo]
Recitativo (Baß) *Gottselige Betrachtung* **Da dies dein Herz betrachtet,** **Und diesen großen Sieg so Freuden-würdig** **achtet,** **So laß auch doch, vor allen,** **Recht großen Dank dafür oft wiederschallen.**	
Choral So feiern wir das hohe Fest, mit Herzens-Freud und Wonne etc.	

Tabelle 2: Textvergleich des Oratoriums und der Kantate zum 9. Sonntag nach Trinitatis

Singende Personen: Gott, Paulus, Der gute Haushalter, Der bußfertige Haushalter, Chor der guten Haushalter

Oratorium	Kantate
Dictum Dafür halte uns jedermann, nämlich für Christi Diener und Haushalter über Gottes Geheimnisse. Nun suchet man nicht mehr an den Haushaltern, denn daß sie treu erfunden werden. (1 Kor. 4, 1–2)	
Recitativo (Canto) *Der gute Haushalter* Es sind allein die Lehrer nicht, Die Gott, recht Haus zu halten, Aufs festeste verpflicht'; Wir alle sollen auch die ungezählten Gaben, Die wir aus seiner Hand empfangen haben, Mit aller Treu verwalten. Drum lasset doch, ihr Christliche Gemüter, Den übermäßigen Genuß der Güter Dieser Erden Euch zur Verwerfung nicht ein kläglichs Mittel werden.	
Aria (Canto) *Der gute Haushalter* Du bist mir, schnödes Gut der Erden, Nur ein zerbrechlich-schneidend Glas. Ein Eis, das glänzt, das sinkt, das schwindet. Was ists, das hier die Seele findet? Was ists? Fürwahr, nichts mehr, denn das! [Da capo]	Aria (Canto) Du bist mir, schnödes gut der erden, nur ein zerbrechlich schneidend glas. Ein eis, das glänzt, das sinkt, das schwindet, was ists, das hier die seele findet? was ists? fürwahr, nichts mehr, denn das! [Da capo]
Recitativo (Tenor) *Der gute Haushalter* Wohlan! Da Gottes Augen Mein Allerinnerstes zu wissen taugen; Da Reden, Schweigen, Lassen, Tun, Da Denken, Wachen, Ruhn, Da Fröhlich-seyn und Sorgen, Dem Lichte seines Blicks nicht unverborgen; So soll, durch Seine Kraft, in allen Mir sein Gesetz, zur Regul, wohlgefallen. Ja, hiernach muß Der tägliche Genuß Der Güter dieser Erden Mit Sorgfalt eingerichtet werden. Denn wer erträget sonst die große Rechenschaft, Die, von dem Kleinsten, auf unsre Seele haft?	Recitativo (Canto) Wohlan! Da gottes augen mein allerinnerstes zu sehen taugen, da reden, schweigen, lassen, tun, da denken, wachen, ruhn, da fröhlich sein und sorgen, dem lichte seines blicks nicht unverborgen, so soll, durch seine kraft, in allen mir sein gesetz zur regul wohlgefallen.

Aria (Tenor) *Der gute Haushalter* Des Göttlichen Auges durchdringende Stärke Sieht alle Gedanken, Geberden und Werke, Durch eine von Allmacht getriebene Kraft. Es fordert, wie wir seine Gaben Genützet und verschwendet haben, Die allerstrengste Rechenschaft. [Da capo]	Aria (Canto Des göttlichen auges durchdringende stärke Sieht alle gedanken, geberden und werke, durch eine von allmacht getriebene kraft. Es fordert, wie wir seine gaben Verschwendet und genützet haben, die allerstrengste rechenschaft. [Da capo]
Recitativo (Canto) *Der gute Haushalter* Ja, hältst du sträflich Haus, so schlägt dich alsofort Dies harte Donner-Wort:	
Dictum (Baß) *Gott* Wie höre ich das von dir? Tue Rechnung von deinem Haushalten! Denn du kannst hinfort nicht mehr Haushalter sein. (Lk. 16, 2)	
Recitativo (Alt) *Der bußfertige Haushalter* Ach Herr! Es nag't mich mein Gewissen Mit tiefen Bissen; Es ruft mir schrecklich zu: Du, du Hast deinem Schöpfer auch die Güter oft verschwendet Und treulos angewendet. Ich aber, HERR, ich schreie Zu Deiner großen Huld, Mit Schmerzen-voller Reue: Vergib, auch HERR! Vergib mir doch die Schuld!	
Aria (Alt, Baß) *Der bußfertige Haushalter, Gott* Herr! Gehe doch nicht ins Gerichte! Hier fleh't Dein hoch-betrübter Knecht. Es ist vor Deinem Angesichte Ja kein Lebendiger gerecht. Erlaß' in Jesu mir die Schuld! Ach Gott! Warum willst du dich scheuen? Ach Vater! Laß doch nur dein Schreien! Sei gnädig! Du hast meine Huld. Da capo	
Choral Vergib, Herr, gnädig unsre große Schulden etc.	

Hansjörg Drauschke

Telemanns zweiter Jahrgang auf Texte Hermann Ulrich von Lingens von 1728/29

Der vorliegende Beitrag beschäftigt sich mit einem bisher kaum in den Blick genommenen Kantatenjahrgang Telemanns, dem sogenannten Zweiten Lingenschen Jahrgang, entstanden für das Kirchenjahr 1728/29. Die Texte der Kantaten schrieb Hermann Ulrich von Lingen, der bereits 1721/22 einen Jahrgang für Telemann verfasst hatte (Erster Lingenscher Jahrgang).[1] Die Studie umreißt die Entstehungshintergründe des Jahrgangs und versucht dann eine erste Annäherung an die Texte und deren Kompositionen.[2]

I. Entstehungshintergründe und zeitliche Einordnung des Zweiten Lingenschen Jahrgangs

Der Zweite Lingensche Jahrgang gehört zu jenen Kantatenjahrgängen und weiteren Kirchenmusiken, die Telemann über fast zwei Jahrzehnte hinweg für Eisenach komponierte.[3] Für diese Musiken war Herzog Johann Wilhelm von Sachsen-Eisenach (1666–1729) als initiierende Instanz von grundlegender Bedeutung. Er gab sie einschließlich der komponierten Texte in Auftrag[4] und entschied ab einem bestimmten Zeitpunkt auch über die Dichter, mit denen Telemann zusammenarbeiten sollte.

Telemanns Jahrgangskompositionen für den Eisenacher Hof lassen sich in drei Phasen unterteilen: 1) die Eisenacher Amtszeit (1708–1712), die das mit Neumeister gemeinsam konzipierte *Geistliche Singen und Spielen* hervorbrachte;[5] 2) die Jahre nach seinem Weggang bis 1716/17, in denen zwei weitere Neumeister-Jahrgänge entstanden

---

1   Die Bezeichnungen „Erster" bzw. „Zweiter Lingenscher Jahrgang" stammen, soweit bekannt, nicht vom Komponisten, wurden jedoch bereits zu seinen Lebzeiten benutzt, und zwar sowohl von Musikkritikern wie Friedrich Wilhelm Marpurg, als auch von Verlegern; siehe Brit Reipsch, Die Telemannquellen in Goldbach – der ‚erste Lingensche Jahrgang', in: *Magdeburger Telemann-Studien* 15 (1997), S. 64–95, hier S. 67 (und Anm. 30 auf S. 92), 68 (und Anm. 35 auf S. 92).

2   Fragen der Quellenlage werde ich im Rahmen meiner für die Telemann-Auswahl-Ausgabe zu besorgenden Edition eines Segmentes aus diesem Jahrgang (zwölf Kantaten von Advent bis Reminiscere) behandeln.

3   Siehe dazu die Übersicht bei Wolf Hobohm, Telemanns Kantatenjahrgänge nach Neumeister-Texten. Datierungen, Auftraggeber, Gestaltungen, in: *Erdmann Neumeister (1671–1756). Wegbereiter der evangelischen Kirchenkantate*, hrsg. von Henrike Rucker, Rudolstadt / Jena 2000 (= Weißenfelser Kulturtraditionen 2), S. 111–134, hier S. 116–129.

4   So bereits bei Neumeister/Telemanns *Geistlichem Singen und Spielen* (1710/11); siehe Erdmann Neumeister, *Fünfffache Kirchen=Andachten* […], hrsg. von Gottfried Tilgner, Leipzig 1716, „Vorrede" Tilgners, Bl.)( )(3 vs: „Den dritten und vierdten [Jahrgang hat] Se. Hoch=Fürstl. Durchl. zu Sachsen=Eisenach, Die GOTT zum Seegen setze! jenen 1711 [*Geistliches Singen und Spielen*], diesen 1714. [*Geistliche Poesien*] gnädigst verfertigen lassen."

5   Ein erstes Segment aus diesem Jahrgang erschien als: Georg Philipp Telemann, *Geistliches Singen und Spielen. Kantaten vom 1. Advent bis zum Sonntag nach Weihnachten*, hrsg. von Ute Poetzsch-Seban, Kassel etc. 2004 (= Georg Philipp Telemann. Musikalische Werke XXXIX).

(1714/15 der „Französische Jahrgang", 1716/17[–1720] der „Erste", auch „Italienische Concerten-Jahrgang",[6] beide komponiert in Frankfurt);[7] und 3) die anschließende Zeit bis zu Johann Wilhelms Tod 1729, in der Telemann vier Jahrgänge auf Dichtungen Johann Friedrich Helbigs und Hermann Ulrich von Lingens nach Eisenach lieferte.

Die Neumeister-Kantaten stellte Telemann dem Hof in Rechnung, wobei er sich nachdrücklich auch für eine Honorierung des Dichters stark machte.[8] Offensichtlich war dem Hof daran gelegen, die entstehenden Kosten zu begrenzen, ohne jedoch auf Telemanns Musik verzichten zu müssen. In einem Dekret vom 11. März 1717 wird Telemann entsprechend verpflichtet „zur hiesigen Kirchen-Music aller Zweÿ jahre einen neuen Jahrgang, worzu ihme der text gegeben wird",[9] zu liefern, weiterhin Tafel- und Gelegenheitsmusiken, nun aber für ein fixes Jahreshonorar von 100 Reichstalern. Das Dekret enthält außerdem eine Exklusivitätsklausel für die Musikalien auf zwei Jahre, für die anzunehmen ist, dass sie bestehende Gepflogenheiten – die Lieferung von Jahrgängen im Zwei-Jahres-Turnus sowie das Recht zur exklusiven Nutzung für einen bestimmten Zeitraum – noch einmal explizit festschrieb. Neu waren in jedem Falle die Regelungen zur Kostenminimierung. Diese betrafen nicht nur Telemann, sondern erstreckten sich auch auf den Bereich der Textproduktion. Denn die Autoren, deren Texte Telemann nun erhielt, waren die bereits genannten Eisenacher Kräfte Johann Friedrich Helbig und Hermann Ulrich von Lingen, die ohnehin bei Hofe angestellt waren. Helbig,[10] Telemanns Nachfolger als Eisenacher Kapellmeister, wurde 1709 Hofsekretär, 1718 Regierungssekretär und erhielt in diesem Jahr eine jährliche Gehaltszulage von 50 Reichstalern für das Abfassen der Texte zur Kirchenmusik – Kantatenjahrgänge sowie außerordentliche Kirchenstücke – und zu weltlichen Gelegenheitswerken. Nach seinem Tod 1722 übernahm Lingen die Jahrgänge.[11] Die Jahr-

6 Der Jahrgang wurde textlich ergänzt von Gottfried Simonis; der zweite Teil als *Neues Lied* (Simonis, 1720/21).

7 Bisherige Editionen: Georg Philipp Telemann, *Französischer Jahrgang. Kantaten von Neujahr bis zum Sonntag Sexagesimae und dem Fest Mariae Reinigung*, hrsg. von Ute Poetzsch-Seban, Kassel etc. 2006 (= Georg Philipp Telemann. Musikalische Werke XL); Georg Philipp Telemann, *Concerten-Jahrgang. Zwölf Kirchenmusiken von Rogate bis zum 6. Sonntag nach Trinitatis nach Texten von Erdmann Neumeister*, hrsg. von Maik Richter, Kassel etc. 2015 (= Georg Philipp Telemann. Musikalische Werke LI).

8 Nachgewiesen ist das für die *Geistlichen Harmonien mit untermischten Biblischen Sprüchen und Choralen* („Französischer Jahrgang"); siehe Telemanns Brief an Hofrat Johann Jacob Witsch in Eisenach vom 27. Dezember 1714, in: *Georg Philipp Telemann. Briefwechsel*, hrsg. von Hans Grosse und Hans Rudolf Jung, Leipzig 1972, S. 175 f.; vgl. auch Ute Poetzsch-Seban, *Die Kirchenmusik von Georg Philipp Telemann und Erdmann Neumeister. Zur Geschichte der protestantischen Kirchenkantate in der ersten Hälfte des 18. Jahrhunderts*, Beeskow 2006 (= Schriften zur mitteldeutschen Musikgeschichte 13), S. 193 f.

9 Zitiert nach Georg Philipp Telemann, *Sicilianischer Jahrgang. Zwölf Kirchenmusiken vom 7. bis zum 18. Sonntag nach Trinitatis und Michaelis nach Texten von Johann Friedrich Helbig*, hrsg. von Brit Reipsch, Kassel etc. 2018 (= Georg Philipp Telemann. Musikalische Werke LII), S. IX. – Das Dekret ist vollständig, aber im Detail unexakt wiedergegeben bei Claus Oefner, *Telemann in Eisenach. Die Eisenacher Musikpflege im frühen 18. Jahrhundert*, Eisenach 1980 (= Eisenacher Schriften zur Heimatkunde 8), S. 20.

10 Einen konzentrierten biographischen Abriss unter Nennung zentraler Literatur und zahlreicher Quellen bietet Brit Reipsch in: Telemann, *Sicilianischer Jahrgang* (Anm. 9), S. IX; die Angaben sind dort entnommen.

11 Nicht eindeutig zu entscheiden ist, ob Lingen schon vor Helbigs Tod als Textdichter für Telemann aktiv wurde. Vgl. Reipsch, Telemannquellen in Goldbach (Anm. 1), S. 68.

gangstexte, jeweils zwei Jahrgänge von Helbig und von Lingen, wurden Telemann zugeschickt, dieser sandte die Kompositionen nach Eisenach.

Die umfangreichsten Mitteilungen zu Lingen machte Heinrich Wilhelm Rotermund Anfang des 19. Jahrhunderts.[12] Diese und weitere Angaben hat Claus Oefner zusammengestellt.[13] Lingen ist demnach 1695 in Lübeck geboren. Ab 1714 studierte er in Jena Jura sowie verschiedene historische Wissenschaften. Später wurde er herzoglicher Archivsekretär am Eisenacher Hof, um 1732 auch geheimer Sekretär, Antiquar und Aufseher des Münzkabinetts des Herzogs von Gotha. Er gehörte – wie Neumeister und Helbig – dem orthodoxen Lager an. Ob auch Lingen für seine Dichtungen entlohnt wurde, lässt sich meines Wissens nicht durch Fakten belegen. Dagegen spricht allerdings, dass er das, was in Helbigs Kantatendruck als „Vorrede" erscheint, seinem eigenen Druck als Widmung an Johann Wilhelm voranstellte, wobei sich die beiden Texte inhaltlich in manchen Punkten erstaunlich decken.

II. Der Textdruck

Die Kantatentexte des zweiten Jahrgangs publizierte Lingen Ende 1728 in Eisenach unter dem Titel *Poetische Aufmunterungen zur Andacht*.[14] Die Widmungszuschrift an Johann Wilhelm von Sachsen-Eisenach ist auf den 20. November datiert.[15] Sie enthält wichtige Angaben zur Entstehung der Kantatenpoesie und zu deren Form und poetischem Zuschnitt:

> DA Ew. Hoch=Fürstl. Durchl. gnädigst befehlen lassen, gegenwärtigen Poetischen Jahr=Gang zur Kirchen=Music aufzusetzen; so habe Deroselben unterthänigsten Danck abzustatten Ursache, daß Sie mir eine so gute Gelegenheit an die Hand gegeben, des Sonntags sothane erlaubte Arbeit wohl und vielleicht zu einigem Nutzen meines Nächsten anzuwenden. Ich habe diese Arbeit nach dem Verlangen des Herrn Capellmeisters Telemanns, so viel sich thun lassen wollen, eingerichtet, im übrigen aber in derselben eben keine Poetische Zierlichkeiten anzubringen mich bemühet, sondern hauptsäch-

---

12 *Fortsetzung und Ergänzungen zu Christian Gottlieb Jöchers allgemeinem Gelehrten-Lexico* […], angefangen von Johann Christoph Adelung und vom Buchstaben K fortgesetzt von Heinrich Wilhelm Rotermund, Bd. 3, Delmenhorst 1810.

13 Claus Oefner, Johann Friedrich Helbig und Hermann Ulrich von Lingen – zwei Eisenacher Textdichter Telemanns, in: *Telemann und Eisenach. Drei Studien*, Magdeburg 1976 (= Magdeburger Telemann-Studien 5), S. 17–59.

14 Hermann Ulrich von Lingen, *Poetische | Aufmunterungen | Zur | Andacht, | Anhörung | Des Göttlichen Worts, | Und Führung | Eines Christlichen Lebens, | Nach Anleitung derer | Sonn= und Festtäglichen | Evangelien | eingerichtet, | Und | In der Haupt=Kirche zu St. | Georgen in Eisenach Musicalisch | abgesungen | Von | Der Hoch=Fürstl. Capelle*. Eisenach 1728 (Exemplar: Archiv der Superintendentur Eisenach, Sign. 2345).

15 Ebenda, Bl. [)(4] vs.

lich GOtt angeruffen, selbige so gerathen zu lassen, damit meine Christliche
Einfalt nur zu einiger Frucht und Erbauung gereichen möge.[16]

Man erfährt hier dreierlei. Lingen expliziert erstens, dass der Jahrgang im Auftrag des
Herzogs entstand – korrespondierend zum oben genannten Dekret. In diesem Sinne
hatte auch Helbig in seiner „Vorrede" zum Druck des Sicilianischen Jahrgangs formuliert: „Gegenwärtige Gedancken habe auff Hochfürstl. gnädigsten Befehl auffgesetzet,
welche zuförderst GOttes Ehre, und hiernechst eines ieden Christen Erbauung zum
Zwecke führen."[17]

Zweitens befolgte Lingen Vorgaben Telemanns. Es ist davon auszugehen, dass sich
das auf die formale Disposition der Kantaten bezog, d. h. auf das Arrangement und
die Gewichtung der Grundelemente Rezitativ, Arie, Choral und Dictum. In diesem
Punkt beeinflusste Telemann auch Neumeister, wie Gottfried Tilgner 1716 bemerkte:

> Die Herren Componisten aber [werden] noch zum Beschluß ersucht, nicht
> ungedultig zu werden, wenn zuweilen in einem Stücke zwey oder drey Cho-
> räle von gantz unterschiedenen Thonen zusammen kommen; Herr Tele-
> mann, hat es ehemahls so verlanget, als dessen beständige Meinung bleibet,
> daß nichts, was einem Poeten möglich ist, bey dem Componisten unmöglich
> seyn müsse.[18]

Telemann setzte sich mitunter sogar über den Willen des Dichters hinweg, wie beispielsweise im Vorwort des dritten Teils der *Fünfffachen Kirchenandachten* Neumeisters anhand des *Musikalischen Lobes Gottes* (1742/43) deutlich wird: „Den Jahrgang
der Cantaten hat der Herr Verfasser [Neumeister] nach der Vorschrifft unsers weitberühmten Herrn Telemans gemacht, darinnen aber unser höchst geschätzter Herr Pastor lieber freye Hand behalten haben mögte."[19]

Eine jeweils jahrgangsspezifische Standardisierung in der Abfolge der Formele-
mente zeichnet sich in den 1720er Jahren mehr und mehr ab. Sie scheint mit Telemanns grundsätzlichem Wunsch einherzugehen, Jahrgänge nach einem je einheitlichen ästhetischen Prinzip zu gestalten – eine Eigenart, die im 18. Jahrhundert
wahrgenommen wurde, wie nicht zuletzt die „Namen" einiger Jahrgänge zeigen. Die
Fokussierung auf ein jeweils bestimmtes formal-ästhetisches Muster dürfte zugleich
eine Effektivierung und damit vielleicht sogar eine Erleichterung beim kompositorischen Prozess bedeutet haben.

---

16 Ebenda, Bl. [)(2] vs–)(3 vs. – Der mit der Widmungsseite insgesamt sechs Seiten einnehmen-
de Text wurde verschiedentlich als Vorwort deklariert, so etwa von Oefner, Helbig und Lingen
(Anm. 13), S. 37, und von Nina Eichholz, *Georg Philipp Telemanns Kantatenjahrgang auf Dichtungen von Gottfried Behrndt. Ein Beitrag zur Phänomenologie von Telemanns geistlichem Kantatenwerk*, Hildesheim etc. 2015 (= Studien und Materialien zur Musikwissenschaft 85), S. 153,
Anm. 380. Es handelt sich aber eindeutig um eine Widmung; ein Vorwort enthält der Druck
nicht.

17 Johann Friedrich Helbig, *Auffmunterung | Zur | Andacht* [...] Daselbst [Eisenach] gedruckt
und zu finden bey Johann Adolph Boëtio. 1720., Bl.)(2 re f.

18 Neumeister, *Fünfffache Kirchen-Andachten* (Anm. 4), „Vorrede" Tilgners, Bl. [)( )(4] re f.

19 Erdmann Neumeister, *Fünffache Kirchen=Andachten* [...], 3. Teil, hrsg. von Anon. (Rudolph
Beneke?), Hamburg: Rudolph Beneke 1752; zitiert nach Hobohm, Telemanns Kantatenjahrgänge nach Neumeister-Texten (Anm. 3), S. 128.

Lingens Hinweis auf die Einrichtung der Kantaten „nach dem Verlangen des Herrn Capellmeisters Telemanns" macht aber auch deutlich, dass Telemann, obwohl ihm die Texte von Eisenach nach Hamburg geschickt wurden, mit dem Dichter während der Entstehungsphase in Verbindung gestanden haben muss. Vermutlich erhielt er die Kantaten portionsweise aus Eisenach und reagierte darauf.

Drittens schließlich seien „Poetische Zierlichkeiten" vermieden worden, damit die „Christliche Einfalt nur zu einiger Frucht und Erbauung gereichen möge". Auch diese Aussage findet sich bei Helbig 1720 fast wörtlich: „Keine eitle so genannte poetische Zierligkeiten findest du nicht darinnen, weilen sonst die Christliche Einfalt, welche bey dergleichen Texten ich allemahl vor den schönsten Schmuck halte, darunter wäre beleydiget worden."[20] Helbigs Vorrede schließt einen vierten Punkt ein, der bei Lingen nicht (mehr?) zu finden ist. Er verdeutlicht, was unter „Poetische Aufmunterung(en)" – möglicherweise in Eisenach als Generaltitel verwendet – zu verstehen ist: Keine „vollkommene Betrachtungen über die Sonn= und Fest=Tags Evangelien" – hierfür sollte man eine Predigt oder Postille lesen – sondern eben „nur" Aufmunterungen zur Andacht von einem, der von sich sagt, dass „ich […] keinen ordentlichen Geistlichen abgebe." Und weiter:

> Wilst du des letztern halber bey dir noch erwegen, daß wir vor GOTT alle geistliche Priester seyn sollen, so wirst du dich um so viel destoweniger hieran stossen, sondern alles zu deinem seligen Nutzen anwenden können. Gebrauche dich demnach dieser Arbeit, als einer Auffmunterung zur Andacht, und gehe nicht bloß der äuserlichen Music wegen in die Kirche, sondern singe und spiele dem HErren in deinem Hertzen mit wahrer Busse und Glauben. Denn die Furcht des HErrn ist der rechte Gottesdienst, und wer die lieb hat, den hat der HErr wieder lieb. GOtt befohlen![21]

Damit endet die Vorrede. Wenn an dieser im rhetorischen Ablauf exponierten Stelle der Halbsatz „singe und spiele dem HErren in deinem Hertzen mit wahrer Busse und Glauben" auftaucht, dann verweist Helbig damit natürlich auf die entsprechende Stelle des Paulus-Briefes an die Epheser (Eph 5,19: „Ermuntert einander mit Psalmen und Lobgesängen und geistlichen Liedern, singt und spielt dem Herrn in eurem Herzen"). Zugleich aber wird im ersten Nach-Neumeister'schen Jahrgang für Eisenach ein klarer Bezug auf Neumeisters *Geistliches Singen und Spielen* hergestellt. In der Tradition Neumeisters steht meines Erachtens auch der Hinweis auf einen Stil ohne Zierlichkeiten. Bereits in der Vorrede zu den *Geistlichen Cantaten* hatte Neumeister formuliert:

> Bey dem *Stylo* habe am liebsten Biblische und Theologische Redens=Arthen behalten wollen. Denn mich dünckt/ daß bey Geistlichen Gedichten ein prächtiger Wörterschmuck von menschlicher Kunst und Weisheit den Geist und die Anmuth so sehr verhindert/ als er vielleicht beydes in Politischen Versen befördern möchte.[22]

---

20 Helbig, *Auffmunterung zur Andacht* (Anm. 17), Bl.)(2 vs.
21 Ebenda, Bl)(3 vs ff.
22 Hier zitiert nach Erdmann Neumeister, *Geistliche Cantaten Uber alle Sonn= Fest= und Apostel=Tage* […], Halle in Magdeburg: Renger 1705, „Vorbericht", Bl.)(6).

In den besprochenen Passagen aus Vorreden und Widmung Neumeisters, Helbigs und Lingens wird deutlich, dass Lingens Eisenacher Kantatenjahrgänge in einer offenbar sehr bewusst wahrgenommenen Tradition stehen, die in Neumeisters *Geistlichem Singen und Spielen* und darüber hinaus ganz grundsätzlich in seiner theologisch fundierten Ästhetik der geistlichen Kantate gründet und sich explizit und implizit darauf beruft.

Vor diesem Hintergrund ist nun zu fragen, wie Lingen seine Texte gestaltete.

III. Die Dichtungen

Zunächst fällt ins Auge, dass alle Kantaten dem Textmuster Rezitativ–Arie–Choral–Arie–Dictum folgen. Nur in fünf der 71 Kantaten gibt es jeweils eine Abweichung: In den Kantaten zum Sonntag nach Neujahr und zum 25. Sonntag nach Trinitatis folgt auf den Choral jeweils ein zweites, knappes Rezitativ (4 bzw. 5 Verse). In den Kantaten zum 16. und 24. Sonntag nach Trinitatis steht vor dem Dictum ein zweiter Choral (jeweils ein anderer als der erste). In der letzten Kantate, zum 27. Sonntag nach Trinitatis, gibt es nach dem Dictum einen Schlusschoral.

Im Folgenden soll beispielhaft die Kantate „Es lebt so mancher Mensch in Sicherheit dahin" zum 2. Adventssonntag vorgestellt werden (TVWV 1:523), ergänzt um Seitenblicke auf die Kantaten zum 11., 14. und 24. Sonntag nach Trinitatis. Die Perikope zum 2. Advent ist Lukas 21,25–36: Die Ankündigung des Weltendes bzw. der vorausdeutenden Zeichen einschließlich des Gleichnisses vom Feigenbaum, die Ermahnung zur Wachsamkeit – dass man sich nicht mit täglichen Sorgen und mit „Fressen und Saufen" beschwere und der Tag dann „komme wie ein Fallstrick" – und der Aufruf zur Vorbereitung durch Gebet und innere Stärkung, um dem Menschensohn gegenübertreten zu können. Lingen wählte die Ermahnung, die Lk 21,34–36 ausmacht, zum Dictum. Hier kommen drei Schlüsselbegriffe vor: Fressen, Saufen und der Fallstrick.

Zunächst aber steigt der Kantatentext im Eingangsrezitativ mit einer durchaus lebensweltlichen Situierung ein: der vermeintlichen Sicherheit des sündigen Menschen, die ihn seine Sünden nicht erkennen lässt.[23]

> [1. Rezitativ]
> ES lebt so mancher Mensch in Sicherheit dahin/
> Und weltzet sich im Schlamme seiner Sünden/
> Denn der aufs Irrdische erpichte Sinn/
> Kan keine Ruh als nur in diesem Kothe finden.
> Er frist voll böser Lust des Nächsten Wohl und Guth
> Und säufft in sich das Unrecht gleich der Fluth;
> Und wenn er nun denckt dick und satt zu seyn/
> So schläfft er ohne Sorgen ein.
> Diß sieht der HErr und dultet es offt lange.
> Doch endlich wacht der Zorn des Höchsten auf/

---

23 Zitiert wird hier stets nach Lingen, *Poetische Aufmunterungen* (Anm. 14), S. 3 ff.

Und nimmt/ gleich wie der Blitz/ vom Aufgang seinen Lauff
Zu dieses Menschens Untergange.
Es folgt ein schneller Schlag der ihn zu Boden schlägt
Und ihn eh er erwacht in jene Grube trägt.

Lingen greift die Schlüsselbegriffe Fressen und Saufen in der fünften und sechsten Zeile auf und benutzt sie als Metaphern für Habgier, Eigennutz und Unrecht. Erzählt wird zunächst aus auktorialer Perspektive. Auffällig sind die ausgesprochen starken, übersteigerten Negativbilder, mit denen der Leser/Hörer geradezu überfallen wird. Nach der ersten, noch gemäßigten Zeile werden diese Bilder aufgetürmt: Das Sich-Wälzen im Schlamm (Zeile 2) bzw. Kot (Zeile 4) der Sünden, der am Irdischen klebende („erpichte") Sinn (Zeile 3), die böse Lust (Zeile 5) und die Flut des Unrechts (Zeile 6). Lingen bedient sich einer ebenso effektvollen wie plakativen Überwältigungsrhetorik. Der Sünder wird gleichsam im Schlafe – also im Gefühl vollkommener Sicherheit – vom erzürnten Gott niedergeschmettert und, noch ehe er erwachen kann, in die Grube getragen. Für die Komposition macht der Text im Grunde mit jeder Zeile neue Angebote.

Die erste Arie bleibt in der dritten Person.

[2.] *ARIA.*
Hüpffet und spielet nur sichere Sünder
Und sucht im Eitlen Lust und Ruh!
Folgt nur des Satans lockenden Pfeiffen;
Euch wird das Unglück bald ergreiffen/
Und euer Fallstrick zieht sich/ geschwinder/
Als ihr es wohl vermuthet/ zu.
Da Capo.

Hier bringt Lingen den Fallstrick – den dritten Schlüsselbegriff des Dictums – ins Spiel, fährt seine Rhetorik jedoch zurück und wählt erneut zahlreiche für den Komponisten dankbare Begriffe: für Bewegungen (Hüpfen, Spielen, Ergreifen), für Figuren der Auszierung (das Eitle, Lust, lockende Pfeifen, Fallstrick). Nachdem im Rezitativ der Schauder des Gottesurteils drastisch und bis hin zur „Grube" ausgemalt wurde, bietet die Arie nun eine moralische Untermauerung im gemäßigten Stil. Auch wenn es sich um eine „moralische", oder besser: um eine moralisierende Arie handelt, beinhaltet sie doch auch einen Affekt,[24] nämlich den der (kindlichen) Unbekümmertheit, die sich in der unbekümmert-fröhlichen Bewegung des „Hüpfens und Spielens" äußert.[25] Dem Komponisten werden hier auf engem Raum vielfältige Möglichkeiten eröffnet.

Beim Choral handelt es sich um Neumeisters „Wer weiß, ob wir den jüngsten Tag nicht heute noch erleben" auf die Melodie „Wär Gott nicht mit uns diese Zeit", aus

---

24 In den Poetiken der Zeit wird zwischen Moral und Affekt der Arie üblicherweise ein „oder" gesetzt.

25 Zum Bedeutungsfeld des Verbes „spielen" siehe *Deutsches Wörterbuch von Jacob Grimm und Wilhelm Grimm* (benutzt wurde die online verfügbare Digitale Ausgabe).

dem Lingen die zweite und vierte Strophe auswählte. Der Kantatendruck bringt den Text wie folgt:

[3.] *Choral. No. 716. v. 2. 4.*

Ach GOtt! wie sicher und verkehrt lebt doch der gröste Hauffen/ ihr sündlich Hertze wird beschwehrt mit Fressen und mit Sauffen/ die Nahrungs=Sorgen drücken sie/ so nimmt sich keiner auch die Müh/ an diesen Tag zu dencken.

Hertzliebster JEsu wecke mich/ damit ich wach und bete/ und wenn du kömmst getrost vor dich und deinen Richt=Stuhl trete; ich weiß daß du mein Lebens=Fürst mich mit den Auserwählten wirst zu deiner Rechten stellen.

Die jeweils angegebene Nummerierung der Choräle erlaubt es, ihre Herkunft zu erschließen. Lingen entnahm sie dem *Eisenachischen Neu-vermehrten* [...] *Gesang-Buch*.[26] Der unten vollständig wiedergegebene Text des Neumeister-Chorals Nr. 716 ist auf die Melodie „Es ist gewisslich an der Zeit" zu singen.

G   (716.)

Am II. Advent=Sonntage.

Mel. Es ist gewißlich an der *ec.*

WEr weiß, ob wir den jüngsten Tag nicht heute noch erleben? GOtt kan der Welt den letzten Schlag in dieser Stunde geben. Wohl dem, der in Bereitschafft ist, daß er, als ein gerechter Christ, im Glauben werd erfunden!

2. Ach GOtt! wie sicher und verkehrt lebt doch der gröste Hauffen! ihr sündlich Hertze wird beschwehrt mit Fressen und mit Sauffen, die Nahrungs Sorgen drücken sie. So nimmt sich keiner auch die Müh an diesen Tag zu dencken.

3. Wie wollen sie zur selben Zeit vor ihrem Richter stehen? Und ach! wie wirds in Ewigkeit den armen Seelen gehen? Der Tag bricht, wie ein Blitz, herein; kein Augenblick wird übrig seyn, sich annoch zu bekehren.

4. Hertzliebster JEsu, wecke mich, damit ich wach und bethe, und wenn du kömmst, getrost vor dich und deinen Richtstuhl trete. Ich weiß, daß du, mein Lebens=Fürst, mich mit den Auserwehlten wirst zu deiner Rechten stellen.

5. Komm, wenn du wilt, ich bin bereit, auch jetzt in der Minute. Ich erbe ja die Seligkeit in deinem theuren Blute. Verzieht sich deine Zukunfft noch? So will ich, liebster JEsu, doch im Glauben täglich wachen.[27]

Man sieht, dass Lingen wichtige Kernbegriffe und Bilder auch aus den nicht in die Kantate aufgenommenen Strophen 1 und 3 im Rezitativ verwendet: den plötzlichen letzten Schlag des Herrn, dessen Tag nicht vorhersehbar ist; den Blitz, der im Choral

---

26   Eine Auflage aus den 1720er Jahren war mir nicht zugänglich. Benutzt wurde daher: *Eisenachisches | Neu=vermehrtes und beständiges | Gesang=Buch* [...], Eisenach 1732. Dieser Auflage ist die „Vorrede" Th[omas] Andr[eas] Nicanders, Eisenach, 5. Oktober 1724, vorangestellt (Datierung Bl.)(4 re). Enthalten sind 900 Choräle; Nrn. 715–800 stammen von Neumeister.

27   Ebenda, S. 491 f.

das Hereinbrechen dieses Tages beschreibt, im Rezitativ das Niederfahren von Gottes Zorn; den Umstand, dass dann keine Zeit mehr zur Bekehrung bleibt (Rezitativ: „eh er erwacht"). Dieser letzte Punkt wird besonders wichtig, denn hier leitet der Choral über zu Jesus als Erwecker des Sünders in der vierten Strophe. Und an dieser Stelle vollzieht sich in der Kantate ein Wechsel zur Ich-Perspektive: Vorher und bis zur ersten verwendeten Choralstrophe wird aus auktorialer Perspektive der Blick auf die Welt gerichtet und deren Verderbtheit beschrieben, ab der zweiten verwendeten Choralstrophe bis zur zweiten Arie wird aus der Ich-Perspektive für Erweckung gebetet. Der Choral bildet den Umschlagpunkt von einer aufs Objekt gerichteten, überindividuellen Betrachtung zur subjektiven, individuellen Bitte.

Die folgende Arie knüpft entsprechend direkt an die zweite Choralstrophe an.

[4.] *ARIA.*
HErr GOtt! eröffne mir die Augen
Und laß ihr Schauen nur zu deinem Lichte gehn/
Schließ sie mir für der Welt und ihren Lüsten zu
Und laß mich/ wenn mein Lauff sich kehret zu der Ruh/
Den aufgeschloßnen Himmel sehn.
Da Capo.

Die vorherige Situation wird nun umgekehrt: Wer auf Gott hofft, wird von ihm geweckt, wobei zugleich seine Augen vor der eitlen Welt verschlossen werden. Der Tod ist ohne Schrecken, er führt in den „aufgeschloßnen Himmel". Lingen verwendet tröstende Begriffe und Bilder: eröffnen, Schauen, der Lauf, der sich zur Ruh kehrt usw. Die Lüste der Welt werden unaffektiert nur noch genannt. Sie haben das Lockende und Bedrohliche verloren.

Das abschließende Dictum steht zu dieser Arie in scharfem Kontrast.

[5. Dictum] *Luc. XXI. v.* 34. 35. 36.
Hütet euch/ daß eure Hertzen nicht beschweret werden mit Fressen und Sauffen/ und mit Sorgen der Nahrung und komme dieser Tag schnell über euch/ denn wie ein Fallstrick wird er kommen über alle die auf Erden wohnen. So seyd nun wacker allezeit und betet/ daß ihr würdig werden möget zu entfliehen diesem allen und zu stehen vor des Menschen Sohn.

Mit den zentralen Begriffen – Fressen, Saufen, Fallstrick – führt das Dictum zum Rezitativ am Beginn zurück. Die dort bereits ausgesprochene Warnung vor dem Jüngsten Tag wird wiederholt, nun aber im Bibelwort ohne die lebensweltliche Einkleidung. In dieser Form erhält sie etwas Unausweichliches, Bedrohliches; Lingens theologisches Konzept ist, jedenfalls für diese Kantate, auf Überwältigung und Einschüchterung hin angelegt.

Die Kantate bildet in ihrer fünfteiligen Anlage eine ideale zyklische Form, sowohl hinsichtlich der Formteile, als auch inhaltlich. Dass die Form nicht streng symmetrisch ist – einem eröffnenden Rezitativ steht ein beschließendes Dictum gegenüber –, stellt einen besonderen Reiz dar. Die Dicta sind stets Zielpunkt der textlichen Entwicklungen. Da sie mit den Perikopen korrelieren, bilden ihre Kernaussagen freilich zugleich den Ausgangspunkt sowohl der Kantatentexte selbst als auch der Predigten. Damit bietet die Anlage die Möglichkeit zur Entfaltung eines inhaltlich und strukturell besonders komplexen Wechselspiels mit den gottesdienstlichen Inhalten. Das setzt sich textimmanent fort, indem ein dichtes Geflecht an inhaltlichen Bezügen der Formteile aufeinander und auf diese Weise ein konsequentes theologisch-didaktisches Konzept entwickelt werden. Außerdem bieten die Texte ein weites Spektrum an Angeboten für den Komponisten.

Einige ergänzende Bemerkungen zu poetischen Besonderheiten in Lingens Kantaten möchte ich noch anschließen. Zunächst wird – anders, als die Poetiken der Zeit es fordern – der Alexandriner ausgiebig verwendet. Die oben bereits gezeigten Beispiele machen deutlich, dass das auch für Arien gilt (in „Herr Gott! eröffne mir die Augen" etwa sind drei von fünf Zeilen Alexandriner).[28] Es gibt aber auch andere Parameter, die insbesondere Neumeister-Hunolds Poetiken (die ja in den 1720er Jahren noch aktuell waren) nicht entsprechen. Zwei Beispiele möchte ich kurz zeigen.

> „Ihr Heuchler! die ihr euch bemüht" (11. Sonntag nach Trinitatis)
> *ARIA.* [1. Arie]
> Ich will dir meine Schuld bekennen/
> Ich habe nicht/ was ich gesollt/
> Wohl aber/ was mein Fleisch gewolt/
> Viel Ubels HErr für dir gethan.
> Nimm mich/ weil ich bußfertig komme
> Nicht wie den Pharisäern gleiche Fromme
> Die sich gerecht mit eignem Lobe nennen
> Inwendig doch von bösen Lüsten brennen
> Zu Gnaden mit dem Zöllner an.
> *Da Capo.*[29]

> „Herr Gott, der du uns hast von unsrer Jugend an" (14. Sonntag nach Trinitatis)
> *ARIA.* [2. Arie]
> Mein GOtt/ ich falle vor dir nieder/
> Doch mein Gebet und meine Lieder/
> Gehn Himmel=an.
> Mein Auge sieht ihr hellen Sterne/
> Mit Lust/ ob wohl von ferne/
> Bewundernd eure Zahl nach euch;
> Ihr seyd des Höchsten Gnaden=Strahlen gleich.
> Ach wäre doch die Zeit erschienen/
> Da ich mit denen Seraphinen/

---

28 Das Phänomen lässt sich auch in der Opernlibrettistik beobachten. Dabei zeigt sich, dass die Librettisten sehr individuell gestalten und einige unter ihnen grundsätzliche normative Forderungen der Poetiken – darunter auch die Vermeidung des Alexandriners – ignorieren. In Kapitel I/7.3 meiner 2019 bei Georg Olms erscheinenden Dissertation *Die Opern Johann Matthesons 1699–1711* habe ich aus Anlass von Matthesons *Boris Goudenov*-Libretto den Zeitraum um 1710 untersucht. Hier verwenden Mattheson selbst und der in den 1710er Jahren sehr erfolgreiche Johann Joachim Hoë den Alexandriner ganz selbstverständlich.

29 Lingen, *Poetische Aufmunterungen* (Anm. 14), S. 111.

Ihm ewiglich Lob singen kan.
Da Capo.[30]

Im ersten Beispiel („Ich will dir meine Schuld bekennen") fallen das stark gedehn-
te Reimschema und der semantisch heikle B-Teil ins Auge. Auch im zweiten Beispiel
(„Mein Gott, ich falle vor dir nieder") ist der ausgedehnte, aus zwei unterschiedlichen
und nicht direkt miteinander verknüpften semantischen Feldern bestehende B-Teil
auffällig. Derartige Bildungen kommen bei Lingen erstaunlich oft vor.

Ein besonderer Kunstgriff sei abschließend in zwei Ausprägungen vorgestellt. Das
Rezitativ von „Wenn mein Stündlein vorhanden ist" (24. Sonntag nach Trinitatis;
TVWV deest) lautet wie folgt:

> WEnn mein Stündlein vorhanden ist/
> Diß Leben zu beschliessen/
> So wirst du mir HErr JEsu Christ/
> Die Bitterkeit versüssen
> Die mir des Todes Anblick zeigt/
> Wenn/ was aus deinen Wunden steigt/
> Wird auf mein Hertze fliessen.
> So seh ich ohne Furcht dem Augenblick entgegen/
> Der meinen Leib auf seine Bahr wird legen:
> Man senckt ja nur den Leib allein/
> In seine Ruhe=Kammer ein/
> Auch dieser ist nicht todt/ er schläffet aus/
> Und wird/ wenn jener Tag die Welt verkehrt in Grauß/
> Sein Leben wiederum empfangen/
> Und mit dem Geist vereint dahin gelangen/
> Wohin schon dieser war beglückt voran gegangen.[31]

Die Zeilen 1–7 stellen eine Choralparaphrase dar. Die Neudichtung stimmt mit Vers-
und Silbenmaß des Chorals „Wenn mein Stündlein vorhanden ist" von Nicolaus Hermann exakt überein und greift inhaltlich klar auf diesen zurück, auch wenn die erste
Zeile das einzige wörtliche Zitat darstellt. Die Paraphrase ist im Textdruck nicht vom
übrigen Rezitativ abgesetzt; die Zäsur wird allerdings durch den Alexandriner (Zeile 8) deutlich gemacht (einer von drei Alexandrinern in neun Zeilen). Die Reflexion
über den „bitteren" Tod, der durch Jesus zugleich „süß" wird und die Auferstehung
verheißt,[32] ist direkt aus dem Choral hergeleitet. Die Paraphrase selbst erweist sich
bereits als Reflexion, die zur Gewissheit führt: „So seh ich ohne Furcht dem Augenblick entgegen [...]". Von der ersten Kantatenzeile schlägt Lingen eine textliche Klam-
mer zum Choral nach der ersten Arie, für den er Vers 4 von „Wenn mein Stündlein"

---

30 Ebenda, S. 118.
31 Ebenda, S. 139.
32 Überlegungen zur Predigt und zu einigen von Telemanns Musiken auf den 24. Sonntag nach
    Trinitatis bei Ute Poetzsch, Trauer in der Kirchenmusik von Georg Philipp Telemann, in: *Trau-
    ermusik von Telemann. Ästhetische, religiöse, gesellschaftliche Aspekte*, hrsg. von Adolf Nowak
    u. a., Beeskow 2015, S. 45–63, hier S. 54–62.

verwendet.[33] Die über den Choral vermittelte individuelle Teilhabe des Einzelnen am Gottesdienst wird hier besonders sinnfällig.

Ein ähnliches, aber doch anders gelagertes Beispiel findet sich in „Wiegen gleich die eitlen Lüste" (25. Sonntag nach Trinitatis; TVWV 1:1622). Auch hier betrifft es das Rezitativ.

> WIegen gleich die eitlen Lüste/
> Sanfft/ o sichrer Mensch dich ein;
> Wollen ihre schnöden Brüste/
> Dein verführend Labsal seyn.
> Sodoms Frucht hat schöne Schahlen/
> Doch inwendig Gifft und Koth/
> Und des Irr=Lichts falsche Strahlen/
> Führen dich in Grufft und Tod.
> Wach doch auf verführter Sünder!
> Eh dein Schlaf den Tod gebiehrt;
> Und dich jenes Weh geschwinder/
> Als der Blitz die Erde rührt.
> Kehre um/ kehr dein Gesichte/
> GOtt und wahrer Tugend zu;
> So erhälst du bey dem Lichte
> Jenes Lebens ewig Ruh.[34]

Der Versbau dieses Rezitativs entspricht zwei achtzeiligen Liedstrophen, wobei hier allein die Textform an einen Choral denken lässt. Eine Paraphrase oder eine anders geartete Verbindung zu einem bestehenden Choral scheint jedenfalls nicht vorzuliegen.[35] Verklammerungen zu den folgenden Textbausteinen der Kantate sind dagegen sogar besonders stark ausgeprägt: Der Wachruf vom Beginn der zweiten „Strophe" (Zeile 9) – „Wach doch auf verführter Sünder!" – wird in der ersten Zeile der folgenden Arie „Wacht auf! wacht auf! vom Schlaf der Sünden" aufgegriffen, und als Choral schließt „Wacht auf! rufft uns die Stimme" (Vers 1) an.

IV. Telemanns musikalischer Zugriff auf Lingens Texte

Es bietet sich an, diesen Abschnitt mit dem eben vorgestellten Rezitativ zu beginnen. Telemann hat den eigenwilligen Text zweiteilig komponiert (Notenbeispiel 1).

---

33 Die Kantate gehört zu den Texten mit zwei Chorälen; für den zweiten (zwischen zweiter Arie und Dictum) wurden Verse 2 und 3 von „Alle Menschen müssen sterben" (*Eisenachisches Neuvermehrtes […] Gesang-Buch* [Anm. 26] Nr. 579, S. 384) verwendet; Lingen, *Poetische Aufmunterungen* (Anm. 14), S. 140 f. – Eine Quelle zur Komposition der Kantate ist bisher nicht bekannt geworden, sodass sich die naheliegende Frage, ob Telemann am Beginn des Rezitativs den Choral musikalisch zitierte, vorerst nicht beantworten lässt.

34 Die gesamte Kantate in: Lingen, *Poetische Aufmunterungen* (Anm. 14), S. 141–144.

35 Ich danke Erik Dremel (Halle/Saale) für eine Bestätigung.

Notenbeispiel 1:
Georg Philipp Telemann, „Wiegen gleich die eitlen Lüste", 25. Sonntag nach Trinitatis (TVWV 1:1622), Recitativo „Wiegen gleich die eitlen Lüste", T. 1–20[36]

36 Die Übertragung folgt der Quelle der Staats- und Universitätsbibliothek Hamburg Carl von Ossietzky (D-Hs/ ND VI 960.32).

Für die erste „Strophe" im 3/4-Takt bietet der flächige Streicherklang in sanfter Wellenbewegung ein Äquivalent der textlichen Bilder vom in weltlichen Lüsten scheinbar sicher gewiegten Menschen. Das Dreiermetrum, die klare und regelmäßige Einteilung und Trennung der Zeilen – Zeilen 3 und 4 sind dabei ohne Zäsur vertont – sowie die Melodieführung rücken den Abschnitt in die Nähe einer schlichten, einteiligen Arienkomposition oder eines Arioso. Anklänge an eine Choralmelodie sind nicht auszumachen. Die zweite „Strophe" hat Telemann dagegen wie ein reguläres Rezitativ behandelt. Die für die erste „Strophe" gewählte Zeilenaufteilung behält er anfangs bei, indem er die ersten Zeilen voneinander absetzt, dritte und vierte Zeile zusammenzieht. Im weiteren Verlauf wird dieses Schema dann verlassen.

Es ist nicht zu klären, ob die ungewöhnliche poetische Form konkret dieses Rezitativs auf Telemanns Wunsch zurückgeht. Bemerkenswert ist in jedem Falle, wie frei sowohl Lingen als auch Telemann mit dem formalen Schema umgehen und textlich wie musikalisch Grenzen zwischen Lied bzw. Aria und Rezitativ ausloten. Die Komposition bietet dabei nicht nur inhaltlich, sondern auch formal eine über den Text hinausgehende Ebene an: In ihrem zweiten Teil hört man ein Rezitativ, liest hingegen eine Liedstrophe, während die Musik im ersten Teil der Textform zwar stärker folgt, dadurch aber ein Gebilde hervorbringt, das sich in den Kanon der musikalischen Formen der Zeit kaum einordnen lässt.

Die Gestaltung des Rezitativs als Accompagnato entspricht für den Jahrgang allerdings der Norm. Telemann setzt das Textschema durchgehend als Sinfonia–Accompagnato–Aria–Choral–Aria–Tutti (Dictum) um, wobei die Dicta mehrteilig gestaltet sind.

Die Sinfonien sind jeweils einsätzig und sehr unterschiedlich in Duktus, Ausdrucksgehalt und Umfang. Manche sind eher auf einen flächigen Klang hin angelegt, andere betonen motorische Momente; nach einer zusammenfassenden Charakterisierung zu suchen, scheint mir nicht sinnvoll. Vielmehr folgte Telemann offenbar dem ästhetischen Prinzip der varietas. Inwieweit die Sinfonien auf Kerninhalte, Schlüsselbegriffe oder emotionale Gehalte der jeweiligen Kantaten Bezug nehmen, wäre im Detail analytisch zu erschließen. Das kann an dieser Stelle nicht geleistet werden. Stichproben zeigen allerdings, dass sich Bezugnahmen fallweise durchaus diskutieren lassen, dass diese aber sehr unterschiedlich hergestellt werden konnten. So kann man den alternierenden Wechsel zweier Satzmuster, der die Sinfonia zu „Es lebt so mancher Mensch" prägt (Notenbeispiel 2), als Andeutung eines Zustandes der Sicherheit und des ruhigen Schlafes (Siciliano) und dessen plötzlichen Verschwindens deuten (ein ähnlicher Ansatz wie beim oben vorgestellten Accompagnato; möglicherweise lässt sich das Begriffsfeld ‚scheinbare Sicherheit' musikalisch relativ leicht dingfest machen).

Notenbeispiel 2:
Georg Philipp Telemann, „Es lebt so mancher Mensch", 2. Adventssonntag (TVWV 1:523), Sinfonia, T. 1–7[37]

Dagegen richtet sich der Eingangssatz zu „Herr Gott, du König" (1. Weihnachtstag;[38] TVWV 1:746) auf – im Anlass selbst begründet liegende – Prachtentfaltung (Notenbeispiel 3).

Notenbeispiel 3:
Georg Philipp Telemann, „Herr Gott, du König", 1. Weihnachtstag (TVWV 1:746), Symphonia, T. 1–5[39]

Ähnlich prächtige Sinfonien schrieb Telemann auch für andere große Feste, etwa Neujahr („So wie das alte Jahr";[40] TVWV 1:1386).

Die Sinfonia zu „Verirrter Knecht der Welt" (3. Advent;[41] TVWV 1:1468) ist italienischer Idiomatik verpflichtet (Notenbeispiel 4).

---

37 Die Übertragung folgt der Quelle der Staatsbibliothek zu Berlin – Musikabteilung (D-B/ N. Mus. ms. 10814, Nr. 1).
38 Lingen, *Poetische Aufmunterungen* (Anm. 14), S. 9 ff.
39 Die Übertragung folgt der Quelle D-B/ N. Mus. ms. 10814, Nr. 3.
40 Lingen, *Poetische Aufmunterungen* (Anm. 14), S. 17 f.
41 Ebenda, S. 5 ff.

Notenbeispiel 4:
Georg Philipp Telemann, „Verirrter Knecht der Welt", 3. Adventssonntag (TVWV 1:1468), Symphonia, T. 1–8[42]

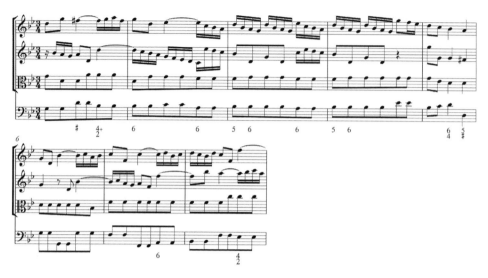

Vergleichbar gestaltet Telemann auch die Sinfonia zu „Verirrte Sünder, kehrt, ach kehret wieder" (2. Weihnachtstag,[43] TVWV 1:1469). Hier lassen sich jedoch die Generalpausen und die harmonischen Abläufe als spezifischer Ausdruck des Verirrtseins interpretieren (Notenbeispiel 5).

Notenbeispiel 5:
Georg Philipp Telemann, „Verirrte Sünder, kehrt, ach kehret wieder", 2. Weihnachtstag (TVWV 1:1469), Sinfonia, T. 1–10[44]

Sinfonia

---

42 Die Übertragung folgt der Quelle D-B/ N. Mus. ms. 10814, Nr. 2.
43 Lingen, *Poetische Aufmunterungen* (Anm. 14), S. 11 ff.
44 Die Übertragung folgt der Quelle Brüssel, Conservatoire Royal de Musique, Bibliothèque (B-Bc/ 941/131).

Die Sinfonia zu „Der wahre Glaub" (Reminiscere,[45] TVWV 1:325) folgt einem weitaus schlichteren Duktus (Notenbeispiel 6): Von Dreiklängen geprägte Melodik und einfache harmonische Abläufe entfalten sich in C-Dur und im 12/8-Takt, der in jeder Hinsicht Leichtigkeit vermittelt. Dazu trägt auch der lombardische Rhythmus bei, den Telemann wie eine spielerische Zutat einsetzt. Hier kann man durchaus einen konkreten Bezug zum Text und zur Perikope sehen, in denen es um unbedingte Gnadenverheißung und die beständige Gegenwart Jesu geht.

Notenbeispiel 6:
Georg Philipp Telemann, „Der wahre Glaub und ein inbrünstiges Verlangen", Reminiscere (TVWV 1:325), Sinfonia, T. 1–8[46]

Mit den Accompagnati, die den Textvortrag jeweils eröffnen, stellt Telemann, wie oben schon an einem Beispiel diskutiert, vielgestaltige und ausgesprochen gewichtige Rezitativsätze an den Anfang der Kantaten. Mit diesen Rezitativen untermauert er den in den Sinfonien erhobenen Anspruch an die Intensität des Ausdrucks ebenso wie an die kunstvolle musikalische Gestaltung. Zwei weitere Beispiele sollen dies verdeutlichen.

---

45 Lingen, *Poetische Aufmunterungen* (Anm. 14), S. 43 ff.
46 Die Übertragung folgt der Quelle der Österreichischen Nationalbibliothek Wien (A-Wn/ Mus. Hs. 15532, Bd. 1, Nr. 11).

Notenbeispiel 7:
Georg Philipp Telemann, „Es lebt so mancher Mensch", 2. Adventssonntag (TVWV 1:523), Recitativo „Es lebt so mancher Mensch", T. 1–2 und T. 11–21

Im Accompagnato aus „Es lebt so mancher Mensch" (Notenbeispiel 7) wechselt Telemann die Stimmlage. Diese Stimmlagenwechsel in Rezitativen und/oder Arien kommen in allen Kantaten vor. Sie müssen nicht zwingend durch den Text nahegelegt werden, wie es auch im vorgestellten Beispiel nicht der Fall ist, und sie folgen generell keinem strengen Schema. Stets jedoch gehen sie – in den Rezitativen – mit einem Wechsel im musikalischen Duktus einher. Die Passagen ohne Haltetöne in den Streichern sind dabei wiederum sehr unterschiedlich gestaltet. Im vorliegenden Beispiel etwa zeigt Telemann seine Kunst der plastischen Wortausdeutung. Im Rezitativ aus „Verirrte Sünder, kehrt" wird die „Donner=Stimme" des Herrn klanglich versinnbildlicht (Notenbeispiel 8a).

> Hier ist der Stimmlagenwechsel textlich motiviert:
>
> [Rezitativ]
> VErirrte Sünder kehrt ach kehret um
> Thut Busse!
> [...]
> Wo nicht so werdet ihr/ [...]
> [...]
> Staat [sic] der holdseligen die Donner=Stimme hören:
> Geht weg von mir die ihr mich erst verstossen/
> Der Abgrund steht euch auf/ der Himmel ist verschlossen.
> So ruffet mit liebreichem Munde
> Der Fürst des Lebens/
> Und breitet seine Hände aus
> Den gantzen Tag/ doch meistentheils vergebens.[47]

Die zwei Zeilen umfassende wörtliche Rede Jesu (auch hier erfolgt keine graphische Hervorhebung im Druck) ist dem Bass zugeordnet, wofür nicht zuletzt Passionsmusiken eine gängige Vorlage bilden. Telemann weitet die Passage durch Textwiederholungen und einen zweitaktigen instrumentalen Abschluss auf 13 Takte aus und bedient sich dabei wirkmächtiger, am Schluss intensiv gesteigerter musikalischer Mittel (Notenbeispiele 8b und 8c). Den punktierten Grundrhythmus behält er bei und ergänzt ihn durch rhythmisch stark profilierte Melismen im Gesang und am Schluss durch große Intervallsprünge in den Streichern. Die anschließende, das Rezitativ beendende Feststellung, dass diese „liebreiche" Rede die Sünder in der Regel nicht erreicht, ist dem Tenor in den Mund gelegt, sodass das Rezitativ drei Sänger beschäftigt.

---

47 Lingen, *Poetische Aufmunterungen* (Anm. 14), S. 11 f.

Notenbeispiel 8a:
Georg Philipp Telemann, „Verirrte Sünder, kehrt, ach kehret wieder", 2. Weihnachtstag (TVWV 1:1469), Accompagnato „Verirrte Sünder, kehrt", T. 1–14

Notenbeispiel 8b:
Georg Philipp Telemann, „Verirrte Sünder, kehrt, ach kehret wieder", 2. Weihnachtstag (TVWV 1:1469), Accompagnato „Verirrte Sünder, kehrt", T. 17–18

Notenbeispiel 8c:
Georg Philipp Telemann, „Verirrte Sünder, kehrt, ach kehret wieder", 2. Weihnachtstag (TVWV 1:1469), Accompagnato „Verirrte Sünder, kehrt", T. 21–25

Für die Arien beschränke ich mich auf die beiden Beispiele aus „Es lebt so mancher Mensch". Die erste Arie „Hüpfet und spielet" repräsentiert eine fünfteilige Da-capo-Anlage mit zwei eigenständigen, durch ein kurzes Ritornell voneinander abgesetzten Textdurchgängen im A-Teil, wie Telemann sie bei vielen Arien des Jahrgangs verwirklicht hat. Der erste Durchgang der G-Dur-Arie wendet sich zur Dominante D-Dur, der zweite moduliert am Anfang innerhalb eines Taktes über H-Dur nach e-Moll (Notenbeispiel 9b, T. 30) und führt über zahlreiche Zwischenschritte zurück zur Tonika. Neben dem Ritornell setzt Telemann eine kurze Unterbrechung des rhythmisch-metrischen Flusses als Zäsur zwischen den Teilen ein.

Notenbeispiel 9a:
Georg Philipp Telemann, „Es lebt so mancher Mensch", 2. Adventssonntag (TVWV 1:523), Arie „Hüpfet und spielet", Anfang und Beginn des ersten Textdurchgangs, T. 1–3 und T. 9–20

Notenbeispiel 9b:
Georg Philipp Telemann, „Es lebt so mancher Mensch", 2. Adventssonntag (TVWV 1:523), Arie „Hüpfet und spielet", Beginn des zweiten Textdurchgangs im A-Teil, T. 29–42

Notenbeispiel 9c:
Georg Philipp Telemann, „Es lebt so mancher Mensch", 2. Adventssonntag (TVWV 1:523), Arie „Hüpfet und spielet", B-Teil, T. 52–56 und T. 60–65

Die Komposition konzentriert sich auf das Bewegungsmoment des Textes und exprimiert damit den Affekt der Unbekümmertheit. Das Basismotiv (Notenbeispiel 9a: T. 1–2 in den Violinen, T. 10–12 und öfter im Gesang) ist aus dem Textrhythmus gewonnen und wird durchgehend (auch im B-Teil) beibehalten. Ebenso verfährt Telemann mit den zwei Motiven aus Takt 3 und Takt 9 des Eingangsritornells. Basismotiv und Motiv aus Takt 3 werden melodisch variabel verwendet. Aus diesen drei Motiven und ihren Derivaten baut Telemann die Instrumentalbegleitung und weite Teile des Gesangsparts über die gesamte Arie hinweg, sodass sich ein motorisch ausgesprochen homogener Gesamtablauf ergibt. Innerhalb dessen werden einzelne Textzeilen in der Gesangslinie deklamatorisch gedehnt, und dabei wird jeweils die Motorik aufgegeben bzw. signifikant verändert. Das betrifft im A-Teil die zweite Zeile „und sucht im Eitlen Lust und Ruh" (Notenbeispiel 9a: T. 16–19), im B-Teil die Zeilen „euch wird das Unglück bald ergreifen | und euer Fallstrick zieht sich geschwinder, | als ihr es wohl vermutet, zu." (vgl. Notenbeispiel 9c: T. 60–63). Das Aufheben der Motorik erreicht Telemann durch Deklamation in gleichmäßigen Vierteln, die Einführung neuer rhythmischer Elemente (v. a. des lombardischen Rhythmus; Notenbeispiel 9b: T. 37; Notenbeispiel 9c: T. 63), verbunden mit melodisch neuem Material. Außerdem treten Haltetöne auf „Ruh" auf. Bemerkenswert an der Gestaltung sind zwei Aspekte. Erstens wird während dieser Gesangspassagen, die moralisierende Abschnitte und Kernbegriffe des Textes hervorheben, die ‚unbekümmerte' Motorik (und Motivik) in den Instrumenten unverändert beibehalten; und zweitens werden bei den jeweiligen Wiederholungen der genannten Gesangspassagen auch diese wieder ins motorische Spiel aufgelöst.

Telemann gestaltet auf diese Weise musikalisch zwei Schichten. Der mit stark moralisierendem Ton vorgetragenen Warnung an die „sichere[n] Sünder", die der Text ausdrückt, entsprechen die beschriebenen nachdrücklich gedehnt deklamierten Passagen des Gesangsparts. Dem wird jedoch bereits im Eröffnungsritornell jenes motorisch wie inhaltlich aus der ersten Textzeile generierte ‚Hüpfen und Spielen' gegenübergestellt, das durch die ganze Arie hindurch die Oberhand behält. Das Moralisierende des Textes hebt Telemann damit nicht auf, es erschließt sich allerdings eher über die rationale Wahrnehmung des Textes und dessen spezifischer Behandlung in einigen Abschnitten der Gesangslinie. Blickt – bzw. hört – man jedoch auf die Musik, so erlebt man eine beschwingte Arie, deren treibender musikalischer Fluss nirgends (außer zwischen den Textdurchgängen im A-Teil) unterbrochen ist, etwa durch harmonische Härten, Chromatik, Generalpausen oder andere derartige musikalische Ausdrucksmittel. Freilich kann man den Text nicht ausblenden (auch deswegen nicht, weil Telemann ihn durchgehend gut verständlich komponiert hat), und so ergibt sich eine dem Stück immanente Spannung, auf die es Telemann offensichtlich ankam. Die Musik der Arie zeigt die Gemütsverfassung und das Verhalten des Sünders, während der Text deren Hintergründe benennt. Auf diese Weise wird der Sünder nicht direkt verurteilt oder – z. B. durch eine gewaltige, bedrohliche Musik – geängstigt, sondern sein Verhalten wird vorgeführt. Das scheint mir, als Kontrast zum Moralisieren des Textes, ein geeigneter Begriff, um die Transformation, die die Komposition hier leistet, zu beschreiben. Abgesehen davon dürfte eine dergestalt mehrdimensionale Musik per se als interessant und ästhetisch wertvoll empfunden worden sein.

Die zweite Arie „Herr Gott, eröffne mir die Augen" zeigt eine knappere Form. Die beiden Textdurchgänge im A-Teil schließen direkt aneinander an, der erste bringt den Text nur in einem Durchlauf. Zäsurbildend ist auch hier der ebenmäßige rhythmische Fluss unterbrochen (Notenbeispiel 10a: T. 19–24). Telemanns Textbehandlung wird maßgeblich vom Umgang mit den Alexandrinern beeinflusst. Im A-Teil werden die entsprechenden Textzeilen nicht geteilt, sondern die musikalischen Perioden sind exakt dem Text angeglichen (Notenbeispiel 10a: T. 11–14 für Zeile 1; T. 15–20 für Zeile 2). Telemann gewinnt daraus insgesamt vier melodisch unterschiedliche, metrisch aber gleiche weit geschwungene Bögen für den A-Teil. Im B-Teil verfährt er umgekehrt: Hier ordnet er den Text den musikalischen Abläufen unter und entwickelt ein zum A-Teil stark kontrastierendes Gebilde, das an die Artikulationskunst des Sängers bzw. der Sängerin hohe Ansprüche stellt (Notenbeispiel 10b).

Notenbeispiel 10a:
Georg Philipp Telemann, „Es lebt so mancher Mensch", 2. Adventssonntag (TVWV 1:523), Arie
„Herr Gott, eröffne mir die Augen", T. 1–25

Notenbeispiel 10b:
Georg Philipp Telemann, „Es lebt so mancher Mensch", 2. Adventssonntag (TVWV 1:523), Arie „Herr Gott, eröffne mir die Augen", Beginn des B-Teils, T. 53–65

Dabei begegnet der bereits aus dem Rezitativ bekannte, mit einem Wechsel in Duktus und Begleitung einhergehende Stimmlagenwechsel wieder. Eine textliche Motivation ließe sich im Gegensatzpaar „öffnen" und „schließen" der Augen finden. Mir scheinen jedoch der melodische Gehalt beider Teile, die kontrapunktische Führung von Gesang/instrumentaler Oberstimme und Continuo und deren Kombination mit dem ruhigen, metrisch zweischichtigen Klangteppich zwischen den jeweils anderen beiden Oberstimmen im A-Teil, der Kontrast zwischen A- und B-Teil und der besondere Reiz der Textbehandlung im B-Teil Parameter zu sein, die dieser Arie einen ästhetischen Eigenwert verleihen, der unabhängig von Fragen der Textumsetzung als Qualität wahrgenommen werden kann. Als ein Moment dieser ästhetisch motivierten Disposition lässt sich auch der Stimmlagenwechsel verstehen. Durch den A-Teil vermittelt das Stück den Eindruck von Beruhigung nach dem Vorhergegangenen, führt überhaupt in eine ganz andere Klangwelt als die der ersten Arie ein. Damit wird nicht zuletzt die zentrale Funktion des Chorals im Gesamtablauf auch musikalisch bestätigt.

Im abschließenden Dictum entwickelt Telemann eine dichte Folge unterschiedlicher Abschnitte und Satzmuster: Homophonie, verschiedene Formen von Polyphonie und darunter zwei ausgedehnte Fugen mit jeweils stark profilierten Themen (Notenbeispiele 11a und 11b). Das Wuchtige und Bedrohliche des Textes bleibt präsent, hinzu kommt freilich auch hier eine kompositorische und damit ästhetische Qualität, die als eigenständige Schicht – und als genuine Leistung Telemanns – wahrnehmbar ist.

Notenbeispiel 11a:
Georg Philipp Telemann, „Es lebt so mancher Mensch", 2. Adventssonntag (TVWV 1:523), Dictum, Beginn und Ende der ersten Fuge, T. 1–9, T. 16–22 und T. 34–38

Notenbeispiel 11b:
Georg Philipp Telemann, „Es lebt so mancher Mensch", 2. Adventssonntag (TVWV 1:523), Dictum, 2. Teil, Anfang und Beginn der zweiten Fuge, T. 46–50, T. 54–59 und T. 80–87

Der grundsätzliche Aufbau ist bei allen Dicta des Jahrgangs gleich: Sie sind mehrteilig, wobei homophone und polyphone Abschnitte einander abwechseln und am Ende der Abschnitte jeweils Fugen stehen. Die Vokalbesetzung ist immer Sopran, Alt, Tenor und Bass. Die Sätze untermauern abschließend nochmals den hohen Kunstanspruch an die Kantaten. Dabei ist insbesondere eine exquisite Arbeit mit dem Text zu beobachten, der im Grunde durchgehend verstanden werden kann.

V. Zusammenfassung

Die Ausführungen haben gezeigt, dass Telemann und Lingen mit den Kantaten des Jahrgangs ein klares theologisch-didaktisches und ästhetisches Konzept verfolgten. Es ist eines von vielen möglichen Konzepten, die Telemann mit den Dichtern seiner Kantatentexte gemeinsam umsetzte. Aufgrund seiner in mehreren Punkten besonderen Disposition und der Konsequenz, mit der diese durchgehend verwirklicht wurde, erscheint das Konzept des Zweiten Lingenschen Jahrgangs allerdings besonders stark profiliert. Zu nennen ist hier zum einen die Stellung der Dicta am Schluss der Kantaten, die eine spezifische Dramaturgie hervorbringt: Das Bibelwort erscheint nicht als *Ausgangspunkt* einer Betrachtung, sondern als deren *Konklusion*. Zum anderen ist die textliche Fünfteiligkeit bemerkenswert. Anhand ihrer möchte ich die These aufstellen, dass Telemann auf das Textkonzept massiven Einfluss nahm. Denn die fünfteilige Anlage führt zu einem grundlegenden Problem im musikalischen Bereich, das ein Textdichter von sich aus sicherlich nicht hervorgerufen hätte: Sie bietet mit einem Accompagnato und zwei Arien nur drei Sätze, in denen ein Vokalsolist zum Einsatz kommen kann. Der Einsatz aller vier Solisten in jeder Kantate war bei diesem Jahrgang also nicht ohne weiteres möglich, er war in Eisenach aber üblich.[48] Um ihn zu realisieren, führte Telemann offenbar den Stimmlagenwechsel innerhalb einzelner Sätze ein. Das würde zumindest einerseits überhaupt dieses eigenartige Verfahren erklären, andererseits auch den Umstand, dass oft keine textlichen Motivationen auszumachen sind. Dennoch – das haben die knappen Ausführungen zu den Accompagnati „Es lebt so mancher Mensch" und „Verirrte Sünder, kehrt" sowie zur Arie „Herr Gott, eröffne mir die Augen" vielleicht zeigen können – hat Telemann aus diesem selbstauferlegten Zwang Profit geschlagen. Die Stimmlagenwechsel gehören in diesem Jahrgang zu den wichtigsten Momenten künstlerischer Autonomie des Komponisten gegenüber seinen Texten.

---

48 Ich danke Ralph-Jürgen Reipsch (Magdeburg) für diese Information.

Ann Kersting-Meuleman

Zwischen Hamburg und Frankfurt

Zur Rezeption der Vokalwerke Telemanns in Frankfurt 1722 bis 1767

Die Music-Liebhaberey ist auch allhier sehr groß: Diese edle Belustigung ist seitdem der berühmte Herr Telemann hier gewesen, in große Aufnahme gekommen. Es sind wenig angesehene Familien, da nicht die Jugend auf einem oder dem anderen Instrument, oder im Singen unterwiesen wird; Die Concerten sind deswegen so wohl öffentlich als in vornehmen Häusern sehr gewöhnlich, und lassen sich dabey insgemein auch fremde und berühmte Virtuosen hören, wenn sie hier durch reisen, oder eine Zeitlang sich hier aufhalten.[1]

Dieser Beitrag hat zum Ziel, die Rezeption der Telemann'schen Werke in Frankfurt am Main nach dem Wegzug Telemanns zu beleuchten. Es geht dabei um kirchenmusikalische und um öffentlich aufgeführte Musik, weniger um die Musikpflege im Privatbereich. Der erste, kürzere Teil gibt eine Einführung zu Handel und Wirtschaft in Hamburg und Frankfurt sowie zu den Postwegen, die zu Telemanns Zeit zwischen diesen beiden Städten betrieben wurden. Anschließend wird die Rezeption von Telemanns Werken in Frankfurt nach 1721 in den Blick genommen, zunächst die Kirchenmusik, danach das gesamte städtische Musikleben, soweit es durch unterschiedliche Quellen dokumentiert ist.[2]

I. Handel und Wirtschaft in Hamburg und Frankfurt: Handels- und Postwege

I.1 Handel und Wirtschaft in Hamburg und Frankfurt

Welche Unterschiede und welche Gemeinsamkeiten weisen die beiden Städte auf, in denen Telemann ab 1712 bzw. 1721 tätig war? In diesem Abschnitt sollen die wichtigsten Aspekte kurz angerissen werden, die den Hintergrund für Telemanns Wirken bildeten.

Bei allen Ähnlichkeiten gibt es doch einige fundamentale Unterschiede im Wirtschaftsleben der Städte Hamburg und Frankfurt. Hamburg verfolgte seine Handelsinteressen vor allem über die Wasserwege Elbe und Nordsee. Überregionale Wirtschaftsbeziehungen bestanden zunächst zu den Niederlanden und England, ab etwa

---

1 Johann Bernhard Müller, *Beschreibung des gegenwärtigen Zustandes der Freien Reichs- Wahl- und Handels-Stadt Franckfurt am Mayn*, Frankfurt a. M. 1747, S. 208 f.

2 Zu diesem Bereich wurden bereits Untersuchungen publiziert, z. B. von Christiane Jungius zu den Kantaten, von Ute Poetzsch zum Passionsoratorium *Seliges Erwägen* sowie Eric Fiedler zu den weltlichen Kantaten, auf die im folgenden Bezug genommen wird.

1840 auch nach Übersee, besonders nach Amerika. Frankfurt dagegen war Kreuzungspunkt von Handelswegen über Land.[3] Es bestanden im 18. Jahrhundert auch enge Handelsverbindungen zu Frankreich, vor allem durch die hugenottischen Refugies.[4] Hier trafen sich die Wege von Norden nach Süden (z. B. Hamburg – Basel), von Nordwesten nach Südosten (z. B. Amsterdam – Passau), von Nordosten nach Südwesten (z. B. Frankfurt an der Oder – Paris). Die Handelskreise Hamburgs und Frankfurts waren also im Wesentlichen getrennt.

Jedoch gab es mehrfach Beziehungen zwischen einzelnen Familien, die durch Austausch, Kooperation und/oder Einheirat Handelsbeziehungen pflegten. Gemeinsam ist den beiden Städten die günstige verkehrsgeographische Lage; beide Städte hatten seit dem 16. Jahrhundert einen gewichtigen Platz im europäischen Geld-, Fern- und Warenhandel. Der Ausbau erfolgte bis ins 19. Jahrhundert hinein: Hamburg wird mit 132.000 Einwohnern zur größten, Frankfurt zur reichsten Stadt. Ähnlich war die tolerante Haltung beider Städte während der Religionsstreitigkeiten des 16. Jahrhunderts: Die aufgrund ihrer Konfession vertriebenen Franzosen und Engländer, auch reiche Antwerpener, fanden hier Zuflucht. Die nüchterne Haltung der Kaufleute bzw. Großstädter, frühkapitalistisches Denken, pragmatische Wirtschaftskalkulation waren Hintergrund für die Aufnahme und Integration von Flüchtlingen.[5]

I.2 Handels- und Postwege

Um 1755 herum gab es von Frankfurt aus sieben Hauptstrecken mit Stationen in rund 20 Kilometer Abstand.[6] Die erste Route führte von Frankfurt nach Köln und Amsterdam über Limburg und durch den Westerwald. Die zweite Route führte nach Augsburg über Babenhausen, Miltenberg und das Taubertal. In Ulm konnte in Richtung Wien und Budapest umgeladen werden. Die dritte Route ging nach Leipzig über Hanau, das Kinzigtal, Fulda, Eisenach, Erfurt (Briefpost viermal pro Woche) – auf dieser hatten Telemann und sein Nachfolger Bodinus in den 1710er und 1720er Jahren Kantatenmanuskripte zwischen Eisenach und Frankfurt hin- und her senden lassen: „Wurden die Partituren Stück weiß von Eisenach auf der Post hierher geschickt und sie sind in Eisenach nicht umsonst copirt worden, folgl: hat solche die Stadt bezahlt […].“[7] Die vierte Route führte nach Hamburg über die Wetterau, Friedberg, Gießen, Marburg, Kassel, Hannoversch Münden, durch das Leinetal, Gandersheim, Hil-

---

3   Franz Lerner, Die Haupthandelswege zur Frankfurter Messe. Ein Zufallsfund aus dem 18. Jahrhundert, in: *Vierteljahrschrift für Sozial- und Wirtschaftsgeschichte* 79 (1992), S. 177–188.

4   Vgl. Fred-Konrad Huhn, *Die Handelsbeziehungen zwischen Frankreich und Hamburg im 18. Jahrhundert. Unter besonderer Berücksichtigung der Handelsverträge von 1716 und 1769,* 2 Bde., Diss. Universität Hamburg 1952. Freundlicher Hinweis von Bernhard Jahn.

5   Traute Petersen, Frankfurt und Hamburg. Unterschiede und Gemeinsamkeiten zweier Handelsstädte, in: *Beiträge zur Geschichte der Frankfurter Messe,* hrsg. von Patricia Stahl, Frankfurt a. M. 1991 (= Brücke zwischen den Völkern. Zur Geschichte der Frankfurter Messe 2), S. 359–365.

6   Lerner, Die Haupthandelswege zur Frankfurter Messe (Anm. 3), S. 179 [= Abb. 1].

7   Institut für Stadtgeschichte, Frankfurt am Main (IGS), *Neues Kircheninventarienbuch,* S. 74–75; zu Jg. 4 (*Sicilianischer Jahrgang*) 1726.

desheim und Celle, dann die Lüneburger Heide, Jesterburg und Harburg, schließlich zu Wasser nach Hamburg (Briefpost viermal pro Woche). Die fünfte Route ging nach Basel über Darmstadt, die Bergstraße, Rastatt, Freiburg. Die sechste Route führte nach Lindau, die siebte Route nach Nürnberg über Hanau und Aschaffenburg, Würzburg und Fürth.

In Frankfurt und Hessen waren zwei konkurrierende Unternehmen aktiv, einerseits der traditionsreiche Postbetrieb der Thurn und Taxis (16.–19. Jahrhundert), andererseits die Hessen-Casselsche Post (1658–1808).[8] Für Telemanns Kontakte von Hamburg aus nach Frankfurt war die vierte Route am bedeutendsten. In seinen Frankfurter Jahren wurde für Sendungen nach und von Eisenach die Leipziger Route genutzt. Für beide Strecken gilt, dass um 1750 herum viermal pro Woche die Briefpost über sie lief.

I.3 Frankfurter Musikalienhandel in den 1720er Jahren

In den *Ordentlichen wochentlichen Franckfurter Frag- und Anzeigungs-Nachrichten*, der für kulturelle Belange ergiebigsten Lokalzeitung, die zwei- bis dreimal pro Woche erschien, sind einige Informationen zum Musikalienhandel in Frankfurt dokumentiert. Als Händler für Musikalien fungierten Anfang und Mitte des 18. Jahrhunderts neben Buchhändlern die jeweiligen Kapell- und Vize-Kapelldirektoren. Für 1724 ist beispielsweise durch eine Anzeige in den *Franckfurter Frag- und Anzeigungs-Nachrichten* vom 3. Januar belegt, dass „gantz neue Music-Bücher" für 10 Kr. beim Kapelldirektor Bodinus im Haus des Herrn Rinckleff zu erwerben waren.[9]

Im März desselben Jahres verkaufte der Antiquar Wittich gegenüber der Stadtwaage neue Noten von Graupner und Kreß sowie ein in Hamburg gedrucktes mehrteiliges Sammelwerk zur galanten Erziehung, den *Geöffnete[n] Ritter-Platz*. Bei dem angebotenen Notendruck von Graupner handelt es sich um eine, vermutlich sogar die erste musikalische Zeitschrift, die Notendrucke anbot: ein Jahr lang erschienen jeden Monat neue *Clavir-Fruechte*.[10]

---

8   Franz Lerner, Frankfurt im Netz der Handelsstraßen, in: *Beiträge zur Geschichte der Frankfurter Messe* (Anm. 4), S. 103–107, sowie Hugo Kanter, *Die Entwicklung des Handels mit gebrauchsfertigen Waren von der Mitte des 18. Jahrhunderts bis 1866 zu Frankfurt a. M.*, Tübingen / Leipzig 1902, Teil 1 (1750–1836), S. 1–86, hier bes. S. 1–26.

9   *Ordentliche wochentliche Franckfurter Frag- und Anzeigungs-Nachrichten. Welche bey Johann David Jung, Buchhaendler oben auf dem grossen Kornmarct neben dem Hoch-Adel. Von Stallburgischen Stamm-Haus wohnhafft, wöchentlich zweymal, als Dienstags und Freytags Vormittag ausgegeben und bekannt gemacht werden*, Frankfurt a. M. 1722–1743, hier Nr. 1, 1724, 3. Januar, S. 4: „NB. Die gantz neue Music-Bücher werden nach eines jeden Belieben vor 10 Kr. Unter den Neuen Krämen beym Capell-Directore Bodino in des Hrn. Rinckleffs Behaussung verkaufft / welches man wegen einiger Verkauffer übersetzten Praetion zu notificiren vor nöthig befunden."

10   Ebenda, Nr. 25, 27. März 1724, S. 2: „Antiquarius Wittich dessen Laden der Stadt-Waag gegenüber gelegen ist/ hat zu verkauffen Graupners Monathliche Clavir-Früchte/ die 12 Monat durch das gantze Jahr/ jeden Monath besonders vor 20 Kreutzer, Dann ‚Parthien auff das Clavir' in fol. die Parthie vor 2 Gulden; wie auch Musicalie vom Kreß/ Sonate da Camera, à Violino, ò Flauto, ò Oboe, ò Cembalo, è Basso vor 45 Kreutzer. Ferners ist bey ihm zu haben vor 3 Rthlr. Der Geöffnete Ritter-Platz [...]"; vgl. dazu *Christoph Graupner. Thematisches Verzeichnis*

II. Die Frankfurter Musikdirektoren nach Telemann und die Aufführungen seiner Kirchenkantaten in den Jahren 1721 bis 1771

Georg Philipp Telemann hatte in den Jahren 1712 bis Mitte 1721 das Frankfurter Musikleben zur Blüte gebracht. Einerseits war das städtische Musikensemble zur Gestaltung der Sonn- und Festtagsgottesdienste auf recht hohem Niveau, andererseits hatte Telemann das Collegium musicum wiederbelebt, das sich im Haus der Gesellschaft Frauenstein regelmäßig zum Musizieren und zu Konzerten traf. Telemann hatte z. B. begonnen, die von Barthold Heinrich Brockes verfassten Singgedichte auf Jahreszeiten (*Die im Frühling zur Andacht reizende Vergnügung; Das Wasser im Frühling*) in Musik zu setzen und mit dem Collegium musicum aufzuführen. Seine Nachfolger führten diese Tradition weiter.

Im Folgenden sollen zunächst die von Telemann komponierten Kirchenkantatenjahrgänge vorgestellt werden, die nach seinem Umzug nach Hamburg in Frankfurt aufgeführt wurden. Die Aufführungen sind teils durch Textbuchdrucke belegt, teils durch das sogenannte *Neue Kircheninventarienbuch*, das im Institut für Stadtgeschichte erhalten ist, und schließlich gibt es auch einige Hinweise in den Kantatenhandschriften selbst, wann sie in Frankfurt aufgeführt und wann sie dort wiederholt wurden.

II.1 Aufführungen zur Zeit von Johann Christoph Bodinus (1721–1727)

Johann Christoph Bodinus (1690–1727) wurde 1721 als Telemanns Nachfolger im Amt des Städtischen Kapellmeisters ernannt. Er sorgte ab Ende Juli 1721 für die Aufführungen der letzten Kantaten des unter Telemann begonnenen Jahrgangs auf Texte von Gottfried Simonis *Neues Lied*. In seiner Amtszeit wurden zunächst zwei ältere Jahrgänge wiederholt (Französischer Jahrgang und *Geistliches Singen und Spielen* auf Texte von Erdmann Neumeister), danach drei neue Jahrgänge erstmals in Frankfurt aufgeführt, der Erste Lingensche Jahrgang (1723/24), der Jahrgang ohne Recitativ (1724/25) und das *Harmonische Lob Gottes* (1726/27). Bodinus fertigte Abschriften der Kantaten an und ließ sie in den beiden Hauptkirchen der Stadt Frankfurt aufführen. Die Aufführungsmaterialien sind in seiner Handschrift überliefert. Auch das Material der wiederholten Jahrgänge Französischer Jahrgang (1721/22) und *Geistliches Singen und Spielen* (1723/24) ist in seiner Handschrift überliefert: Die früheren Materialien waren anscheinend verlorengegangen oder eventuell durch den Frankfurter Brand von 1719 zerstört worden.[11] In Bodinus' Besitz befand sich auch ein von Te-

---

der musikalischen Werke, hrsg. von Oswald Bill / Christoph Großpietsch, Stuttgart 2005, Bd. 1, S. 10–19 (= GWV 109–120).

11 Siehe dazu Christiane Jungius, Telemanns Kantaten und die Frankfurter Kirchenmusik im 18. Jahrhundert, in: *Telemann und die Kirchenmusik. Bericht über die internationale wissenschaftliche Konferenz, Magdeburg, 15. bis 17. März 2006,* hrsg. von Carsten Lange / Brit Reipsch, Hildesheim etc. 2011 (= Telemann-Konferenzberichte 16), S. 145–177, hier S. 147–149; vgl. auch dies.: *Telemanns Frankfurter Kantatenzyklen,* Kassel etc. 2008 (= Schweizer Bei-

lemann „erbettelter" Jahrgang, zusätzlich zu den vertraglich festgelegten beiden, wie er in einer Ratssupplikation vom Juli 1727 kurz vor seinem Tode schreibt.[12] Im Frühjahr 1727 musste Bodinus an einigen Fastensonntagen ohne Orgel auskommen und schrieb an Stelle der Orgelstimmen Cembalo-Stimmen aus.

Bodinus war bei seinen Kollegen nicht sehr hoch angesehen.[13] In den letzten Dienstjahren war er erkrankt und starb im Alter von nur 37 Jahren. Seine Abschriften sind zwar relativ unordentlich, folgen der Telemann'schen Vorlage jedoch genauer als die von Johann Balthasar König.

Durch Textbuchdrucke sind folgende Kantatenaufführungen aus den Jahren 1722 bis 1726 dokumentiert:[14]

1722/23	[Neumeister]: *Gott-geheiligtes Singen und Spielen* (Theol. Ff. 629)
1723/24	[Lingen]: *Poetische Andachten* (Theol. Ff. 620)
	(1. Lingenscher Jahrgang)
1724/25	[Neukirch / Helbig]: *Geistliche Lob-, Dank- und Trost-Lieder*
	(Jahrgang ohne Recitativ) (Theol. Ff. 630)
1725/26	[ohne Textbuchbeleg]
1726/27	[Helbig:] *Harmonisches Lob Gottes* (Theol. Ff. 624)

Laut Christiane Jungius wurden 1725/26 einige von Bodinus selbst komponierte Kantaten sowie einzelne Kantaten aus dem Italienischen Jahrgang aufgeführt.[15]

II.2 Die „Ära" Johann Balthasar König (1728–1758)

Im Jahr 1728 trat Johann Balthasar König (1691–1758) das Amt des Städtischen Kapellmeisters an. Er hatte als Sänger, Violoncellist und Vize-Kapellmeister schon mehrere Jahre mit Telemann und später mit Bodinus zusammengearbeitet und wurde von Telemann geschätzt.[16] Er ist derjenige, der durch seine lange Dienstzeit am engsten mit den in Frankfurt erhaltenen Kantatenhandschriften in Verbindung steht: rund 75% der rund 800 Werke enthalten von ihm geschriebene Partituren und/oder Stimmbücher. Er ging freier mit dem Material um als Bodinus und nahm, wenn es ihm notwendig erschien, Umarbeitungen vor.[17]

---

träge zur Musikforschung 12); Ralph-Jürgen Reipsch, Vorwort in Georg Philipp Telemann, *Jahrgang ohne Recitativ*, hrsg. von Ralph-Jürgen Reipsch, Kassel etc. 2015 (= Georg Philipp Telemann, Musikalische Werke 55), S. X-XI.

12 IGS (Anm. 7), Rats-Supplikationen Juli–Dezember 1727 II, fol. 191.

13 Abfällige Bemerkungen über seine Aufführungsmaterialien im *Neuen Kircheninventarienbuch* des Kastenamts zu Jg. 3 (*Geistl. Singen und Spielen*), S. 69 ff., Jg. 4 (vollständige Fassung des *Harmonischen Lob Gottes*), S. 73 ff., Jg. 5, S. 79.

14 Vgl. Arthur Richel, *Katalog der Abteilung Frankfurt*, Bd. 1, Frankfurt 1914, S. 12–15, und Kathi Meyer-Baer, *Verzeichnisse zu Texten von Kantaten Georg Philipp Telemanns*, [o. O.], [ca. 1930], http://sammlungen.ub.uni-frankfurt.de/urn/urn:nbn:de:hebis:30:2-234379 (letzter Aufruf: 16. August 2018).

15 Vgl. Jungius, Telemanns Kantaten und die Frankfurter Kirchenmusik (Anm. 11), S. 147 f.

16 Z.B. wurde Telemann 1718 Pate des ältesten Sohnes von König, siehe IGS (Anm. 7), Geburtsbuch Dezember 1718, S. 624.

17 Vgl. Jungius, Telemanns Kantaten und die Frankfurter Kirchenmusik (Anm. 11), S. 149–153.

Bis 1740 verwaltete er den Notenbestand der beiden Hauptkirchen, dann wurde diese Aufgabe an einen Verwalter im Allgemeinen Almosenkasten abgegeben. Von da an ist auch durch Vermerke zu Ausleihvorgängen dokumentiert, dass ältere Jahrgänge wiederholt wurden.

Das *Neue Kircheninventarienbuch* wurde im Allgemeinen Almosenkasten, dem damaligen Sozial- und Kulturamt der Stadt geführt, das auch die Funktion des Stadtarchivs hatte. Es beinhaltet Eintragungen von 1703 bis 1771.[18] Es diente nicht nur dazu, den Kantaten- und Musikinstrumentenbestand der Stadt Frankfurt zu dokumentieren, sondern es enthält auch Notizen zur Notenausleihe in den 1740er Jahren, nachträglich vermerkt in einem Sammeleintrag aus dem Jahr 1748:

> Die Telemännische Musicalische Kirchen-Jahr-Gänge, welche Herr Telemann gegen Erhaltung des hiesigen Burger-Rechts, und zwar alle 3. Jahr einen neuen an hiesiges Consistorium ohnentgeltlich, jedoch daß die Fracht davon Löbls: Rechneij-Amt bezahle, liefern soll, und deren Verwahrung und Auslieferung, welche von E. Löbl: Casten-Amt mit Zinsheber Franck, laut Casten-Amtsprotocoll de 17. Febr: 1740 gegen 2. Malter Korn jährl: committiret worden, betreffende;

> Nun bestehet meine Mühe darinnen, daß dem zeitigen Herrn CapellMeister Stück vor Stück gegen Quittung ausliefern und nach deren Gebrauch dieselbe, wiederum collationire und alsdann wieder in Verwahrung nehme.[19]

Zum einen wird dadurch dokumentiert, dass Telemann sich verpflichtet hatte, alle drei Jahre einen Kirchenkantatenjahrgang an die Stadt Frankfurt zu senden, damit er dort seine Bürgerrechte behielt, zum anderen geht aus dem Kircheninventarienbuch hervor, dass die Kantaten Mitte bis Ende der 1740er Jahre noch regelmäßig und zuletzt 1756 ausgeliehen wurden, um sie in den Kirchen aufzuführen. Dies geschah laut Notiz von Zinsheber Frank stückweise:

> Num: 3. Einen Jahrgang von 58. Cantaten mit darzu gehörigen Stimmen. Sonsten […] betittult.

> Diesen Jahrgang habe an Herrn König den 9. Novembre 1744. völlig geliefert, vid: p: 103 des alten Buchs. König.

Es handelt sich um den Jahrgang *Geistliches Singen und Spielen*, dessen Textbuch in Frankfurt für 1717/18 erstmals überliefert war. Eine Aufführung kann daher wohl auch für 1744/45 angenommen werden.

25 Kantaten sind ohne Partitur überliefert, aber diejenige zum Sonntag Invocavit ist doppelt vorhanden. Bei vier Partituren ist vermerkt „ist schlecht geschrieben", außerdem ist bei zwei Kantaten der Stimmensatz „defect".[20]

---

18 Roman Fischer, *Frankfurter Telemann-Dokumente*, hrsg. von Brit Reipsch, Hildesheim 1999 (= Magdeburger Telemann-Studien, 16), S. 37–121.
19 Ebenda, S. 40–51, hier S. 41–42.
20 *Neues Kircheninventarienbuch* (Anm. 7), S. 68–71.

Im November des Jahres 1748 wurde – wohl zur Aufführung im Kirchenjahr 1748/49 oder ein Jahr später – das Notenmaterial für den Französischen Jahrgang von König entliehen:

> No. 1. Einen Jahrgang von 57. Cantaten, mit denen darzu gehörigen Stimmen.

> Diesen Jahrgang habe an Herrn König ausgeliefert, laut dessen Schein vom 16. den Nov: 1748. pag: 103 des alten Buchs.

> Daß diejenige Musicalische Kirchen-Jahr-Gänge, so seith etl Jahren beij Löbl Casten-Amt in Verwahrung gelegen, zum Gebrauch in denen Kirchen wieder zurück empfangen, bescheinige hierdurch, Fr[anck]furt den 16. Novembris 1748. | Johann Balthasar König | Capellmeister.[21]

Partituren sind zu 32 Kantaten komplett, zu einer „halb" vorhanden, von 27 Kantaten fehlend. – Zum Material für den 1. Sonntag nach Epiphanias ist vermerkt: „vom Fischer das mehreste ausgeschrieben" – daher wird der Jahrgang zumindest teilweise auch noch zwischen 1758 und 1769 aufgeführt worden sein.[22]

Im November 1748 wurden ebenfalls von König entliehen der Jahrgang „Num: 2" (Erster Concerten-Jahrgang) sowie der Jahrgang „Num: 4" (Sicilianischer Jahrgang). Im Juni 1756 entlieh König den Jahrgang „Num: 5" (Jahrgang ohne Recitativ; Abbildung 1).

Im Katalog von Arthur Richel ist ein Sammelband Kantatentextbücher von 1749–1758 (Theol. Ff. 606) vermerkt (Kriegsverlust), der für die Datierung hätte hilfreich sein können.[23]

Am 13. November 1731 schrieb Telemann einen Brief an den Frankfurter Patrizier Johann Friedrich Armand Uffenbach mit der dringenden Bitte, den geplanten gedruckten Jahrgang *Fortsetzung des Harmonischen Gottesdienstes* zu subskribieren.[24] Die Langform dieses (in der gedruckten Form auf drei Sätze pro Kantate beschränkten) Jahrganges ist in Frankfurt überliefert, leider ohne Jahreszuordnung. Das früheste zu diesem Jahrgang in Frankfurt erhaltene Textbuch stammt von 1741/42.[25]

---

21 Ebenda, S. 43. Es handelt sich um den Jahrgang, dessen Texte 1721/22 unter dem Titel *Evangelischer Sonn- und Fest-Tags Weyrauch* in Frankfurt gedruckt wurden, vgl. Richel, *Katalog der Abteilung Frankfurt* (Anm. 14), S. 15.

22 *Neues Kircheninventarienbuch* (Anm. 7), S. 60–63.

23 Richel, *Katalog der Abteilung Frankfurt* (Anm. 14), Bd. 1, S. 14.

24 Georg Philipp Telemann, *Briefwechsel. Sämtliche erreichbare Briefe von und an Telemann*, hrsg. von Hans Grosse / Hans Rudolf Jung, Leipzig 1972, S. 232 f. Angezeigt auch im *Hamburgischen Correspondenten*, 9. November 1731 und 29. Januar 1732.

25 Richel, *Katalog der Abteilung Frankfurt* (Anm. 14), S. 14. Signatur des nicht überlieferten Textbuchs *T H Schubarts Ruhe nach geschehener Arbeit oder Worte zur Music*, Signatur: Theol. Ff. 611.

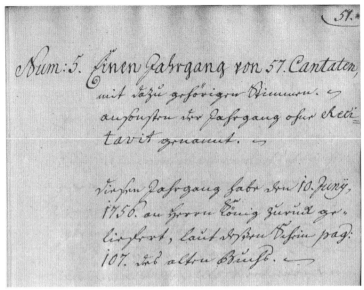

Abbildung 1:   Dokumentation der Ausleihe des Jahrgangs ohne Rezitativ an Johann Balthasar
König: „Num: 5. Einen Jahrgang von 57. Cantaten, mit dazu gehörigen Stimmen.
Ansonsten der Jahrgang ohne Recitavit genannt. / Diesen Jahrgang habe den 10.
Junij, 1756. an Herrn König zurück geliefert, laut deßen Schein pag: 107. Des alten
Buchs." [Institut für Stadtgeschichte, Frankfurt a. M.][26]

Weitere Hinweise auf Wiederholungen von Jahrgängen geben Textbuchdrucke, so z. B.
der erste Lingensche Jahrgang als *Poetische Andachten* im Jahr 1736/37 (Homil. Ff.
817/2). Durch Vermerke auf dem Aufführungsmaterial sind ebenso Wiederholungen
belegt: 1745 der Sicilianische Jahrgang (Vermerk auf Ms. Ff. Mus. 1424 u. a.), 1750 das
Harmonischen Lob Gottes oder Teile daraus, z. B. *Das Wort ward Fleisch* TVWV 1:203
zum 1. Weihnachtstag.[27]

Besonders interessant sind die Aufführungsvermerke in dem Manuskript der Kantate TVWV 1:1466 (Ms.Ff.Mus. 1424) aus dem Helbig-Jahrgang zum 11. Sonntag
nach Trinitatis, deren Abschrift auf dem Titelblatt mit 1727 datiert ist. Bei der Aufführung 1727 wurde für einen Gastmusiker, den Virtuosen Krieger, eine anspruchsvollere, konzertierende Stimme für den zweiten Satz (Arie „Blitz, der Hertz und Geist zer-
schmettert", „gleich nach dem Tutti") geschrieben. Dahinter wurde von König notiert,
dass der komplette Jahrgang 1745 erneut aufgeführt wurde.[28] Die Partitur entspricht
der späteren Fassung, wohl derjenigen von 1745.

Auch wenn Telemann nach 1740 nicht mehr so regelmäßig wie zuvor neue Jahrgänge von Hamburg nach Frankfurt schickte, wurden doch nach 1730 entstandene

---

26 Ebenda, S. 51.
27 D-F, Ms. Ff. Mus. 838, Vermerk unter dem Titel „1750 nutziget". Vgl. dazu Joachim Schlichte, *Thematischer Katalog der kirchlichen Musikhandschriften des 17. und 18. Jahrhunderts in der
Stadt- und Universitätsbibliothek Frankfurt am Main*, Signaturengruppe Ms. Ff. Mus. bearbeitet
und beschrieben von Joachim Schlichte, Frankfurt a. M. 1979 (= Katalog der Stadt- und Universitätsbibliothek Frankfurt am Main 8), S. 212.
28 D-F Ms.Ff-Mus 1424, Vl rip-Stimme, sowie Schlichte, *Thematischer Katalog der kirchlichen
Musikhandschriften* (Anm. 27), S. 348.

Jahrgänge nach Frankfurt gesandt, dort einstudiert und in den Gottesdiensten zu Gehör gebracht: Dies waren der Stolbergische bzw. Behrndt-Jahrgang (erhaltene Textdruckfragmente z. B. als Umschläge verwendet zu den Ms. Ff. Mus. 1239 und 1326), 1741/42 Schubarts *Ruhe nach geschehener Arbeit* (Theol. Ff. 611) sowie der gedruckte Jahrgang *Das Musicalische Lob Gottes* (1744; Theol. Ff. 634).

II.3 Die Jahre unter Leitung von Johann Christoph Fischer (1759–1769)

Das Jahr 1758 brachte tiefgreifende personelle Änderungen: Der langjährige Frankfurter Musikdirektor Johann Balthasar König starb Anfang April. Nur zwei Wochen später starb auch der Vizekapellmeister Heinrich Valentin Beck.[29] So kam es zu einem Generationenwechsel in der Leitung der Frankfurter Kirchenmusik.

Johann Christoph Fischer (1717–1769), bis dahin Violoncellist in der Kapelle, hatte sich Hoffnungen auf dieses Amt gemacht. Ihm wurde jedoch der knapp 15 Jahre ältere Johann Heinrich Stephan (1703–1759) vorgezogen, der aber schon im Mai 1759 verstarb. Aus dessen Jahr auf dem Kapelldirektorenposten ist nichts Telemann-Bezogenes bekannt. Die abermalige Bewerbung von Johann Christoph Fischer hatte schließlich Erfolg.[30] Fischer führte in den zehn Jahren seines Wirkens mindestens zwei Telemann'sche Jahrgänge erneut auf. Er hatte anscheinend Material von Vice-Kapellmeister Beck erhalten, das er verwendete und ergänzte. Zu einem Teil der Kantaten fertigte er zusätzliche Stimmen an, vor allem Bläserstimmen, und ergänzte das Stimmenmaterial durch Partituren. Partituren zu 132 Kantaten aus mindestens fünf unterschiedlichen Jahrgängen sind von ihm erhalten.[31]

Aus den im *Neuen Kircheninventarienbuch* aufgelisteten Partituren zu verschiedenen Jahrgängen lässt sich schließen, dass in Fischers Amtszeit mindestens einmal eine Aufführung des Stolbergischen Jahrgangs stattfand. 58 Partituren sind von Fischer zu diesem Jahrgang überliefert.[32] Textbücher aus Fischers Amtsperiode sind u. a.:

> [Helbigs] *Aufmunterung zur Andacht*, oder poetische Worte zur Kirchen-Music über die gewöhnlichen Sonn- und Fest-Tags Evangelien, welche in Franckfurt am Mayn in dasigen beyden HauptKirchen aufzuführen werden durch Joh. Christoph Fischer. 1. 2. – Frankfurt a. M. 1760. 1761. (Theol. Ff. 638)

---

29 Bestattungsanzeige von Johann Balthasar König (FfFrA-N Nr. 31, 11. April 1758, Anhang, S. 2). 15. April 1758 Tod von Heinrich Valentin Beck (Vize-Kapellmeister)
30 Protokolle IGS.
31 Vgl. *Neues Kircheninventarienbuch* (Anm. 7), S. 61, 73, 75, 89, 97; Jungius, Telemanns Kantaten und die Frankfurter Kirchenmusik (Anm. 11), S. 155. Im neuen Kircheninventarium vermerkte Schreiber Johann Franck, dass die Witwe Fischer nach dem Tod ihres Mannes der Stadt Frankfurt verschiedene „Musicalische Kirchen-Jahrgänge" verkauft habe, die in die Verwaltung des neuen Kapelldirektors Johann Conrad Seibert zum Sortieren und Archivieren gegeben worden seien; *Neues Kircheninventarienbuch*, Eintragung des Kastenschreibers Johann Sebastian Franck vom 24. Mai 1771, S. 132–133, sowie Fischer, *Frankfurter Telemann-Dokumente* (Anm. 18), S. 41.
32 *Neues Kircheninventarienbuch* (Anm. 7), Jg. 11, S. 100–103.

[H. U. von Lingens] *Poetische Andachten*, welche auf die sonn- und festtäglliche Evangelia gerichtet sind, und … in Frankfurt am Mayn … musicalisch aufgeführt werden sollen durch Johann Christoph Fischer. 1. 2. –

Franckfurt am Mayn. / 1762[/1763] (Theol. Ff. 640).[33]

Fischer verstarb am 5. Dezember 1769 im Alter von 52 Jahren.[34]

II.4 Die Amtszeit Johann Conrad Seiberts als Kapelldirektor (1769–1792)

Als Nachfolger bewarb sich erfolgreich Johann Conrad Seibert (1711–1792). Er war der letzte Kapelldirektor mit der hauptsächlichen Aufgabe, die Kirchenmusik in den Hauptkirchen zu leiten. Sein Name wird erstmals 1727 in den Rechnungsbüchern des Almosenkastens genannt. Er war spätestens ab Dezember 1745 regelmäßig als Schreiber und Sopranist in städtischen Diensten.[35] 1755 wird er als Sub-Vice-Director in der Liste der Städtischen Kapelle geführt.[36] Aus seiner Feder stammen zahlreiche (vor allem Orgel-)Stimmen. Er wirkte von 1758 bis 1769 als (Vize-)Kapellmeister an der Peterskirche.[37] In seiner dortigen Amtszeit wurden zumindest Einzelstücke aus dem *Harmonischen Lob Gottes* und dem *Sicilianischen Jahrgang* aufgeführt, da von ihm Partituren dazu überliefert sind.[38] Er brachte im Auftrag des städtischen Kastenamtes um 1770 den Kantatenbestand der Stadt Frankfurt in Ordnung. Im *Neuen Kircheninventarienbuch* finden sich daher zahlreiche Vermerke Seiberts zu den dort verzeichneten Kirchenkantatenjahrgängen.[39]

Als Kapellmeister und Leiter der Kirchenmusik an den beiden Hauptkirchen führte er nach 1769 die Telemann'schen Kantaten nur noch ab und zu auf und bevorzugte modernere Werke von Komponisten wie Homilius, Vierling oder Wirbach zur Gestaltung der Sonn- und festtäglichen Gottesdienste. Sein Nachfolger, Kantor Woralek äußerte dazu gegenüber dem Kirchenkonsistorium,

> [...] daß eingezogener Erkundigung nach gar keine brauchbaren hiesiger Stadt zugehörigen Kirchenmusiken mehr vorhanden, vielmehr die nach des ehemaligen hiesigen Kapellmeisters Telemanns Zeiten von löbl. Kastenamt angeschafften samt den übrigen alten Jahrgängen, weil solche allzu oft repetirt worden und keinen Beyfall mehr gefunden, bereits in dem Anfang derer Siebenhundert siebzger Jahre durch den damaligen Kapellmeister Seibert

---

33 Richel, *Katalog der Abteilung Frankfurt* (Anm. 14), S. 11 f.

34 Bestattungsanzeige in *Ordentliche wochentliche Franckfurter Frag- und Anzeigungs-Nachrichten* Nr. 103, 12. Dezember 1769, Anhang, S. 3.

35 *Neues Kircheninventarienbuch* (Anm. 7), S. 36.

36 Karl Israël, *Frankfurter Concert-Chronik 1721–1780*, Frankfurt a. M. 1876, Reprint hrsg. von Peter Cahn, Frankfurt a. M. 1986, S. 40.

37 Friedrich Wilhelm Battenberg, *Die alte und die neue Peterskirche zu Frankfurt am Main*, Leipzig 1895, S. 138–143 und Anhang „Verzeichnis der Musikalien in den Frankfurter Kirchen", Teil IV, S. 334–338.

38 Vgl. *Neues Kircheninventarienbuch* (Anm. 7), Jg. 4, S. 72–75 und Jg. 9, S. 93 unten.

39 Ebenda, Jg. 8, S. 89, Jg. 9, S. 93; Jungius, Telemanns Kantaten und die Frankfurter Kirchenmusik (Anm. 11), S. 155 f.

gegen Schein an gedacht löbl. Kasten-Amt zurückgeliefert. Von diesem [Seibert] aber teils das Erforderliche komponiert, teils auf seine eigenen Kosten angeschafft, auch nach dessen Absterben solche durch den vikarierenden Kapelldirektor Bismann, von den Seibertischen Erben acquiriret und ohnentgeltlich zum Gebrauch hergegeben worden.[40]

Nach dem Tod Seiberts wurde der Kapelldirektorenposten nicht mehr allein besetzt, sondern die Stelle mit derjenigen des Kantors zusammengeführt.

II.5 Vize-Kapellmusikdirektoren (1721–1758)

Vizekapellmeister waren in den Jahren 1721–1758 Johann Balthasar König (bis 1727 verantwortlich für die Kirchenmusik in St. Katharinen), 1721–1725 daneben auch Johann Justinus Graumann und danach 20 Jahre lang Heinrich Valentin Beck (1698–1758).

Vizekapellmeister Heinrich Valentin Beck kam 1738 nach Frankfurt. Er hatte schon während seiner ersten Kapellmeisterzeit im osthessischen Lauterbach nahe seinem Geburtsort Mahr mehrere Telemann'sche Kantatenjahrgänge abgeschrieben und in kleiner Besetzung aufgeführt. Weitere Abschriften stammen aus seiner Frankfurter Zeit. Von ihm sind 152 Partituren aus verschiedenen Jahrgängen überliefert. Sie folgen den Telemann'schen Urschriften stärker als die Abschriften von König. Teilweise hatte er sie schon für seine Tätigkeit in Lauterbach (bis 1736) angefertigt, teilweise vermutlich für seine Tätigkeit in der Peters- und der Katharinenkirche in Frankfurt (Abbildung 2).[41]

Zusammenfassend kann man festhalten, dass bis 1758, dem Todesjahr Johann Balthasar Königs und Heinrich Valentin Becks, die Tradition der Telemann-Kantaten-Aufführungen sehr lebendig war. Unter Johann Christoph Fischer wurden bis 1769 noch einzelne Jahrgänge komplett aufgeführt. Und selbst danach wurden vereinzelt noch Kirchenkantaten unter der Leitung von Johann Conrad Seibert (zumindest bis 1771) im Gottesdienst musiziert. Erst dann wurden sie durch neuere Werke ersetzt.

---

40 Battenberg, *Die alte und die neue Peterskirche* (Anm. 37), S. 141.
41 Vgl. auch Jungius, Telemanns Kantaten und die Frankfurter Kirchenmusik (Anm. 11), S. 153–155.

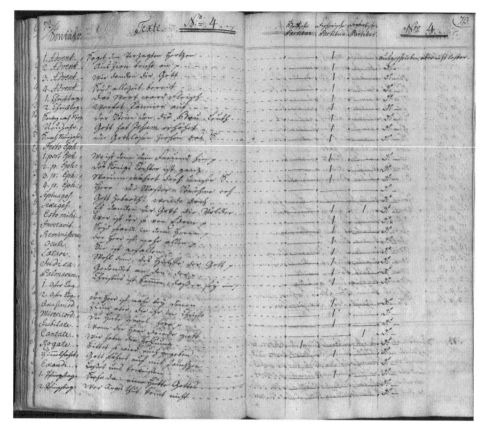

Abbildung 2: Liste der 1771 in Frankfurt a. M. vorhandenen Partituren zur ersten Hälfte des Jahrgangs „No. 4", *Harmonisches Lob Gottes* [Institut für Stadtgeschichte, Frankfurt a. M.][42]

II.6 Aufführungen weltlicher Kantaten und Passionsoratorien Telemanns in Frankfurt nach 1721

Eine wertvolle Quelle für die Aufführungen weltlicher Kantaten Telemanns in Frankfurt nach seinem Weggang sind die *Ordentlichen wochentlichen Franckfurter Frag- und Anzeigungs-Nachrichten*, die auch Karl Israël in seiner *Frankfurter Concert-Chronik* auswertet.[43]

Die Konzerte des Collegium musicum wurden leider nur unregelmäßig angezeigt. Sie fanden in der Wintersaison wöchentlich am Freitag statt und wurden in der Regel vom jeweiligen städtischen Kapelldirektor geleitet. Er war jeweils auch für den Billet-Verkauf zuständig. Es ist zu vermuten, dass auch im Zeitraum von 1725–1732 weltliche Werke Telemanns aufgeführt wurden, obwohl sie in der Zeitung nicht do-

---

42 *Neues Kircheninventarienbuch* (Anm. 7), S. 72 f.
43 Israël, *Frankfurter Concert-Chronik* (Anm. 36), S. 23–74; *Ordentliche wochentliche Franckfurter Frag- und Anzeigungs-Nachrichten* (Anm. 9).

kumentiert sind. Zumindest in den 1720er Jahren fanden Aufführungen vom Passionsoratorium im Rahmen dieser Winterkonzerte statt.

Neben den Städtischen Musikdirektoren waren die Vize-Kapelldirektoren in der
Passionszeit bei Aufführungen von Passionsoratorien aktiv. Die Aufführungen zählten
nicht zu den Pflichten des Kapelldirektors und wurden auf eigene Kosten organisiert
und beworben. Vom Collegium musicum und für Passionsoratorien hauptsächlich ge-
nutzte Konzertsäle waren in den Jahren von 1722–1752 das Große Kaufhaus, Neue
Kräme (oberhalb des Römerbergs, nahe der Barfüßerkirche) und der Scharfsche Saal
bzw. Saal der Witwe Scharf (hinter der Liebfrauenkirche zwischen Töngesgasse und
Zeil) das „Traiteurs Hauß".[44]

Die folgende Liste gibt einen Überblick über die in den *Ordentlichen wochentlichen Franckfurter Frag- und Anzeigungs-Nachrichten* dokumentierten Aufführungen
Telemann'scher Werke, auch Aufführungen der Werke seiner Amtsnachfolger.

Jahr	Tag	Veranstaltung	Leitung
1722		keine Anzeige	
1723	12./24. März	Telemanns Passionsoratorium (1716), Großes Kaufhaus	Bodinus
	16./24. April	Collegium musicum: *Der entfliehende Hannibal*	König[45]
1724	12. Februar	Kramann: *Winter-Kantate*, Scharffsches Haus	Kramann[46]
1725		keine Anzeige	
1726	2. Mai	Verkauf eines neuen dreistimmigen Jahrgangs von Bodinus (Pränumerationsaufruf)[47]	
1727		keine Anzeige von Telemann'schen Werken	
1728		keine Anzeige	
1729		keine Anzeige	
1730		keine Anzeige von Telemann'schen Werken	
1731	15./22. April	Konzert der „gesampten Capella": „Musicalisches Drama von 4 Hauptpersonen" zur Verabschiedung von zwei Sängern der Städtischen Kapelle	
1732		keine Anzeige	
1733	11./18. September	Telemann: „Davidische Oratorien" (Aufführung in zwei Teilen)	König
1734		keine Anzeige	
1735		keine Anzeige	
1736		keine Anzeige	
1737		keine Anzeige	

44 Israël, *Frankfurter Concert-Chronik* (Anm. 36), S. 25.
45 Textbuch D-F Mus W 301.
46 Textbuch D-F Mus W 311/2.
47 „[…] wegen des anjetzo zu Hamburg gedruckten Telemännisch vortrefflich aussgearbeiteten
    drey Stimmigen Jahrgangs beym Capell-Directore Bodino nachgefraget, ob man noch Zeit zu
    pränumeriren habe", in: Israël, *Frankfurter Concert-Chronik* (Anm. 36), S. 24.

Jahr	Tag	Veranstaltung	Leitung
1738	21. März	„das von Herrn Telemann componirte Passionsoratorium"	Beck[48]
1739	13. März	„Davidisches Oratorium, von Herrn Telemann componirt", Großes Concert, Kauffhaus	König
	20. März	Telemann: Passionsoratorium, Großes Kauffhaus, Mitwirkung von Gastmusikern,[49]	König
	30. März	Großes Concert, Kauffhaus, „Davidisches Oratorium, von Herrn Telemann componirt"	König

Auffällig ist, dass im Jahre 1739 sowohl die *Davidischen Oratorien* als auch das Passionsoratorium im März aufgeführt wurde, während in anderen Jahren nur entweder das eine oder das andere in einer Aufführung dokumentiert ist.

Im Jahr 1741 fällt wiederum auf, dass sowohl Kapelldirektor König als auch Vizekapelldirektor Beck je eine Passionsaufführung leiten (der Komponistenname ist allerdings nicht erwähnt).

Jahr	Tag	Veranstaltung	Leitung
1740	8. April	„das von Herrn Telemann componirte sogenannte Kleine Passions-Oratorium"	Beck[50]
1740	18. September	„ungemein schönes" Davidisches Oratorium, „Frau Schärffin Haus"	König
	24. September	„ein neues Telemannisches Oratorium", „Frau Schärffin Haus"	König
1741	12. Februar	„Neues Passions-Oratorium von Telemann"	König[51]
	21./22. März	„ein großes und ein kleines Passions-Oratorium", „Frau Schärffin Haus"	Beck
1742		keine Anzeige von Telemann'schen Werken	
1743	1. März	„Telemanns kleines und sehr approbirtes Passions-Oratorium", „in der Frau Schärffin Saal"	Beck

48 „Nachdeme verschiedene Liebhabere der Music den dermahligen Vice-Capell-Director Herrn Beck ersuchet, das von Herrn Telemann componirte Passions-Oratorium währen dieser Fastenzeit aufzuführen, als wird denenselben hiermit bekannt gemacht, dass künfftigen Freytag als den 21. d. M. Abends um 4 Uhr damit der Anfang gemacht werden wird, und sind bei obgemeldtem Herrn Beck, an dem Rahm-Hoff wohnend sowohl extra Billets à 30 kr. als auch die gedruckte Textesworte à 12 kr. zu haben. | NB. Ohne Billet wird niemand eingelassen." Vgl. Israël, *Frankfurter Concert-Chronik* (Anm. 36), S. 27; *Ordentliche wochentliche Franckfurter Frag- und Anzeigungs-Nachrichten* (Anm. 9) Nr. 22, 18. März 1738, S. 1.

49 „Freitags den 20. Mertz wird Hr. Capell-Meister König auf dem grossen Kauffhauss das Passions-Oratorium aufführen, wobey sich einige fremde Virtuosi werden hören lassen", in: *Ordentliche wochentliche Franckfurter Frag- und Anzeigungs-Nachrichten* (Anm. 9), Nr. 23, 20. März 1739, S. 1; siehe Abbildung 4.

50 „[…] das von Herrn Telemann componirte sogenannte kleine Passions-Oratorium, welches seiner Vortrefflichkeit halber bisshero allgemeinen Beifall gefunden abermahlen auf hoffentlich genugthuende Art zu produciren". Weitere Anzeigen für dieses Konzert am 29. März, 1. und 8. April. Vgl. Israël, *Frankfurter Concert-Chronik* (Anm. 36), S. 29f.

51 „In dem Collegio Musico […] wird den 24. dieses ein neu Telemännisches Passions-Oratorium aufgeführt und präcise um 5 Uhr damit begonnen werden. Die gedruckten Worte zu solchem sind bey dem C. D. König à 6 kr. zu haben." Israël, *Frankfurter Concert-Chronik* (Anm. 36), S. 31.

Jahr	Tag	Veranstaltung	Leitung
	20. März	„Wiederholung des kleinen Telemännischen Passions-Oratoriums nebst einer neuen Passions-Cantata, mit fremden Virtuosen"	Beck[52]
	15. März	„Zwei Theile eines neuen Oratorii, ein bekannter Virtuose wird die Hauptrolle singen, zwischen den Teilen ein „Concert von einem Virtuos auf der Violin", „in der Frau Schärffin Saal"	
	29. März	„dritter und vierter Teil des neuen Passions-Oratorii. Zwischen jedem Theile wird nicht nur eine Instrumental-Music, sondern auch im letzten Theil bei einem Chor der gläubigen Seelen Trompetten und Paucken [...] gehört."	
1744	19. März	„Kleines Telemannisches Passions-Oratorium nebst einer neuen Cantata, tüchtig und wohlbesetzet", „Frau Schärffin Saal"	Beck[53]

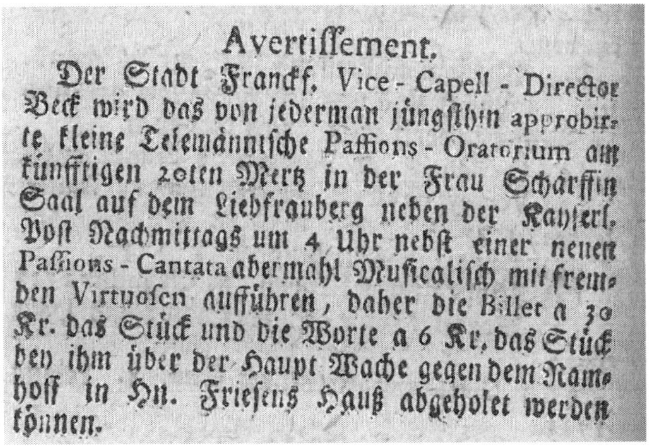

Avertissement.

Der Stadt Franckf. Vice - Capell - Director Beck wird das von jederman jüngsthin approbirte kleine Telemännische Passions - Oratorium am künfftigen 20ten Mertz in der Frau Scharffin Saal auf dem Liebfrauberg neben der Kayserl. Post Nachmittags um 4 Uhr nebst einer neuen Passions - Cantata abermahl Musicalisch mit fremden Virtuosen aufführen, daher die Biller a 30 Kr. das Stück und die Worte a 6 Kr. das Stück bey ihm über der Haupt Wache gegen dem Namhoff in Hn. Friesens Hauß abgeholet werden können.

Abbildung 3: Anzeige der Aufführung einer Passion von Georg Philipp Telemann unter Leitung von Heinrich Valentin Beck am 20. März 1743 im Scharfschen Saal auf dem Liebfrauenberg, in: *Ordentliche wochentliche Franckfurter Frag- und Anzeigungs-Nachrichten*, Nr. 23, 15. März 1743

Jahr	Tag	Veranstaltung	Leitung
1745		keine Anzeige von Telemann'schen Werken	
1746	14. März	„Passions-Oratorium von Capellmeister Graun zu Berlin", „in der Frau Schärffin Saal"	Beck
		keine Anzeige von Telemann'schen Werken	
1747		keine Anzeige von Telemann'schen Werken	
1748		keine Anzeige von Telemann'schen Werken	
1749	21. März	„Telemanns erbauliches Passions-Oratorium mit Hinweglassung derer Choräle", „in der Frau Schärffin Saal"	Beck[54]

52 Ebenda, S. 32 f., zur Wiederholungsaufführung siehe Abbildung 5.
53 Israël, *Frankfurter Concert-Chronik* (Anm. 36), S. 33.
54 Ebenda, S. 35.

Jahr	Tag	Veranstaltung	Leitung
	15. August	„groß besetztes Konzert mit Texten aus dem ‚irdischen Vergnügen in Gott des großen Brockes', die Composition ist vom hiesigen Vice-Capell-Directore Beck neu darüber verfertiget worden"[55]	
1750		keine Anzeige von Telemann'schen Werken	
1751	26. März	„das vortreffliche Telemannische Passions-Oratorium", Scharffscher Saal	Beck[56]
1752	24. März	„Das Telemannische Passions-Oratorium"	Beck[57]
1760	5./8. April	Telemann: Passionsoratorium	Kapellmeister Fischer, Konzertmeister Enderle

Die Eintrittspreise blieben von 1730 bis 1750 gleich: 30 kr. zahlte man für den Eintritt, 12 kr. für das Textbuch, erst 1751 und 1752 kostete der Eintritt 40 kr.

In den Anzeigen 1753 bis 1771 werden keine Komponisten der Passionsoratorien genannt. Folgt man den in der Universitätsbibliothek Frankfurt am Main überlieferten Textbuchdrucken, handelt es sich um *Der Tod Jesu* von Ramler und Graun, jeweils mit Aufführungsbelegen für die Jahre 1766, 1768, 1776, 1778.

Die Situation in der Stadt änderte sich während der Amtszeit Fischers: Neue Konzertveranstalter traten auf. Es gab bis 1780 noch kein stehendes Theater, sondern Auftritte von Wanderbühnen in Frankfurt. Am 3. April 1764 fanden die Wahl und später die Krönung von Kaiser Joseph II. in Frankfurt statt. Für diesen Anlass komponierte Kapellmeister Fischer eine *Wahl- und Freuden-Fests-Music*, deren Text bei ihm erhältlich war.[58]

Eine Ankündigung der Winterkonzerte des Collegium musicum unter Leitung von Kapellmeister Fischer ist jeweils belegt für den 24. November 1764 und den 7. November 1766.

---

55 *Ordentliche wochentliche Franckfurter Frag- und Anzeigungs-Nachrichten* (Anm. 9), Nr. 66, 15. August 1749, S. 4.

56 Ebenda, Nr. 24, 23. März 1751, S. 1 f.; Israël, *Frankfurter Concert-Chronik* (Anm. 36), S. 37: Am 26. März wird „das vortreffliche Telemännische Passions-Oratorium von dem Vice-Capell-Directore Beck abermals methodisch aufgeführt „und werden diesesmal etliche fremde Kenner die Music mit besetzen".

57 *Ordentliche wochentliche Franckfurter Frag- und Anzeigungs-Nachrichten* (Anm. 9), Nr. 23, 21. März 1752, S. 1 f. Vgl. Israël, *Frankfurter Concert-Chronik* (Anm. 36), S. 37 f.: [21. Martii] „Nächstkünfftigen Freytag, als den 24. dieses Abends präcise um 5. Uhr, soll das Telemannische Passions-Oratorium mit zwey Hoch-Fürstlichen Sängern, und dem hiesigen Collegio Music begleitet in der Frau Schärffin Saal auf dem LiebfrauBerg musicalisch auffgeführet werden. Daher die Billets à 40 kr. das Stück, die Worte aber à 2 kr. in Herr Doctor Müllers Behausung in der SteinGaß bey dem Vice-Capell-Director Beck zu haben, und denen hohen Herren Patronen zu Diensten stehen."

58 Anzeige vom 27. März 1764. Vgl. Israël, *Frankfurter Concert-Chronik* (Anm. 36), S. 46; Textdruck Ffm Wq 56 Bd. 16, Nr. 20., 27. März 1764: „bey dem Capell-Meister Fischer auf der Zeil sind die Texte zu dem bevorstehenden Wahl- und Freuden-Fest-Music [am 3. April] zu haben."

III. Aufführungen von Telemanns Passionsoratorien in Frankfurter Konzerten

Die Passionsoratorien Telemanns hatten im städtischen Musikleben einen hohen Stellenwert, da sie regelmäßig zur Passionszeit in Frankfurt erklangen, 1716 und 1723 die *Brockes-Passion*, jeweils mindestens zweimal pro Saison, sowie ab 1738 das *Selige Erwägen*, das sogenannte kleine Passionsoratorium.

Die *Brockes-Passion* galt als das „große Passions-Oratorium". 1741 wurde ein „neues" Passions-Oratorium angekündigt, wobei es sich wahrscheinlich wiederum um das *Selige Erwägen* handelt, nicht um *Die gekreuzigte Liebe*, denn zwei Textbücher aus diesem Jahr sind erhalten. Auch von der *Brockes-Passion* blieben zwei Textbücher aus dem ersten Aufführungsjahr in Frankfurt bewahrt.[59] Das *Selige Erwägen* (auch „kleines Passions-Oratorium" oder „neues Passions-Oratorium") wurde mit nur wenigen Unterbrechungen in vierzehn Jahren neunmal aufgeführt: 1738, 1739, 1740, 1741, 1743, 1744, 1749, 1751, 1752.[60]

III.1 Aufführungen der *Davidischen Oratorien* in Frankfurt

Von den *Davidischen Oratorien* sind für die Zeit nach 1721 vier Aufführungen belegt (jeweils zwei in einem Jahr), beide Male unter der Leitung von Kapelldirektor Johann Balthasar König. Die Aufführungen fanden in den Konzerten des Collegium musicum statt: 1733 am 1. September der erste Teil, am 18. September der zweite Teil, am 25. September, 1. und 8. Oktober vermutlich der dritte bis fünfte Teil. Im Jahr 1739 gab es Aufführungen von Teilen aus den *Davidischen Oratorien* am Freitag, den 13. März, und am Ostermontag, den 30. März, jeweils im „Großen Concert."

III.2 Gelegenheitswerke Telemanns, vor allem Hochzeitsmusiken

Beliebt waren lange Zeit Telemanns Hochzeitsmusiken. Im Jahre 1735 ließ Kapelldirektor König die Umarbeitung der Kantate *Ein wohlgezogen Weib* TVWV 11:23 (Ms. Ff. Mus. 955) mit einem neuen Bass-Rezitativ „Der schönste Diamant" erklingen.[61] Im selben Jahr erklang die Neufassung der ursprünglich für den 29. Mai 1727 in Eisenach geschriebenen Serenade *Ihr lieblichen Täler, annehmliche Felder* (Ms.Ff. Mus. 1574), textlich umgearbeitet für die Hochzeit von Wilhelm Christian von Gerresheim

---

59 Aus dem Jahr 1716: D-F Mus W 305 und Mus W 306; aus dem Jahr 1741: D-F Mus W 309 und Mus W 310.
60 Ute Poetzsch-Seban, Zur Aufführungsgeschichte von Telemanns Passionsoratorium *Seliges Erwägen*, in: *Georg Philipp Telemanns Passionsoratorium „Seliges Erwägen" zwischen lutherischer Orthodoxie und Aufklärung. Theologie und Musikwissenschaft im Gespräch*, hrsg. von Martina Falletta u. a., Frankfurt a. M. 2005 (= Arnoldsheimer Texte. Schriften aus der Arbeit der Evangelischen Theologie Arnoldsheim 127), S. 108–130, hier bes. S. 118.
61 Schlichte, *Thematischer Katalog der kirchlichen Musikhandschriften* (Anm. 27), S. 237.

und Christine Sibylle Lersner 1735 in Frankfurt.[62] Undatiert ist die Hochzeitsmusik *Drei schöne Dinge* sind TVWV 11:22 (Ms.Ff. Mus. 929), von der ebenfalls das Aufführungsmaterial vorhanden ist – die Partitur allerdings nur als Fragment.

IV. Schluss

Aus den bisherigen Darstellungen wird deutlich, dass die Telemann-Pflege in Frankfurt mit bestimmten Personen verbunden war. Diejenigen, die noch eng mit Telemann zusammengearbeitet hatten, wie Bodinus und König, verwendeten die Telemann'schen Werke sehr intensiv für ihre musikalischen Aufgaben in der Stadt Frankfurt. Bis zum Tode von Johann Balthasar König im Jahre 1758 wurden regelmäßig die Telemann'schen Kantatenjahrgänge für die Sonn- und Festtagsgottesdienste verwendet. Für die Jahre ab 1750 sind allerdings weniger Aufführungen dokumentiert. Von dem Jahr, in dem Steffani die Leitung innehatte (1758–1759) ist keine Verwendung Telemann'scher Werke bekannt. Johann Christoph Fischer dagegen bemühte sich aktiv um die Aufführungen mehrerer Jahrgänge und fertigte dafür eigene Partituren an. Zu seiner Zeit scheinen aber schon andere Komponisten ähnliches Gewicht in Kirchenaufführungen erhalten zu haben. Noch deutlicher wird dies für die Zeitspanne von 1769 bis 1792 – beinahe ein Vierteljahrhundert –, in der Johann Conrad Seibert die städtische Kirchenmusik leitete. Zu seiner Zeit wurden systematisch Jahrgänge zeitgenössischer Musiker erworben und aufgeführt. In der Universitätsbibliothek Frankfurt am Main sind neben den zwölf Telemann'schen Kirchenkantatenjahrgängen auch acht Jahrgänge anderer zeitgenössischer Komponisten (1730–1790) überliefert: von Benda (1722–1795), Glaser (1713–1783), Hoffmann (1700–1780), Homilius (1714–1785), Kellner (1705–1772), Vierling (1750–1813), Wirbach (1720–1776) und Wundsch (2. Hälfte des 18. Jahrhunderts).

Das von Telemann zur Blüte gebrachte Collegium musicum gestaltete bis zum Ende des Jahrhunderts einen bedeutenden Teil des städtischen Musiklebens, bis es 1808 vom Museumsorchester abgelöst wurde. Das Repertoire war nicht auf Telemanns Werke beschränkt, sondern bunt gemischt. Telemanns Kompositionen wurden jedoch bis kurz nach der Jahrhundertmitte noch aufgeführt. Neben das Collegium musicum, das zunächst die „großen Concerte", ab Mitte des Jahrhunderts die Konzertserie „Winterkonzerte" unter der Leitung des jeweiligen Kapellmeisters zunächst im Scharfschen Saal, später im „König von Engelland" und ab 1764 in anderen Sälen gestaltete, traten Mitte des Jahrhunderts weitere Ensembles und Konzertreihen wie die sonntäglichen „Winterkonzerte" (1750 unter Leitung von Steffani) oder 1762 eine Serie von zwölf mittwöchlichen Konzerten. In diesem Bereich ist es eher der musikalische Geist Telemanns, der das 18. Jahrhundert hindurch nachwirkte.

---

62 Ebenda, S. 293.

Nina Eichholz

Innovation und Geschäftssinn im geistlichen Kantatenschaffen Georg Philipp Telemanns

Georg Philipp Telemann schuf ungefähr 1700 geistliche Kantaten, von denen heute noch etwa 1400 Kompositionen erhalten sind. Die meisten Kantaten entstanden als Einzelwerke von bis zu 72 Kantaten umfassenden Jahrgängen. Die erst in den 1990er Jahren einsetzende eingehendere Erforschung dieses gewaltigen Werkkorpus konnte bis heute etwa 30 vollständige oder teilvertonte Jahrgänge ermitteln.[1]

Die folgenden Ausführungen wollen den Schlüsselworten des Bandes folgen und reflektieren, in welcher Weise „Innovation" und „Geschäftssinn" in diesem Werkkorpus zum Tragen kommen. Die Betrachtungen werden sich in die beiden Hauptabschnitte „Innovation in Telemanns geistlichem Kantatenwerk" und „Erwerbsmodelle und Antriebskräfte in Telemanns Kantatenschaffen" gliedern und mit einem kurzen Fazit abschließen.

I. Innovation in Telemanns geistlichem Kantatenwerk

I.1 Telemanns Rolle bei der Etablierung der Cantata und der gemischt-madrigalischen Kantate

Die Entstehung der geistlichen Cantata und der gemischt-madrigalischen Kantate sowie die besondere Rolle, die Telemann hierbei spielte, sind seit Längerem bekannt. Bevor sich die Betrachtung weiteren Aspekten zuwendet, sollen aber die Zusammenhänge hier aufgrund ihrer Wichtigkeit für unser Thema noch einmal kurz vorgestellt werden.[2]

---

1 Weiterführende Literatur zu diesem Thema findet sich u. a. in der von Brit Reipsch und Ralph-Jürgen Reipsch zusammengestellten Spezialbibliographie unter www.telemann.org (letzter Aufruf: 15. August 2018) und bei Nina Eichholz, *Georg Philipp Telemanns Kantatenjahrgang auf Dichtungen von Gottfried Behrndt. Ein Beitrag zur Phänomenologie von Telemanns geistlichem Kantatenwerk*, Hildesheim 2015 (= Studien und Materialien zur Musikwissenschaft 85), S. 344–357. Einen aktuellen Überblick bietet der Thementeil „Telemann und die Geschichte der Kirchenmusik" in: *Die Tonkunst* 11 (2017), H. 4. An Noten sei (neben etlichen Einzeleditionen) auf die Bände der Kritischen Ausgabe Georg Philipp Telemann, *Musikalische Werke*, Kassel etc. 1953 ff. (Nr. 2–5, 36, 39, 40, 48, 51, 55, 57, 58, 59, 60, weitere in Vorbereitung) verwiesen und auf die *Fortsetzung des Harmonischen Gottesdienstes. A Series of Sacred Cantatas for Seventy-Two Sundays and Holy Days Throughout the Year*, hrsg. von Jeanne Swack, 6 Bde., Albany 1996–2003 (= Baroque Music Series 3); ferner auf Digitalisate von Originalquellen, darunter des *Musicalischen Lob Gottes in der Gemeine des Herrn* der SLUB Dresden (http://digital.slub-dresden.de/id44638061X; letzter Aufruf: 15. August 2018).

2 Zu diesem Absatz siehe u. a. Ute Poetzsch-Seban, *Die Kirchenmusik von Georg Philipp Telemann und Erdmann Neumeister. Zur Geschichte der protestantischen Kirchenkantate in der ersten Hälfte des 18. Jahrhunderts*, Beeskow 2006 (= Schriften zur mitteldeutschen Musikgeschichte 13), S. 73–75, und Brit Reipsch, Georg Philipp Telemanns geistliche „Cantaten" – Beispiele moderner protestantischer Kirchenmusik?, in: *Über den Klang aufgeklärter Frömmigkeit. Retrospektive und Progression in der geistlichen Musik*, hrsg. von Boje Schmuhl, Augsburg 2014

Der Theologe Erdmann Neumeister schuf um 1700[3] zur Vertonung bestimmte geistliche Dichtungen, die für die protestantische Kirchenmusik ein Novum darstellten,
indem sie nach dem Vorbild zeitgenössischer italienischer Solokantaten und Opern-
libretti aus madrigalisch gedichteten Arien und Rezitativen gebildet waren.[4] Die Dichtungen waren für den Weißenfelser Hof bestimmt und wurden zuerst von dessen
Hofkapellmeister Johann Philipp Krieger vertont. 1702 kamen sie unter der Bezeichnung *Geistliche Cantaten* als Jahrgang im Druck heraus. Auch Telemann interessierte sich für die neuartigen Texte und vertonte den Jahrgang oder Teile davon entweder
gleich nach Erscheinen des Druckes, spätestens aber in der ersten Phase seiner Anstellung in Eisenach, die er 1708 antrat.[5]

In Telemanns Eisenacher Zeit kam es schließlich auch zur ersten direkten Zusammenarbeit des Komponisten mit Neumeister.[6] Der Eisenacher Hof beauftragte
den Theologen mit der Dichtung eines Jahrgangs für die Aufführung im Kirchenjahr
1710/1711,[7] und Telemann nahm als Kapellmeister im Vorfeld nachweislich Einfluss
auf die Gestaltung der Texte.[8] Der neue Jahrgang mit dem Namen *Geistliches Singen
und Spielen* führte als einer der ersten die Texttypen der Cantata – madrigalische Arie

---

(= Michaelsteiner Konferenzberichte 78), S. 191–207, hier S. 191 f., sowie die von Reipsch daselbst angeführte Literatur.

3   Die Datierung fußt auf Gottfried Tilgners Aussage „[…] der erste [Jahrgang = der Jahrgang
Geistliche Cantaten] ist 1700. auf Hoch-Fürstl. Gnäd. Befehl in die Capelle nach Weissenfels
kommen", in der Vorrede zu *Tit. Herrn Neumeisters Fünfffache Kirchen-Andachten bestehend In
theils eintzeln, theils niemahls gedruckten Arien, Cantaten und Oden Auf alle Sonn- und Fest-Ta-
ge des gantzen Jahres. Herausgegeben von G*[ottfried]. *T*[ilgner]., Leipzig 1716.

4   Als ein Novum gilt der Schritt Neumeisters (auch als „Neumeistersche Kantatenreform" bezeichnet) in weiten Teilen der deutschen Musikliteratur, siehe etwa Philipp Spitta, *Joh. Seb.
Bach*, 1. Bd., 3. Auflage, Leipzig 1921, S. 465; Friedhelm Krummacher, Abschnitt IV im Artikel Kantate, in: *MGG*[2], Sachteil, Bd. 4, Sp. 1731, Kassel etc. 1996, oder Poetzsch-Seban, *Die Kirchenmusik von Georg Philipp Telemann und Erdmann Neumeister* (Anm. 2), S. 29. Auch Zeitgenossen nahmen ihn als solches wahr, etwa Gottfried Tilgner in der Vorrede der *Fünfffachen
Kirchen-Andachten* – vermutlich befördert durch Neumeisters eigenen Vorbericht, den dieser
dem Druck seiner *Geistlichen Cantaten* vorsetzt, mit den einleitenden Worten: „[…] Dieser
Terminus [Geistliche Cantaten] möchte vielleicht vielen neu und unbekannt seyn, und ist daher nöthig, ihn in etwas zu erläutern." (Hier zitiert aus der Ausgabe Halle 1705: Erdmann
Neumeister, *Geistliche Cantaten Uber alle Sonn- Fest- und Apostel-Tage, Zu beförderung Gott
geheiligter Hauß- Und Kirchen-Andacht In ungezwungenen Teutschen Versen ausgefertiget von
M. Erdmann Neumeistern* […]). Werner Braun weist aber auch darauf hin, dass der Dresd-
ner Konzertmeister und Dichter Constantin Christian Dedekind bereits 1670 ähnlich geartete Kantatentexte mit madrigalisch gedichteten Rezitativen veröffentlichte, Werner Braun, *Die
Musik des 17. Jahrhunderts*, Wiesbaden 1981 (= Neues Handbuch der Musikwissenschaft 4),
S. 228.

5   Zur Datierung siehe Wolf Hobohm, Nachwort, in: Georg Philipp Telemann, *Ich will den Kreuzweg gerne gehen. Kantate für Baß, Violine und Basso continuo*, hrsg. von Wolf Hobohm, Leipzig
1998, und Poetzsch-Seban, *Die Kirchenmusik von Georg Philipp Telemann und Erdmann Neumeister* (Anm. 2), S. 78 und 82 f.

6   Über eine frühere mögliche Zusammenarbeit der beiden, etwa während Neumeisters und Telemanns Zeit in Sorau und Pleß, ist bisher nichts Konkretes bekannt.

7   *Fünfffache Kirchen-Andachten* (Anm. 4), Vorrede.

8   So berichtet Gottfried Tilgner ebenda, dass Neumeister auf Verlangen Telemanns teilweise
zwei oder drei Kirchenlieder statt nur eines in die einzelnen Kantatendichtungen aufnahm. Für
weitergehende Einflussnahmen Telemanns konnten bisher keine dokumentarischen Belege ermittelt werden; Vermutungen finden sich bei Poetzsch-Seban, *Die Kirchenmusik von Georg Philipp Telemann und Erdmann Neumeister* (Anm. 2), S. 43 f. und 92 ff.

und Rezitativ – mit den traditionellen Formen, Bibelwort (Dictum) und Kirchenlied (Choral), zusammen.[9] Damit erfuhr die herkömmliche, hauptsächlich auf Bibeltext und Choral fußende Kirchenmusik eine zweifache Erneuerung: Die madrigalischen, in einer aktuellen Musiksprache komponierten Arien erschlossen ihr neue Ausdrucksbereiche und -formen; die modernen Rezitative wiederum, deren Duktus der gesprochenen Rede nahe stand, brachten neue Möglichkeiten einer detaillierten theologischen Exegese.

Der solchermaßen auf den vier Textarten basierende Typus des „Kirchenstücks" – heute als gemischt-madrigalische Kantate bezeichnet – verbreitete sich in der Folge rasch und avancierte für Jahrzehnte zur Hauptform der protestantischen Kirchenmusik. So schufen etwa Gottfried Heinrich Stölzel und Johann Friedrich Fasch in den Jahren 1721 bzw. 1723 ihre ersten Jahrgänge nach dem gemischt-madrigalischen Modell.[10] Johann Sebastian Bach nahm es etwa in der Mitte der 1710er Jahre auf und griff dann umfänglich wieder in seiner Leipziger Zeit (ab 1723) auf den Typus zurück.[11]

Telemanns und Neumeisters gemischt-madrigalische Kantaten waren zwar nicht die allerersten dieses Typs,[12] doch ging die große Durchschlagskraft der neuen Form sicher wesentlich auf sie zurück. Argumente hierfür sind die hohe dichterische und musikalische Qualität des *Geistlichen Singens und Spielens* sowie der unmittelbar folgenden zwei weiteren gemischt-madrigalischen Jahrgänge Neumeisters und Telemanns, des *Französischen* (1714/15) und des *Concerten-Jahrgangs* (1716/17). Darüber hinaus dürften das gewichtige Jahrgangs-Format wie auch der damals schon bekannte Name der beiden Schöpfer eine Rolle gespielt haben.

I.2 Weitere Innovation und Auslotung des Kirchenstücks in mannigfachen Jahrgangskonzepten

In seinem folgenden Kantatenschaffen blieb Telemann nicht bei den bis dahin erprobten formalen Lösungen stehen. Vielmehr lotete er die Modelle der Cantata und der gemischt-madrigalischen Kantate kontinuierlich auf weitere in ihnen angelegte

---

9 Zu weiteren frühen, in dieser Art verfassten Kantatenjahrgängen der Jahre ab 1704 siehe Hans-Joachim Schulze, Wege und Irrwege: Erdmann Neumeister und die Bach-Forschung, in: *Erdmann Neumeister (1671–1756). Wegbereiter der evangelischen Kirchenkantate*, hrsg. von Henrike Rucker, Rudolstadt etc. 2000 (= Weißenfelser Kulturtraditionen 2), S. 171–176.

10 Zu Stölzels Doppeljahrgang 1720/21 siehe u. a. Bert Siegmund, Annotationen zur Nachwirkung der Kirchenmusik von Gottfried Heinrich Stölzel, in: Schmuhl, *Über den Klang aufgeklärter Frömmigkeit* (Anm. 2), S. 209–223, hier S. 211, zu Faschs Jahrgang 1722/23 (der auf den gleichen Texten wie Stölzels vorgenannter Jahrgang basiert) siehe u. a. Gottfried Gille, *Fasch-Repertorium (FR). Vokalmusik von Johann Friedrich Fasch*, Stand: September 2016 (Dateiversion: FaschRepertorium_092016.odt), http://www.fasch.net/dokumente/faschrepertorium2016.pdf (letzter Aufruf: 12. April 2018), S. 16–43, oder *Johann Friedrich Fasch (1688–1758). Kirchenkantaten in Jahrgängen. Ein Katalog der gedruckten Texte, zusammengestellt und dokumentiert von Gottfried Gille*, hrsg. von Eitelfriedrich Thom, 2 Teile, Michaelstein / Blankenburg 1989 (= Kultur- und Forschungsstätte Michaelstein, Dokumentationen, Reprints 19/20), Teil 1, S. 8–36.

11 Siehe z. B. Alfred Dürr, *Johann Sebastian Bach. Die Kantaten*, 6. aktualisierte Auflage, Kassel etc. 1995, S. 29–33, 40–66.

12 Siehe Anmerkung 9.

Möglichkeiten aus. Zudem experimentierte er mit weiteren Modellen und entwickelte für seine ordentliche Kirchenmusik immer neue Gestaltungsmittel.

Besonders deutlich wird dies an den Jahrgängen, denen der Komponist und seine Textdichter generell ein jeweils spezifisches Profil verliehen.[13] Auf textlicher Ebene findet die Profilierung vor allem in der jeweiligen Auswahl und Anordnung der verschiedenen Texttypen statt, aber auch die sprachliche Stilistik und inhaltliche Momente können von Bedeutung sein. Auf musikalischer Ebene profiliert Telemann die Jahrgänge z. B. über die Bereiche der Besetzung und der Tonarten. Charakteristische Gestaltungen verleiht er seinen Zyklen aber auch etwa durch die Auswahl bestimmter Satzweisen und die Art, wie diese innerhalb der Jahrgangskantaten zueinander in Beziehung gesetzt werden.

Einige Beispiele sollen das Gesagte veranschaulichen. Um 1720 herum komponierte Telemann zwei Jahrgänge für die Eisenacher Kapelle: den sogenannten *Sicilianischen Jahrgang* auf Dichtungen von Johann Friedrich Helbig sowie den *1. Lingenschen Jahrgang* auf Vorlagen von Hermann Ulrich von Lingen.[14] Die Kantaten beider Jahrgänge weisen den gleichen festgelegten Bauplan auf: Eine Folge von Arien und Rezitativen wird von einem Dictum eingeleitet und mit einem Choral beschlossen. Musikalisch arbeitete Telemann die beiden Jahrgänge jedoch ganz verschieden aus. Die stilistisch schlichten und von einer einfachen Frömmigkeit geprägten Texte Helbigs vertonte er mit einer pastoralen Idiomatik, regelmäßig eingesetzten Holzbläsern und mit Bevorzugung der B-Tonarten.[15] Die eher intellektuell-weltmännischen Texte von Lingens hingegen charakterisierte er durch den umfänglichen Einsatz von strahlend-herrschaftlichen Trompeten und über eine dieser Instrumentierung entsprechende Be-

---

13 In der modernen Musikforschung wurde das Phänomen der individuellen Profilierung von Telemanns Kantatenjahrgängen zuerst von Werner Menke und Wolf Hobohm beobachtet, Werner Menke, *Das Vokalwerk Georg Philipp Telemann's. Überlieferung und Zeitfolge*, Kassel 1942 (= Erlanger Beiträge zur Musikwissenschaft 3), S. 34; Wolf Hobohm, Telemann als Kantatenkomponist, in: *„Nun bringt ein polnisch Lied die gantze Welt zum springen". Telemann und Andere in der Musiklandschaft Sachsens und Polens*, hrsg. von Friedhelm Brusniak, Sinzig 1998 (= Arolser Beiträge zur Musikforschung 6), S. 29–52; Wolf Hobohm, Telemann als Kantatenkomponist zwischen 1710 und 1730, in: *Telemann in Frankfurt. Bericht über das Symposium Frankfurt am Main, 26./27. April 1996*, hrsg. von Peter Cahn, Mainz 2000 (= Beiträge zur mittelrheinischen Musikgeschichte 35), S. 55–73. Zu den weiteren Ausführungen dieses Absatzes siehe u. a. Eichholz, *Georg Philipp Telemanns Kantatenjahrgang auf Dichtungen von Gottfried Behrndt* (Anm. 1), S. 88–116, 151–162, 250 ff., 326–340 und die dort genannte Literatur, ferner dies., Das Konzertieren in Telemanns geistlichem Kantatenwerk. Gestaltungsweisen und Jahrgangsprofilierung, in: *Concertare – Concerto – Concert. Das Konzert bei Telemann und seinen Zeitgenossen, Internationale wissenschaftliche Konferenz, Magdeburg 14.–15. März 2016*, Hildesheim [im Druck] (= Telemann-Konferenzberichte 21).

14 Siehe u. a. Brit Reipsch, Zum „Jahrgangsdenken" Georg Philipp Telemanns – dargelegt an Beispielen geistlicher Kantaten Eisenacher Dichter, in: *„Nun bringt ein polnisch Lied die gantze Welt zum springen"* (Anm. 13), S. 61–76.

15 Siehe ebenda, S. 67, und Eichholz, *Georg Philipp Telemanns Kantatenjahrgang auf Dichtungen von Gottfried Behrndt* (Anm. 1), S. 110 f.

vorzugung der Kreuztonarten.[16] Zudem vertonte er die Rezitative des *Sicilianischen Jahrgangs* semplice, die des *1. Lingenschen Jahrgangs* als Accompagnati.[17]

1725 schuf Telemann den sogenannten *Jahrgang ohne Recitativ* auf Dichtungen von Helbig und Benjamin Neukirch.[18] Die Texte stellen eine Sonderform dar: Sie enthalten je zwei Dicta, zwei Arien und Choräle, aber keine Rezitative. Telemann entschied sich, alle Nummern außer den Chorälen rein vokalsolistisch zu besetzen, für die Begleitung zog er lediglich das Streichensemble mit Basso continuo heran.[19] Um der hierbei drohenden Gefahr satztechnischer Einförmigkeit entgegenzuwirken, nahm der Komponist eine prägnante Diversifizierung der Satzweisen zwischen Arien und Bibelwortvertonung vor. Die Dicta legte er verstärkt polyphon an – oft erscheinen sie etwa als zweistimmige Fugen zwischen Violin- und Gesangsstimme –, die Arien kontrastieren dagegen mit einer extrem melodiebetonten Faktur, die sich an die zeitgenössische Oper anlehnt.[20]

Für Hamburg komponierte Telemann 1731 einen gemischt-madrigalischen Jahrgang auf Dichtungen von Albrecht Jakob Zell.[21] Die Abfolge der vier Texttypen ist nicht festgelegt, sodass keine Kantate der anderen in ihrem Aufbau gleicht. Darüber hinaus jedoch gestalten Telemann und sein Librettist die Stücke als veritable kleine Oratorien, in denen sämtliche Textbestandteile auf Rollen verteilt sind und der Inhalt durch eine quasi szenische Handlung vermittelt wird. Auch die Musik ist in hohem Maße von der szenischen Belebung durchdrungen, so vertont Telemann beispielsweise bis zu achtstimmige Ensemblesätze oder gestaltet Chöre dramatisch, etwa in der Art von Turba-Chören, statt in traditioneller Polyphonie. Einige der Oratorien sind auch

---

16 Siehe Simon Rettelbach, *Trompeten, Hörner und Klarinetten in der in Frankfurt am Main überlieferten „ordentlichen Kirchenmusik" Georg Philipp Telemanns*, Tutzing 2008 (= Frankfurter Beiträge zur Musikwissenschaft 35), S. 257–263, und Eichholz, *Georg Philipp Telemanns Kantatenjahrgang auf Dichtungen von Gottfried Behrndt* (Anm. 1), S. 99, 110 f.

17 Siehe u. a. Reipsch, *Zum „Jahrgangsdenken" Georg Philipp Telemanns* (Anm. 14), S. 67, 69.

18 Siehe u. a. Ralph-Jürgen Reipsch, *Telemanns Jahrgang ohne Recitativ*, in: *Telemann und die Kirchenmusik. Konferenzbericht Magdeburg 2006*, hrsg. von Carsten Lange / Brit Reipsch, Hildesheim etc. 2011 (= Telemann-Konferenzberichte 16), S. 340–368, und Ralph-Jürgen Reipsch, Vorwort / Preface, in: Georg Philipp Telemann, *Jahrgang ohne Recitativ. Kirchenmusiken von Oculi bis Cantate und Mariae Verkündigung*, hrsg. von dems., Kassel etc. 2015 (= Georg Philipp Telemann, Musikalische Werke 55), S. IX–XXII.

19 Reipsch, *Telemanns Jahrgang ohne Recitativ* (Anm. 18), S. 352, in den Kantaten zu hohen Festtagen sind einige Ausnahmen vom Besetzungskanon zu beobachten (ebenda).

20 Ebenda, S. 352–359, und Eichholz, *Georg Philipp Telemanns Kantatenjahrgang auf Dichtungen von Gottfried Behrndt* (Anm. 1), S. 204, 255–258.

21 Zu diesem Jahrgang und den folgenden Ausführungen siehe u. a. Ute Poetzsch, Oratorien als Kirchenmusik, in: *Die Tonkunst* 11 (2017) H. 4, S. 480–485, dies., Ordentliche Kirchenmusiken, genannt Oratorium – Telemanns „oratorische" Jahrgänge, in: *Bericht über den Internationalen Kongreß der Gesellschaft für Musikforschung Halle (Saale) 1998*, hrsg. von Kathrin Eberl / Wolfgang Ruf, Kassel etc. 2000, Bd. 2, S. 317–324, Steffen Voss, „Der aus der Löwengrube errettete Daniel": Eine unbekannte Hamburger Michaelismusik von Georg Philipp Telemann?, in: Lange, *Telemann und die Kirchenmusik* (Anm. 18), S. 369–383, Eichholz, *Georg Philipp Telemanns Kantatenjahrgang auf Dichtungen von Gottfried Behrndt* (Anm. 1), S. 98–102, 155, 161, 206, 294, 314 f., 319, Ute Poetzsch / Steffen Voss, Vorwort / Preface, in: Georg Philipp Telemann, *Oratorischer Jahrgang. Fünf ausgewählte Oratorien nach Libretti von Albrecht Jacob Zell*, hrsg. von dens., Kassel etc. 2017 (= Georg Philipp Telemann, Musikalische Werke 58), S. IX–XVIII.

mehrteilig konzipiert. Für diesen Jahrgang wählte Telemann eine farbenreiche Besetzung mit Beteiligung vielfältiger Holz-, Blechblas- und Streichinstrumente.

Einen exzeptionellen Fall bildet schließlich auch der für das Kirchenjahr 1743/44 geschaffene *Lied-Jahrgang*.[22] Als Textvorlagen der Stücke nutzte Telemann Kirchenlied-Dichtungen, womit man diese Werke in ungefährer Analogie zu Bachs Kantatenjahrgang 1724/25 als „Choralkantaten" bezeichnen könnte. Im Unterschied jedoch zu den Bach'schen Werken, in welchen die Binnenstrophen zu madrigalischen Arien und Rezitativen umgedichtet wurden, behielt Telemann die originale strophische Gestalt der Dichtungen bei. Von diesem Jahrgang sind nur zwei vollständige Kompositionen überliefert.[23] In der Kantate zum 1. Advent rahmen zwei Tutti-Sätze mehrere als Arien vertonte Strophen. Das Stück zum 14. Sonntag nach Trinitatis wird von einer Sinfonia eröffnet, die folgenden Strophen erscheinen wechselweise im vierstimmigen Kantionalsatz und als Duette mit variierten Vokal- und Instrumentalbesetzungen. Die originalen Choralmelodien präsentiert Telemann in unterschiedlichen Fakturen: Sie erklingen im mehrstimmigen Note-gegen-Note-Satz, im vokalsolistischen Vortrag wie auch als Cantus firmus eingearbeitet in die instrumentale Sinfonia oder in den motettischen Eröffnungschor der Kantate zum 1. Advent. So lassen bereits diese beiden erhaltenen Werke die enorme musikalische Bandbreite erahnen, mit welcher die strophischen Lieddichtungen von Telemann in diesem Zyklus umgesetzt wurden.

I.3 Aktualisierungen der Tonsprache

Innovativ zeigte sich Telemann auch, indem er kontinuierlich die Tonsprache seines geistlichen Kantatenschaffens aktualisierte. So haben etwa Forscher des Magdeburger Telemann-Zentrums festgestellt, dass Telemanns *Geistliche Cantaten* aus den ersten Jahren des 18. Jahrhunderts und andererseits die gut 15 Jahre späteren Kantaten des *Harmonischen Gottesdienstes* von 1725/26 stilistisch jeweils mit Telemanns weltlichem Kantaten- und Opernschaffen zu den beiden verschiedenen Zeitpunkten übereinstimmen.[24]

---

22 Zu diesem Jahrgang und Absatz siehe u. a. die bei Eichholz, *Georg Philipp Telemanns Kantatenjahrgang auf Dichtungen von Gottfried Behrndt* (Anm. 1), auf S. 354 angeführte Literatur, sowie Marc-Roderich Pfau, Kritische Überlegungen zu Jürgen Neubachers Neudatierung von Telemanns Lied-Jahrgang, in: *Mitteilungsblatt der Internationalen Telemann-Gesellschaft e. V.* 30 (2016), S. 18–20.

23 Es liegen eine Edition der Kantate zum 1. Advent, *In deinem Wort und Sakrament, TVWV 1:931*, hrsg. von Jürgen Neubacher, Stuttgart 2001 (= Telemann-Archiv, Stuttgarter Ausgaben) vor und eine Spartierung des Stücks zum 14. Sonntag nach Trinitatis, *Es wollt uns Gott genädig sein, TVWV 1:544*, hrsg. von Ralph-Jürgen Reipsch, mir von diesem freundlicherweise zur Einsicht zur Verfügung gestellt.

24 Wolf Hobohm, Zur Kantate *Geht ihr unvergnügten Sorgen* von Georg Philipp Telemann, in: *Zur Entwicklung, Verbreitung und Ausführung vokaler Kammermusik im 18. Jahrhundert*, hrsg. von Bert Siegmund, Michaelstein 1997 (= Michaelsteiner Konferenzberichte 51), S. 65–85; ders., Nachwort, in: Telemann, *Ich will den Kreuzweg gerne gehen*; Poetzsch-Seban, *Die Kirchenmusik von Georg Philipp Telemann und Erdmann Neumeister* (Anm. 2), S. 76 ff., 84 ff.; Reipsch, Georg Philipp Telemanns geistliche „Cantaten" (Anm. 2).

Auch lassen sich in Telemanns geistlichem Kantatenschaffen zahlreiche Affinitäten mit aktuellen internationalen Kompositionstendenzen seiner Zeit beobachten. So kreierte Telemann beispielsweise in den 1710er Jahren seine beiden sogenannten *Concerten-Jahrgänge*, in welchen konzertierende Techniken im Mittelpunkt stehen.[25] Im gleichen Zeitraum erreichten diese Satzweisen ihren Höhepunkt in der italienischen Vokalmusik. In Telemanns Kantaten der 1720er bis 1730er Jahre ist die Ariengestaltung wiederum umfänglich von Fakturen wie dem oberstimmenbetonten Gerüstsatz, spezifischen Colla-parte-Techniken und weiteren typischen Satzweisen geprägt, wie sie Reinhard Strohm für die italienische Opernarie der 1720er Jahre beobachtet hat.[26]

In seinem Spätwerk ab 1755 schließlich wandte sich Telemann ein letztes Mal Texten einer wesentlich jüngeren Dichtergeneration, wie Karl Wilhelm Ramler oder Daniel Schiebeler, zu.[27] In der Auseinandersetzung mit diesen Dichtungen, in denen neuartige Inhalte und ästhetische Vorstellungen aufscheinen, schuf er Kirchenstücke, die sich auch in ihrer Musiksprache noch einmal von jenen der früheren Schaffensphasen abheben.[28]

Die Innovativität in Telemanns Kantatenschaffen hat sich hiermit noch nicht erschöpft, doch kann in diesem Rahmen nur noch kursorisch auf einige weitere Aspekte hingewiesen werden. So brachte Telemann etwa die für seine Generation typischen eklektischen Verfahrensweisen und den sogenannten „vermischten Stil"[29] umfangreich

---

25 Zu den *Concerten-Jahrgängen* siehe u. a. Poetzsch-Seban, *Die Kirchenmusik von Georg Philipp Telemann und Erdmann Neumeister* (Anm. 2), passim; Christiane Jungius, *Telemanns Frankfurter Kantatenzyklen*, Kassel etc. 2008 (= Schweizer Beiträge zur Musikforschung 12), passim; Maik Richter, Vorwort / Preface, in: Georg Philipp Telemann, *Concerten-Jahrgang. Zwölf Kirchenmusiken von Rogate bis zum 6. Sonntag nach Trinitatis nach Texten von Erdmann Neumeister*, hrsg. von dems., Kassel etc. 2015 (= Georg Philipp Telemann, Musikalische Werke 51), S. IX–XX; ferner Eichholz, *Georg Philipp Telemanns Kantatenjahrgang auf Dichtungen von Gottfried Behrndt* (Anm. 1), passim, und Ute Poetzsch, Grundlegung und Diversifizierung – die Eisenacher und Frankfurter Jahrgänge 1708–1721, in: *Die Tonkunst* 11 (2017), H. 4, S. 449–455, hier S. 425 f.

26 Siehe Eichholz, *Georg Philipp Telemanns Kantatenjahrgang auf Dichtungen von Gottfried Behrndt* (Anm. 1), S. 165–191, 203–207 und die dortigen Verweise auf Reinhard Strohm, *Italienische Opernarien des frühen Settecento (1720–1730)*, 2 Bde., Köln 1976 (= Analecta musicologica 16/I–II).

27 Siehe hierzu u. a. Ralph-Jürgen Reipsch, Neue Ufer: Die Kirchenmusik des Spätwerks, in: *Die Tonkunst* 11 (2017), H. 4, S. 501–507, und die dort angeführten von demselben Autor verfassten Publikationen. Zur Definition von Telemanns „Spätwerk": Dieses wird gemeinhin auf sein letztes Lebensjahrzehnt ab 1755 angesetzt. Wolfgang Hirschmann weist allerdings darauf hin, dass Telemann hier in vielem an Neuerungen anknüpft, die bereits (spätestens) in Werken des Komponisten aus den 1740er Jahre zu beobachten sind, siehe u. a. Hirschmann, Wege ins Spätwerk. Telemann in den 1740er Jahren, in: *Musikkonzepte – Konzepte der Musikwissenschaft* (Anm. 21), Bd. 2, S. 337–345, Reipsch, Neue Ufer (Anm. 27), S. 504 f.

28 Siehe die Literaturnachweise in Anmerkung 27.

29 Zum „vermischten Stil" und eklektischen Verfahrensweisen bei Telemann siehe vor allem diverse Beiträge Günter Fleischhauers (darunter: G. Ph. Telemann als Wegbereiter des „vermischten Geschmacks" im Musikleben seiner Zeit, in: *Studien zur Aufführungspraxis und Interpretation der Musik des 18. Jahrhunderts* 13 [1981], S. 35–48) und Wolfgang Hirschmanns (darunter: Eklektischer Imitationsbegriff und konzertantes Gestalten bei Telemann und Bach, in: *Bachs Orchesterwerke. Bericht über das 1. Dortmunder Bach-Symposion 1996*, hrsg. von Martin Geck, Witten 1997 [= Dortmunder Bach-Forschungen 1], S. 305–319, und: Telemann und das Projekt einer neuen protestantischen Kirchenmusik, in: *Die Tonkunst* 11 [2017], H. 4, S. 434–440, hier S. 436 f.).

in sein Kantatenœuvre ein. Schon die gemischt-madrigalische Kantate an sich kann ja als eine Schöpfung aus diesem Geist angesehen werden. Weiterhin setzte der Komponist in seinen Kantaten bewusst verschiedene Stilhöhen („Schreibarten") nach dem Prinzip des Aptum ein[30] und experimentierte in seiner Kirchenmusik mit neuen Ausdrucksmöglichkeiten auf dem Feld der Harmonik.[31]

Das insgesamt durch Telemann in seinem Kantatenœuvre geschaffene Spektrum an Formen und Gestaltungsweisen ist immens und scheint Telemanns Ausspruch, er habe „allemahl die Kirchen-Music am meisten werth geschätzet, am meisten in anderen Autoribus ihrentwegen geforschet, und auch das meiste darinnen ausgearbeitet […]",[32] Recht zu geben.

II. Erwerbsmodelle und Antriebskräfte in Telemanns Kantatenschaffen

Telemann erzielte mit seinem geistlichen Kantatenschaffen – und damit sind hier die ordentlichen, zu den üblichen Sonn- und Festtagen erklingenden Kirchenstücke gemeint – Einkommen auf verschiedene Weise: in hauptamtlichen Stellungen als Kapellmeister und Kantor, aber auch über Nebenstellungen, auf Honorarbasis für einzelne Aufträge oder länger andauernde Verpflichtungen sowie mit der Publikation von Werken im Druck und dem Verkauf von Kantatenlibretti.[33]

Die folgenden Ausführungen richten sich zuerst auf Telemanns erste Erwerbstätigkeiten bis zu seiner Leipziger Studienzeit, nehmen dann das Jahrgangsschaffen in seinen späteren Anstellungen in den Blick und streifen abschließend die Bereiche der Textdrucke und der Druckjahrgänge. Zielsetzung wird dabei weniger sein, den Details von Telemanns einzelnen geschäftlichen Aktivitäten nachzugehen, sondern eher der Haltung des Komponisten zum Verhältnis zwischen Arbeit und Einkommen – seinem speziellen „Sinn für das Geschäft" bzw. für den Beruf. Zudem soll der Versuch

---

30 Zum Aptum bei Telemann siehe Wolfgang Hirschmann, Die gewisse Schreibart. Gedanken zum Problem des Personalstils bei Georg Philipp Telemann, in: *Concerto. Das Magazin für Alte Musik* 9 (1992), Nr. 76, S. 17–37, hier S. 21 f., zu Aptum und Stilhöhen im Kantatenwerk u. a. Eichholz, *Georg Philipp Telemanns Kantatenjahrgang auf Dichtungen von Gottfried Behrndt* (Anm. 1), S. 135, 140, 150, 260, 271 ff., 278, 284, 288, 332–335, passim. Zur theoretischen Reflektion der Stilhöhen als „niedriger", „mittlerer" und „hoher Schreibart" siehe Johann Adolph Scheibe, *Critischer musicus*, neue, vermehrte und verbesserte Aufl., Leipzig 1745, Reprint Hildesheim etc. 1970, u. a. 13. Stück, S. 126–131, und 42. Stück, S. 386–395.

31 Siehe u. a. den Beitrag Wolfgang Hirschmanns im vorliegenden Band und Eichholz, *Georg Philipp Telemanns Kantatenjahrgang auf Dichtungen von Gottfried Behrndt* (Anm. 1), S. 180 f., 270 f., 281, 299 und 413.

32 Georg Philipp Telemann, Lebens-Lauff mein Georg Philipp Telemanns; Entworffen In Frankfurth am Mayn d. 10. Sept. A. 1718 [im Folgenden: Autobiographie von 1718], in: Johann Mattheson, *Große General-Baß-Schule, Oder: Der exemplarischen Organisten-Probe Zweite, verbesserte und vermehrte Auflage*, Hamburg 1731, S. 160–171, hier S. 167.

33 Nicht auszuschließen scheinen weitere, bisher nicht bekannte Wege, wie etwa möglicherweise der Verkauf von Kantatenabschriften. Als Werk der ordentlichen Kirchenmusik, für welches Telemann ein Einzelhonorar bezog, wurde der *Behrndt*- bzw. *Stolbergische Jahrgang* bekannt, siehe dazu u. a. Marc-Roderich Pfau, Neue Textquellen zu Kirchenjahrgängen Telemanns, in: *Mitteilungsblatt der Telemann-Gesellschaft e.V.* 24 (2010), S. 26 ff., und Eichholz, *Georg Philipp Telemanns Kantatenjahrgang auf Dichtungen von Gottfried Behrndt* (Anm. 1), S. 30 f., 67 f., 79 ff.

unternommen werden, Telemanns Motivation, Geld zu verdienen, in den Kontext von weiterer Motivationen zu stellen, die Telemann mit seiner Arbeit, speziell: dem Kantatenschaffen, verband. Ein Diagramm am Ende des Aufsatzes (Abbildung 2) komplementiert die Erläuterungen und bereichert sie um zusätzliche Punkte, die im Text nicht explizit zur Sprache kommen.

II.1 Erwerbstätigkeit und Weichenstellung in der Jugend

Telemanns Vater starb, als dieser gerade vier Jahre alt war. Für den Sohn einer alleinerziehenden Mutter, die über keine größeren Güter verfügte, war damit früh klar, dass er im besonderen Maß der Schmied seines eigenen Glückes sein müsste. Aus seinen Autobiographien[34] lassen sich für die Zeit seiner Adoleszenz zwei grundlegende Linien herauslesen. Früh entwickelte der Knabe eine große Leidenschaft für die Musik, die seine Mutter und Verwandten jedoch bald und noch bis zu seinem Studienantritt zu bekämpfen versuchten, mit dem Vorurteil, dass Musiker ein brotloser, unsicherer und unseriöser Beruf sei, ähnlich dem eines „Murmelthierführers".[35] Wir erfahren jedoch, dass Telemann trotz alledem weiter kontinuierlich Musik trieb und hiermit – und dies ist die zweite Linie – sogar fast von Anfang an Geld verdiente. So konnte er schon in Magdeburg als etwa 10- bis 13-Jähriger mit seinem „Chor- und anderweitigen Singen" seiner Mutter „in etwas zu Hülfe kommen".[36] Während seiner weiterführenden Schulzeit in Zellerfeld im Harz komponierte er u.a. regelmäßig für die Kirche, und in Hildesheim, wo er im Anschluss das Gymnasium besuchte, hatte er sogar bereits eine „Bedienung", die Kirchenmusik an der St.-Godehard-Kirche zu leiten.[37] Beide Tätigkeiten bestanden schon wesentlich im Komponieren von Kirchenstücken und dürften

---

34 Autobiographie von 1718; Autobiographie von 1729, abgedruckt in: Johann Gottfried Walther, *Musicalisches Lexicon*, Leipzig 1732, S. 596–597; autobiographische Skizze von ca. 1738/39 im Historischen Staatsarchiv Lettland [im Folgenden: Autobiographie Skizze], wiedergegeben in: Ralph-Jürgen Reipsch, Unbekannte Biographien Georg Philipp Telemanns. Eine autobiographische Skizze und ein zweiter deutsch-französischer Lebenslauf, in: *Die Musikforschung* 67 (2014), S. 318–340, hier S. 330–334; Georg Philipp Telemann, Telemann. (ex autogr.) [im Folgenden: Autobiographie von 1740], in: Johann Mattheson, *Grundlage einer Ehren-Pforte*, Hamburg 1740, Reprint Berlin 1910, S. 354–369. Die Autobiographien von 1718, 1729 und 1740 auch wiedergegeben in: Georg Philipp Telemann, *Singen ist das Fundament zur Musik in allen Dingen. Eine Dokumentensammlung*, hrsg. von Werner Rackwitz, Wilhelmshaven 1981 (= Taschenbücher zur Musikwissenschaft 80), S. 89–106, 152–155, 194–213; alle vier Autobiographien zudem abgedruckt in: Siegbert Rampe, *Georg Philipp Telemann und seine Zeit*, Laaber 2017, S. 353–388.
35 Autobiographie von 1718, S. 162, 164; Autobiographie Skizze, fol. 13r.; Autobiographie von 1740, S. 356 (hier das Zitat), 358.
36 Zur Altersangabe siehe Autobiographie von 1718, S. 161 f.; Zitate aus Autobiographie Skizze, fol. 13r.
37 Zu Zellerfeld siehe Autobiographie von 1718, S. 162; Autobiographie Skizze, fol. 13v.; Autobiographie 1740, S. 357; zu Hildesheim Autobiographie 1729, S. 596 (Zitat); Autobiographie Skizze, fol. 13v.–14r.; Autobiographie von 1740, S. 358. Zum Begriff „Bedienung" im Sinne von Anstellung siehe Rampe, *Georg Philipp Telemann und seine Zeit* (Anm. 34), S. 118.

nicht unwesentlich zu seinem eigenen Lebensunterhalt beigetragen haben.[38] In Leipzig schließlich, wo Telemann ein Jurastudium aufnahm, erhielt er schon bald den Auftrag, regelmäßig geistliche Werke für die Thomaskirche zu komponieren.[39] Das Honorar hieraus versetzte ihn in die Lage, seiner Mutter stolz den ihm für seinen Unterhalt bestimmten Betrag zurückzusenden.[40] Weiterhin erhielt Telemann später die Stelle als musikalischer Direktor an der Leipziger Neukirche.[41]

Durch seine Erfahrungen in Kindheit und Jugend scheint sich bei Telemann der feste Wille herausgebildet zu haben, seine Leidenschaft, das Musik-Treiben, zu verwirklichen und sich hierdurch zu finanzieren. Diese zugleich leidenschaftliche wie bodenständige Haltung, auf welche die Aussprüche des Komponisten, die Musik sei sein „halbes Leben"[42] und gleichzeitig sein „Acker und Pflug"[43] ein Schlaglicht werfen, blieb ihm Zeit seines Lebens erhalten.

II.2 Positionierung und Motivation von Telemanns Jahrgangsschaffen in den späteren Haupt- und Nebenstellungen

In Telemanns bald folgenden Stellungen am Eisenacher Hof (1708–1712) und in den freien Reichsstädten Frankfurt am Main (1712–1721) und Hamburg (1721–1767) spielte das Kantatenschaffen weiterhin eine gewichtige Rolle. In Eisenach wurde Telemann zum Kapellmeister ernannt und unter ihm überhaupt erst eine größere, aus Vokalsolisten und Instrumentalisten bestehende Kapelle aufgebaut, welche die ordentliche Figuralmusik in den Gottesdiensten der Hof- und Stadtkirche zu bestellen hatte. In Frankfurt und Hamburg übernahm Telemann jeweils das Amt des Director musices, in welchem er hauptsächlich für die Musik an den jeweiligen Hauptkirchen der Stadt zuständig war. Auch nach seinem Weggang aus Eisenach und Frankfurt war Telemann dort weiterhin als Kantatenkomponist gefragt: Eisenach verpflichtete ihn mit einem Vertrag als „Kapellmeister von Haus aus", alle zwei Jahre einen neuen Kanta-

---

38 Diesen Schluss legt Autobiographie Skizze, fol. 13r., nahe, wo Telemann schreibt, dass „nachdem [= nach der Kinderzeit in Magdeburg] die Vorsehung mich in die Ferne geführt, sie [die Mutter] mir wenig, oder nichts, mehr zuzuwenden bedurft". Siehe auch Rampe, *Georg Philipp Telemann und seine Zeit* (Anm. 34), S. 118.

39 Autobiographie von 1740, S. 358 f., ferner Autobiographie von 1718, S. 164. Außerdem Michael Maul, „alle 14. Tage ein Stück" für die Thomaskirche – Überlegungen zu Telemanns Leipziger Jahren, in: *Die Tonkunst* 11 (2017), H. 4, S. 441–448.

40 Autobiographie von 1740, S. 359.

41 Autobiographie von 1718, S. 164; Autobiographie von 1729, S. 596; Autobiographie Skizze, fol. 14r.; Autobiographie von 1740, S. 359. Die Autobiographien variieren in der Darstellung, zu welchem Zeitpunkt Telemann diese Stelle antrat. Maul hat ermittelt, dass dies im September 1704 gewesen sein muss. Michael Maul, *Barockoper in Leipzig (1693–1720)*, Freiburg 2009 (= Voces. Freiburger Beiträge zur Musikgeschichte 12), S. 706 f. Siehe auch ders., „alle 14. Tage ein Stück" für die Thomaskirche (Anm. 39), dort erläutert der Autor ferner Auftragskompositionen Telemanns für die Leipziger Nikolaikirche (S. 442 f.).

42 Autobiographie von 1718, S. 161 f.

43 Briefe Telemanns an J. R. Hollander in Riga, undatiert (vermutlich Winter 1732/33), und an Johann Friedrich Armand von Uffenbach, 27. August 1742, abgedruckt in: Georg Philipp Telemann, *Briefwechsel. Sämtliche erreichbare Briefe von und an Telemann*, hrsg. von Hans Grosse / Hans Rudolf Jung, Leipzig 1972, S. 181, 237.

tenjahrgang zu liefern. Und auch nach Frankfurt sollte Telemann alle zwei oder drei Jahre einen neuen Jahrgang übersenden. Im Tausch dafür erhielt ihm die Stadt das Bürgerrecht für seine Familie.[44] Insgesamt schuf Telemann seit seiner Eisenacher Zeit über etwa vier Jahrzehnte hinweg im Schnitt alle ein bis zwei Jahre einen neuen Kantatenjahrgang und zudem etliche weitere Einzelwerke.

Anhand dreier bekannter Dokumente soll beleuchtet werden, wie Telemann sich selbst in diesen Kontexten sah, verhandelte und positionierte.

1712 bewarb sich Telemann auf die vakante Stelle des Director musices in Frankfurt am Main. In seinem Bewerbungsschreiben an den Frankfurter Rat[45] stellt er sich an erster Stelle als versierten Komponisten dar. Er streicht heraus, dass er alle kirchenmusikalischen Stile beherrsche und sowohl gelehrt als auch praxisbezogen zu schreiben verstehe.[46] 1717 machte Telemann eine Eingabe an den Frankfurter Rat,[47] in welcher er sich über ungünstige Arbeitsbedingungen beschwert und eine Gehaltserhöhung fordert. Als Hauptargument für den höheren Gehaltswunsch führt er an, dass er das gleiche Gehalt wie sein Vorvorgänger Georg Christoph Stratner erhalte, jedoch viel mehr komponiere. Während Stratner, der in erster Linie Sänger gewesen sei, nur „wenige Stück" komponiert hätte, habe er hingegen „in 5. Jahren schon den dritten Jahrgang" und etliche weitere Stücke geschaffen.[48] 1722 schließlich richtete Telemann ein Gesuch an den Hamburger Rat.[49] Hier kämpft er um die Einlösung einer ihm früher gegebenen Zusage, ihn an bestimmten Nebeneinnahmen aus Textbuchdrucken zu beteiligen.[50] Um zu unterstreichen, wie angemessen sein Anspruch ist, hebt er unter anderem auf die „blutsaure Arbeit"[51] eines Kantors seiner Epoche ab. Ein solcher habe viel mehr Arbeit als die früheren Kantoren, da diese sich „mehrentheils der composition älterer und öffters für einen halben Seculo verstorbenen Meister umb die eigene Mühe zu ersparen, bedienet" hätten, und müsse sich mehr anstrengen „bey der heutigen hochgestiegenen Music".[52] – Mit der „hochgestiegenen Music" dürfte Telemann

---

44 Telemann setzte in dem Handel 50 Reichstaler bzw. 75 Florin (Gulden) für einen Jahrgang an, was ungefähr den Kosten eines dreijährigen Bürgerrechts für ihn und seine Familie entsprach; siehe den Eintrag im Frankfurter Bürgermeisterbuch 1721, abgedruckt in: Roman Fischer, *Frankfurter Telemann-Dokumente*, hrsg. von Brit Reipsch / Wolf Hobohm, Hildesheim etc. 1999 (= Magdeburger Telemann-Studien 16), S. 176. Zur Frage des zwei- oder dreijährigen Lieferturnus siehe ebenda, S. 46, 176, 182 f.; Eichholz, *Georg Philipp Telemanns Kantatenjahrgang auf Dichtungen von Gottfried Behrndt* (Anm. 1), S. 344.

45 Undatiert, vermutlich Ende Januar 1712, transkribiert und abgedruckt in: Fischer, *Frankfurter Telemann-Dokumente* (Anm. 44), S. 178 f., und in: *Telemann in Frankfurt* (Anm. 13), S. 8–12.

46 Der originale Passus lautet: „[dass ich, Telemann] bey erlernung der Musique […] jederzeit mein Hauptwerck die Composition seyn laßen und in derselben alle arten des Kirchen Styli, sowohl Theoretici alß Practici zu excoliren gesucht […]".

47 Eingabe vom 5. Oktober 1717, abgedruckt u. a. in: Fischer, *Frankfurter Telemann-Dokumente* (Anm. 44), S. 181 f.

48 Ebenda (beide Zitate).

49 Supplik vom 3. Februar 1722, abgedruckt in: Telemann, *Singen ist das Fundament zur Musik in allen Dingen* (Anm. 34), S. 112 ff.

50 Zum gesamten Vorgang siehe Annemarie Clostermann, Der Ratsbuchdrucker-Streit. Neue Materialien zu einer „Hamburgischen Affaire" Georg Philipp Telemanns, in: *Telemanniana et alia musicologica. Festschrift für Günter Fleischhauer zum 65. Geburtstag*, hrsg. von Dieter Gutknecht u. a., Oschersleben 1995 (= Michaelsteiner Forschungsbeiträge 17), S. 92–99.

51 Telemann, *Singen ist das Fundament zur Musik in allen Dingen* (Anm. 34), S. 113.

52 Ebenda (beide Zitate).

wohl gestiegene Ansprüche an Menge, Qualität und Modernität der Musik im Sinn gehabt haben.

Aus den drei vorgestellten Dokumenten zeichnet sich folgendes Bild:
1) Telemann sieht sich als Kirchenmusiker vor allem als Komponist und komponiert tatsächlich in außerordentlichem Umfang.
2) Er sieht eine direkte Relation zwischen dieser Leistung und einer entsprechenden Entlohnung.
3) Mit dieser Haltung tritt er auch selbstbewusst auf, um eine Stelle zu erringen oder um ein höheres Einkommen zu verhandeln.
4) Und nicht nur im Großen, auch im Kleinen – etwa in Bezug auf geringe, mit seinen Stellungen verbundene Nebeneinnahmen – verlangt der Komponist eine adäquate und korrekte Honorierung.

Im dritten Dokument von 1722 gesellt sich zu Telemanns Argumentation schließlich noch ein gewisser klagender Ton. Der Komponist stilisiert sich hier, überspitzt gesagt, als ‚Opfer‘ bzw. als Adressat, welcher die von außen an ihn herangetragenen Ansprüche wohl oder übel zu erfüllen hätte. Wenngleich diese Darstellungsweise wohl hauptsächlich auf die mangelnde Vertragstreue der Hamburger und Telemanns daraus folgender Gereiztheit zurückzuführen ist,[53] soll sie hier auch systematisch betrachtet und reflektiert werden. Ist es nicht auch Telemann selbst, der diese Nachfrage durch sein eigenes Komponieren erzeugt? Der Gedanke wird zur Diskussion gestellt, dass es sich um einen Kreis der Ursachen handelt (Abbildung 1). Auf der einen Seite steht das Konkurrieren der Höfe und großen Städte, das sich auch auf kulturellem Gebiet entfaltet; auf der anderen Seite der fruchtbare Komponist, der ein modernes, qualitatives und umfängliches Produkt – den Kantatenjahrgang – zur Verfügung stellt. Mit diesem erzeugt er neue Ansprüche und Erwartungshaltungen und schafft eine entsprechende Nachfrage, die dann wiederum auf ihn zurückfällt.

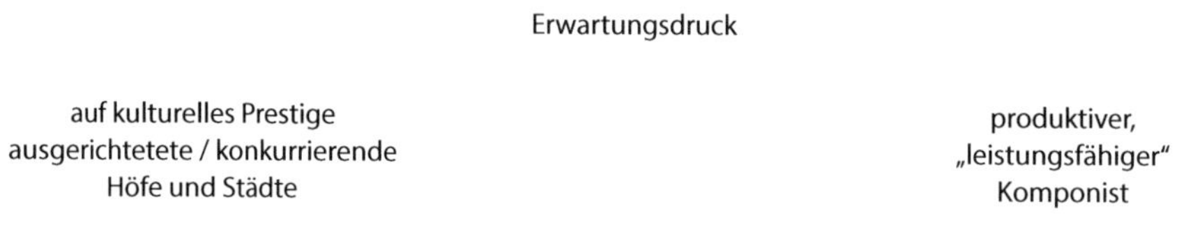

Erwartungsdruck

auf kulturelles Prestige
ausgerichtetete / konkurrierende
Höfe und Städte

produktiver,
„leistungsfähiger"
Komponist

brillantes Produkt

Abbildung 1:   Kreis / Spirale der Erwartungen und der Produktivität

In jedem Fall kann festgehalten werden, dass sich an allen drei Orten mit Telemanns Wirken eine Entwicklung vollzog: von einer entweder noch nicht vorhandenen regulären Kirchenmusik, wie in Eisenach, oder einem mehr auf ältere Werke zurückgrei-

---

53 Annemarie Clostermann skizziert darüber hinaus für Telemanns erstes Amtsjahr (1721/22) eine Reihe weiterer ungünstiger Konstellationen; dies., *Das Hamburger Musikleben und Georg Philipp Telemanns Wirken in den Jahren 1721 bis 1730*, Reinbek 2000, S. 40–57.

fenden Kantorat, wie in Frankfurt und Hamburg, hin zu einer Kirchenmusikpflege mit einem umfänglichen Bedarf und Konsum an aktuellen Kirchenkompositionen.

Telemann schuf viel und forderte eine seiner Leistung entsprechende Entlohnung ein. Seine Verhandlungen, in die er teilweise einige Mühe investieren musste, waren meist erfolgreich und sein Gesamteinkommen – dies weiß man zumindest für Frankfurt und Hamburg – überdurchschnittlich.[54] Doch ist Telemanns Komponieren sicher nicht nur durch pekuniär-existentielle Ziele motiviert. Sein Schaffen scheint ebenso von spezifischen künstlerischen Vorstellungen und Ansprüchen an sein Werk sowie von einer starken Dienstleistungsorientiertheit getragen zu sein. Warum etwa „ersparte" er sich nicht „die eigene Mühe" der steten Neukomposition und griff nicht (oder kaum) einmal auf ältere fremde Werke zurück? Neben den oben skizzierten Überlegungen sollen im Folgenden weitere Motivationen reflektiert werden.

Wie bereits im ersten Teil des Aufsatzes umrissen wurde, war Telemann auch (oder gerade) im Bereich der Kirchenmusik sehr an den jeweils aktuellsten dichterischen und kompositorischen Strömungen interessiert. Gemäß seiner stark auf das Neue, Kommende ausgerichteten Geistesart setzte er vorzugsweise moderne, teils gar ‚unerhörte' künstlerische Formen für die musikalische Verkündigung im Gottesdienst ein. Wer sich zudem eingehender mit Telemanns Kantatenschöpfungen beschäftigt, begegnet allenthalben der intensiven Suche des Komponisten nach einer adäquaten musikalischen Umsetzung von Form und Inhalt seiner Textvorlagen sowie nach einer stark ausdruckshaften Vertonungsweise.[55] Einem derartigen Anspruch an konziser Textbehandlung und an Lebhaftigkeit und direkter Plastizität des Ausdrucks, wie Telemann ihn in seinen eigenen Stücken realisierte, dürften viele andere kirchenmusikalische Kompositionen nicht entsprochen haben. In der Betrachtung von Telemanns Kantatenwerken wird auch ein weiteres ästhetisches Kriterium sichtbar: das Streben des Komponisten nach Abwechslung und Vielfalt. Dieses zieht sich wie ein roter Faden durch alle Ebenen von Telemanns Schaffen und kann wohl als eines der charakteristischsten Merkmale seines Genius überhaupt angesprochen werden. In seinem ‚Hunger' nach Abwechslung[56] vermied Telemann nach Möglichkeit Wiederholungen

---

54 Ein Beispiel für eine mühevolle Verhandlung bildet der oben genannte Ratsbuchdrucker-Streit. Der Erfolg, den Telemann in seinen Verhandlungen um höhere Gehälter in Frankfurt (1717) und Hamburg (1722) hatte, ging wohl, neben seinem selbstbewusstem Auftreten und Verhandlungsgeschick, vor allem auf die weiteren Stellenangebote zurück, die ihm aus Gotha und Leipzig vorlagen. Zu Höhe und Relation von Telemanns Frankfurter Einkommen siehe Fischer, *Frankfurter Telemann-Dokumente* (Anm. 44), S. 25–29, ferner und auf Fischers Informationen fußend: Rampe, *Georg Philipp Telemann und seine Zeit* (Anm. 34), S. 174 f.; als Anhaltspunkt für Telemanns Hamburger Einkünfte (speziell der 1720er Jahre) siehe Eckart Klessmann, *Telemann in Hamburg. 1721–1767*, Hamburg 1980, S. 43 ff.

55 Siehe hierzu u. a. die Beispielanalysen in Eichholz, *Georg Philipp Telemanns Kantatenjahrgang auf Dichtungen von Gottfried Behrndt* (Anm. 1), Kapitel V.3.2, V.4.2, V.5.2, V.6.3, V.6.4.2 und V.7.3.

56 Über Telemanns Verlangen nach Abwechslung finden wir auch ein eindrückliches Selbstzeugnis in seiner oben besprochenen Eingabe an den Frankfurter Rat von 1717, wo er die Situation beklagt, dass ihm nur eine einzige Stimmlage für die Kirchenmusik zur Verfügung stand und sein Gemüt wegen dieses Mangels an „Abwechselung" „in stetiger Unruhe unterhalten" würde (zitiert nach Fischer, *Frankfurter Telemann-Dokumente* [Anm. 44], S. 181).

und komponierte lieber Neues, Anderes.[57] Dies war ihm schließlich durch seine ungeheuer schnelle und leichte Erfindungsgabe möglich, von der er einmal sagte, dass ihn „die Noten fast so bald gesucht" hätten, „als er sich nach ihnen umgesehen" habe.[58]

Telemanns konsequente Entscheidung wiederum, weit überwiegend ganze Jahrgangszyklen statt etwa viele Einzelkompositionen zu schaffen, ist sicher teilweise durch ökonomisches Kalkül zu erklären, denn das Konzept des Kantatenzyklus bot viele Vorteile im ‚Marketing' der Werke. Daneben scheinen folgende Gründe bestimmend gewesen zu sein. Zum einen dürfte Telemann als Künstler, Intellektueller und wohl auch als gläubiger Christ mit seiner starken Affinität zur Dichtung den Anspruch gehabt haben, seine Kirchenstücke optimal auf die übrigen Teile des Wortgottesdienstes abzustimmen – ein Ziel, das am besten durch den gemeinsamen Bezug der Wort- und Musiktexte auf die Perikopen, die Tageslesungen des Kirchenjahrs, erreicht werden konnte. Zum anderen bot der Komponist mit dem Jahrgangsformat einen besonderen Service für Kantoren und Pastoren, die dadurch nicht jedesmal aufs Neue eine zum jeweiligen Sonn- oder Feiertag passende Kirchenmusik suchen und prüfen mussten.

II.3 Textdrucke

Regelmäßige Nebeneinnahmen flossen Telemann auch aus dem Verkauf von Kantatentextdrucken zu.[59] Besonders in Hamburg, wo an gleich drei Stellen des Gottesdienstes Figuralmusiken dargeboten wurden und die Figuralmusik zudem turnusmäßig zwischen den fünf Hauptkirchen hin- und herwechselte, war die Erstellung der Texthefte mit erheblicher Arbeit verbunden. Generell musste Telemann überhaupt erst Textdichter zur Zusammenarbeit gewinnen. Konkret wurden die Musiktexte von ihm für jeden Sonntag individuell zusammengestellt und sorgfältig redigiert, schließlich in Druck gegeben und noch vor der Aufführung im Gottesdienst zum Verkauf bereitge-

---

57 Lediglich ab den 1750er Jahren überwog der Anteil an Wiederaufführungen von Kirchenmusiken die Neukompositionen deutlich, siehe Ralph-Jürgen Reipsch, Beobachtungen an Telemanns Kirchenmusik nach 1750, in: *Wilhelm Friedemann Bach und die protestantische Kirchenkantate nach 1750*, hrsg. von Wolfgang Hirschmann / Peter Wollny, Beeskow 2012 (= Forum Mitteldeutsche Barockmusik 1), S. 85–104, und ders., Neue Ufer (Anm. 27). Darauf, dass in Telemanns Œuvre nur sehr selten (Selbst-)Parodien anzutreffen sind, wurde bereits mehrfach hingewiesen.

58 Paraphrasierte Zitation; die Originalpassage, die in Telemanns Vorrede zu seinem *Getreuen Music-Meister* (Hamburg, 25. November 1728, zitiert nach Telemann, *Singen ist das Fundament zur Musik in allen Dingen* [Anm. 34], S. 145) zu finden ist, lautet: „[…] ich sehe auch im Voraus, daß manche Lection mit etwas Schweiß begleitet seyn dürfte, ob ich mich schon einiger massen darauf verlassen könnte, daß mich die Noten bisher fast so bald gesucht, als ich mich nach ihnen umgesehen. Aber, weil der Mensch der Arbeit wegen, und um dem Nächsten zu dienen, lebet, so habe ich mich endlich diese Hinderniß nicht anfechten lassen […]."

59 Dies ist aus diversen Quellen bekannt. In einem von Annemarie Clostermann ausgewerteten Dokument etwa (undatiert, um ca. 1750) beziffert Telemann die Einnahmen, die ihm aus dem Textdruck-Verkauf für fünf Gottesdienste zufließen würden, auf „wenigstens […] 40 [hamburgische?] Mark", siehe Clostermann, Der Ratsbuchdrucker-Streit (Anm. 50), S. 96, 99.

stellt.[60] Auf diese Weise konnten die Käufer der Texthefte die Dichtungen während ihres Erklingens im Gottesdienst exakt mitlesen oder auch später noch einmal zur Erbauung vornehmen. In der Sorgfalt, die Telemann auf das Textkorpus selbst wie wohl auch auf die rechtzeitige Verfügbarkeit der Hefte verwandte, wird ein weiteres Mal der bemerkenswerte Bezug des Komponisten zur Dichtung erkennbar, wie auch sein Bestreben, dem Publikum das Verständnis seiner Werke und ihrer Texte optimal zu vermitteln. Die Kantatentextdrucke bilden so ein weiteres Beispiel dafür, wie eng in Telemanns Kantatenschaffen ideelles Konzept, großer Arbeitseinsatz, anspruchsvoller Service und schließlich daraus erzielte Einnahmen zusammengehen.

II.4 Druckjahrgänge

Fünf seiner geistlichen Kantatenzyklen schließlich veröffentlichte Telemann im Druck. Zwei davon erschienen im Eigenverlag. Studien haben den Verleger Telemann als genialen Allrounder gezeigt, der seine Kantatenzyklen selbst komponierte, ihre Druckplatten anfertigte, Werbung und Vertrieb in der Hand hielt und die gesamte Unternehmung finanziell trug.[61] Deutlich sichtbar wird hier die außerordentliche Befähigung des Komponisten zu vernetztem Denken und Handeln und zu ausgesprochen komplexen Konzeptionen. Der offensichtliche geschäftliche Erfolg der Publikati-

---

60 Beispiele für Telemanns detaillierte Textdruck-Redaktion finden sich etwa in den Quellen des *Behrndt-* bzw. *Stolbergischen Jahrgangs*. Hier wird zunächst deutlich, dass Telemann die aus Stolberg kommenden Textfassungen für die Hamburger Erstaufführung in Orthographie und Interpunktion bearbeitete. Für spätere Wiederaufführungen unterzog Telemann die Texte noch einmal einer Durchsicht, wovon wiederum eine Reihe geringfügiger Änderungen in Orthographie und Interpunktion zeugen. Seltener sind Änderungen im Wortlaut zu beobachten, wie z. B. in der Kantate *Nun lernet dich mein Herze kennen* zum Sonntag nach Neujahr. Hier zeigen die Tenor-Stimmen des Hamburger Erstaufführungsmaterials wie auch des um 1740 entstandenen Frankfurter Materials im Rezitativ „Diß heißt […]" noch die originale Textpassage „ja endlich gar [durch sein vergoßnes Blut]", welche von Telemann in der Hamburger Stimme mutmaßlich zu einem späteren Zeitpunkt eigenhändig ausgestrichen und durch „und auch zugleich" ersetzt wurde. Der Hamburger Textdruck der Wiederaufführung im Jahr 1752 zeigt entsprechend die spätere Fassung. Schließlich nahm Telemann auch individuelle Kürzungen für einzelne Gottesdienste vor. So erscheint etwa die Kantatendichtung zum 1. Ostertag, *Es wird ein Durchbrecher vor ihnen herauf fahren*, im Textdruck zu Misericordias 1736 um das Dictum und im Textdruck zum 1. Ostertag 1757 um ein Rezitativ und eine Arie gekürzt, in den übrigen erhaltenen Textdrucken von 1736, 1741 und 1762 ist es dagegen vollständig abgedruckt; siehe Eichholz, *Georg Philipp Telemanns Kantatenjahrgang auf Dichtungen von Gottfried Behrndt* (Anm. 1), S. 18 f., 368, 358–366 (Anhang 2, Spalte „Bemerkungen"). Ein Beispiel für die Überarbeitung von Interpunktion und Orthographie einer externen Textquelle bietet auch Telemanns *Emblematischer Jahrgang*, dessen Dichtungen von Johann Friedrich Armand von Uffenbach zuerst 1726 in Frankfurt am Main gedruckt wurden. Seine Bearbeitung diskutierte Telemann ausführlich in mehreren Briefen an Uffenbach, siehe Telemann, *Briefwechsel* (Anm. 43), S. 225–228, 230.

61 Siehe u. a. Martin Ruhnke, Telemann als Musikverleger, in: *Musik und Verlag. Karl Vötterle zum 65. Geburtstag am 12. April 1968*, hrsg. von Richard Baum / Wolfgang Rehm, Kassel etc. 1968, S. 502–517; Steven Zohn, *Music for a Mixed Taste. Style, Genre and Meaning in Telemann's Instrumental Works*, Oxford 2008; Nicholas E. Taylor, *The Published Church Cantatas of Georg Philipp Telemann*, Diss. Indiana University 2014; Bernhard Jahn, Telemanns *Harmonischer Gottesdienst* – Marketingstrategien und Transkonfessionalität, in: *Die Tonkunst* 11 (2017), H. 4, S. 469–474.

onen bestätigt nicht nur Telemanns kaufmännisches Geschick; er geht sicher auch auf eine ideelle Haltung zurück, die der Komponist als das Bestreben beschrieb, (möglichst) „vielen zu nutzen"[62] und die z. B. in den didaktisch gedankenreich ausgearbeiteten Vorworten der Drucke sichtbar wird.

III. Fazit

Telemanns geistliches Kantatenœuvre ist enorm umfangreich und vielseitig und trägt von seinen Anfängen bis ins Spätwerk stark innovative Züge. Gleichzeitig konnte der Komponist mit seinem Kantatenwerk von der Jugend an bis zum Lebensende nennenswerte Anteile seines Einkommens erzielen.

Telemanns Schaffen scheint sowohl durch materielle wie ideelle Motivationen angetrieben wie auch durch seine Rezipienten beeinflusst worden zu sein (Abbildung 2). Es zeigt sich ein komplexes Beziehungsfeld, in welchem diese Einflüsse und Motivationen oft eng miteinander verflochten auftreten, sich wechselseitig beeinflussen und teilweise auch mehrdeutig zu interpretieren sind. So entspricht etwa Telemanns Serviceorientiertheit gleichzeitig dem Wunsch, dem Nächsten zu nützen als auch jenem, die eigenen Einkünfte zu sichern und zu steigern.

Im Streben des Komponisten nach einer möglichst perfekten Dienstleistung für viele wie auch seiner Einstellung, dass der Verdienst der Leistung entsprechen solle – und dies auch im Kunst-, Dienstleistungs- und im geistlichen Sektor –, erscheint Telemann gerade heute wieder ausgesprochen aktuell und modern.

---

62 Siehe z. B. Autobiographie von 1718: „[…] Wer vielen nutzen kann, thut besser, als wer nur für wenige was schreibet […]", S. 168.

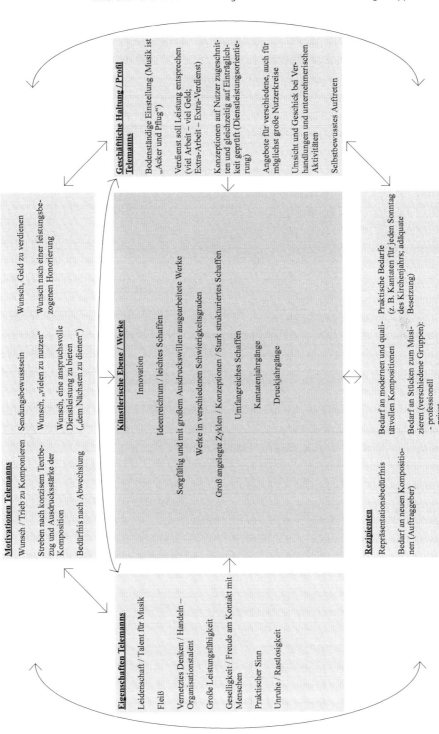

Abbildung 2: ‚Geschäftssinn' und (Kantaten-)Schaffen bei Telemann: Beziehungsfelder

Brit Reipsch

Vertriebsstrategien eines Musikverlags im 18. Jahrhundert am Beispiel ausgewählter Druckwerke Georg Philipp Telemanns

Im Juli 1737 informierte der *Hamburger Relations-Courier* zum wiederholten Male über ein Publikationsvorhaben Conrad Friedrich Hurlebuschs (1691–1765): Die Pränumerationsfrist für sechs italienische Kantaten des Kapellmeisters sei abgelaufen, solle aber nochmals verlängert werden. Zugleich wurde angekündigt, dass, sofern „aber in Zeit von 14 Tagen sich nicht noch eine fernere Anzahl von Subscribenten einstellen sollte, die Ausgabe nicht vor sich gehen werde; Weil der Autor für dißmal sein Geld dem Vorschusse […] zu widmen, und sich in überfleißige Mühe zu stecken, nicht gesonnen ist".[1] Diese deutlichen Worte berühren das wirtschaftliche Wagnis, dem sich Autoren, Herausgeber, Buchdrucker etc. – damals wie heute – bei der Ausübung einer verlegerischen Tätigkeit ausgesetzt sahen. Eine Voraussetzung zur Kostendeckung oder – idealerweise – Gewinnerzielung war eine effiziente Werbung: Anzeigen und Avertissements mussten gesetzt, Verzeichnisse und Werbeblätter gedruckt, Absprachen mit Kollekteuren getroffen sowie potentielle Interessenten gewonnen werden. Gesucht wurden Pränumeranten und Subskribenten, die sich verpflichteten, im Voraus bzw. bei Auslieferung der Ware einen finanziellen Betrag für ein Produkt zu entrichten, dessen Eigenschaften und Qualitäten sie in der Regel erst später im Detail prüfen konnten.[2] Der Pränumerations-Unternehmer[3] seinerseits bot Rabatte an und versprach, pünktlich zu liefern. Für ihn waren akquirierte Vorschüsse und garantierte Abnahmen wichtig, um mit der Herstellung der Publikation beginnen und die Auflagenhöhe kalkulieren zu können. Eine große Anzahl von Subskribenten oder Pränumeranten war daher wünschenswert. Zum Gelingen einer auf derartige Werbe- und Herstellungsprinzipien aufbauenden Unternehmung trugen nicht zuletzt ein gewisses

---

1   *Hamburger Relations-Courier*, Nr. 117, 30. Juli 1737.
2   Gelegentlich wurden Probeblätter gedruckt, z.B. zu Hurlebuschs *Compositioni musicali per il Cembalo*, Hamburg, [um 1735]. Vgl. *Hamburger Relations-Courier*, Nr. 176, 8. November 1734. Auch Balthasar Schmid gab Probeblätter für Telemanns Jahrgang *Das Musicalische Lob Gottes* heraus. Vgl. dazu Georg Philipp Telemann, *Drucke aus dem Verlag Balthasar Schmid in Nürnberg: Porträt, Deutsch-Französischer Lebenslauf, Vorbericht, Kantate zum 1. Advent. Faksimile*, hrsg. von Wolf Hobohm mit Nachbemerkungen von Jürgen Rathje und Wolf Hobohm, Oschersleben 1998, S. 36.
3   Vgl. Franz Stephan Pelgen, Das Pränumerationswesen des 18. Jahrhunderts – Problemaufriß und Appell zu Neubewertung, in: *Pränumerationen im 18. Jahrhundert als Geschäftsprinzip und Marktalternative. Akten der interdisziplinären Arbeitstagung vom 20.–21. Februar 2009 in Mainz*, hrsg. von Franz Stephan Pelgen, Ruhpolding etc. 2009, S. 7–38, bes. S. 22 ff.; vgl. auch Klaus Hortschansky, Der Musiker als Musikalienhändler in der zweiten Hälfte des 18. Jahrhunderts, in: *Der Sozialstatus des Berufsmusikers vom 17. bis 19. Jahrhundert*, hrsg. von Walter Salmen, Kassel etc. 1971 (= Musikwissenschaftliche Arbeiten 24), S. 83–102.

Vertrauensverhältnis zwischen Käufer und Anbieter sowie eine verlässliche Seriosität aller Vertragspartner bei.[4]

Im Falle des erwähnten Vorhabens Hurlebuschs führten weder Inserate noch Kollekteure, die außer in Hamburg, auch in Wien, Nürnberg, Braunschweig und Stockholm agierten,[5] zum erhofften Ergebnis. Der Komponist, der sich zu dieser Zeit einigen Anfeindungen ausgesetzt sah,[6] publizierte die 6 Cantaten nicht. Am Ende des Jahres 1737 ließ er wissen:

> Da sich bey dem Capellmeister Hurlebusch zu der vorgewesenen Ausgabe seiner Musicalischen=Wercke die Anzahl der verlangten Praenumeranten nicht eingefunden; so ist er daher entschlossen, solches nicht vor sich gehen zu lassen. Diesemnach wird allen, so hierauf praenumeriret haben, Grund gemacht, daß ein jedweder an behörigen Ort, seine vorausbezahlten Gelder wieder abfordern könne.[7]

Im Unterschied zu Hurlebuschs Cantaten von 1737 kamen die Notenpublikationen, die Georg Philipp Telemann in Hamburg öffentlich ankündigte, mehrheitlich zustande. Nur wenige seiner Vorhaben waren nicht von Erfolg gekrönt, etwa der 1723/24 als erste Hamburger Verlagspublikation geplante kirchenmusikalische Jahrgang, der jedoch nicht wegen fehlender Abnehmer, sondern wegen ausbleibender Textlieferungen Michael Brandenburgs nicht realisiert werden konnte.[8] Ende des Jahres 1725 erschien schließlich die erste Cantata eines weiteren Jahrgangsprojektes – des Harmonischen Gottes-Dienstes. Die Herausgabe eines Jahrgangs mit 72 Einzelwerken, wie es Telemann selbst oder in Zusammenarbeit mit anderen Verlegern insgesamt fünfmal praktizierte, bedeutete eine immense Arbeitsleistung, die unter anderem entsprechende Werbemaßnahmen voraussetzte. Bezüglich des Harmonischen Gottes-Dienstes machte der Hamburger Relations-Courier im Dezember 1725 darauf aufmerksam, „daß das erste Stück seines [= Telemanns] gedruckten und wöchentl. auszugebenden Musicalischen Jahr-Ganges von den Hrn. Pränumeranten könne abgefordert werden".[9] Mit den avisierten regelmäßigen Einzellieferungen übertrug Telemann das mediale Prinzip der periodisch erscheinenden Zeitschriften auf seinen Jahrgang – zumindest im Hinblick

---

4 Marie-Kristin Hauke, Informieren und Verführen. Werbung für Pränumerationsprojekte im 18. Jahrhundert, in: Pränumerationen im 18. Jahrhundert als Geschäftsprinzip und Marktalternative (Anm. 3), S. 103–126.

5 Vgl. Hamburger Relations-Courier, Nr. 71, 7. Mai 1737.

6 Vgl. Rainer Kahleyss, Conrad Friedrich Hurlebusch (1691–1765). Sein Leben und Wirken, Frankfurt a. M. 1984, bes. S. 47 ff.; Rudolf Rasch, Hurlebusch, Conrad Friedrich, in: MGG², Personenteil, Bd. 9, Kassel etc. 2003, Sp. 546 f.

7 Hamburger Relations-Courier, Nr. 191, 6. Dezember 1737.

8 Vgl. Brit Reipsch, „Cantaten" in Telemanns Hamburger Kirchenmusik der 1720er Jahre. Zur Genese des Brandenburg-Jahrgangs und des Harmonischen Gottes-Dienstes, in: Telemann und die Kirchenmusik. Bericht über die Internationale Wissenschaftliche Konferenz Magdeburg, 15. bis 17. März 2006, anlässlich der 18. Magdeburger Telemann-Festtage, hrsg. von Carsten Lange / Brit Reipsch, Hildesheim etc. 2011 (= Telemann-Konferenzberichte 16), S. 290–308.

9 Staats- und Gelehrte Zeitung des Hollsteinischen Correspondenten, Nr. 192, 7. Dezember 1725.

auf den Veröffentlichungsmodus kann die „Kantate als Moralische Wochenschrift"[10] angesprochen werden.

Schon im Herbst hatte der *Hollsteinische Correspondent* angezeigt, dass „Jedes Stück […] eintzeln, und vier Wochen vorher zum Vorschein kommen [soll], damit es bey Zeiten an auswärtigen Orten zu haben sey, und auch dort könne aufgeführet werden".[11] Es ist davon auszugehen, dass Telemann in verschiedenen deutschsprachigen Zeitungen inserierte oder inserieren ließ, um das Interesse der „Hrn. Pränumeranten" auch außerhalb Hamburgs zu wecken. Und in der Tat gaben die Leipziger *Neuen Zeitungen von Gelehrten Sachen* im Januar 1726 über den *Harmonischen Gottes-Dienst* bekannt: „Das Werck fängt sich mit ietzigem Jahre an, und es wird darauf voraus bezahlet […]. Die Praenumeration kan so wohl bey dem Autore selber, als auch fast in allen benahmten Städten Deutschlandes bey den Herrn Cantoribus iedes Orts geschehen."[12]

Selbst, wenn hier eine gewisse werbestrategisch intendierte Übertreibung unterstellt werden könnte, so verlangt doch die Mitteilung, dass die Pränumeration auf den *Harmonischen Gottes-Dienst* bei Kantoren nahezu aller bedeutenden deutschen Städte möglich sei, Respekt ab. Die weite Verbreitung des Jahrgangs spricht auch die folgende ironisch gefasste Anekdote Johann Matthesons an, die über einen fiktiven bibliophilen Musikaliensammler berichtet, der

> […] jüngst Lust [hatte], den Telemannischen Jahr=Gang [= *Der Harmonische Gottes-Dienst*] zu kauffen, in Meynung, es sey was seltenes; weil man ihm aber sagte, daß selbiges Werck in jedermanns Händen, nur neulich aus der Presse gekommen, und so gar in den allgemeinen Avisen=Buden zu haben sey, so ist ihm der Appetit vergangen, und er verlangt es nicht, wenns auch noch so köstlich wäre.[13]

Telemann verfügte über ein außerordentlich großes Kontakt- und Vertriebsnetz, was sich auch in den bekannten Subskribentenlisten der *Musique de table* und der *Nouveaux Quatuors* dokumentiert.[14] Kontinuierlich bat er Freunde, Bekannte und Kollegen, für ihn zu kollektionieren. Beispielhaft seien die Briefe an Johann Richey genannt, der versuchen sollte, „ob in Wien von meinen [Telemanns] gedruckten Mu-

10 Vgl. Bernhard Jahn, Telemanns *Harmonischer Gottes-Dienst* – Marketingstrategien und Transkonfessionalität, in: *Die Tonkunst* 11 (2017), S. 469–474, hier bes. S. 470 ff., Zitat S. 472.

11 *Staats- und Gelehrte Zeitung des Hollsteinischen Correspondenten*, Nr. 171, 26. Oktober 1725. Anzeigentext wiedergegeben in Reipsch, „Cantaten" in Telemanns Hamburger Kirchenmusik der 1720er Jahre (Anm. 8), S. 301.

12 *Neue Zeitungen von Gelehrten Sachen auf das Jahr 1726. Leipzig, den* 17[.] *Jenner*, hrsg. von Johann Gottlieb Krause, S. 41 f.: Meldung aus Hamburg (siehe den Anhang zu diesem Beitrag). Der *Harmonische Gottes-Dienst* wird auch in der Vorrede zu dieser Ausgabe erwähnt.

13 Johann Mattheson, *Der Musicalische Patriot*, Hamburg 1728, Reprint Leipzig 1975, 27. Betrachtung, S. 322.

14 Siehe Steven Zohn, Das „Supplement de souscrivants" der „Nouveaux Quatuors" und Telemanns Pränumerationsunternehmen, in: *Telemann und Frankreich – Frankreich und Telemann. Bericht über die Internationale Wissenschaftliche Konferenz, Magdeburg, 12. bis 14. März 1998, anläßlich der 14. Magdeburger Telemann-Festtage*, hrsg. von Carsten Lange u. a., Hildesheim etc. 2009 (= Telemann-Konferenzberichte 12), S. 43–56.

sicalien etwas abzusetzen sey",[15] auch die Briefe an den Kaufmann Reinhold Hollander in Riga, den Telemann ermunterte, „von meinen Musicalien an den Oertern, wo Sie durchkommen (insonderheit von meiner Tafel-Music) ein gutes Wort zu sprechen",[16] oder die Korrespondenz mit Carl Heinrich Graun, von dem er sich „eine Quantitaet Berlinischer musicalischer Abnehmer" erhoffte.[17] Von einem gut ausgebauten Vertriebsnetz, das weit über Hamburg und den deutschen Sprachraum hinausreichte, künden auch diverse gedruckte Verzeichnisse der veröffentlichten Werke Telemanns.[18]

Die Inserate, mit denen Telemann um eine breite Abnehmerschaft seiner Druckausgaben warb, informieren mitunter sehr detailliert über die Spezifik der Kompositionen, zum Beispiel über formale, besetzungstechnische sowie textliche Charakteristiken, über interpretatorische Anforderungen und die erhoffte Rezeptionsabsicht der Werke. Die Hamburger Annonce zum *Harmonischen Gottes-Dienst* vom Oktober 1725[19] ist diesbezüglich faktenreicher als die Leipziger, die ihrerseits immerhin den umfänglichen Titel der Druckausgabe zitiert, der bereits wichtige Eigenschaften des Jahrgangs benennt (siehe Anhang). Der Hamburger Anzeigentext weist zusätzlich auf weitere Besetzungsvarianten der Musik, auf den Umfang des Werkes sowie auf den Nutzen eines Partiturdrucks hin, der darin besteht, dass

> […] so wol eine eintzelne Person, die beydes spielen und singen kan, sich derselben [= Notenausgabe] bedienen könne, als auch, daß zwey oder drey Personen zugleich daraus musiciren, oder auch und insonderheit, daß ein jeder, der solchen Jahrgang aufführet, ihn beym Directorio, als etwas sehr nöthiges, gebrauchen könne.[20]

Die Leser des *Hollsteinischen Correspondeten* erfahren außerdem, dass die Singstimme „entweder ein hoher oder tiefer Discant" sei, „jene von einem Tenor, diese aber von allen 4. Stimmen gesungen, folglich das gantze Werck bloß durch zween Sänger vollführet werden" kann, und dass „in Ermangelung der Blase-Instrumente, auf der Violine allein gespielet werden kan, worbey auch das Forte, welches man aufs genaueste bezeichnen wird, vielfach besetzet werden mag". Telemanns Werbestrategie war auf möglichst vielseitige Informationen über seine zu publizierenden Werke sowie

---

15 Telemann an Johann Richey, Hamburg, 26. März 1736, abgedruckt in Georg Philipp Telemann, *Briefwechsel, Sämtliche erreichbare Briefe von und an Telemann*, hrsg. von Hans Grosse / Hans Rudolf Jung, Leipzig 1972, S. 188 f., hier S. 188; vgl. auch weitere Briefe Telemanns an Richey, ebenda, S. 186, 189–191.

16 Brief Georg Philipp Telemanns an Johann Reinhold Hollander, [Hamburg] Winter 1732/33, abgedruckt in Telemann, *Briefwechsel* (Anm. 15), S. 179–181, hier S. 180; vgl. auch weitere Briefe Telemanns an Hollander, ebenda, S. 181–185.

17 Brief Carl Heinrich Grauns an Telemann, Rheinsberg, 7. Dezember 1739, abgedruckt in Telemann, *Briefwechsel* (Anm. 15), S. 268 f., hier S. 268. Vgl. auch Brief Grauns an Telemann, Berlin, 22. Juli 1743, ebenda, S. 270–272, hier S. 272 (Telemann habe ihn wegen „einiger Praenumeranten" angeschrieben).

18 Wiedergabe einiger Verzeichnisse in Martin Ruhnke, *Georg Philipp Telemann. Systematisches Verzeichnis seiner Werke. Telemann-Werkverzeichnis (TWV)*, Kassel etc. 1984 (= Georg Philipp Telemann, Musikalische Werke, Supplement), Bd. 1, S. 231 ff.

19 Wie Anmerkung 11.

20 Ebenda.

auf die direkte Ansprache der jeweiligen Zielgruppe orientiert. Seine Anzeigen waren den sogenannten Pränumerationsplänen des Buchhandels insofern ähnlich, als sie deren im Allgemeinen üblichen inhaltsreichen Umfang in die Zeitung übernahmen.[21] In welchem Maße Unterschiede zwischen Anzeigen ein und desselben Produktes auf Vorgaben der verschiedenen Zeitungsredaktionen zurückgehen,[22] ist nicht bekannt.

Spezifische Werbemöglichkeiten für zu vertreibende Musikalien bestehen darin, die Werke zeitlich parallel oder zumindest in zeitlicher Nähe ihrer Veröffentlichung am geeigneten Ort erklingen zu lassen. Telemann praktizierte dies zumindest im Hinblick auf die Kirchenmusik konsequent: 1726 führte er nahezu alle Cantaten des *Harmonischen Gottes-Dienstes* in den Gottesdiensten der Hamburger Hauptkirchen auf. Mit den regelmäßigen Aufführungen begann er nicht mit dem Beginn des Kirchenjahres am ersten Advent, sondern – wohl auf den Erscheinungstermin der Druckausgabe abgestimmt – mit dem Kalenderjahr. Auch die Musik des beim Hamburger Verleger Johann Christoph Kissner veröffentlichten Arienjahrgangs (1727) erklang als Teil mehrsätziger, größer besetzter Kirchenmusiken seit dem 1. Advent 1726 in den Hamburger Gottesdiensten. Zeitlich ebenso nah beieinander lagen Veröffentlichung und Aufführung der *Fortsetzung des Harmonischen Gottes-Dienstes* (erschienen 1731/32, im selben Kirchenjahr aufgeführt als Teil umfangreicher Kirchenmusiken), des *Engel-Jahrgangs* (erschienen 1748 bei Lau in Hermsdorf in Schlesien, aufgeführt 1747/48 und 1748/49 in Hamburg[23]) und des Jahrgangs *Das musicalische Lob Gottes* (erschienen 1742–1744 bei Balthasar Schmid in Nürnberg, aufgeführt 1741/42 und 1742/43 in Hamburg).[24] Die Notendrucke konnten also eine ähnliche Funktion wie die Textdrucke zur Kirchenmusik erfüllen: Erlaubten diese das andächtige Nachlesen der kirchenmusikalischen gottesdienstlichen Texte, so ermöglichten es jene außerdem, die im Gottesdienst erklungene Musik nochmals öffentlich oder im privaten Kreis zu musizieren.

Öffentliche Aufführungen von zu publizierenden oder publizierten Werken entfalteten natürlich nur im direkten Umfeld der Zuhörer nutzbringende Werbeeffekte für den Pränumerations-Unternehmer, wenngleich in der Handelsstadt Hamburg eine relativ große Öffentlichkeit angesprochen wurde. Potentielle Abnehmer anderenorts mussten per Anzeige oder über persönliche Ansprachen interessiert werden. Am Beispiel eines anderen Jahrgangs sollen dazu weitere, teilweise unbekannte Dokumente mitgeteilt werden.

1747 kündigte der Organist und Verleger Christoph Heinrich Lau im schlesischen Hermsdorf an, dass er „einen von Hrn. Telemann, in Hamburg componirten neu-

---

21 Vgl. Hauke, Informieren und Verführen (Anm. 4), S. 104 ff.
22 Vgl. dazu ebenda, S. 115.
23 Vgl. Jürgen Neubacher, Zur Aufführung von Telemanns „Engel-Jahrgang" und zu Zensurbestrebungen für kirchenmusikalische Texte in Hamburg, in: *Telemann und Bach / Telemann-Beiträge*, hrsg. von Brit Reipsch / Wolf Hobohm, Hildesheim etc. 2005 (= Magdeburger Telemann-Studien 18), S. 144–157.
24 Vgl. Ute Poetzsch-Seban, *Die Kirchenmusik von Georg Philipp Telemann und Erdmann Neumeister. Zur Geschichte der protestantischen Kirchenkantate in der ersten Hälfte des 18. Jahrhunderts*, Beeskow 2006 (= Schriften zur mitteldeutschen Musikgeschichte der Ständigen Konferenz in Sachsen, Sachsen-Anhalt und Thüringen e.V. 13), S. 231–233.

en vollständigen Kirchenjahrgang in Kupfer [...] stechen"[25] und ihn in vier Teilen zur Pränumeration anbieten wolle. Der Jahrgang wurde bald wegen seiner Titelblattvignetten, die einen Putto zeigen, (nicht ganz korrekt) als *Engel-Jahrgang* bezeichnet.[26]

Über die Biographie und verlegerische Tätigkeit Christoph Heinrich Laus ist nur wenig bekannt. 1830 erwähnt eine Abhandlung über die *Tonkünstler Schlesiens*, dass Lau „Lehrer zu Hermsdorf unterm Kynast um 1790, [...] ein guter Orgelspieler und zugleich Kupferstecher [war], der Reimann's Melodieenbuch und andere Werke gestochen"[27] hat.

Bei dem erwähnten „Melodieenbuch" handelt es sich um die *Sammlung alter und neuer Melodien Evangel:*[ischer] *Lieder* des seit 1729 als Organist an der Evangelischen Kirche in Hirschberg tätigen Johann Balthasar Reimann, das im März 1747 in Hermsdorf erschienen war,[28] und das mit reichhaltiger in Kupfer gestochener – nun in der Tat – Engelstaffage aufwartet.

Für den *Engel-Jahrgang* und das Liederbuch Reimanns setzte ab 1747 die Werbung in verschiedenen Zeitungen ein. Anders als für den Partiturdruck des geringstimmigeren *Harmonischen Gottes-Dienstes* wurde dabei angepriesen: „Der besondere Vorzug dieses Jahrganges bestehet hierinn, daß er nicht in Partitur, sondern in Stimmen abgesondert gestochen wird. Den Vortheil wird jeder zugestehen, dem die Ausschreibeunkosten bekannt sind."[29] Der *Engel-Jahrgang* fand schnell weite Verbreitung, und zwar sowohl über die Druckausgabe als auch – trotz der angesprochenen Kostenersparnis wegen nicht anfallender Kopierarbeiten – in Form zahlreicher Abschriften.[30] In jedem Fall sind die überlieferten Quellen als Ergebnis gut greifender Vertriebs- und Werbe-

---

25 Der Anzeigentext wird hier und im Folgenden zitiert nach *Braunschweigische Anzeigen*, 67. Stück (23. August 1747), Sp. 1496.

26 *Verzeichniß des musikalischen Nachlasses des verstorbenen Capellmeisters Carl Philipp Emanuel Bach*, Hamburg 1790, S. 86: „Ein Jahrgang von Telemann, (der Engeljahrgang) mit ausgeschriebenen Stimmen"; Aufschrift von Georg Michael Telemann „Engel-Jahrgang" auf dem Hamburger Aufführungsmaterial der Kantate zum ersten Advent „Du Tochter Zion, freue dich sehr" TVWV 1:407 (D-B Mus. ms. 21740/10). Vgl. Joachim Jaenecke, *Georg Philipp Telemann. Autographe und Abschriften*, München 1993 (= Staatsbibliothek zu Berlin Preußischer Kulturbesitz, Kataloge der Musikabteilung. Erste Reihe 7), S. 220. Zum Jahrgang siehe András Székely, Literatur und Wahrheit. Erste Erfahrungen mit den Kantaten des Jahrgangs 1748/49 von Telemann, in: *Zwischen Musikwissenschaft und Musikleben. Festschrift für Wolf Hobohm zum 60. Geburtstag am 8. Januar 1998*, hrsg. von Brit Reipsch / Carsten Lange, Hildesheim etc. 2001 (= Magdeburger Telemann-Studien 17), S. 89–98; Nicholas E. Taylor, *The Published Church Cantatas of Georg Philipp Telemann*, Diss. Indiana University 2014, S. 152 ff.; Jürgen Neubacher, Zur Aufführung von Telemanns „Engel-Jahrgang" (Anm. 23); Marc-Roderich Pfau, Telemann in der Neuen Welt. Das Kirchweihfest in Lancaster/Pennsylvania im Jahr 1766, in: *Mitteilungsblatt der Internationalen Telemann-Gesellschaft e.V.* Nr. 29 (Dezember 2015), S. 23–31.

27 Carl Julius Adolph Hoffmann, *Die Tonkünstler Schlesiens. Ein Beitrag zur Kunstgeschichte Schlesiens vom Jahre 960 bis 1830* [...], Breslau 1830, Art. Lau (C. H.), S. 284.

28 *J.*[ohann] *B.*[althasar] *Reimanns* [...] *Sammlung alter und neuer Melodien Evangel: Lieder*, Hermsdorf 1747. Zu Reimann vgl. Johann Mattheson, *Grundlage einer Ehren-Pforte*, Hamburg 1740, S. 290–291; Meinrad Walter, Reimann, Johann Balthasar, in: *Wer ist wer im Gesangbuch?*, hrsg. von Wolfgang Herbst, 2. Aufl., Göttingen 2001, S. 251.

29 Wie Anmerkung 25.

30 Vgl. Ute Poetzsch, Zur Rezeption der Kirchenmusik Georg Philipp Telemanns in der zweiten Hälfte des 18. Jahrhunderts, in: *Wilhelm Friedemann Bach und die protestantische Kirchenkantate nach 1750*, hrsg. von Wolfgang Hirschmann / Peter Wollny, Beeskow 2012 (= Forum Mitteldeutsche Barockmusik 1), S. 109–117.

mechanismen zu deuten. Manuel Bärwald hat auf eine den *Engel-Jahrgang* betreffende Annonce in den *Leipziger Zeitungen* aufmerksam gemacht, die wegen ihrer umfänglichen namentlichen Liste von 54 Pränumeranten aus 52 Orten im sächsisch-thüringischen Raum, „darunter 36 Musiker, 18 Buchhändler bzw. -drucker", Aufmerksamkeit verdient[31] und die die Bedeutung Leipzigs als Zentrum des deutschen Buchverlags und -vertriebs unterstreicht.[32] Nahezu gleichlautende Inserate erschienen auch in Braunschweig[33] und Danzig.[34] Die Braunschweiger Anzeige nennt als Pränumerationsstelle nur Christian Leberecht Faber senior (1683–1751) in Magdeburg, der seit 1709 eine Buchdruckerei führte.[35] In Danzig nahmen der Kaufmann Carl Gotthardt Duckwitz, der Kapellmeister Johann Balthasar Christian Freislich (1687–1764) und der Johanniskantor Johann Christian Weinholtz (amt. 1744–1759) Pränumerationen an. Am 23. Februar 1748 machte schließlich auch der überregional verbreitete *Hamburgische Correspondent* auf den von Lau gestochenen Jahrgang aufmerksam, dessen „Avertissement [...] in Hamburg vom Musicdirector Telemann ausgegeben wird".[36] Somit sind für den *Engel-Jahrgang* derzeit vier Ankündigungen verschiedener Provenienz nachweisbar, die sicherlich nur einen Teil des groß angelegten Werbekonzepts abbilden.

Wie beim *Harmonischen Gottes-Dienst* (siehe oben) unterscheidet sich der Hamburger Werbetext von den auswärtigen Anzeigen. Wieder richtet er sich stärker auf Eigenschaften der Komposition und interpretatorische Besonderheiten. Es wird daher legitim sein, Telemann als Autor der Hamburger Annonce zu vermuten, was auch erklärt, warum diese im Gegensatz zu den anderen auf die Erwähnung des Reimannschen Liederbuchs verzichtet. Telemann, der hier nicht als Verleger, sondern als Kollekteur des von ihm komponierten Jahrgangs in Erscheinung tritt, setzte bei der Bewerbung andere Prioritäten als Lau, der ausschließlich auf die ökonomische Seite der Pränumeration orientiert und keinerlei Angaben zur Musik veröffentlicht hatte. Telemann dagegen teilte mit:

> Dieß Werk ist besonders brauchbar, weil es mit wenigen Personen bestellet werden kann. Denn es bestehet aus einer Singstimme, zwo Violinen und beziefertem Basse, (jede Partie einzeln abgedruckt) die hohen Festtage aus-

---

31 *Leipziger Zeitungen*, 2. Stück, 38. Woche, 19. September 1747, S. 600. Abgedruckt bei Manuel Bärwald, Zeitungen als musikgeschichtliche Quelle. Die Leipziger Tagespresse zur Zeit Johann Sebastian Bachs, in: *Jahrbuch für Kommunikationsgeschichte* 13 (2011), S. 16–34, hier S. 28 f., vgl. auch S. 24 f.

32 Thomas Keiderling, Leipzig – Buchstadt, Verlagsstadt und Musikstadt?, in: *Das Leipziger Musikverlagswesen. Innerstädtische Netzwerke und internationale Ausstrahlung*, hrsg. von Stefan Keym / Peter Schmitz, Hildesheim etc. 2016, S. 13–23, hier bes. S. 14 f.

33 Wie Anmerkung 25.

34 *Zum gemeinen Nutzen eingerichteter Danziger Erfahrungen*, 49. Woche [Ende November], 1747. Abgedruckt in Jerzy Marian Michalak, Evangelische Kantoren und Kantorate im Danzig des 18. Jahrhunderts, in: *Das Kantorat des Ostseeraums im 18. Jahrhundert. Bewahrung, Ausweitung und Auflösung eines kirchenmusikalischen Amtes*, hrsg. von Joachim Kremer / Walter Werbeck, Berlin 2007 (= Greifswalder Beiträge zur Musikwissenschaft 15), 167–197, hier S. 177, 191.

35 Vgl. *Beiträge zur Geschichte der Magdeburger Buchdruckerkunst im 16., 17. und 18. Jahrhundert*, nach dem hinterlassenen Manuskript des Schriftleiters Max Hasse bearb. und hrsg. von Arthur [...] von Vincenti, Magdeburg 1940, S. 146.

36 *Staats- und Gelehrte Zeitung des Hamburgischen unpartheyischen Correspondenten*, Nr. 31, 23. Februar 1748.

genommen, da der Anfangsspruch vier Stimmen erfordert, wozu zwo zu entbehrende Trompeten, nebst Paucken, kommen. Es kann aber auch der Spruch gar wegbleiben, und also das übrige des Stücks als eine Cantata benutzet werden. Der Stich hat an Schönheit wenig seines gleiches. Wenn übrigens von einigen gemuthmaßet worden, daß der Verfasser eine alte Music hierbey anwende: so kann man das Gegentheil in den Hamburgischen Kirchen hören und lesen.[37]

Das Mitlesen der Texte bezieht sich auf die gedruckten Hamburger *Texte zur Music*, anhand derer Jürgen Neubacher die Aufführungsfolge einzelner Stücke des *Engel-Jahrgangs* in Hamburg ab dem zweiten Weihnachtstag 1747 nachgewiesen hat. Die ersten Aufführungen in Hamburg fanden demnach statt, bevor Lau die Noten offeriert hat, denn die Pränumeration auf das erste Quartal des Jahrgangs war erst für Ostern 1748, das auf den 14. und 15. April fiel, vorgesehen.

Das Angebot von Text- und Musikausgabe quasi als ‚Gesamtpaket‘, dessen weitläufige Vorläufer in den kombinierten Lied- und Predigttextdrucken des 17. Jahrhunderts zu sehen sind,[38] dürfte zusätzliche Werbeaspekte eröffnen. Auch Christoph Heinrich Lau gab nach Abschluss der Arbeiten am Notenstich 1749 den vollständigen Jahrgangstext, der überwiegend aus der Feder von Daniel Stoppe (1697–1747) stammt,[39] im Druck heraus und verwies in Titel und Vorwort auf Telemanns Vertonung.[40] Schon 1744 war bei Schmid in Nürnberg der Textdruck zum *Musicalischen Lob Gottes* erschienen, der ebenfalls auf Telemanns Kompositionen Bezug nimmt. In der Vorrede wurde mitgeteilt, dass „Cantoren und Praenumeranten des Musicalischen Jahrgangs" nach dem Text verlangt hätten.[41]

Einen interessanten Einblick in die mitunter komplizierten Vertriebsmechanismen eines Verlagsproduktes um die Mitte des 18. Jahrhunderts vermittelt am Beispiel des *Engel-Jahrgangs* ein Brief vom 11. April 1748 aus Magdeburg, den Leberecht Gotthold Faber (geb. 1719, von 1749–1774 in Halle tätig)[42] an den Universitäts-Buchdrucker

---

37 Ebenda.

38 Vgl. Jahn, Telemanns *Harmonischer Gottes-Dienst* (Anm. 10), S. 470.

39 Zu Stoppe vgl. Eberhard Haufe, Daniel Stoppe als Textdichter Telemanns, in: *Telemann und seine Dichter. Konferenzbericht der 6. Magdeburger Telemann-Festtage vom 9. bis 12. Juni 1977*, hrsg. vom Rat der Stadt Magdeburg in Verbindung mit dem Arbeitskreis „Georg Philipp Telemann" im Kulturbund der DDR, 2 Bde., Magdeburg 1978, hier Bd. 1, S. 75–86; Hans-Joachim Schulze, Vorwort zu Georg Philipp Telemann, *Moralische Kantaten für Singstimme (mittel bis Hoch) und Basso continuo* […], hrsg. von K. Janetzky, Leipzig 1978.

40 *Weiland* | *Herrn Daniel Stoppens,* | *Conrectoris in Hirschberg,* | *Schwanengesang,* | *bestehend* | *aus einem poetischen* | *Jahrgange* | *über* | *die Evangelien aller Sonn- und Festtage,* | *zu welchem* | *der Capellmeister Telemann,* | *in Hamburg,* | *die Music verfertiget,* | *und welcher zu bekommen ist* | *bey Christoph Heinrich Lau,* | *Organist in Hermsdorf, unterm Kynast, bey Hirschberg.* || *Hirschberg,* | *Gedruckt bey Immanuel Krahn.,* o. J. [die Vorrede datiert vom 1. Januar 1749].

41 *Sonn- und Festtägliches Lob Gottes in der Gemeinde des Herrn bestehend aus einem Jahr-Gang geistlicher Poesien über die Evangelien,* Nürnberg 1744. Vgl. Poetzsch-Seban, *Die Kirchenmusik von Georg Philipp Telemann und Erdmann Neumeister* (Anm. 24), S. 231 f., 374.

42 David L. Paisey, *Deutsche Buchdrucker, Buchhändler und Verleger 1701–1750*, Wiesbaden 1988 (= Beiträge zum Buch- und Bibliothekswesen 26), S. 58.

und Verleger Johann Justinus Gebauer (1710–1772) in Halle richtete (Abbildung 1).[43] Faber schrieb an Gebauer:

> Versprochener maassen gebe zur dienstfreundl.[ichen] Nachricht, daß vor kurtzen von *H. Lauen aus Schlesien* Antwort bekommen, und dadurch sancte verspricht[,] nachst [!] kommende Oster-Messe den ersten Theil des *Telemannischen Jahrgangs* zu liefern; können also Ew. Hochedl. mir das Praenumerat.[ions] Geld entweder p.[er] Assignation [Geldanweisung] oder in natura übermachen, doch sähe ersteres lieber, um die Kosten zu menagiren. Die Exempl.[are] werden Ihnen von *H. Scheidhauern in Leipzig* zu gestellet werden, welcher alle in unser [!] Gegend gehörige Exempl.[are] von dem *Musicdirector H. Goernern*, so beÿ der Universitäts-Kirche ist, abfordern lassen will, und weiter zu expediren versprochen."[44]

Das etwas verwirrende Prozedere könnte folgendermaßen ausgesehen haben: Lau gab sein Publikationsvorhaben verschiedenen Pränumerationsstellen und Kollekteuren bekannt. Darunter befand sich Leberecht Gotthold Faber, der aus Magdeburg schrieb, Sohn von Christian Leberecht Faber. Ob er eventuell seinem Vater zur Hand ging, ist nicht zu klären – die *Braunschweigischen Anzeigen* führten Christian Leberecht, nicht Leberecht Gotthold Faber als Magdeburger Kollekteur für den *Engel-Jahrgang*.[45] Zu den Kollekteuren des Jahrgangs gehörte auch der Hallische Universitätsbuchdrucker Johann Justinus Gebauer (1710–1772), dem mehrere Exemplare zukommen sollten. Gebauer erhielt jedoch die gedruckten Noten nicht von Faber, sondern über den Magdeburger Buchhändler Georg Ernst Scheidhauer, der sich vermutlich wegen der Ostermesse 1748 in Leipzig aufhielt. Scheidhauer – seit 1722 Inhaber der Buchhandlung Seidel und Scheidhauer – kümmerte sich wohl von Leipzig aus um „alle in unser Gegend gehörige Exempl.[are]", die er „weiter zu expediren versprochen" hat. Die Materialien erhielt Scheidhauer von dem Leipziger Universitätsmusikdirektor Johann Gottlieb Goerner (1697–1778), der über ausreichende Lagermöglichkeiten verfügt haben muss. Gebauer und Goerner werden auch in der Leipziger Anzeige des *Engel-Jahrgangs* als Kollekteure genannt.[46] Offensichtlich aber waren nicht alle der dort erwähnten Personen zugleich auch im Besitz der Ware, denn sonst hätte Gebauer sich nicht an Faber wenden müssen. Möglich ist auch, dass Lau bei der ersten Auslieferung oder zu Messe-Zeiten nur wenige Adressaten belieferte (im konkreten Fall Goerner in Leipzig), die eine entsprechende Weiterverteilung an Zwischenhändler und Kollekteure zu verantworten hatten.

---

43 Vgl. zu ähnlichen Verfahren im Buchhandel auch Thomas Bez / Thomas Keiderling, *Der Zwischenbuchhandel. Begriffe, Strukturen, Entwicklungslinien in Geschichte und Gegenwart*, Stuttgart 2010.

44 Leberecht Gotthold Faber an Johann Justinus Gebauer, Magdeburg, 11. April 1748, Stadtarchiv Halle, Archiv Gebauer & Schwetschke, Sign. A 6.2.6 Nr. 1492 (Kartonnr. 7) [Hervorhebungen B. R.].

45 Wie Anmerkung 25.

46 Wie Anmerkung 31.

1492

Magdeb. d. Mich.Apr. 1748.

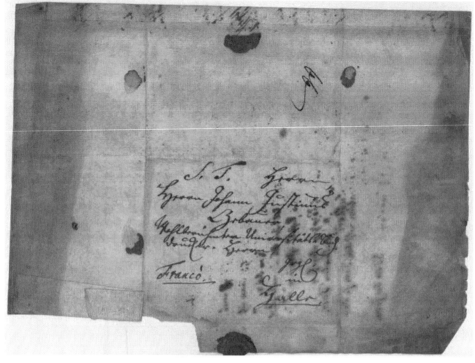

Abbildung 1:   Brief Leberecht Gotthold Fabers an Johann Justinus Gebauer, Magdeburg, 11. April
1748 [Stadtarchiv Halle, Archiv Gebauer & Schwetschke, Sign. A 6.2.6 Nr. 1492
(Kartonnr. 7)]

Dem Erfolg Telemanns hinsichtlich des Vertriebs eigener Werke war sicherlich zu-
träglich, dass er sich selbst als Kollekteur betätigte bzw. sich für die Verbreitung von
Publikationen seiner Zeitgenossen einsetzte: Für Matthesons *Critica musica* versuch-
te Telemann, „einige Subscribenten zu verschaffen",[47] der „Bohnschen Handlung"
(Hamburger Buchhändler Johann Bohn [1712–1773]) empfahl er, Georg Andreas
Sorges „Bücher länger in Commißion zu behalten",[48] für Carl Philipp Emanuel Bachs
Versuch,[49] Agricolas Tosi-Übersetzung,[50] Marpurgs *Abhandlung von der Fuge*[51] und Sor-

---

47 Brief Georg Philipp Telemanns an Johann Friedrich Armand von Uffenbach, Hamburg, 4. Oktober 1724, abgedruckt in Telemann, *Briefwechsel* (Anm. 15), S. 214–218, bes. S. 216.
48 Brief von Georg Andreas Sorge an Georg Philipp Telemann, Lobenstein, 16. Juni 1750, abgedruckt in Telemann, *Briefwechsel* (Anm. 15), S. 335–337, hier bes. S. 335.
49 Carl Philipp Emanuel Bach, *Versuch über die wahre Art das Clavier zu spielen*, Berlin 1753. Siehe zu Telemann als Kollekteur den Pränumerationsaufruf in: *Critische Nachrichten durch Johann
Carl Dähnert*, Bd. 3, Greifswald 1752, S. 100. Vgl. auch *Carl Philipp Emanuel Bach im Spiegel
seiner Zeit. Die Dokumentensammlung Johann Jacob Westphals*, hrsg. von Ernst Suchalla, Hildesheim etc. 1993 (= Studien und Materialien zur Musikwissenschaft 8), S. 141; *Staats- und Gelehrte Zeitung des Hamburgischen unpartheyischen Correspondenten*, Nr. 60, 29. April 1752.
50 Johann Friedrich Agricola, *Anleitung zur Singekunst*, Berlin 1757. Vgl. Johann Friedrich Agricola an Georg Philipp Telemann, Potsdam, 20. Oktober 1755, abgedruckt in Telemann, *Briefwechsel* (Anm. 15), S. 368 f., hier bes. S. 368.
51 Friedrich Wilhelm Marpurg, *Abhandlung von der Fuge*, Berlin 1753. Vgl. *Staats- und Gelehrte
Zeitung des Hamburgischen unpartheyischen Correspondenten*, Nr. 89, 6. Juni 1753.

ges „Anleitung zum Spiel aus dem Kopffe"[52] nahm er selbst Pränumerationsgelder entgegen, und 1726 war er als Kollekteur für Johann Helmich Romans *XII Sonate a flauto traverso, violone e cembalo* (Stockholm [1727]) in Erscheinung getreten.[53] In welchem Ausmaß sich Telemann dabei auch mit buchhändlerischen Arbeiten konfrontiert sah, lässt sich nicht feststellen. Es bleibt zu fragen, wie er die Absatzlogistik für die verschiedenen Publikationen organisierte. Immerhin hatte Agricola 36 Exemplare seiner *Anleitung zur Singekunst* an Telemann zur weiteren Verteilung geliefert.[54] Johann Adolph Scheibe (1708–1776) bat ihn um die Zusendung von Büchern, etwa um den dritten Teil von Band 3 der Mizlerschen *Musikalischen Bibliothek*[55] und um Wolfgang Caspar Printz' (1641–1717) *Historische Beschreibung der edelen Sing- und Kling-Kunst*.[56] Schließlich deutet auch ein Brief des Organisten Andreas Friederich Ursinus (1699–1781) an,[57] den dieser am 15. August 1745 aus Tondern an Gebauer richtete, dass Telemann auch andere Kollekteure beim Vertrieb der Publikationen unterstützte (Abbildung 2). Ursinus beklagt, dass er den zweiten Teil der ab 1744 im Verlag Gebauer erschienenen *Allgemeinen Welthistorie*[58] noch nicht erhalten habe, wohingegen „die Appenrader Praenumeranten denselben schon durchgelesen, wodurch meine Interessenten nicht wenig verdrüßlich gemacht werden". Die Exemplare sollten von Halle aus nach Hamburg „an den Hn. Capellmeister Telemann" geschickt werden.[59]

---

52 Georg Andreas Sorge, *Anleitung zur Fantasie, oder zu der schönen Kunst, das Clavier wie auch andere Instrumente aus dem Kopfe zu spielen* […], Lobenstein [1767]. Vgl. Sorge an Telemann, Lobenstein, 29. April und 3. Mai 1767, abgedruckt in Telemann, *Briefwechsel* (Anm. 15), S. 340–342.

53 Vgl. drei gleichlautende Anzeigen in: *Staats- und Gelehrte Zeitung des Hollsteinischen Correspondenten*, Nr. 198, 11. Dezember 1726, *Hamburger Relations-Courier*, Nr. 196, 16. Dezember 1726, *Nordischer Mercurius*, 20. Dezember 1726; Markus Rathey, *Georg Philipp Telemann als Kommissär für Johan Helmich Romans Flötensonaten von 1727*, in: *Die Musikforschung* 57 (2004), H. 2, S. 139–141. Auch erwähnt bei Annemarie Clostermann, Der Handel mit Eintrittskarten, Textbüchern und Musikalien. Strategien einer öffentlichkeitswirksamen Verbreitung von Musik in Hamburg zur Zeit Telemanns, in: *Beiträge zur Musikgeschichte Hamburgs vom Mittelalter bis in die Neuzeit*, hrsg. von Hans Joachim Marx, Frankfurt a. M. 2001 (= Hamburger Jahrbuch für Musikwissenschaft 18), S. 257–266, bes. S. 265 ff.

54 Wie Anmerkung 50.

55 *Neu eröffnete Musikalische Bibliothek*, hrsg. von Lorenz Christoph Mizler, Leipzig 1739–1754; vgl. Brief Johann Adolph Scheibes an Georg Philipp Telemann, Sonderburg, 6. Januar 1750, abgedruckt in Telemann, *Briefwechsel* (Anm. 15), S. 328–332, hier bes. S. 331 f.

56 Wolfgang Caspar Printz, *Historische Beschreibung der edelen Sing- und Kling-Kunst*, Dresden 1690; vgl. Brief Johann Adolph Scheibes an Georg Philipp Telemann, Sonderburg, 8. Februar 1757, abgedruckt in Telemann, *Briefwechsel* (Anm. 15), S. 332–335, hier bes. S. 334.

57 Zu Ursinus vgl. Konrad Küster im Vorwort zu Andreas Friederich Ursinus, *Heilig heißt Gott, der Vater, Sohn und Geist für Clarino, 2 Violinen, Viola, vierstimmigen Chor und Generalbass (Violoncello und Orgel)*, hrsg. von Konrad Küster, Hamburg 2014 (= Musik zwischen Nord- und Ostsee 15).

58 *Übersetzung der Allgemeinen Welthistorie, die in England durch eine Gesellschaft von Gelehrten ausgefertiget worden*, Teile 1–17, hrsg. von Siegmund Jacob Baumgarten, Halle 1744–1758; Teile 18–30, hrsg. von Johann Salomo Semler, ebenda, 1759–1766; Fortsetzung Teile 31–66, ebenda 1768–1814. Vgl. Marcus Conrad, *Geschichte(n) und Geschäfte. Die Publikation der „Allgemeinen Welthistorie" im Verlag Gebauer in Halle (1744–1814)*, Wiesbaden 2010 (= Buchwissenschaftliche Beiträge aus dem Deutschen Bucharchiv 81).

59 Brief von Andreas Friederich Ursinus an Johann Justinus Gebauer, Tondern, 15. August 1745, Stadtarchiv Halle, Archiv Gebauer & Schwetschke, Sign. A 6.2.6 Nr. 35190 (Kartonnr. 100). Vgl. Marcus Conrad, Zum Pränumerationsvertrieb der „Allgemeinen Welthistorie" im Verlag

35190

HochEdler,
insonders Hochgeehrter Herr!

Ich wundere mich billig, daß ich den
2ten Theil von der A. W. Historie noch
nicht erhalten habe, da die Apenrader
Praenumeranten denselben schon durchgelesen, wodurch meine Interessenten nicht
wenig verdrüßlich gemacht werden, zumal da wir auch den 1ten Theil der
arité vor längst den Verschluß an
Ciel abgesandt. Ew. HochEdlen werden
die Güte haben, mir von dieser Sache
die, so bald möglich, zulängliche Nachricht
zugeben, und übrigens zuglauben, daß
ich jederzeit mit vielem Vergnügen
bin,

Ew. HochEdlen,
ergebener Diener,
A. F. Sisinus.

Tondern
d 15. Aug.
1745.

Meine Adresse in Hamburg ist
an den Hn. Capellmeister Telemann.

Abbildung 2: Brief von Andreas Friederich Ursinus an Johann Justinus Gebauer, Tondern,
15. August 1745 [Stadtarchiv Halle, Archiv Gebauer & Schwetschke, Sign. A 6.2.6
Nr. 35190 (Kartonnr. 100)]

Alles in allem fußen Telemanns Hamburger Werbe- und Vertriebsstrategien auf der komplexen Logistik des zeitgenössischen Buchhandels. Als Verleger und Kollekteur kannte er die Gepflogenheiten der Branche und war Kollegen bei der Verbreitung ihrer Publikationen behilflich. Die vielfältigen Kontakte, die er im Laufe seines Lebens aufbaute, waren ihm Stütze für eine weitgreifende und effektive Werbung in eigener Sache. Als Privileg des Musikdirektors Telemann kann gesehen werden, dass er viele seiner im Verlag publizierten Werke öffentlich aufführen und sie auf diese Weise einem direkten Interessentenkreis bekanntmachen konnte. Detaillierte, auf die Spezifik der Kompositionen ausgelegte Werbetexte dokumentieren Telemanns verlegerisches und vertriebstechnisches Engagement, das nicht auf reine marktorientierte Distribution zu reduzieren ist,[60] sondern mit aufklärerischem Impetus Werbestrategien und Vertriebsmöglichkeiten des modernen Buchhandels und Verlagswesens nutzte, um das Kunst- und Bildungspotential der musikinteressierten Öffentlichkeit zu formen. Telemanns verlegerische und buchhändlerische Umtriebigkeit war Teil eines ausgeprägten kommunikativen und sachzielorientierten Dienstes am Publikum. Bereits 1728 hieß

Gebauer in Halle (1744–1814), in: *Pränumerationen im 18. Jahrhundert als Geschäftsprinzip und Marktalternative* (Anm. 3), S. 55–65.

60 Vgl. auch den Beitrag von Wolfgang Fuhrmann, Telemann, ein genialer Unternehmer, in: *Frankfurter Allgemeine Sonntagszeitung* vom 18. Juni 2017 (Nr. 24), S. 28.

es in einem zu Werbezwecken entstandenen Verzeichnis der von Telemann herausge-gebenen Werke, „daß unter uns Deutschen nicht leicht ein Componist zu finden seyn werde/ der mit so vielen Wercken/ und mit so vielen daran gewendeten Kosten/ wie unser Herr Capellmeister Telemann […] dem Publico zu dienen beflissen gewesen".[61]

Anhang

Anzeige des *Harmonischen Gottes-Dienstes* in: *Neue Zeitungen von Gelehrten Sachen*, Leipzig 17. Januar 1726, hrsg. von Johann Gottlieb Krause, S. 41 f.

Hamburg.
Allhier wird folgendes in Verlag des Autoris gedruckt: Harmonischer Gottesdienst, oder geistliche Cantaten zum allgemeinen Gebrauche, welche, zu Beförderung so wohl der Privat- Hauß- als öffentlichen Kirchen-Andacht, auf die Sonn- und Festtäglichen Episteln durchs gantze Jahr gerichtet sind, und aus einer Singestimme bestehen, die entweder von einer Violine, oder Hautbois, oder Flute traverse, oder Flute à bec, nebst dem General-Basse, begleitet wird; auf eine leichte und bequeme Art also verfasset, daß nicht allein die, so zur Aufführung der Kirchen-Musick gesetzet sind, und vor allen diejenigen, so sich nur weniger Gehülffen darzu zu bedienen haben, so nütz-lich gebrauchen können, sondern auch denen zur geistlichen Ergötzlichkeit, die ihre Hauß-Andacht musicalisch zu halten pflegen; wie nicht weniger allen, die sich im Sin-gen oder im Spielen auf gedachten Instrumenten üben, zur Erlangung mehrer Fähig-keit in die Musick gebracht, und zum Druck befördert von Georg Philipp Telemann, Chori Musici Hamb. Direct. fol. Das Werck fängt sich mit ietzigem Jahre an, und es wird darauf voraus bezahlet, so, daß [S. 42] diejenigen, so von Quartalen zu Quar-talen 1 Thaler 16 Groschen entrichten, die eintzelnen Bogen des Jahrganges allezeit 4 Wochen eher haben können, ehe der Sonn- und Festtag einfällt, auf welchen iedes Stück gerichtet ist. Die Praenumeration kan so wohl bey dem Autore selber, als auch fast in allen benahmten Städten Deutschlandes bey den Herrn Cantoribus iedes Orts geschehen. Übrigens verspricht Herr Telemann in der Vorrede, nächstens auch einen eigentlichen Kirchen-Jahrgang von eitel voll besetzten Stücken heraus zu geben, und rühmt die Poesie zu beyden Wercken gar sehr, welche er durch Herrn Weichmanns Vermittlung erhalten.

---

61 Verzeichniß der von dem Herrn Capell-Meister Telemann herausgegebenen Musicalischen Wercke, in: *Hamburgische Auszüge aus neuen Büchern/ und Nachrichten von allerhand zur Gelahrtheit gehörigen Sachen*, 11. Teil, Hamburg 1728, S. 819–827, abgedruckt in Annemarie Clostermann, *Das Hamburger Musikleben und Georg Philipp Telemanns Wirken in den Jahren 1721 bis 1730*, Reinbek 2000, S. 211–213, Zit. S. 213.

Ina Knoth

Wessen Geschäftssinn?

Hamburger Telemann-Sonaten auf dem Londoner Musikmarkt

Telemanns umfangreiche verlegerische Tätigkeiten gelten als eine seiner herausragenden Innovationen.[1] Sie werden nicht zuletzt auf eine fehlende Musikdruck-Infrastruktur in Frankfurt am Main und Hamburg zurückgeführt.[2] Ein systematischer Anschluss an die großen zeitgenössischen Zentren für Musikdruck – Amsterdam, London und Paris – stand allerdings zunächst nicht im Fokus von Telemanns Bemühungen, was sich erst mit seiner Parisreise 1737/38 zumindest in dieser Richtung änderte. Dabei mutet aus Hamburger Perspektive London als wichtiger Handelspartner nicht nur geographisch näherliegend an. Während tatsächlich einzelne Hinweise auf Initiativen Telemanns greifbar sind, sich auch in London mit seinen selbst verlegten Kompositionen bekannt zu machen, führt eine entsprechende Spurensuche in England schnell von ihm selbst weg. Auf Basis seiner Drucke im Selbstverlag und englischer Raubdrucke, Publikationsverzeichnisse, Briefe, Zeitungsanzeigen sowie Übungs- und Spielanweisungen geht diese Studie aus ökonomischer, philologischer und editorischer Perspektive der Frage nach, inwieweit Telemann die eigene Rezeption im Londoner Musikleben durch seine Verlagstätigkeiten systematisch – im Gegensatz zu meist unkontrollierbarer Manuskriptzirkulation – mitgestaltet hat. Gleichzeitig ermöglicht sie einen Einblick in englische Verlegergepflogenheiten im Umgang mit einem im Londoner Musikleben nicht persönlich anwesenden Komponisten.

I. Konsumgut Sonate

Musikdruck gab es Anfang des 18. Jahrhunderts bereits über zwei Jahrhunderte. Gleichwohl wurde Musik vor allem unter professionellen Musikern immer noch vorwiegend in Manuskripten, d.h. Abschriften vervielfältigt und verbreitet.[3] Der Musikdruck war trotz stetiger Entwicklung zu aufwendig und kostenintensiv, um kleine Auflagen zu rechtfertigen; er lohnte sich erst ab einer bestimmten Anzahl an zu erwartenden Abnehmern und war somit vorwiegend von unternehmerischen und allenfalls

---

1   Zu Telemanns verlegerischen Tätigkeiten vgl. grundlegend Steven Zohn, Telemann in the Marketplace: The Composer as Self-Publisher, in: *Journal of the American Musicological Society* 58 (2005), S. 275–356, und Martin Ruhnke, Telemann als Musikverleger, in: *Musik und Verlag. Karl Vötterle zum 65. Geburtstag am 12. April 1968*, hrsg. von Richard Baum / Wolfgang Rehm, Kassel etc. 1968, S. 502–517.

2   Vgl. ebenda, S. 503.

3   Vgl. z.B. Klaus Hortschansky, Notendruck und Subskription im ausgehenden 18. Jahrhundert. Einige Überlegungen, in: *Festschrift Hellmut Federhofer zum 100. Geburtstag*, hrsg. von Axel Beer u.a., Tutzing 2011 (= Mainzer Studien zur Musikwissenschaft 45), S. 145–151, hier S. 145.

nachrangig von ideellen oder ästhetischen Interessen bestimmt.[4] Für Musikverleger waren gerade Sonaten für ein Soloinstrument aus verschiedenen Gründen als Konsumgut besonders interessant. Sie benötigten vergleichsweise wenig Papier, waren also risikominimierend schnell und günstig zu produzieren. Außerdem fanden sie potentiell viele Abnehmer, da sie vielfältig verwendbar waren: Sie konnten im häuslichen Gebrauch auf unterschiedlichen Instrumenten wie Violine, Flöte und Oboe solo oder in erweiterter Gesellschaft im Zusammenspiel mit Viola da gamba- und/oder Cembalobegleitung musiziert werden. Auch Telemann setzte bei seinen Publikationen eigener Werke, die er 1715 in Frankfurt am Main begann und in Hamburg dann verstärkt bis 1739 fortsetzte,[5] einen deutlichen Akzent auf die Sonate. Von seinen 46 im Selbstverlag publizierten Sammlungen waren immerhin zwölf reine Sonatensammlungen, davon sieben mit Sonaten für ein Soloinstrument.[6] Hinzu kamen noch die zahlreichen Sonaten, die in Sammlungen wie den *Essercizii musici* (Hamburg 1727 oder 1728), dem getreuen *Music-Meister* (Hamburg 1728–1729) oder der *Musique de table* (Hamburg 1733) enthalten waren.

Solo- und Kammersonaten schienen somit auch Telemann, der seinen international vernetzten Selbstverlag sicher zu einem großen Teil aus finanziellen Erwägungen heraus betrieb, als Ware erfolgsversprechend zu sein. Im gerade von Hamburg nicht weit entfernten London war von Telemanns eigenen Drucken allerdings erstaunlich wenig präsent. Leichter zu bekommen waren hier die Raubdrucke von John Walsh & John Hare sowie von John Simpson. Bemerkenswert ist, dass sowohl Walsh & Hare als auch Simpson ausschließlich Sonaten Telemanns für ihre Zwecke nutzten, sein weiteres Œuvre also verlegerisch ignorierten.[7]

II. London als Zentrum für Musikdruck

London war zu Beginn des 18. Jahrhunderts ein besonders hart umkämpfter Musikmarkt, auf dem der Vertrieb eigener Kompositionen für einen nicht ansässigen Komponisten eine ambitionierte Aufgabe war. Ein gewichtiges Problem stellte hier der ge-

---

4 Die potentiellen Abnehmer konnten dabei grundsätzlich männlichen oder weiblichen Geschlechts sein; aus Gründen der besseren Lesbarkeit vereinfache ich hier und im Folgenden auf das generische Maskulinum. Zu verschiedenen Verlagskonzepten in der Frühen Neuzeit vgl. grundlegend *Music Publishing in Europe 1600–1900. Concepts and Issues, Bibliography*, hrsg. von Rudolf Rasch, Berlin 2005 (= Musical Life in Europe 1600–1900. The Circulation of Music 1).

5 Für die Datierung der Publikationen aus Telemanns Selbstverlag folge ich hier und im Folgenden der aktuellsten Datierung von Zohn, Telemann in the Marketplace (Anm. 1), S. 278 f.

6 Hier habe ich zweite Auflagen nicht mitgezählt. Zu den Solosonaten vgl. zusätzlich zu Zohn (ebenda) die grundlegende Aufarbeitung von Jeanne Swack, *The Solo Sonatas of Georg Philipp Telemann. A Study of the Sources and Musical Style*, PhD Diss. Yale University Ann Arbor 1988.

7 Dies gilt für die Zeit bis zur Jahrhundertmitte. 1753 finden sich erstmals Werbeanzeigen von Walsh, die auch „Teleman Concertos" als Teil seines Verkaufsbestands nennen, so im *Public Advertiser*, 23. und 24. Januar 1753, sowie im *Post Angel*, 24. Januar 1753. Diese(r) Druck(e) scheinen allerdings nicht erhalten zu sein und erscheinen auch nicht im Katalog von William Charles Smith / Charles Humphries, *A Bibliography of the Musical Works Published by the Firm of John Walsh during the Years 1721–1766*, London 1968.

genüber Deutschland noch laxere Schutz der Druckerzeugnisse dar. Ein wirksames Copyright gab es noch bis zum Ende des 18. Jahrhunderts nicht.[8] Bei der Buchhändlergilde wurden Musikalien nur selten eingetragen, da eine entsprechende Registrierung offenbar zumindest für die Praxis keinen nennenswerten Schutz bot.[9] Gleichzeitig wuchs der Buchmarkt im ausgehenden 17. Jahrhundert merklich. Die englische Presse nahm im Anschluss an die Aufhebung des Licensing Act von 1695 erheblichen Aufschwung.[10] Parallel und vermutlich zusätzlich motiviert durch den Aufschwung des Londoner Musiklebens nahm auch die Zahl der Musikverleger in den 1690er Jahren erheblich zu.

Da wirksame Regularien fehlten, wurden Noten nicht selten ohne das Einverständnis der Komponisten gedruckt. Zudem ergänzten ansässige Verleger auch durch eine beträchtliche Anzahl von Raubkopien andernorts veröffentlichter Drucke ihr Angebot, wie etwa die zahlreichen Walsh & Hare'schen Raubdrucke von Sonaten aus dem Verlagshaus Roger in Amsterdam belegen.[11] Das Einverständnis des Komponisten einzuholen, war so eher moralische Kür als rechtliche Pflicht; eine Zusammenarbeit oder rechtliche Einigungen mit ausländischen Verlegern geradezu absurd. Königliche Privilegien, wie sie in Preußen oder Frankreich üblicherweise vergeben wurden, gab es innerhalb der Stuart-Monarchie kaum.[12] Erst als mit George I. das Hannover'sche Herrschaftshaus England (mit-)regierte, wurden in seltenen Fällen Privilegien vergeben – und dies erstmals 1720 bezeichnenderweise an Georg Friedrich Händel (erneut

---

8   Vgl. John Small, The Development of Musical Copyright, in: *The Music Trade in Georgian England*, hrsg. von Michael Kassler, Farnham etc. 2011, S. 233–386; Laurent Guillo, Legal Aspects, in: *Music Publishing in Europe 1600–1900* (Anm. 4), S. 116–138; Mark Rose, *Authors and Owners. The Invention of Copyright*, Cambridge (MA) 2002 sowie David Hunter, Music Copyright in Britain to 1800, in: *Music & Letters* 67 (1986), S. 269–282.

9   Theoretisch waren eingetragene Werke in Folge des Act of Anne 1710 zwar für 14 Jahre geschützt; wie wenig dies in der Praxis beachtet wurde, zeigen aber etwa Ronald J. Rabin und Steven Zohn, Arne, Handel, Walsh, and Music as Intellectual Property: Two Eighteenth-Century Lawsuits, in: *Journal of the Royal Musical Association* 120 (1995), H. 1, S.112–145. Auch für das Verbreiten von Einzelblättern mit Songs war (theoretisch) eine Genehmigung nötig, wie etwa der Prozess gegen John Walsh senior in den 1720er Jahren nahelegt, vgl. Donald Burrows, John Walsh and his Handel Editions, in: *Music and the Book Trade. From the Sixteenth to the Twentieth Century*, hrsg. von Robin Myers u. a., New Castle 2008 (= Publishing Pathways), S. 69–104, hier S. 76. Ein Eintrag bei der Buchhändlergilde schützte zudem keineswegs die Komponisten, sondern betraf lediglich die ökonomischen Interessen von Verlegern, Druckern, Buchbindern etc., vgl. Small, The Development of Musical Copyright (Anm. 8), S. 256. Michael Kassler, *Music Entries at Stationers' Hall, 1710–1818*, Aldershot 2004, Übersicht S. xxvi.

10 Vgl. etwa grundlegend Jeremy Black, *The English Press. 1621–1861*, Stroud etc. 2001.

11 Ein prominentes Beispiel sind hier etwa die Sonaten von Johann Christian Schickhardt. 1711 bis mindestens 1718 war Schickhardt auch in Hamburg und trat dort als Rogers Agent auf; auch er war zeitweise mit dem Hof Sachsen-Weimar (Ernst August) verbunden. Vgl. David Lasocki, Johann Christian Schickhardt (ca. 1682–1762). A Contribution to His Biography and a Catalogue of His Works, in: *Tijdschrift van de Vereniging voor Nederlandse Muziekgeschiedenis* 27 (1977), S. 28–55, hier S. 45–55. Vgl. auch Small, The Development of Musical Copyright (Anm. 8), S. 273; Hunter, Music Copyright in Britain to 1800 (Anm. 8), S. 272–274, sowie David Lasocki, The London Publisher John Walsh (1665 or 1666–1736) and the Recorder, in: *Sine musica nulla vita. Festschrift Hermann Moeck, zum 75. Geburtstag am 16. September 1997*, hrsg. von Nikolaus Delius, Celle 1997, S. 343–374, hier S. 348–351.

12 Im 17. Jahrhundert sind lediglich zwei Fälle bekannt, vgl. Hunter, Music Copyright in Britain to 1800 (Anm. 8), S. 270 f.

1730 und 1739).[13] Allerdings wurden ungeachtet des königlichen Privilegs einige Kompositionen Händels ohne dessen Zustimmung von Walsh & Hare verlegt, so dass sich Händel mehrfach von diesen Verlegern trennte, bis er mit Walsh junior Anfang der 1730er Jahre handelseinig wurde und seine Kompositionen mit Privileg nur noch von Walsh verlegen ließ.[14] Von Telemann hingegen sind kaum Kontakte zu und keinerlei Abmachungen mit Vertretern des Londoner Musikmarktes bekannt bzw. erhalten.

III. Telemanns Verbindungen zum Londoner Musikmarkt – eine Spurensuche

London wird oft als erste der internationalen Städte genannt, in denen Telemanns selbstverlegte Kompositionen erhältlich waren, was vor allem auf sein Schreiben an den Hof zu Aurich (Ostfriesland) vom 2. Dezember 1728 zurückzuführen ist.[15] Diesem legte Telemann einen Katalog bei, in welchem er an erster Stelle einen gewissen Herrn Crownfield als Londoner Buchhändler nennt, bei dem sämtliche seiner bis dahin im Selbstverlag erschienenen Werke käuflich erworben werden. Dabei könnte es sich um John Crownfield gehandelt haben, der just ab 1728 als Buchhändler in London tätig war.[16] Über Crownfield, Sohn des niederländischstämmigen Druckers der Cambridge University Cornelius Crownfield,[17] ist allerdings wenig bekannt: Verweise auf Titelblättern nennen ihn als Verkäufer für verschiedene Bücher, jedoch nicht für Musik – eine zentrale Adresse für Musikalien hatte Telemann sich mit Crownfield also vermutlich nicht ausgesucht.

Vor 1728 hatte Telemann nach aktueller Quellenlage jedoch noch keine geschäftlichen Verbindungen nach London. Die einzigen nachweisbaren Bemühungen Telemanns in dieser Richtung stehen im Zusammenhang mit den Anfängen seiner Korrespondententätigkeit für den Eisenacher Hof (zwischen 1725 und 1730) im Jahr 1725: Hier behauptet Telemann neben guten privaten Beziehungen den Aufbau geschäftlicher Verbindungen.[18] Diese erwiesen sich allerdings schnell als „steril"[19] und interessierten zumindest den Eisenacher Hof ohnehin nicht. Weitere Verbindungen nach London sind kaum nachweisbar, aber vielfältig möglich: Sie wären etwa über den

---

13 Siehe Auflistung ebenda, S. 277 (Fußnote 51).

14 Eine Liste der lizensierten bzw. unzensierten Händel-Drucke bei Walsh bietet Burrows, John Walsh and his Handel Editions (Anm. 9), S. 97–104.

15 Abgedruckt in: Georg Philipp Telemann, *Briefwechsel. Sämtliche erreichbare Briefe von und an Telemann,* hrsg. von Hans Grosse / Hans Rudolf Jung, Leipzig 1972, S. 124.

16 Art. Crownfield (John), in: *A Dictionary of the Printers and Booksellers who Were at Work in England, Scotland and Ireland from 1726 to 1775,* hrsg. von Henry Robert Plomer u. a., [Oxford] 1932, S. 414.

17 Zu Cornelius Crownfield vgl. David McKitterick, Credit, Cash, and Customers. Cornelius Crownfield and Anglo-Dutch Trade in the Early Eighteenth Century, in: *The Bookshop of the World. The Role of the Low Countries in the Book-Trade, 1473–1941,* hrsg. von Lotte Hellinga, 't Goy-Houten 2001, S. 245–253.

18 Brief Telemanns an den Eisenacher Hof, 20. Juni 1725, zitiert nach Telemann, *Briefwechsel,* S. 83: „Habe den Anfang gemacht, einen Brief-Wechsel nach Paris und London, in ihren Sprachen, aufzurichten."

19 Brief Telemanns an den Eisenacher Hof, 7. Juli 1725, in: Telemann, *Briefwechsel* (Anm. 15), S. 86.

in Hamburg ansässigen britischen Diplomaten und Minister Cyril Wich, den durch diesen Arbeitgeber auf dem britischen Publikationsmarkt kundigen Johann Mattheson, den seit 1710 in London ansässigen Händel und den britischen Diplomaten und Verwalter der Hamburger Gänsemarktoper sowie späteren Autor des *German Spy* (1738) Thomas Lediard denkbar. Auch Kontakte von Telemanns Hamburger Buchhändlern Theodor Christoph Felginer, Peter Heuss, Johann Christoph Kißner oder Georg Christian Grund nach London kommen in Frage. Belastbare Quellen dafür gibt es aber nicht.

Wie lange die 1728 aufgenommene Verbindung zu Crownfield hielt, ist nicht zu beurteilen. Ebenso wenig lässt sich die Vertriebsintensität noch einschätzen. Gut möglich wäre auch eine einmalige Lieferung 1728, zumal Telemanns spätere Kataloge und Subskribentenlisten keinen intensiven Kontakt mit dem Londoner Musikmarkt nahelegen.[20] Die Liste zur *Musique de table* (1733, „Table de ceux, qui ont souscrit à cet ouvrage") nennt hier neben Wich lediglich einen einzigen Londoner Abnehmer, nämlich Händel.[21] Die Subskribentenliste für die *Nouveaux quatuors* von 1738 („Noms des Souscrivants des Pays Etrangers") nennt dann noch nicht einmal mehr Händel.[22] Auf der „Hauptliste" wird kein einziger Engländer aufgeführt. Lediglich im Supplement wird der Violinist Giovanni Piantanida genannt, der nach seinen Auftritten in Hamburg 1737/38 nach London weiterreiste und so auch Telemanns Musik(-drucke) in London bekannt machen konnte.[23] Außerdem findet sich hier ein „M.ʳ Charls", der eventuell ein Londoner Klarinettist mit dem Nachnamen Charles gewesen sein könnte[24] – allerdings bieten zeitgenössische Zeitungsanzeigen keine Anhaltspunkte zu möglichen Aufführungen von Telemann'schen Kompositionen durch diese Musiker.

Intensive Verbindungen Telemanns zum Londoner Musikmarkt erscheinen auf der Basis dieser Quellenlage eher zweifelhaft, zumal Telemann nie selbst nach London gereist ist. Auch aus diesem Blickwinkel spricht vieles für Steven Zohns These, dass Telemann sich bei der Verbreitung seiner Musikdrucke vor allem auf seine deutschen und französischen Netzwerke verlassen hat.[25]

---

20 Die Subskribentenlisten sind dabei allerdings mit der zuletzt von Steven Zohn angemahnten Vorsicht hinsichtlich Vollständigkeit und Verlässlichkeit in Bezug auf die Auflagenzahl zu behandeln: Zohn, Telemann in the Marketplace (Anm. 1), S. 313.

21 „Mr. Hendel, Docteur en Musique". Subskribentenliste abgedruckt in: Georg Philipp Telemann, *Tafelmusik. Teil 1*, hrsg. von Johann Philipp Hinnenthal, Kassel etc. 1959 (= Musikalische Werke 12), S. [X].

22 Händel scheint Telemanns Musik auf anderen Wegen rezipiert zu haben und verarbeitete sie teilweise auch in seinen Kompositionen, vgl. Percy M. Young, Telemann und England, in: *Telemann-Renaissance. Werk und Wiedergabe. Bericht über die wissenschaftliche Arbeitstagung aus Anlass des 20. Jahrestages des Telemann-Kammerorchesters Sitz Blankenburg, Harz*, Magdeburg 1973 (= Magdeburger Telemann-Studien 4), S. 62–67, hier S. 66.

23 Vgl. Steven Zohn, Das „Supplement de souscrivants" der „Nouveaux Quatours" und Telemanns Pränumerationsunternehmen, in: *Telemann und Frankreich – Frankreich und Telemann. Bericht über die Internationale Wissenschaftliche Konferenz, Magdeburg, 12. bis 14. März 1998, anläßlich der 14. Magdeburger Telemann-Festtage*, hrsg. von Carsten Lange u. a., Hildesheim etc. 2009 (= Telemann-Konferenzberichte 12), S. 43–56, hier S. 44.

24 Ebenda.

25 Zohn, Telemann in the Marketplace (Anm. 1), S. 310: „This disparity suggests that Telemann played a limited role in collecting subscribers to his quartets, perhaps entrusting the job to his publishing partners Vater, Boivin, and Le Clerc, whose Parisian, French, and Belgian connections were presumably stronger than their German ones."

IV. Georgio Melande und George Philip Telemann – vom Unbekannten zum Vielbeworbenen[26]

In England interessierte man sich bereits vor 1728 für Telemanns Sonaten, allerdings erst nach Telemanns Umzug nach Hamburg: 1722 druckten Walsh & Hare unter dem Pseudonym Georgio Melande Telemanns *Six sonates à Violon seul* als *Solos for a Violin* op. 1. 1725 veröffentlichten Walsh & Hare[27] kurioserweise weitere sechs Sonaten als Melandes op. 2,[28] die in keiner anderen Quelle erhalten sind und deren Authentizität als Sonaten Telemanns u. a. von Jeanne Swack als höchst unwahrscheinlich eingestuft wurde.[29] Melandes op. 1 und 2 wurden dann, als John Walsh junior Anfang der 1730er Jahre das Geschäft von seinem Vater übernahm, nochmals mit neuem Deckblatt mit Walsh (junior) als einzigem Verlegernamen verkauft.[30] Die Druckplatten der Noten sind dabei jeweils dieselben. Entweder war die Auflagenzahl der Melande-Drucke nicht so hoch gewesen, dass die Platten beim ersten Druck verschlissen worden wären, oder der Absatz der Auflage gelang nicht wunschgemäß.[31] Etwa eine Dekade lang gab es dann keine englischen Drucke Telemann'scher Kompositionen mehr.

In den 1740er Jahren schien sich allerdings etwas an Telemanns Bekanntheitsgrad in London geändert zu haben. 1741 wurden alle zwölf „Melande"-Sonaten wiederum im Notenbild unverändert in einer Sammlung unter dem Namen „G. P. Teleman" als op. 1 zusammengeführt.[32] 1746 wurden seine *Sonates sans basse* von 1726 als *Six Sonatas or Duets for two German Flutes or Violins* als Telemans op. 2 angeboten.[33] Im gleichen Jahr erschienen außerdem bei Hares Nachfolger John Simpson Telemanns

---

26 Ich danke Catherine Harbor, der Koordinatorin der noch unveröffentlichten Datenbank *Register of Music in London Newspapers 1660–1750* an der Royal Holloway, University of London, für ihre wertvollen Hinweise und Datensätze zu Telemann, die ich in diesem Beitrag verwenden durfte.

27 Nach John Hares Tod 1725 übernahm sein Sohn Joseph Hare das Geschäft, vgl. William C. Smith u. a., Hare, in: *Grove Music Online*, https://doi.org/10.1093/gmo/9781561592630.article.12372 (letzter Aufruf: 15. Januar 2018).

28 Zur Datierung vgl. Smith / Humphries, *A Bibliography 1721–1766* (Anm. 7), S. 227. Es sind keine Werbeanzeigen zu Melande aus diesem Jahr bekannt.

29 Swack, *The Solo Sonatas of Georg Philipp Telemann* (Anm. 6), S. 181–196, und Jeanne Swack, John Walsh's Publications of Telemann's Sonatas and the Authenticity of ‚Op. 2', in: *Journal of the Royal Musical Association* 118 (1993), S. 223–245. Sonate Nr. IV wurde bereits als mutmaßlich von Arcangelo Corelli stammend identifiziert, vgl. RISM ID no. 240001330.

30 Eine Datierung ist schwierig; Smith / Humphries, *A Bibliography 1721–1766* (Anm. 7), S. 227 geben ohne Erläuterung die Datierung „[c. 1730]" an. Die einzigen Anhaltspunkte geben zwei Anzeigen von 1731 und 1733, die jeweils in einer Liste von 24 bzw. 15 Komponisten, deren „Solos" beworben werden, auch „Melande" nennen. *Country Journal: or the Craftsman*, 18. September 1731 und 14. April 1733.

31 Sämtliche Walsh-Drucke von Telemanns Sonaten können in der British Library eingesehen werden.

32 Smith / Humphries, *A Bibliography 1721–1766* (Anm. 7), S. 318, geben ohne Erläuterung die Datierung „[c. 1735]" an. Werbeanzeigen für „Teleman's Solos", womit diese Sammlung gemeint sein könnte, finden sich allerdings erst 1741: *London Daily Post and General Advertiser*, 27. Oktober 1741, 22. und 31. Dezember 1741.

33 Vgl. Smith / Humphries, *A Bibliography 1721–1766* (Anm. 7), S. 318 f., sowie *General Advertiser*, u. a. 28. Juni 1746, 11. Juli 1746 und 26. November 1746.

XIIX Canons mélodieux als *Six Canons or Sonatas for two German Flutes or Violins* op. 5[34] (Tabelle[35]).

Tabelle: Englische Raubdrucke Telemann'scher Sonaten

Raubdruck London			Originaldruck			
Titel	Verlag	Jahr	Titel	Verlag	Ort	Jahr
Georgio Melande op. 1 – *Solos for a Violin with a Thorough Bass for the Harpsichord or Bass Violin*	John Walsh & John Hare	1722	*Six sonates à Violon seul*	Selbstverlag Telemann	Frankfurt	1715
	John Walsh	1731/33			Hamburg	1727 oder 1728
Georgio Melande op. 2 – *Solos for a Violin with a Thorough Bass for the Harpsichord or Bass Violin*	John Walsh & John Hare	ca. 1725	?			
	John Walsh	1731/33				
G. P. Teleman op. 1 – *XII Solos for a Violin with a Thorough Bass for the Harpsichord or Bass Violin*	John Walsh	1741	– " – (beide obigen gemeinsam)			
G. P. Teleman op. 2 – *Six Sonatas or Duets for two German Flutes or Violins*	John Walsh	1746	*Sonates sans basse*	Selbstverlag Telemann	Hamburg	1726
George Philip Teleman op. 5 – *Six Canons or Sonatas for two German Flutes or Violins*	John Simpson	1746	*XIIX Canons mélodieux*	Selbstverlag Telemann	Paris	1738

Ob und wann Walsh oder Simpson auch noch die hier fehlenden Opera 3 und 4 publizierten, ist bisher nicht bekannt: Die ab 1746 schlagartig zunehmenden Werbeanzeigen zu Telemann'schen Sonaten nennen entweder keine oder aber nur die Opuszahlen 2 und 5.[36] Dennoch könnte die starke Zunahme der Bewerbungen zeigen, dass Telemanns Name, der gleichwohl nie alleine, sondern in den Werbeanzeigen immer zusammen mit einigen weiteren Komponisten genannt wird, in den 1740ern in England bekannter geworden war. Zudem hatte Simpson bereits 1745 in seinem *Delightful Pocket Companion for the German Flute* zwei bisher nicht identifizierte Duo-Sätze als Sätze „By Mr Teleman" ausgegeben.[37]

---

34 Zur Datierung vgl. *General Advertiser*, u. a. 27. Juni 1746 und 5. August 1746.

35 Bei der Datierung der Drucke aus Telemanns Selbstverlag, die besonders in Bezug auf Telemanns *Sonates sans basse* (Datierung auf dem Titelblatt: 1727) verwundern kann, folge ich Zohn, Telemann in the Marketplace (Anm. 1), S. 278 f.

36 Insgesamt finden sich für das Jahr 1746 60 Werbeanzeigen, in denen Drucke zu Telemann als Teil des Angebots – d. h. stets neben einigen anderen Drucken – beworben werden. 1447 sind es sogar 89 Anzeigen, 1748: 22 Anzeigen, 1749: 27 Anzeigen, 1750: 38 Anzeigen.

37 Steven Zohn, „Of His Works, Nothing is Remembered". Toward a Reception History of Telemann in England and the United States, 1740–1940, in: *Vom Umgang mit Telemanns Werk einst und jetzt. Telemann-Rezeption in drei Jahrhunderten. Bericht über die Internationale Wissenschaftliche Konferenz, Magdeburg, 15. und 16. März 2012, anlässlich der 21. Magdeburger Telemann-Festtage*, hrsg. von Brit Reipsch / Carsten Lange, Hildesheim 2017 (= Telemann-Konferenzberichte 19), S. 84–108, hier S. 85, 99–102.

Telemanns Einfluss auf diese Entwicklung durch seine eigenen Drucke kann dabei allenfalls ein verspäteter gewesen sein: Vergleicht man die englischen mit den von Telemann eingerichteten Drucken, so kann für den Melande op. 1-Druck aufgrund der zahlreichen Abweichungen nahezu sicher ausgeschlossen werden, dass er auf Telemanns Druck beruht. Wahrscheinlich ist hier eine noch nicht identifizierte Manuskriptüberlieferung. Auch Charles Burney waren offenbar vor allem Leipziger und Hamburger Musikhändler bekannt, die Telemanns Musik in Manuskriptform in Umlauf brachten:

> The list of Telemann's printed works, inserted in Walther's Musical Lexikon in 1732, amounted to twenty-nine; and in Gerber's Continuation of Walther, fifteen or sixteen more are specified. But still double the number of those printed were long circulated in manuscript from the music-shops at Leipsic and Hamburgh.[38]

Dabei ist es durchaus auch möglich, dass Walsh & Hare Anfang der 1720er Jahre über Händel Kenntnis von Telemanns Kompositionen bekommen haben, da Händel zwischen 1721 und 1723 wieder einige Kompositionen dort verlegen ließ.[39] Inwieweit Telemann selbst von den 1722 bei Walsh & Hare verlegten *Solos for a Violin* wusste, ist nicht bekannt – er nennt sie in seiner Autobiographie von 1740, in der er seine eigenen Drucke, darunter auch die in Paris gedruckten *XIIX Canons mélodieux* und *Nouveaux quatours* auflistet, nicht.[40]

Die beiden späteren Raubdrucke, die zeitlich nach Telemanns ersten Verbindungen zu Crownfield liegen, weisen hingegen große Ähnlichkeit zu Telemanns Ausgaben auf. Sowohl Walsh als auch Simpson änderten zwar die Reihenfolge der Sonaten geringfügig ab. Darüber hinaus gibt es aber nur wenige Abweichungen von Telemanns Ausgaben. Simpsons Telemann-Sonaten sind sogar bis in den System- bzw. Zeilenumbruch überwiegend übereinstimmend. Somit ist es wahrscheinlich, dass beide Verleger die nunmehr auch in London erhältlichen Notendrucke als Vorlagen genommen haben. Die *Sonates sans basse* waren dabei, wenn Telemanns Angabe korrekt ist, schon 1728 nach London gekommen; der Druck der *Canons mélodieux* vielleicht auch über Verbindungen von Pariser Druckern und Buchhändlern. Dabei haben Walsh und Simpson offenbar gar nicht erst versucht, die Raubdrucke zu kaschieren. Im Gegenteil: Walsh junior korrigiert die merkwürdig italienisch-französisch gemixte Variante von Telemanns italienisch anmutendem Anagramm „Melante" Anfang der 1740er Jahre auf den zumindest fast korrekten Namen „Teleman". Zudem sticht der saubere und nahezu fehlerfreie Notendruck von „Teleman op. 2" besonders im Kontrast zur stark fehlerhaften ersten Melande-Ausgabe hervor – ganz zu schweigen von den gar nicht von Telemann stammenden Melande-Sonaten von 1725. Somit erreichte Telemann

---

38 Charles Burney, Telemann, Gio. Philip, in: *The Cyclopædia; or, Universal Dictionary of Arts, Sciences, and Literature*, hrsg. von Abraham Rees, London 1819, Philadelphia [1823], London issue, abgedruckt im Anhang von Zohn, „Of His Works, Nothing is Remembered" (Anm. 37), S. 103.

39 Vgl. Burrows, John Walsh and his Handel Editions (Anm. 9), S. 83.

40 Georg Philipp Telemann, Telemann, in: Johann Mattheson, *Grundlage einer Ehrenpforte*, Hamburg 1740, S. 354–369, hier S. 368 f.

durch die Verbreitung seiner Drucke in London möglicherweise immerhin, dass die Verleger, die seine Sonaten dennoch ohne Genehmigung des Komponisten druckten, zumindest Autorschaft und Werk korrekter verbreiteten als zuvor – wobei man im Hause Walsh auch den Generationenwechsel vom Vater zum Sohn mitbedenken muss.

Die konkrete Auswahl von Telemanns *Sonates à Violon seul*, *Sonates sans basse* und *Canons mélodieux* ist zumindest bei den letzten beiden Sammlungen am naheliegendsten durch ihre Eignung für die zahlreichen „Lovers of Musick"[41] zu begründen, da sie überwiegend einfach spielbare und sangliche Melodieführungen aufweisen. Was bei Simpsons Wahl immerhin auffällig und für den englischen Musikmarkt bezeichnend ist, ist die Tatsache, dass auch die *Canons mélodieux* als Sonaten angeboten wurden, was gerade dem geselligen Musizieren etwa in den Musick Houses[42] entgegenkam.[43] Ein wenig komplizierter wird es bei der einzigen Wahl von Walsh senior und John Hare, den *Sonates à Violon seul*, die sie als „curios Pieces and intirely New" bewarben.[44] Sie sind deutlich schwerer zu spielen. Gerade deshalb erscheint jedoch die Art ihrer Einrichtung für den Kunden besonders aufschlussreich in Bezug auf englische Musikdruckkonventionen. Die wohl kaum von Telemann autorisierte Walsh & Hare'sche Ausgabe der *Sonates à Violon seul* kann zeigen, wie auf dem englischen Markt mit noch unbekannter Musik für die eigene Edition verfahren wurde.[45] Deshalb möchte ich genau an dieser Sammlung einerseits stilistische Aspekte ansprechen, andererseits aber vor allem aus editorischer Sicht Merkmale der Vorschläge zu Artikulation und Auszierung diskutieren.

V. Telemann-Sonaten und Walshs & Hares Bemühungen um den englischen Musikgeschmack

John Walsh senior und junior, zunächst gemeinsam mit John Hare, sind in der ersten Hälfte des 18. Jahrhunderts wohl die bekanntesten und mit Abstand geschäftstüchtigsten Londoner Verleger. Dabei war gerade Walsh senior eher für seine fehlerhaften Raubkopien als für zuverlässige Qualitätsware bekannt. Auf Basis der von William Charles Smith und Charles Humphries katalogisierten und datierten Publikationen des Verlagshauses Walsh[46] zeigen sich klare Präferenzen für Sonaten als Walsh'sche Druckware. Die Analyse ist zwar vorsichtig abzuwägen, da die Kataloge erstens mit hoher Wahrscheinlichkeit nicht vollständig sind, zweitens nicht alle Titel klare Zuord-

---

41 Diese Bezeichnung findet sich auf zahlreichen, vor allem für Hausmusik ausgerichteten zeitgenössischen Musikdrucken.
42 Bezeichnung für ‚taverns', in denen regelmäßig Musikaufführungen stattfanden, oft in einem separaten Raum.
43 Dabei wurde in den späteren Werbeanzeigen verschiedentlich auf „Eighteen Canons divided into six Sonatas" differenziert, erstmalig im *General Advertiser*, 4. August 1746.
44 *Daily Courant*, 19. und 21. November 1722; *Post Boy*, 24. November 1722.
45 Im Jahr 1722 war sie eine von fünf Sonatensammlungen neben solchen von John Loeillet, [James] Paisible, [Johann] Christian Schickhard und [Henry] Thornow[i]t[z], siehe Smith / Humphries, *A Bibliography 1721–1766* (Anm. 7), S. 217, 260, 289, 322.
46 William Charles Smith, *A Bibliography of the Musical Works Published by John Walsh during the Years 1695–1720*, London 1948 und Smith / Humphries, *A Bibliography 1721–1766* (Anm. 7).

nungen erlauben, drittens nicht alle Datierungen gesichert sind und viertens der Umfang der Sammlungen nicht einheitlich ist. Unter Berücksichtigung dieser Fehlerquellen zeigt sich in einer historisch breiten Auswertung dennoch eine klare Tendenz: Der Druck von Sonatensammlungen steht quantitativ zwischen den 1720er und 1740er Jahren durchschnittlich an zweiter Stelle nach Liedersammlungen und noch vor den ebenfalls populären Tanzsammlungen.[47] Eine derartige Verlagsstrategie scheint durchaus lukrativ gewesen zu sein: Laut Smith und Humphries hinterließ John Walsh junior nach seinem Tod ein damals beträchtliches Vermögen in Höhe von ca. 40.000 Pfund.[48]

Das Verlagskonzept von Walsh senior, gemeinsam mit Hare, war bereits früh von einem Spagat zwischen der Ausrichtung an wenig versierten Musikliebhabern, die keinen oder nur wenig Musikunterricht genossen und dennoch gerne Hausmusik betreiben wollten, und solchen Musikliebhabern, die derart intensiv ihre Instrumente übten, dass sie teilweise gemeinsam mit professionellen Musikern in Musick Houses oder Hauskonzerten auftraten.[49] Das Kerngeschäft war und blieb aber die spielerisch weniger versierte, dafür aber größere erste Gruppe. Walsh & Hare hatten ihre verlegerischen Tätigkeiten 1695 zunächst mit dem *Self-Instructor on the Violin* und dem *Complete Flute-Master*, d. h. einfach gehaltenen Übungs- und Spielanweisungen für musikalische Laien begonnen. Schnell erweiterten sie ihre Druckwaren auf den Notendruck und gaben auch anspruchsvollere Musik heraus, sofern sie entsprechend renommiert war. Das bekannteste Beispiel sind Corellis Violinsonaten op. 5, die in Europa eine für die Zeit beispiellose Publikationshistorie erfuhren.[50] Bei Walsh & Hare erschien 1700 eine Edition der Sonaten op. 5, die von John Banister und Robert King eingerichtet wurde. Sie ging vor allem in Bezug auf explizit vorgeschriebene Auszierungen durchaus über Laienniveau hinaus, auch wenn sie im Vergleich mit Versionen von Francesco Geminiani, Giuseppe Tartini oder Matthew Dubourg – alle virtuose, in London erfolgreiche Violinisten – editorisch als zurückhaltend gelten kann.[51] Op. 5 blieb neben zahlreichen weiteren Corelli-Sammlungen im Programm von Walsh &

---

47 Zwar gibt es wenige Jahre – wie etwa das Jahr 1729 oder das Jahr 1743 –, in denen lediglich ein bis zwei neue Sonatensammlungen publiziert wurden; diesen stehen jedoch andere Jahre – wie etwa 1733 oder 1744 – gegenüber, in denen sogar mehr Sonaten- als Liedersammlungen gedruckt wurden.

48 Smith / Humphries, *A Bibliography 1721–1766* (Anm. 7), S. x.

49 Wertende Konnotationen wären hier anachronistisch und sollen deshalb explizit ausgeschlossen werden. Eine fundierte, systematische Unterscheidung von Musizierenden entsprechend ihres spielerischen Niveaus steht für England in dieser Zeit meines Wissens noch aus. Anfänge dazu finden sich verschiedentlich in Arbeiten zum Publikationswesen, vgl. u. a. Stephanie Carter, „Young Beginners Who Live in the Country". John Playford and the Printed Music Market in Seventeenth-Century England, in: *Early Music* 35 (2016), S. 95–129.

50 Vgl. u. a. Lynette Bowring, ‚The Coming Over of the Works of the Great Corelli': The Influence of Italian Violin Repertoire in London 1675–1705, in: *Reappraising the Seicento. Composition, Dissemination, Assimilation*, hrsg. von Andrew J. Cheetham u. a., Newcastle upon Tyne 2014, S. 181–212; Robert. E. Seletzky, 18th-Century Variations for Corelli's Sonatas, op. 5, in: *Early Music* 24 (1996), S. 119–130, und Denis Arnold, The Corellian Cult in England, in: *Nuovi Studi Corelliani atti del secondo congresso internazionale*, hrsg. von Giulia Giachin, Florenz 1974, S. 81–88.

51 Dies macht die Synopse von Neil Zaslaw sehr deutlich, Neil Zaslaw, Ornaments for Corelli's Violin Sonatas, op. 5, in: *Early Music* 24 (1996), S. 95–116, v. a. S. 100–104.

Hare und wurde mehrfach neu aufgelegt.[52] Dabei wählten die Verleger u. a. die Verzierungen, englisch „graces", als Werbemittel: Für die Ausgabe von 1711 warben sie damit, die originalen „graces" aller Adagios, so wie sie Corelli angeblich vorgesehen hatte, wiederzugeben.[53]

Unabhängig davon, ob es überhaupt möglich war, so etwas wie ‚originale' Verzierungen festzuhalten oder diese nicht vielmehr bei jeder Aufführung variierten, lässt sich demnach festhalten, dass die Vorspiegelung ‚authentischer' Verzierungen zumindest Teil des Werbekonzepts für bekannte Komponisten war. Dabei drängt sich die anhaltende Corelli-Begeisterung in England sogar als mögliche Motivation für den Raubdruck auf: Von Telemanns im Selbstverlag bis zu Walsh & Hares Erstdruck erschienenen Sonaten ist die Sammlung von 1715 diejenige, die am konsequentesten einem italienischen Kompositionsstil folgt.[54] Dies fängt bereits bei der Anlage von jeweils drei Sonaten im Kirchen- bzw. Kammerstil an, die in der Walsh & Hare-Ausgabe zudem konsequenter als in Telemanns Druck in abwechselnder Folge angeordnet sind.[55] Als deutlichste Parallele zwischen Corelli und Telemann nennt Swack in ihren ausführlichen Analysen Telemann'scher Sonaten die Verzierungen im ersten Adagio der Sonate in g-Moll.[56] Auch eine partielle Orientierung an weiteren italienischen Vorbildern wie Tomaso Albinoni oder Antonio Vivaldi sind verschiedentlich argumentierbar.[57]

Während Affinitäten zu einem ‚italienischen Stil' möglicherweise einen Teil der verlegerischen Erwägungen zur Auswahl dieser Sammlung treffen, führt das konkrete Notenbild allerdings eher davon weg und legt einen Perspektivwechsel ins Editorische nahe. Dabei spielen die oben für Walsh & Hare'sche Corelli-Raubdrucke als Aushängeschild genannten Verzierungen eine ausschlaggebende Rolle. Nicht zuletzt Martin Ruhnke weist auf Telemanns im zeitgenössischen Vergleich ungewöhnlich minutiös

---

52 Nr. 512 in William Charles Smith, *A Bibliography of the Musical Works Published by the Firm of John Walsh during the Years 1695–1720*, London 1948, S. 148.

53 „Corellis 12 Solos with his Graces". Nr. 396 in Smith, *A Bibliography 1695–1720* (Anm. 52), S. 119. Noch 1735 publizierte Walsh vier Bände mit Corelli-Sonaten, die mit dem ‚Qualitätssiegel' versehen wurden, dass Johann Christoph Pepusch sie überarbeitet und korrigiert habe. Nr. 401 in Smith / Humphries, *A Bibliography 1721–1766* (Anm. 7), S. 91.

54 Vgl. Jeanne Swack, Johann Ernst von Sachsen-Weimar als Auftraggeber. Bemerkungen zum Stil der „Six Sonates à Violon seul" (1715) von Georg Philipp Telemann, in: *Telemanns Auftrags- und Gelegenheitswerke. Funktion, Wert und Bedeutung: Bericht über die internationale wissenschaftliche Konferenz anlässlich der 10. Magdeburger Telemann-Festtage, Magdeburg, 14. bis 16. März 1990*, hrsg. von Wolf Hobohm, Oschersleben 1997 (= Telemann-Konferenzberichte 10), S. 53–70.

55 Dabei veränderte Telemann die Reihenfolge seiner Sonaten in deren zweiten Edition 1727/28 genauso wie Walsh & Hare.

56 Swack, Johann Ernst von Sachsen-Weimar als Auftraggeber (Anm. 54), S. 57–69. Swack sieht zudem vor allem in den imitativ-konzertierend gestalteten schnellen Sätzen eine deutliche Orientierung an Corelli. Telemanns Verzierungen sind dabei auch in Bezug auf andere Kompositionen wiederkehrendes Argument verschiedener Stilanalysen in Hinblick auf einen italienischen Stil Telemanns, vgl. grundlegend Steven Zohn, *Music for a Mixed Taste. Style, Genre, and Meaning in Telemann's Instrumental Works*, Oxford etc. 2008.

57 Swack, *The Solo Sonatas of Georg Philipp Telemann* (Anm. 6), S. 39.

durchdachten Gebrauch der Verzierungs- und Artikulationseintragungen hin.[58] Gerade diese von Telemann durchdachten Verzierungs- und Artikulationseintragungen werden im Walsh & Hare-Druck aber häufig anders gestaltet.

Die Abweichungen eignen sich, um im Vergleich beider Drucke die strategische Einrichtung der Walsh-Drucke für den Laien nachzuvollziehen.[59] Dieser Sprung von kompositorischen Merkmalen zu sogenannten Akzidenzien scheint zunächst ein weiter zu sein: Entsprechende Differenzen zwischen verschiedenen Druckausgaben würden für den versierten Musikliebhaber und erst recht für professionelle Musiker ohnehin keinen Unterschied machen, da sie selbstverständlich frei gestalten würden. Einen Unterschied machen solche Differenzen hingegen durchaus für einen Laien, der sich nur gelegentlich, mitunter ohne Lehrer, ausschließlich mithilfe von gedruckten instrumentalen Übungsanweisungen in der einen oder anderen freien Stunde den allerorts erhältlichen Notendrucken widmete.[60] Dabei erweisen sich die Sonaten Telemanns geradezu als Paradebeispiel für Walshs Geschäftssinn, genau diese Kunden anzusprechen – zumal alle weiteren Kunden damit kaum ausgeschlossen wären.

---

58 Vgl. Martin Ruhnke, Bindebögen in Originaldrucken, Nachdrucken und Handschriften Georg Philipp Telemanns, in: *Georg Philipp Telemann – Werküberlieferung, Editions- und Interpretationsfragen. Bericht über die internationale wissenschaftliche Konferenz anläßlich der 9. Telemann-Festtage der DDR, Magdeburg, 12. bis 14. März 1987*, hrsg. von Wolf Hobohm / Carsten Lange, Köln 1991 (= Telemann-Konferenzberichte 9), S. 21–25.

59 Das bisher in Bezug auf Walshs Noteneditionen meistdiskutierte Merkmal, nämlich die vielen Fehler, wird hier außer Acht gelassen, aber nicht infrage gestellt. Gerade die erste Melande-Edition von Walsh & Hare weist einige Besonderheiten auf, die sich kaum anders, denn als Fehler verstehen lassen: Diverse Tonhöhen sind falsch angegeben, teilweise ganze Figuren sekundversetzt, was nicht selten zu falschen Harmonisierungen führt. Auch der Generalbass ist vergleichsweise wenig und oftmals abweichend vom Selbstverlag-Druck Telemanns beziffert. Gravierend sind auch einige Taktkürzungen, wie sie etwa in der Sonate D-Dur in den Sätzen Corrente Vivace und der Sarabanda sowie der Sonate a-Moll im Corrente Allegro und Allegro Giga vorkommen. Muss man dem Editor zugutehalten, dass die Kürzungen zumindest in der Sonate D-Dur jeweils in beiden Teilen der zweiteiligen Sätze analog gestrichen wurden, so ist nicht zu übersehen, dass die innermusikalische Logik unter ihnen leidet. In der Corrente der Sonate in D-Dur wird der strenge zweitaktige Aufbau durch die Kürzung konterkariert, in der Sarabande eine hier gerade nicht passende zweitaktige Logik nachträglich erzwungen. Noch unlogischer erscheinen die Taktkürzungen in der a-Moll-Sonate: Im zweiten Teil der Corrente ergibt sich durch die Streichung des 3. Taktes eine nicht getreue Wiederholung des anfänglichen Themas in der Dominante – wobei in sämtlichen zweiteiligen Sätzen dieser Sammlung stets der zweite Teil mit einer eben solchen, selbstverständlich quintversetzten getreuen Wiederholung erfolgt. Ähnlich verhält es sich in der Giga mit einer eintaktigen Verkürzung der bereits aus dem ersten Teil bekannten Schlusswendung im zweiten Teil. Weitere Inkonsequenzen ergeben sich auch durch – vermutlich – weitere Flüchtigkeitsfehler, wenn beispielsweise den letzten beiden Sätzen der Sonate in A-Dur die Satzbezeichnungen ganz fehlen, scheinbar schlicht vergessen wurden. Eine kompositorische Inkonsequenz – oder gewollte Abwechslung – Telemanns wird in dem ungewöhnlich tänzerisch gehaltenen Largo der Sonate in G-Dur „korrigiert". Hier wird die quintversetzte Wiederholung der anfänglichen Thematik ab T. 10 so geahndet, wie es in den restlichen zweiteiligen Sätzen von Telemann auch gehandhabt wurde: mit der Einfügung einer Wiederholung, also der Teilung des Satzes in zwei Teile, die von Telemann hier im langsamen Satz der Kirchensonate nicht vorgesehen war, aufgrund seiner für einen solchen Satz aber ungewöhnlichen Ausgestaltung hingegen durchaus nahelag.

60 Als ein extremes Beispiel für diese Gruppe mag etwa der Yorker Drucker Thomas Gent gelten, der in seiner Autobiographie zum Jahr 1737 schreibt: „1737. Having but too much time to spare, rather than be indolent, I studied music on the harp, flute, and other instruments." Thomas Gent, *The Life of Mr. Thomas Gent, Printer, of York*, hrsg. von Joseph Hunter, London 1832, S. 190.

Exkurs: „Graces" für den Laien

Im Zuge der Popularisierung von Musikdrucken einerseits und der Violine andererseits, hatte bereits John Playford ab der zweiten Auflage seiner *Introduction to the Skill
of Musick* 1655 Anweisungen zum Violinspiel hinzugefügt[61] und in folgenden Editionen erweitert; zahlreiche separat gedruckte Übungs- und Spielanweisungen folgten in
den 1680er und 1690er Jahren. Gemeinsam haben sie die Erscheinungsform, die sich
als nicht viel mehr als eine erläuterte Grifftabelle umschreiben lässt. Sie geben keine
oder nur wenige spieltechnische Anweisungen. Mit eben solchen kurzen, instrumentalen Anweisungen starteten wie bereits erwähnt auch Walsh & Hare 1695 ihre Musik-
sparte. Dass die Drucke instrumentaler Übungs- und Spielanweisungen unmittelbar
darauf zielten, die beim gleichen Händler erhältlichen Noten schnell korrekt spielen
zu können, legt u. a. die häufige gemeinsame Bewerbung in Zeitungsartikeln nahe –
dies war dabei kein alleiniges Merkmal von Walsh & Hare, sondern auch bei anderen
Verlegern und Buchhändlern gängig. Walsh & Hares eigene Violinanweisungen, die
nach einigen Auflagen auch 1723 als nunmehr *6th Book of the Compleat Tutor to the
Violin* erneut erschien, tatsächlich aber eine fast deckungsgleiche Kopie von Thomas
Cross' Spielanweisungen *Nolens Volens* aus dem Jahr 1695 darstellt,[62] geht mit dem,
was heute in Verzierungen und Artikulation differenziert werden würde, unter dem
gemeinsamen Terminus „graces" äußerst zurückhaltend um. Nur drei mögliche „graces" werden überhaupt genannt und knapp beschrieben: der Vorhalt auf der unteren
Nebennote als „beat", der Vorhalt auf der oberen Nebennote als „shake" sowie der
Bindebogen als „slurr".[63] Mehr spielerische Differenzierungen werden nicht vermittelt, Triller könnten höchstens abgeleitet werden – wobei allerdings noch bei Playford
nicht Vorhalte, sondern Triller als „shakes" benannt werden.[64] Der qualitative Abstand
zwischen dem anzunehmenden durchschnittlichen Walsh-Kunden und dem versierten, zusätzlich durch Musikunterricht geschulten und ganz selbstverständlich frei ver-
zierenden Musikliebhaber wird hier unmittelbar deutlich.[65]

Die entscheidenden Unterschiede der Walsh & Hare-Edition zu Telemanns eigener
Publikation beziehen sich genau auf die in Walsh & Hares *Tutor to the Violin* genannten „graces". Allgemein werden sie bei Walsh & Hare sehr spärlich eingesetzt. Dabei
wird selbst der Implikation von Verzierungen etwa dadurch vorgegriffen, dass in der
oben angesprochenen Sonate in g-Moll, die mit einem vergleichsweise verzierungsreichen Adagio beginnt, das bei Telemann vorgesehene zweite Adagio des dritten Satzes
bei Walsh & Hare bei gleichem Notentext zu einem Andante verändert ist. Ein erneu-
tes Adagio innerhalb dieser Sonate hätte zu der Schlussfolgerung führen können, dass

---

61 John Playford, *An Introduction to the Skill of Musick. In Two Books*, 2. Aufl., London 1655,
S. 54 f.
62 Vgl. hierzu Rebecca Herissone, *Music Theory in Seventeenth-Century England*, Oxford 2000,
S. 22 f.
63 *The 6th Book of the Compleat Tutor to the Violin*, London 1723, S. 8.
64 Erstmals John Playford, *A Brief Introduction to the Skill of Musick*, 3. Aufl., London 1660, S. 79.
65 Siehe auch Rachel Brown, In the German Style, in: *Flute: The Journal of the British Flute Society* 31 (2012), H. 2, S. 24–29.

auch dieser Satz mit ausführlichen Verzierungen zu versehen sei – eine Implikation, die durch die Veränderung zu einem schreitenden Andante bei Walsh & Hare aufgehoben zu sein scheint.[66]

Statt bei Nebennoten „beats" und „shakes" zu differenzieren, wird es sogar noch einfacher, indem einheitlich und nur äußerst selten Triller verwendet werden. Wenn sie ausnahmsweise vorgeschlagen werden, so ausschließlich auf Hauptnoten,[67] während Telemann Triller nicht nur weitaus öfter, sondern musikalisch motiviert auch auf Nebennoten vorschlägt. Beispielhaft sei dies anhand der verzierungsreichen h-Moll-Sonate gezeigt. Besonders im zweiten Satz Allegro assai (2/4-Takt) erfordern die von Telemann vorgezeichneten Praller auf der dritten und siebten Sechzehntelnote zwar kein herausragendes, aber zumindest rhythmussicheres Spielvermögen (Notenbeispiel 1).[68] Dem Kunden der Walsh & Hare-Ausgabe wird dies durch eine entsprechende Vorschrift nicht explizit abverlangt – der anfänglich vorgezeichnete und anders als bei Telemann nur auf der ersten Achtelnote des Taktes notierte Triller spielt sich selbst bei konsequenter Übertragung auf alle entsprechenden Stellen sicherlich leichter.

Notenbeispiel 1:
Georg Philipp Telemann, Sonate h-Moll TWV 41:h1, Allegro assai, Violinstimme, T. 21–30, oben: Telemann 1715 und 1727/8, unten: Walsh & Hare 1722

Weiterhin fällt die zurückhaltende Verwendung von Legato-Bögen bzw. „slurrs" auf. Am konsequentesten sind Gruppen aus drei Achtelnoten durch Bindebögen zusammengefasst, was Telemann in seinem Druck an den entsprechenden Stellen flexibler und wiederum musikalisch durchdacht handhabt. Deutlich wird dies etwa in der Giga der Sonate in a-Moll (Notenbeispiel 2). Während Telemann konsequent und somit vermutlich gezielt mit der wechselnden Akzentuierung staccato–gebunden–gebunden

---

66 Im Vergleich zu Telemanns Druck erhält die Ausgabe von Walsh & Hare insgesamt vier abweichende Satzbezeichnungen. In der Sonate g-Moll wird nicht nur der dritte Satz mit Andante statt Adagio, sondern auch der vierte Satz mit Allegro statt Vivace überschrieben. Die Veränderung des sehr schnellen und in diesem Sinne anspruchsvollen Vivace zu einem Allegro könnte ebenfalls der einfacheren Spielbarkeit geschuldet gewesen sein, zumal sich die analoge Anpassung (Allegro statt Vivace) ebenfalls für den vierten Satz der Sonate in h-Moll, sowie auch im zweiten Satz der Sonate in a-Moll nachweisen lässt.

67 Einzige Ausnahme ist die Sonate h-Moll, Andante, T. 16.

68 Die hier und in Notenbeispiel 2 verwendeten Ausgaben sind folgende: George Philippe Telemann, *Six sonates à Violon seul*, Frankfurt a. M. [1715] und Hamburg [1727/8] sowie Georgio Melande, *Solos for a Violin with a Thorough Bass for the Harpsichord or Bass Violin*, London [1722]. In den Transkriptionen der Notenbeispiele 1–3 wurden heute ungewöhnliche Vorzeichenangaben, Notenhalsrichtungen und Wiederholungszeichen angepasst; alle Verzierungen wie im jeweiligen Original.

vs. gebunden–gebunden–nicht gebunden Themenkopf und Überleitungsmotiv voneinander absetzt,[69] gibt Walsh & Hares *Compleat Tutor* eine einheitliche Reihung legato
zu spielender Gruppen aus drei Achtelnoten an. Differenzierungen der Achtelakzentu-
ierung sind hier nicht vorgesehen. Entsprechend wird ihnen in den genannten Spielanweisungen zu den „graces" keinerlei gestalterischer Reiz zugesprochen: Sie werden
stattdessen einfach nur als mit einheitlichem Bogenstrich zu spielende definiert.[70]

Notenbeispiel 2:
Georg Philipp Telemann, Sonate a-Moll TWV 41:a1, Allegro assai, Violinstimme, T. 1–9, oben: Telemann 1715 und 1727/8, unten: Walsh & Hare 1722

Dass solche Unterschiede nicht reiner Zufall oder Folge der unbekannten Manuskript-
vorlage waren, lässt sich weiter mit den viel saubereren und nahezu zweifelsfrei auf
Telemanns Druck zurückführbaren *Sonates sans basse* argumentieren: Unterschiede der Drucke ergeben sich hier nahezu ausschließlich bei Trillern und Bindebögen.
Walshs Druck sieht gegenüber dem Original Telemanns nun sogar weitaus mehr Triller vor.[71] Legato-Bögen sind indes ähnlich wie im zwanzig Jahre jüngeren Melande-
Druck vereinheitlicht: Wieder werden Gruppen aus drei Achtelnoten entweder gar
nicht oder einheitlich gebunden – auch wenn dadurch merkliche Betonungsdifferen-
zen entstehen, wie etwa in diesem zusätzlich durch Punktierungen abgehobenen Beispiel des Siciliano der Sonate in A-Dur (Notenbeispiel 3).[72]

---

69 Vgl. zur bewussten Akzentuierung in Telemanns *Sonates à violon seul* auch Ruhnke, Bindebö-
    gen in Originaldrucken (Anm. 58).
70 *Compleat Tutor to the Violin*, London 1723, S. 6: „There is another Grace called a Slurr and
    marked thus (⌒)which is sometimes set over two, three, or more Notes to shew that all Notes
    comprehended within it must be drawn with one Bow as it appears."
71 In Walshs unmittelbarem Verlagsumfeld wurden sie erstmals 1731 von Peter Prelleur in den
    ansonsten dem *Compleat Tutor to the Violin* erstaunlich ähnlichen Anweisungen zum Vio-
    linspiel im *Modern Musick Master*, in dieser Begrifflichkeit eingeführt, d. h. als „Shake [...]
    marked thus (tr)", vgl. Abschnitt „The Art of Playing on the Violin", S. 7.
72 Weitere Beispiele sind die Sonate in G-Dur, Allegro (4. Satz) und die Sonate in h-Moll, Alle-
    gro.

Notenbeispiel 3:
Georg Philipp Telemann, Sonate A-Dur TWV 40:105, Siciliano, 1. Violin- / Flötenstimme, T. 5–8, oben: Telemann [1726], unten: Walsh 1746[73]

Zusammenfassend lässt sich festhalten, dass die *Sonates à Violon seul* also offenbar für den nicht versierten Liebhaber eingerichtet wurden, der sich dank der zurückhaltenden Verzierungen und genauso spärlichen wie einheitlichen Bogenanweisungen auch ohne Musikunterricht und unter alleiniger Zuhilfenahme der allerorts vertriebenen Spielanweisungen zumindest auf den ersten Blick sicher fühlen sollte. Dass ein versierterer Kunde diese Sonaten ebenfalls – auch aus anderen Gründen – interessant gefunden haben könnte, spricht dabei nicht gegen diese These, die sich lediglich auf das erkennbare Hauptaugenmerk der Verleger bei der Einrichtung der Partitur bezieht. Diese These zum grundsätzlichen Editionsansatz von Walsh & Hare wäre dabei an weiteren Sonatendrucken zu überprüfen. Dies könnte bei einer historisch breit angelegten Studie sogar zu Erkenntnissen zu Unterschieden zwischen der deutschen und englischen editorischen Einstellung auf den musikalischen Laien in Abhängigkeit von zeitgenössischen Spielanweisungen und -lehrwerken führen.

---

73 Die hier verwendeten Ausgaben sind die folgenden: George Philippe Telemann, *Sonates sans basse, à deux Flutes traverses, ou à deux Violons*, Hamburg [1726] 1727 und G. P. Teleman, *Six Sonatas or Duets for two German Flutes or Violins*, London [1746].

Personenregister

Ortsregister